DIE GERMANEN UND SLAWEN IN BÖHMEN UND MÄHREN

Veröffentlichungen
aus Hochschule, Wissenschaft und Forschung

BAND XIV

Dr. Alois Bernt

DIE GERMANEN UND SLAWEN IN BÖHMEN UND MÄHREN

Spuren früher Geschichte in Herzland Europas

GRABERT-VERLAG-TÜBINGEN

Buchbindearbeiten: Großbuchbinderei Lachenmaier, Reutlingen
Filme: Graphische Kunstanstalt Künstle, Tübingen
Vorsatz: Sudetendeutsche Heimatkarte (Ausschnitt)
nach Entwurf von E. Langer
Schutzumschlagentwurf: Creativ GmbH, Stuttgart

CIP-Titelaufnahme der Deutschen Bibliothek

Bernt, Alois
Die Germanen und Slawen in Böhmen und Mähren:
Spuren früher Geschichte im Herzland Europas / Alois Bernt. –
Tübingen: Grabert, 1989.
(Veröffentlichungen aus Hochschule,
Wissenschaft und Forschung; Bd. 14)
ISBN 3-87847-099-1

NE: GT

ISBN 3-87847-099-1
ISSN 0506-7669

© 1989 by Grabert-Verlag, Tübingen
Postfach 1629, D-7400 Tübingen
Printed in Germany

Inhaltsverzeichnis

III. Die christliche Zeit

Erkenntnisse aus der Sprachwissenschaft

I. Ergebnisse der Sprachforschung

II. Zur angeblichen Kolonisation

6

Vorwort

Der Germanist Dr. Alois Bernt hatte sich unter anderem durch eine umfassende deutsche Literaturgeschichte sowie durch ein pädagogisch besonders einprägsam gestaltetes Literaturgeschichtsbuch für Gymnasien einen Namen gemacht.

Sein vorliegendes Werk sollte 1944 mit Hilfe der Preußischen Akademie der Wissenschaften, deren Mitglied er war, in Berlin erscheinen. Das Manuskript verbrannte jedoch dort im Bombenkrieg. Er selbst fand bei der Besetzung seiner Heimatstadt Kaaden an der Eger durch die sowjetische Armee im Mai 1945 den Tod.

Es gelang aber seiner Witwe, die in Gabelsberger-Kurzschrift abgefaßten, in zehnjähriger Arbeit erstellten ersten Entwurfsblätter des Werkes in unauffälliger Form, nach Entfernung des Titelblattes, über die Vertreibung hinweg nach München zu bringen, wo der Sohn Dr. Walter Bernt, ein bekannter Kunsthistoriker, wohnte. Dieser ließ nach Jahren eine Schreibmaschinen-Transkription des Stenogramms anfertigen.

Gewiß weist dieser Entwurf noch manche Unebenheiten auf, die in der Reinschrift beseitigt wurden, aber es erscheint unrichtig, den Originaltext von unberufener Hand wesentlich abzuändern. Nur zur besseren Übersicht und Ermöglichung einer Inhaltsangabe wurden den einzelnen Kapiteln und Abschnitten von den Bearbeitern vorangestellt, die sich aus den Überschriften der betreffenden Textteile ableiten ließen.

Es ist wahrscheinlich, daß die neuere Forschung manches anders beurteilt und noch weitere Bausteine hinzuzufügen vermag, aber auch diese werden die Kolonisationshypothese Franz Palackys nicht eindeutig beweisen können. So zahlreich sind die Flußnamen, aber auch Gebirgs-, Stadt- und Dorfnamen Böhmens und Mährens, bei denen Bernt im einzelnen germanische Wortstämme aufdeckt, daß man sie nicht als rein zufällige, auf allerhand Umwegen später eingeführte sprachliche Besonderheiten abtun kann. Ebenso finden die sonst schwer zu deutenden Erscheinungen der räumlichen Verteilung der verschiedenen deutschen Mundarten im Sudetenraum durch Bernts Ausführungen ihre einleuchtende Begründung.

Daher gebührt dieser letzten von deutscher Seite gesehenen, in die Form eines Gelehrtenstreites gekleideten Aufhellung der Gegenwartsspuren einer dauerhaften Besiedlung seit der Germanenzeit, die sich in Böhmen und Mähren nachweisen lassen, trotz ihrer verspäteten Veröffentlichung weitgehende Beachtung und unvoreingenommene Würdigung.

Böblingen, im Mai 1989

Gerhart Stütz

10

Erstes Kapitel

Geschichtliche Zusammenhänge

Kelten und Germanen
Germanen und Slawen
Die christliche Zeit

I. Kelten und Germanen

Einleitung: Die Kolonisationshypothese Franz Palackys

Die geistige Verfassung des tschechischen Volkes wird durch große Gegensätze gekennzeichnet. Dies ergab sich aus seiner Lage als weit vorgeschobener Posten des Slawentums im deutschen Mitteleuropa. Die Tschechen haben seit dem Tage ihrer Einwanderung in den Sudetenraum unter dem Einfluß einer höheren westlichen Kultur gestanden, hier der deutschen, von der sie nahmen und nehmen mußten. Vorstellungen und Erfahrungen einer besseren Bewirtschaftung des Ackerbodens, des Wohnbaues, der Siedlung, später der Segen eines höheren Gemeinlebens, Verfassung und staatliche Formen, alles war deutsch oder doch ohne das deutsche Vorbild nicht denkbar.

Man kann verstehen, daß dieses Volk, weil es klein war, in ewigen Spannungen lebte. Daß es von Anfang an den Lebensraum mit den Deutschen teilen mußte, die in einem breiteren Wohlstand lebten und späterhin durch städtische Ordnung in sozialer und wirtschaftlicher Übermacht erschienen, hat schon im 11. und 12. Jahrhundert vereinzelte Stimmen des Hasses hervorgerufen und einzelne Maßnahmen erstehen lassen, die in diesem Zeitalter ungewöhnlich waren. Der spätere Hussitismus ließ dann religiös-kirchliche, soziale und nationale Antriebe zu einem Vernichtungswillen gegen alles Deutsche auflodern.

Böhmen und Mähren waren zu keiner Zeit ihrer Geschichte ein rein slawischer Raum. Hätte Karl der Große oder Ludwig der Deutsche oder Otto der Große hier eine böhmische Mark errichtet, wäre das an Zahl und Kraft weniger bedeutende

Slawentum bis zum 12. Jahrhundert vom deutschen Westen aufgesogen worden. Die immer wiederholten Ergebenheitsversicherungen der böhmischen Kleinfürsten des 9. Jahrhunderts, die Tributzahlungen ihrer Herzöge im 10., ihre Lehenstreue im 11. und 12. Jahrhundert ließen das innerböhmische Herzogtum in sich selbst wachsen und gaben ihm Zeit und Kraft zum inneren Ausbau, bis es in den Geschicken des Reiches selber das Wort ergreifen konnte. Die weltkluge Dynastie der deutschen Luxemburger hat den Raum der böhmischen Herrschaft nach Norden und Westen erweitert und erwarb dazu den Kronreif des deutschen Kaisers. Böhmen und Mähren erschienen im 14. Jahrhundert als ein im Wesen deutsches Land, Prag eine deutsche Stadt, von welcher geistige Kräfte ausstrahlten, die die erste Universität auf deutschem Reichsboden erstehen ließen und die der Nation in der Kanzlei Karls IV. die deutsche Schriftsprache schenkten.

Es ist allbekannt, daß die deutsche Romantik von Herder bis zu den Brüdern Grimm das Nationalgefühl der Tschechen im Anfang der 19. Jahrhunderts neu gestärkt hat und leider auch Auswüchse emporschießen ließ. Die fabulöse Schilderung des Prager Domdechanten Cosmas um 1120 über die Landnahme der Tschechen läßt in ergötzlicher Naivität ihren Führer Boemus heißen und nach ihm das Land Boemia benennen. Paul Stransky bringt im Jahr 1634 das Märchen in das Schriftum, die Deutschen seien von den böhmischen Herrschern als Bauern und Bürger ins Land gerufen worden. Wenzel Hanka, der Schüler des Gelehrten Dobrowsky, ließ seit 1817 fortlaufend alte tschechische Handschriften des 9. bis 14. Jahrhunderts auffinden, die er selber verfertigt hatte, die Lieder und Bruchstücke alten tschechischen Schrifttums darstellten. Diese Funde nährten nun fortzeugend trotz des anfänglichen Widerspruchs einzelner tschechischer Wissenschaftler die böhmische Öffentlichkeit, Bücher und Schulen mit erlogenen Vorstellungen und bekehrten auch den bedeutenden Historiker Böhmens, Franz Palacky, zu der Fiktion eines uralten böhmischen staatlichen und kulturellen Lebens, die er mit dem Hauptwerk der *Böhmischen Geschichte* seit 1836 ausbreitete. Bedeutung

14

und Anteil der Deutschen in der Geschichte Böhmens, ja sogar ihre Anwesenheit im Lande wurden in Frage gestellt und geleugnet, bis Palacky sich im Jahr 1846 dazu verstand, die Deutschen als Kolonisten zu kennzeichnen und zu erklären: »Im 7., 8., 9., 10. und 11. Jhrh. hat sich auch nicht ein einziger Deutscher in Böhmen aufgehalten, es sei denn als Gast.«

Dieses Wort von den deutschen Einwanderern ist seither nicht aus dem gelehrten und politischen Schrifttum verschwunden. Palackys überragendes Werk hat die gesamte tschechische Wissenschaft und sogar die Archäologie auf dieses Axiom vereidigt, die Schule wurde dieser These dienstbar gemacht und lehrte den Haß gegen den »Eindringling«. Bis zum Jahr 1886 währte der wissenschaftliche Krieg um die Fälschungen Hankas, erst im Jahr 1914 hat der tschechische Paläograph G. Friedrich das letzte entscheidende Urteil gesprochen. Hatte doch W. Hanka in verschiedenen wertvollen Handschriften des Böhmischen Museums die Namen von alttschechischen Schreibern und Künstlern eingeschmuggelt. Die tschechische Wissenschaft hatte es nicht leicht, das Gift solcher Fälschungen durch sachliche Betrachtung der eigenen Vergangenheit auszuscheiden, hat doch sogar Boczek in seinem Sammelwerk der Regesten Mährens über 200 geschichtliche Urkunden selber angefertigt!

Die starke politische Stellung der Tschechen im Wiener Parlament, besonders seit 1890, erzeugte eine neue Welle der Tschechisierung von oben her. Unter den 78 Ortschaften des Falkenauer Bezirkes wurden im Jahr 1848 sieben mit einer tschechischen Benennung gezählt, 1885 waren es bereits 26, nach 1918 wurden willkürlich alle Orte dieses rein deutschen Bezirkes mit tschechischen Ortsnamen versehen.

Das vorliegende Buch soll jedoch nicht politischen Betrachtungen dienen, sondern durch das reine Mittel der Wissenschaft die ungeheuerliche böhmische Geschichtslüge aufdecken und widerlegen, mit der die Länder Böhmen und Mähren als ererbtes Eigentum der Tschechen ausgerufen, die Deutschen als Eindringlinge und Kolonisten gebrandmarkt wurden. Dieser einzig dastehende Versuch, zwei Jahrtausende der Geschichte eines großen Landes umzufälschen, ist mit einer seltenen Einmütigkeit der Forschung und der Propaganda durchgeführt worden. Die Behauptung von den deutschen Einwanderern des 12. und 13. Jahrhunderts war das Axiom der tschechischen Öffentlichkeit und war von suggestiver Kraft auch für die deutschen Gelehrten des Landes.

Was seit der Mitte des 19. Jahrhunderts von deutschen Forschern über die Geschichte Böhmens geschrieben worden ist, bekannte sich immer zur Kolonisationstheorie Palackys. Den Anfang machte Ludwig Schlesinger mit seiner volkstümlich geschriebenen Geschichte Böhmens, ihm folgte Adolf Bachmann in seinem gleichnamigen Werk und mit ihnen alle Historiker von Georg Juritsch an über Adolf Zycha und Wilhelm Wostry mit Untersuchungen zur Kolonisation; ihnen folgten die Germanisten Erich Gierach und Ernst Schwarz als hitzige Mitkämpfer in Hörsälen und Buchveröffentlichungen, weil unterdessen B. Bretholz in seiner *Geschichte Böhmens und Mährens,* 1912, den allerdings schwach begründeten Versuch gemacht hatte, die Palackysche These anzugreifen. Bretholz war nicht der Entdecker des bodenständigen Deutschtums in Böhmen und Mähren, sondern die mährischen Forscher haben bis zum Ende des 19. Jahrhunderts in kleinerem Kreise schon anfänglich die Überzeugung verfochten, daß die Deutschmährer Nachfahren der Quaden seien, und in den letzten Jahrzehnten haben Eman. Schwab, R. Holtzmann, Anton Mayer, Hans Reutter und andere mit immer neuen Gründen gegen die böhmische Geschichtslüge angekämpft, während ihre Darlegungen von den Lehrkanzeln und in Aufsätzen als lächerliche Eigenbrötelei abgetan wurden. Ein ernster Forscher wie Heinz Zatschek spricht von »bedeutungslosen germanischen Splittern« nach der Einwanderung von Slawen (*Der Sudetenraum,* Brünn 1937, S. 42) und glaubt, daß die »Reste jener Germanen bald aufgesogen worden seien«, daß »das Deutschtum Böhmens vielmehr aus dem späteren Einströmen der deutschen Bauern, Bürger und Bergleute« fließe und daß »dieser Siedlerstrom in der Mitte des 14. Jhr. versiegt sei« (*Zeitschrift für sudetendeutsche Geschichte,* 4, 1941, S. 241 ff.). Es ist also in

16

hundert Jahren seit der These von Franz Palacky auf keiner Seite etwas hinzugelernt worden.

Demgegenüber will mein Buch mit neuem Rüstzeug durch Untersuchung aller geschichtlichen Grundlagen, durch Heranziehung der Bodenforschung, durch Ergebnisse der Sprachwissenschaft, durch eine kritische Überprüfung der jüngsten Siedlungsgeschichte und der Mundartenforschung den Erweis erbringen, daß das Deutschtum dieser Länder nicht eine tausendjährige Vergangenheit hat, wie Erich Gierach voll Stolz verkündete, sondern eine zweitausendjährige, weil Böhmen und Mähren zu allen Zeiten ihrer Geschichte ebensoviel deutsch wie slawisch gewesen sind.

Geschichtlicher Abriß bis zum Jahre 400 n. Chr.: Bojer, Markomannen und Quaden

Von der Vorstellung des Sudetenraumes in der Urzeit als eines nur durch dünne Siedlungsstreifen unterbrochenen Waldgebietes kommt die Wissenschaft immer mehr ab. Es war eine romantische Vorstellung. Otto Schlüter (»Die frühgeschichtliche Verbreitung von Wald- und Siedlungsland in Böhmen und Mähren«, in *Sudeta*, IV, 1938, 83 ff.; siehe auch »Urlandschaft« in der Sammlung *Der ostdeutsche Volksboden*, S. 52–66) nimmt ein viel größeres Siedlungsgebiet an als Lippert, Friedrich, Hassinger und Helbok. An und neben der Eger gehen die ältesten Siedlungsspuren aufwärts bis Kaaden, noch reichlicher von Saaz und Postelberg egerabwärts an beiden Ufern; ebenso ist es mit der Landschaft rechts und links der Moldau. Die weite Umgebung von Leitmeritz, das Gebiet an der Iser und teilweise auch an der oberen Elbe sind reich an Bodenfunden. Ebenso war das südliche Böhmen früh besiedelt. Nordwestlich von Krummau um Polletitz, also im Böhmerwaldgebiet, war ein alter Wohngau, ebenso um Strakonitz, um Schüttenhofen und zwischen Pilsen und Taus. Schon Strabo, also noch vor der Zeitwende, spricht in seiner *Geographie* (VII 1, 5) von einem »wohlangebauten Land in der Mitte des herzynischen Waldes, »wobei freilich die »silva Herkunia« über den Sudetenraum nach Nordwesten hinausreichte.

Im Sudetenraum traten seit dem 4. Jahrhundert v. Chr. Kelten auf, mit Leichenbestattung; sie finden sich später auch im südlichen Schlesien, hatten sie doch vorher den ganzen mitteldeutschen Raum eingenommen; doch wurden sie seit dem Beginn des 1. Jahrhunderts v. Chr. durch ununterbrochenen Vorstoß ostgermanischer Völker eingeengt, die Völkerwanderung hatte eingesetzt und flutete in immer neuen Wellen bis ins 5. Jahrhundert n. Chr. Den Kelten schiebt man die Erbauung der Burgwälle zu. Doch muß man zwischen Burgwällen und Fliehburgen unterscheiden. Letztere sind meist von Natur feste Berge, die in bedrohlicher Zeit die umliegende Bevölkerung mit Vieh und sonstiger Habe aufnahmen, sie sind weder spezifisch keltisch noch slawisch, sondern in gleicher Weise durch die Geschichte für die befestigten Fluchtburgen der Germanen bezeugt, so bei den Cheruskern und den thüringischen Sweben.

Auch die Königsburg Marbods lag nahe bei einer Fliehburg (siehe Tacitus, *Annalen*, II, 62). Von den »burgi«, kleinen festen Bergen, der Markomannen und Quaden spricht Schmidt (*Geschichte der deutschen Stämme bis zum Ausgang der Völkerwanderung*, I, München ²1938, S. 177, 189). Herzog Radulf von Thüringen verschanzte sich im Kampf gegen den Frankenkönig Sigebert in einem »durch Holz befestigten Lager auf einem Berge über dem Flusse Unstrut« und setzte sich dann mit Weib und Kind in dem genannten Bollwerk fest, erzählt uns Fredegar in seiner fränkischen Chronik (c. 87) für das Jahr 640.

Die Bojer Böhmens sind nach Tacitus (*Germania*, 42) vertrieben worden. Der Name Boiohaemum, Boihemum, aus dem Namen der keltischen Bewohner und einem germanischen Stammwort zusammengesetzt, verblieb dem Lande, wie Tacitus (*Germania*, 28) berichtet. Es ist auch kein Zweifel, daß sich Teile der Kelten noch während der germanischen Herrschaft in Böhmen erhalten haben. Sie waren treffliche Töpfer und Metallarbeiter.

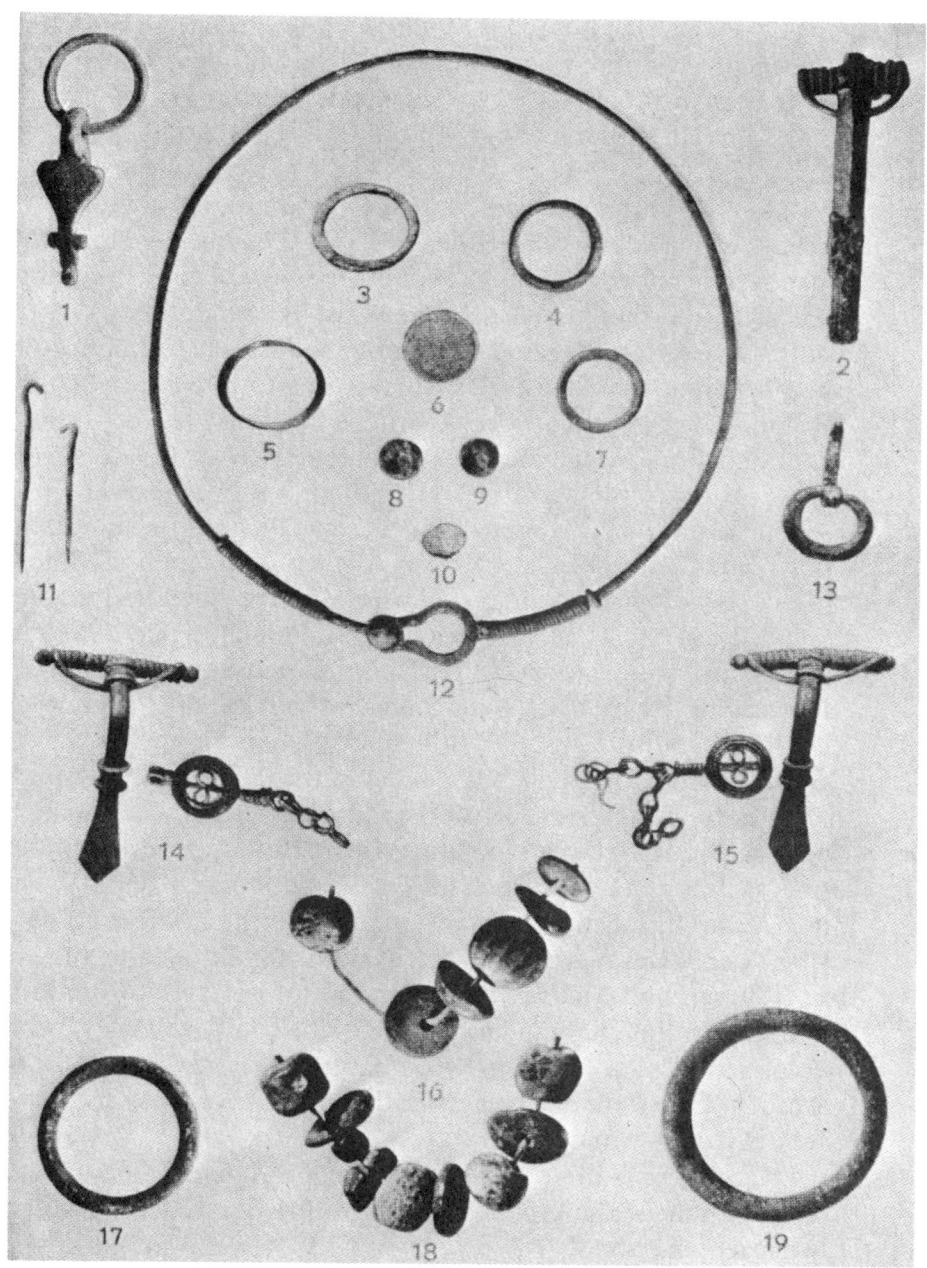

Die Grabausstattung einer wohlhabenden Markomannin vom Beginn des 4. Jahrhunderts. Körpergrab von Prosmik, Bezirk Leitmeritz

19

Die Erben der Bojer im Siedlungsraum unter den Sudeten waren die Markomannen und Quaden. Sie haben nach der geltenden Auffassung der Geschichtsforschung mindestens 500 Jahre in Böhmen und Mähren gesiedelt, und dennoch haben wir aus diesen Ländern selbst kein geschichtliches Zeugnis über ihr Vorhandensein, von den Bodenfunden abgesehen, ebensowenig wie wir ein geschichtliches Zeugnis für eine Abwanderung haben. Die sudetendeutsche Geschichtsschreibung hat sich überhaupt erst spät auf das Vorhandensein dieser durch ihre Kriege gegen das mächtige Rom bedeutsamen Völker besonnen und ist mit der Auswertung für das Deutschtum Böhmens sehr vorsichtig gewesen. Sie hing im Bann der tschechischen Forschung, die im vergangenen Jahrhundert sogar versucht hat, eine slawische Ursiedlung im böhmisch-mährischen Raum anzunehmen. Und die gänzliche Abwanderung der beiden germanischen Völker, die im Anfang des 5. Jahrhunderts vor sich gegangen sein soll und die noch heute zum festen Besitzstand auch der deutschen Forschung gehört, hat das Dasein der Markomannen und Quaden aus der weiteren Geschichte ausgetilgt. Wenn man auf den Mangel urkundlicher Belege für das geschichtliche Fortleben dieser Völker in Böhmen und Mähren über das 5. Jahrhundert hinweist und Zeugen verlangt, also etwa Erwähnungen bei Geschichtsschreibern, Rechtsaufzeichnungen oder Heldenliedern, müßte man sie im selben Maß auch für das Vorhandensein der Slawen des 7. und 8. Jahrhunderts verlangen, aber hier verlassen uns sogar die Bodenfunde. Gesicherte slawische Bodenaltertümer in Böhmen und Mähren setzen erst mit dem 10. Jahrhundert ein und sind auch dann, soweit sie nicht von westlichen, vornehmlich fränkischen Einfuhren bereichert sind, spärlich und ärmlich. Und dennoch ist gewiß, daß die Slawen kurz vor dem Jahr 600 eingewandert sind.

Die Markomannen und Quaden gehören dem großen Volk der Sweben an, über das wir aus römischer Quelle allerlei Nachrichten haben.

Aber nur die Quaden haben den alten Stammesnamen behalten, wie sich aus späteren Zeugnissen ergibt. Die Markomannen waren der südlichste Ausläufer des swebischen Stammes und saßen im 1. Jahrhundert v. Chr. im Maingebiet, im Süden vielleicht bis an den Neckar (vgl. Tacitus, *Germania*, 42). Die Quaden nennt Caesar Suebi. Diese swebischen Völker wohnten nördlich vom unteren und mittleren Main, also in der heutigen Wetterau um den Vogelsberg, in Spessart und Röhn (Schmidt, *Gesch. d. Stämme*, I², S. 130). Wir wollen das festhalten. Im Jahre 58 v. Chr. besetzten sie auch Oberhessen. Zwischen den Jahren 50 und 20 v. Chr. hatten sie den Römern am Rhein Schwierigkeiten gemacht und wurden erst unter Drusus nach dem Osten gedrängt. Im Jahre 9 v. Chr. hat dieser römische Heerführer sowohl Markomannen als auch Quaden geschlagen. Das war der Anlaß zu ihrem Abzug gegen den Sudetenraum. Längs des Maines und am Egerlauf sind sie gewiß vor dem Jahre 3 v. Chr. in Böhmen angelangt (siehe *Sudeta*, VII, 1931, S. 33f.; Schmidt, aaO., I², S. 144f.). Es steht außer jedem Zweifel, daß auch diese Abwanderung der swebischen Stämme nach Böhmen und Mähren nicht eine völlige Räumung der alten Wohnsitze längs und nördlich des mittleren Maines bedeutet, wie auch Schmidt (ebd., S. 145f., 150f.) feststellt. Das wäre auch bei dem ackerbautreibenden Volke, das ein so ausgedehntes Gebiet durch Menschenalter bewohnt hat, undenkbar. Wir müssen also annehmen und festhalten, daß Nachkommen dieser beiden Völkerschaften durch die folgende geschichtliche Zeit in dem Raum um den Vogelsberg, das Rhöngebirge, den Spessart und Steigerwald, also zwischen den Orten Aschaffenburg – Fulda – Würzburg, gesessen haben.

Die Quaden zogen unter Führung des Trudrus; sie besetzten Mähren bis zur March und den kleinen Karpaten. In Verbindung und im Gefolge der beiden Hauptstämme setzten sich die Marsinge und andere kleine Völkerschaften im nordöstlichen Böhmen fest (Tacitus, *Germania*, 43). Die Markomannen trafen in Böhmen neben den alten keltischen Bewohnern auch auf verwandte germanische Siedler. Schon um 200 v. Chr. erweist sich aus den Bodenfunden eine germanische Kulturgruppe von Nordwestböhmen bis an die Iser, deren Spuren freilich um die

Zeitwende verschwinden; ebenso müssen im Innern Böhmens längs des Egerlaufes und bis in die Gegend von Prag germanische Menschen gesiedelt haben; die Wissenschaft des Spatens hat aber auch im südlichen Böhmen, um Strakonitz, vormarkomannische Siedlungen festgestellt. Es dürften zur Hauptsache Hermunduren gewesen sein, also Verwandte der Markomannen (siehe M. Jahn, »Die ersten Germanen in Südböhmen«, in *Altböhmen und Altmähren*, 1, 1941, S. 64 ff.). Aber die Grabbeigaben sind uneinheitlich; auch ostgermanische (burgundisch-wandalische) Einflüsse laufen mit. Natürlich verschmelzen diese kleinen Stämme bald mit den kriegerischen Markomannen, die Böhmen zu ihrem Herrschaftsbereich machten (siehe W. Mähling, *Das spätlatene-zeitliche Brandgräberfeld von Kobil*, Prag 1944, S. 106 ff.).

Der Führer der Markomannen auf dem Zuge nach Böhmen war Marbod, ein Mann von geschichtlicher Bedeutung, aber ohne weltgeschichtliches Format. Er hat es jedenfalls verstanden, Böhmen zu einem Mittelpunkt germanischer Herrschaft auszubauen, die dem Römischen Reich recht gefährlich wurde, und er hat einen Bund germanischer Völkerschaften zustande gebracht, in dem auch die weit nordwärts wohnenden Langobarden und swebische Semnonen genannt werden (Tacitus, *Annalen* II, 45; Strabo VII. 1, 3). Seine Streitmacht wurde auf 70 000 Mann geschätzt. Den Mittelpunkt von Marbods Reich bildete die bei einer Fliehburg gelegene Königsburg (Tacitus, *Annalen* II, 62: »regiam castellumque iuxta situm«; Strabo VII. 1, 3: τοῦ Μαραβόδον βατιλειον). Böhmen und Mähren müssen in den ersten Jahrhunderten nach Chr. auch ein Strahlungsfeld germanischer Kultur und die Handelszentrale zwischen der römischen und germanischen Welt gewesen sein.

Die Markomannen haben in der Folge wohl den ganzen böhmischen Raum, soweit er der Siedlung dienen konnte, ausgefüllt, also die Niederungen der Eger, der Biela, der Elbe, der Beraun, der mittleren und unteren Moldau. Keltische Reste sind wohl allmählich aufgesogen worden. Von keltischem Sprachgut sind nur die Flußnamen der Iser und wohl auch der

Eger in den Mund der Germanen übergegangen. Aus der Notiz bei Tacitus (*Germania* 42): »Die wichtigsten sind die Markomannen, in Hinsicht auf Raum und Macht; wie sie dann selbst ihr Land durch Tapferkeit errungen haben, indem sie einstmals die Bojer vertrieben haben« (»praecipua Marcomanorum gloria viresque; atque ipse etiam sedes, pulsis olim Bojis, virtute parta«), muß man auf eine gewaltsame Unterwerfung der Bojer schließen. Die Quaden siedelten von dem böhmisch-mährischen Höhenzug bis zur March und von der Gegend um Ölmütz im nordlichen Mähren bis in das niederösterreichische Waldviertel; gegen Ende des 2. Jahrhunderts n. Chr. reichten ihre Wohnsitze bis an die Donau und in den Osten der heutigen Slowakei.

Marbod, seiner Machtstellung bewußt, verkehrte mit den Römern wie ein germanischer Herzog. Aber, ganz Germane der ersten Jahrhunderte, erfaßte er nicht die ungeheueren Möglichkeiten, die in den jungen Völkern am Rand des Römischen Weltreiches ruhten. Die nationale Erhebung Armins im nordwestlichen Deutschland gegen die römische Einkreisung vom Rhein her hat Marbod mit Eifersucht verfolgt und hat sich aus der germanischen Front ferngehalten. Die römische Staatskunst hatte damit einen großen Sieg errungen. Im Jahre 6 n. Chr. schloß er mit den Römern ein Abkommen, das er über den Aufstand Armins hinaus gehalten hat. Die Gelegenheit, die römische Herrschaft zu erschüttern und ein freies Germanien von der Donau bis zum Rhein zu schaffen, hat er vorbeigehen lassen. Marbods Ausgang entsprach dieser Verständnislosigkeit. Er hat sich der Aufforderung Armins zum Kampf gegen die Römer entzogen und in der Folgezeit gegen diesen eine feindselige Haltung eingenommen, die sogar zu einem kriegerischen Zusammentreffen der beiden Herzöge im Jahre 17 führte (Tacitus, *Annalen,* II, 44 ff.). Die römische Politik hielt sich klug im Hintergrund. Tacitus sagt (*Annalen,* II, 62): »Drusus erwarb sich keinen geringen Ruhm durch die Verleitung der Germanen zur Zwietracht und zum standhaften Entschluß, den bereits geschwächten Marbod vollends zu vernichten.« (Über den äußeren Verlauf vgl. Schmidt, aaO., I2, S. 154 ff.)

Aber schon jene erste Zeit nationalen Erwachens bei den Deutschen hat diese Haltung Marbods abgelehnt; Teile des Volksbundes lösten sich los, als er sogar römische Hilfe angerufen hatte (Tacitus, *Annalen,* 44–46; *Germania,* 42), und zwei Jahre später kam der von ihm vertriebene Häuptling Katwald aus seinem Zufluchtsorte bei den Goten zurück, der Adel der Markomannen trat auf seine Seite, auch die Römer schienen ihm in ihrer üblichen Politik unterstützt zu haben, denn Kaiser Tiberius rühmte sich seiner Maßnahmen zur Vernichtung des gefährlichen germanischen Volkskönigs. Jedenfalls eroberte Katwald die Königsburg Marbods und nahm den Königsschatz (Tacitus, *Annalen,* II, 62). Es muß ein ganz großes geschichtliches Ereignis gewesen sein, daß ein so mächtiger Mann gestürzt werden konnte, und es ist nur durch die Abkehr aller Häuptlinge von seiner Politik zu verstehen. Marbod begab sich in den Schutz des Römischen Reiches und hat dort in Ravenna noch 18 Jahre gelebt.

Aber auch Katwald konnte seine Macht nicht festhalten. Nach Tacitus (*Annalen,* II, 63) war es nun der Hermunduren-Herzog Vibilius, der gegen ihn auftrat. Diese Tatsache dürfte beweisen, daß in Böhmen neben dem herrschenden Stamm der Markomannen auch Hermunduren eine Rolle spielten. Auch Katwald mußte sich in die römische Verbannung begeben. So hatte die römische Politik nördlich der Donau ein großes Spiel gewonnen. Natürlich hatte sowohl Marbod wie Katwald Freunde und Anhänger im Land der Markomannen und Quaden. Sie wurden mit ihren Gefolgsleuten von den Römern zwischen March und Waag angesiedelt, anerkannten den Quaden Vannius als Führer und gingen im Volke der Quaden auf. Auch Vannius, der seit dem Jahre 19 n. Chr. einen Teil der Macht der Markomannen und Quaden unter seiner Führung zusammenfaßte, wurde, wie es scheint, wegen tyrannischer Behandlung der Häuptlinge durch Eingreifen der benachbarten Hermunduren und Lugier (Wandalen) um das Jahr 50 (Tacitus, *Annalen,* XII, 29, 30) aus seiner Herrschaft vertrieben. Wir können die geschichtlichen Tatsachen durch die gefärbten Berichte der Römer hindurch nicht erkennen. Vannius ging ebenfalls, bezeichnend für das Ränkespiel Roms, auf römisches Gebiet und lebte in Pannonien. Der römische Einfluß über das großgermanische Volk schien gesichert. Wir kennen freilich auch da nur die römischen Berichte, die sich lesen wie ein Stück Politik der Gegenwart.

Daß aber die Volksmacht der Markomannen und Quaden im Sudetenraum nicht gebrochen, ja wahrscheinlich kaum angeschlagen war, zeigen die folgenden Ereignisse. In den Jahren 89 bis 92 gab es Kämpfe gegen die Römer und im Jahr 97 erfolgte ein Einbruch der Sweben (also der mährischen Quaden) nach Pannonien. Die militärische Organisation der Römer, die Befestigung der Donaugrenze, ihre weitblickende Diplomatie, die sich auf die germanische Führerschicht richtete, mit klugen Mitteln ihre Haltung beeinflußte und die gegenseitige Eifersucht schürte, hat auch für die folgenden 50 Jahre, unter den Kaisern Trajan und Hadrian, eine Art Oberhoheit Roms hier bestehen lassen. Aber die allmählich im Innern zerbröckelnde Kraft des römischen Systems, auf der anderen Seite das natürliche Wachstum der germanischen Völker und das aufdämmernde Bewußtsein ihrer völkischen Überlegenheit hat bald nach dem Regierungsantritt des Kaisers Mark Aurel zu dem großen Kriege der Markomannen und Quaden gegen Rom geführt, der sich in verschiedenen Abschnitten zwischen den Jahren 166 bis 180 hinzog. Er riß auch andere germanische Stämme nördlich der Donau mit. Wiederholt trugen diese Völker den Angriff bis tief in das Römische Reich vor, so im Jahre 169 bis an das Schwarze Meer und südlich Aquileia. Das Jahr 172 brachte einen Friedenszustand, den die Römer als großen Triumph feierten; aber schon im folgenden Jahre brach der Kampf von neuem aus. Im Jahre 177 nahm der Krieg eine ungünstige Wendung für die Römer, doch errangen diese im Jahre 179, wiederum nach römischer Darstellung, einen vollständigen Sieg über die beiden Hauptvölker, die Markomannen und Quaden. Aber im Jahre 180 starb Kaiser Mark Aurel in Carnuntum.

In der Folgezeit werden die Berichte der Römer über ihr Verhältnis zu den Markomannen und Quaden spärlich, aber kriegerische Zusammenstöße und Teilerhebungen gegen die römische Macht haben während des 3. Jahrhunderts immer wieder stattgefunden. Zu einem Einfall markomannischer und skytisch-gotischer Scharen in römisches Gebiet kam es am Beginn der Regierung des Kaisers Valerian im Jahre 253. Daß sein Sohn und Nachfolger Gallienus einen Teil Oberpannoniens an den Markomannenkönig Attalus abtrat, zeigt nur die wachsende Stärke der germanischen Völker an der mittleren Donau und die zunehmende Schwäche des Römischen Reiches. Kriegerische Handlungen folgten wieder seit dem Jahre 282. Immer wieder werden von den Römern Siege über die germanischen Völker gemeldet, so besonders aus dem Jahre 299. Mögen es auch nur Teilerfolge gewesen sein: man brauchte diese guten Nachrichten für die militärischen Aufzüge in Rom. Aber was bedeuten diese römischen Verkündungen in der Zeit der völligen Auflösung der römischen Weltmacht! Ein siegreiches Gefecht wird zu einer Niederlage des Feindes, aus einem vorteilhaften Friedensschluß wird die vollständige Vernichtung. Nach den Bodenfunden müssen diese germanischen Stämme im Sudetenraum in diesen Jahrhunderten eine reiche Kultur entfaltet haben, was eine friedliche Entwicklung voraussetzt. Wie viel und wie weit sie dem germanischen Norden an jener Kultur übermittelten, liegt noch im dunkeln.

In der Mitte des 4. Jahrhunderts melden die römischen Berichte noch immer Siege über Markomannen und Quaden, die jetzt freilich den Angriff vortragen. Die Römer führten infolgedessen stärkere Grenzbefestigungen am linken Donauufer auf, um dieses gegen die andrängenden jungen Völker zu halten. Im Jahre 374 und 376 brachen Markomannen bzw. Quaden in Verbindung mit Sarmaten in die ungarische Tiefebene, ins römische Pannonien ein. Der gefährliche Augenblick für die römische Herrschaft in diesem Gebiet wurde vorübergehend noch einmal durch eine friedliche Vereinbarung überwunden. Die Markomannen treten nun in den römischen Berichten gar nicht mehr in Erscheinung, was nach all dem vorangegangenen Vordringen gegen römisches Gebiet gewiß kein Beweis gegen ihr Weiterleben in ihren weitausgedehnten Sitzen und gegen ihre Stärke ist. Im Jahre 395 haben Markomannen das nördliche Pannonien besetzt und die dortige Römerherrschaft vernichtet. Jedenfalls war Rom am Beginn der großen Völkerwanderung nicht mehr mächtig genug, jenseits der Donau Politik zu machen. Um 395 schreibt der hl. Ambrosius (*Lebensbeschreibung*, Kap. 36) an die markomannische Fürstin Fritigil, die eine Spende an die Kirche in Mailand gemacht hatte, sie möge ihren Gatten bestimmen, Frieden mit den Römern zu halten. Ein solches Zeugnis spricht deutlich genug. Fritigil soll im Jahre 397 selber nach Mailand gekommen sein, fand jedoch den heiligen Mann nicht mehr am Leben. So meldet die Legende.

Geschichtlicher Abriß des 5. und 6. Jahrhunderts.
Die Langobarden

Im Jahre 451 haben markommanische und quadische Scharen an dem großen Kriegszug Attilas gegen Gallien teilgenommen, wie andere germanische Stämme auch. Diese Tatsache als einen Abzug der beiden Völker aus ihren jahrhundertelangen Sitzen zu werten, wie es auch deutsche Geschichtsschreiber tun, ist ganz verfehlt. Wir hören freilich in der Folgezeit nichts mehr von dem Leben und den Schicksalen der Markomannen und Quaden im Sudetenraum, weil den römischen und griechischen Geschichtsschreibern alles hinter den großen Ereignissen um das Erbe Roms zurücktritt. Aber was wissen wir von den anderen germanischen Völkern dieser Zeit von der Elbemündung bis zur Donau? Die Völkerverschiebungen des 5. und 6. Jahrhunderts gehen jedenfalls ohne die Teilnahme der beiden Völker in Böhmen und Mähren vor sich, die den allgemeinen Aufbruch nach dem Süden nicht mitgemacht haben. Wir wissen freilich, daß im Anfang des 5. Jahrhunderts die Wandalen und Alanen den großen Zug nach Gallien und Spanien antraten, wir hören auch, daß sich ihnen Teile der Quaden aus den Gauen der unteren March angeschlossen haben. Die Quaden zwischen Waag und Gran hießen in dieser

Zeit mit ihrem alten Volksnamen Swebi und standen unter der Botmäßigkeit Attilas bis zur Schlacht auf den Katalaunischen Feldern im Jahre 453, durch die ja auch die Ostgoten die Kraft der Befreiung vom Bund mit den Hunnen gefunden haben. Die Quaden lebten mit den Goten in Pannonien nach germanischer Weise in Feindschaft und wurden von diesen auch im Jahre 467 empfindlich geschlagen. Sie waren also jedenfalls nicht ausgewandert, aber eine Unterwerfung unter gotische Oberhoheit in der Zeit Theodemers gelang nicht.

Als die Langobarden, deren Name schon in der römischen Zeit einmal an der Donau genannt worden war, gegen Ende des 5. Jahrhunderts ihre große Wanderung gegen den Süden begannen, Teile des Sudetenraumes überfluteten und sich hier für mindestens ein Menschenalter festsetzten, ist gewiß eine Verständigung und Vereinbarung mit den dort siedelnden Markomannen und Quaden zustande gekommen; wir wissen davon freilich nichts aus den geschichtlichen Quellen, wie wir auch nichts von längeren Kämpfen hören. Die Namen Bainaib und Burgundaib sind in der Überlieferung der Langobarden von ihrem Zuge aus dem Norden erhalten, auch wissen wir, daß später ein Teil der Soavi, also Sweben, das sind Quaden, sich dem Zuge der Langobarden nach Italien angeschlossen haben (siehe Schmidt, *Geschichte der deutschen Stämme*, II², S. 186). Die Heruler, die ja ebenso wie die Quaden Landstriche an der Donau besetzt hielten, haben sich gewiß mit den Quaden in Südmähren, Niederösterreich und in der Slowakei auseinandergesetzt, bevor sie sich allmählich über Pannonien ausbreiteten.

Mit dem Beginn des 6. Jahrhunderts übernahmen die Langobarden die Führung in dem Raume zwischen dem Erzgebirge und der Donau. Mit dieser geschichtlichen Tatsache muß man rechnen. Sie sind es auch, die später den Angriff gegen die Römer vortragen. Schon seit dem 3. Jahrhundert scheint im Sudetenraum kein mächtiges Königtum mehr die völkische Kraft der Markomannen und Quaden zusammengefaßt zu haben, sondern die Stammeshäuptlinge und Edlen haben in gegenseitiger Eifersucht die Geschicke der Landschaft gelenkt, im ganzen ziemlich geschichtslos. Es ist damit sicherlich eine gewisse Zersplitterung der Volksmacht verbunden gewesen (siehe Schmidt, aaO., S. 188), ein Verschwinden durch Abwanderung der beiden Völker aus einem Siedlungsraum von 100 000 Quadratkilometern kommt nicht in Frage. Auch wenn, was die Wissenschaft noch annimmt, die Besiedlung Bayerns im 6. Jahrhundert von den böhmischen Markomannen ausgegangen wäre, wäre eine völlige Entleerung Böhmens nicht wahrscheinlich, von Mähren gar nicht zu reden. Aber diese Besiedlung Bayerns von Böhmen aus schwebt ganz in der Luft.

Man bedenke auch: Die Kriege der Markomannen und Quaden gegen die Römer waren eine gefährliche Machtprobe für das große römische Weltreich; sie wurden nach allen Nachrichten nur im Raum nördlich der Donau um das Gebiet der unteren March und Waag ausgetragen mit dem römischen Stützpunkt Carnuntum. Die Römer haben nach keiner Nachricht den Kern des Siedlungsgebietes der Quaden angegriffen, von Böhmen, dem Kernland der Markomannen gar nicht zu reden. Die Siege der Römer waren schwer erfochten, wenn sie auch in den römischen Berichten eine große Rolle gespielt haben dürften; ihre Niederlagen sind aber aus den Friedensschlüssen erkennbar, sowie aus dem ständigen Vorrücken der Barbaren gegen die Donaugrenze, bis sie ihre Kriegs- und Beutezüge sogar in römisches Gebiet vortrugen. Die kriegerischen Auseinandersetzungen mit den Römern vom 3. bis 5. Jahrhundert haben also den Bestand der beiden großen Völker nicht gefährdet, eine Feststellung, die nicht hoch genug gewertet werden kann.

Die Nachrichten über Abwanderung von Quaden und Markomannen im 5. und 6. Jahrhundert durch die Teilnahme an den Kriegszügen anderer stärkerer Völker, der Wandalen nach 400, der Hunnen 451, der Langobarden 568, bedeuten auf keinen Fall eine Entleerung des großen Sudetenraumes, wie einzelne Forscher mit Eifer behaupten. Auch wenn etwa mit dem Beginn des 6. Jahrhunderts die böhmisch-mährischen Germanen auf längere Zeit unter die kräftigere Hand der Langobarden gerieten, die ihre Macht bis an die Donau aus-

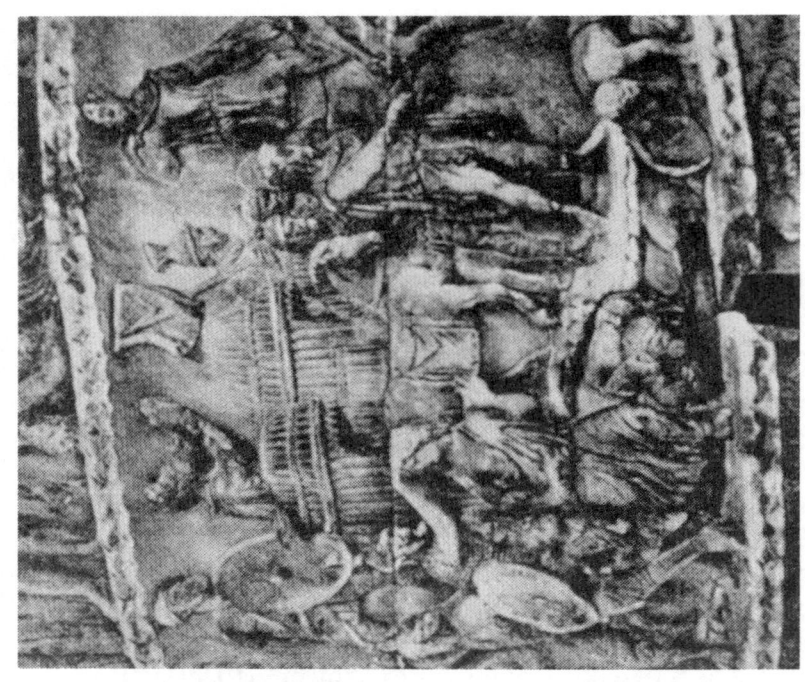

Darstellungen aus dem Markomannenkrieg nach den Bildstreifen der Markussäule in Rom. Die Römer überfallen ein germanisches Dorf.

30

breiteten, besagt diese Tatsache ebensowenig die Abwanderung des Volkes. Wohl wandelten sich die Bodenfunde markomannischen Gepräges unter langobardischem Einfluß, wie später in Mähren ostgermanische und awarische Merkmale in der Keramik ersichtlich werden. Auch dabei muß bedacht werden, daß alle unsere Nachrichten über die Markomannen und Quaden aus römischer Quelle stammen und daß außer den Bodenfunden im Lande selbst keine geschichtliche Hinterlassenschaft aus der Zeit ihres Bestandes durch Jahrhunderte für sie redet, sondern nur die im ganzen geringfügigen Zeitberichte der römischen Geschichtsschreiber, die Inschriften und Münzen sowie die figurativen Darstellungen auf römischen Siegessäulen. Mit dem Ende des römischen Kaiserreiches versiegten auch diese Quellen. So bleibt das geschichtliche Leben dieser Völker im 6. und 7. Jahrhundert im dunkeln ebenso wie das anderer germanischer Stämme.

Wie gegensätzlich wissenschaftliche Annahmen sein können, sei an einem Beispiel gezeigt. In dem Sammelwerk *Das Sudetendeutschtum* (Brünn 1937) vermerkt Leonhard Franz, ein führender Prähistoriker, in einem kleinen Aufsatz »Kelten und Germanen in Böhmen«, daß sich die Besiedlung der Markomannen auf *Süd- und Südwestböhmen* beschränkt habe. Wie sich damit die Macht und der Kulturbereich dieses Volkes und die germanischen Bodenfunde über ganz Böhmen erklären lassen, weiß ich nicht. Für Nordböhmen nimmt Franz dauernd Hermunduren bis über die Zeiten der Völkerwanderung an. Dagegen weiß Ernst Schwarz (*Die Ortsnamen der Sudetenländer als Geschichtsquelle*, 1931, S. 26), daß die Markomannen die *nördliche* Hälfte Böhmens besetzt hielten, wobei er ebenfalls wie Franz noch Kelten im Lande neben den Germanen wohnen läßt, und auf Seite 44 sagt er kurz und bündig: »Die Auswanderung der mährischen Quaden ist gemeinsam mit den schlesischen und ungarischen Wandalen im Jahre 406 erfolgt und führte über Frankreich und Spanien.« Damit schließt Schwarz die Geschichte eines Volkes ab, das durch gesicherte vier Jahrhunderte ein Dutzend Kriege gegen das mächtige Rom zu führen vermocht hat. Daß das Volk der

Markomannen Slawen gewesen seien, konnte eine tschechische Propaganda oft den in geschichtlichen Dingen des Kontinents nicht ganz informierten Engländern erzählen, und in einer prähistorischen Studie des tschechischen Gelehrten Niederle wird die Einwanderung der Slawen in die Sudetenländer in die Zeit der Lausitzer Kultur, also um das Jahr 1000 v. Chr. zurückversetzt; die Grabfunde der germanischen Markomannen gelten ihm als römische Einfuhr (siehe R. Much, »Germanische Stämme in Ostdeutschland im klassischen Altertum« in *Der ostdeutsche Volksboden,* 1926, S. 115 ff.). Nebenbei: Der alexandrinische Gelehrte Ptolemäus im 2. Jahrhundert n. Chr. zeichnet in seine Weltkarte die Μαρκομαννοι (Markomannoi) auch in das Gebiet südlich des Böhmerwaldes (die Γαβρήταΰλη) ein.

Die Annahme einer Abwanderung der Markomannen und Quaden

Da Palacky und nach ihm die ganze tschechische Wissenschaft und in ihrem Gefolge die deutsche Geschichtsforschung mit ganz vereinzelten Ausnahmen die These aufgestellt und mit aller Kraft verteidigt haben, daß es bei der Einwanderung der Slawen keine Germanen mehr im Lande gegeben habe, daß das Deutschtum der Sudetenländer aus der Kolonisation des 13. Jahrhunderts erwachsen sei, mußte sich die Wissenschaft noch in den letzten Jahrzehnten mit bemerkenswerten Erscheinungen abfinden, die von einem Weiterleben germanischer Volkskraft in Böhmen und Mähren Zeugnis gaben. Wir werden in diesem Buch zu zeigen haben, zu welchen Verirrungen Gelehrte zur Erreichung eines gewünschten Zieles gelangen können.

Daß Reste der germanischen Volksstämme seit dem 5. oder 6. Jahrhundert noch im Sudetenraum verblieben seien, geben in den letzten 20 Jahren selbst heftige Gegner eines Fortlebens germanisch-deutscher Siedlung in Böhmen und Mähren zu, weil sie sonst beispielsweise die Weitergabe fast aller Flußna-

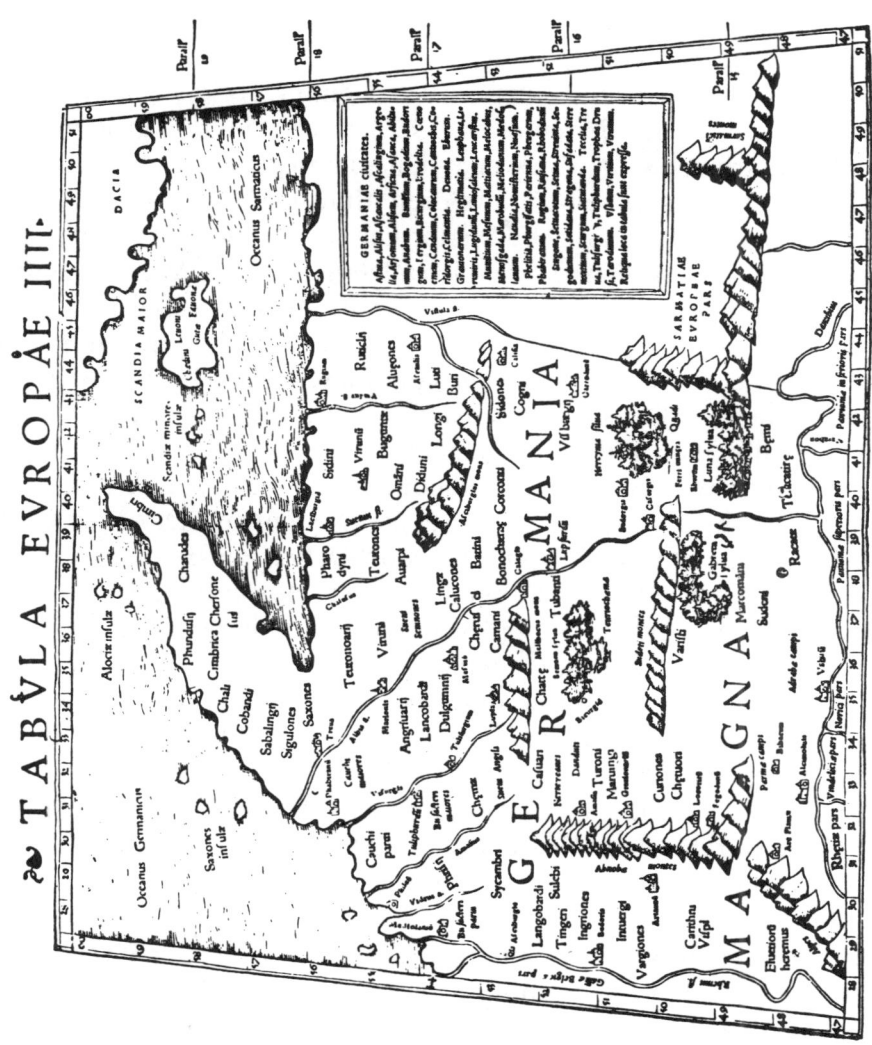

Die Ptolemäische Weltkarte

33

men und vieler Bergnamen sowie einer Reihe Ortsnamen aus germanischem Mund an die Tschechen nicht erklären könnten. Auch sie lassen diese »Reste« in den »großen Grenzwäldern« verschwinden und bald von dem slawischen Meere aufgesogen werden. So etwa Erich Gierach (»Die Bretholzsche Theorie im Lichte der Sprachforschung«, in *Der ostdeutsche Volksboden*, 1926, S. 144ff.). Auch Helmut Preidel (*Germanen im Spiegel der Bodenfunde*, 1926) nimmt mehrere größere Abwanderungen der Markomannen an und glaubt nach 450 in den Bodenfunden einen größeren thüringischen Einschlag feststellen zu können. Die Historiker setzen die »Abwanderung« der Markomannen ziemlich allgemein in den Anfang des 6. Jahrhunderts. Ich unterlasse es gern, alle die Äußerungen dieser Geschichtsforscher über Abwanderung der Markomannen und das Verschwinden der germanischen Volksreste hier zu verbuchen. Die Zusammenstellung würde Seiten füllen.

Gewiß haben wir ein geschichtliches Zeugnis, daß Quaden an dem großen Zuge der Wandalen im Jahr 406 gegen Westen teilgenommen haben; aber gerade die Quaden erscheinen weiterhin mit dem alten Völkernamen Sweben an der Donau, ebenso in Verbindung mit den Ostgoten, Herulern und Rugiern im Jahre 451 im Kampf gegen die hunnische Oberherrschaft (siehe Jordanes, *Getina*, 53−55). Ein Teil der Quaden ist noch über ein Jahrhundert später mit den Langobarden nach Italien gezogen (Paulus Diaconus, I, 21; II, 26), gewiß ohne daß damit das Siedlungsgebiet der Quaden in Mähren und in der Slowakei menschenleer geworden ist. Es ist jedoch müßig, durch solche Erwägungen eine Wahrheit, die sich der unvoreingenommenen Betrachtung klar darbietet, abzuschwächen.

Die Bodenfunde in Böhmen nach dem »Abzug« der Markomannen werden vielfach als thüringisch-merowingische Kultur angesprochen. Ob aber damit alle Fragen gelöst sind? Man wird aus rein geschichtlichen Überlegungen zugeben, daß nach dem Untergang des thüringischen Reiches (529−534) eine Zersplitterung und Ausweitung des Volkes gegen Osten und Nordosten stattgefunden haben mag. Daß sich damit thürin-

34

gisch-hermundurische Einflüsse in der Wohnkultur über einen größeren Raum verbreitet haben, liegt nahe, besonders, wenn man sich den Sudetenraum von verwandten germanischen Stämmen besiedelt denkt. Aber näher liegt es, diese in den Bodenfunden erkennbaren westlichen Einflüsse in Böhmen durch die überragende Tatsache zu erklären, daß Böhmen und wohl auch Mähren seit dem Anfang des 7. Jahrhunderts im Machtfeld des Frankenreiches lagen, wie wir später noch darlegen werden, und daß seit dem 8. Jahrhundert der sudetische Raum als dem Fränkischen Reich zugehörig galt. Damit ist die Entwicklung einer markomannischen und langobardischen Wohnkultur zu einer fränkisch-merowingisch-karolingischen eine Selbstverständlichkeit. Man braucht dabei nicht einmal an Einfuhrware zu denken, wenn auch dies nicht ausgeblieben sein dürfte.

Alfons Dops (»Die historische Stellung der Deutschen in Böhmen und Mähren«, in *Der ostdeutsche Volksboden*, S. 27 ff.), der diese Frage untersucht, hält die oft genannten germanischen »Reste« in Böhmen und Mähren nicht für spärliche Sprachinselbewohner noch auch für die in die »Randgebirge« geflohenen letzten Siedler. Die Vorstellung, daß sich ein ackerbautreibendes großes Volk, wie es die Markomannen und Quaden, jedes für sich, gewesen sind, vor den langsam und unkriegerisch vorwärtsschiebenden slawischen Sippen und Scharen in die Bergwälder zurückgezogen hätte, widerspricht jeder geschichtlich klaren Erfassung der slawischen Einwanderung. Wenn von deutschen Annalisten und Chronisten seit dem Ausgang des 8. Jahrhunderts da und dort von den Boemanni (»Männer aus Böhmen«) oder von den Beovinidi (»böhmische Wenden«) die Rede ist, kann doch in Anbetracht der großen geschichtlichen Vergangenheit des Landes nicht gefolgt werden, wie es auch die deutsche Wissenschaft ohne Ausnahme tut, daß diese Boemanni Tschechen seien, die ganz Böhmen und Mähren in Besitz genommen und auch den Boemanni (den »Männern aus Böhmen«) ihre Sprache aufgedrückt hätten. Boiohaemum heißt das Land schon zur Zeit des Tacitus im Jahr 98 n. Chr., als es unzweifelhaft germanisch war.

Nur wenige deutsche Forscher haben sich gegen diese Verschiebung und Verfälschung geschichtlicher Tatbestände gewehrt. Anton Rzehak (»Die Palackysche Kolonisationshypothese und die Vorgeschichtsforschung«, in *Zeitschrift des Mährischen Geschichtsvereins,* 24, S. 51 ff.; siehe besonders S. 58 u. 61) spricht sich schon im Jahre 1922 dagegen aus, daß eine vollständige Abwanderung der Germanen aus Böhmen und Mähren stattgefunden hat. Auch R. Holtzmann (»Die Herkunft der Deutschen in Böhmen und Mähren«, in *Der ostdeutsche Volksboden,* Breslau 1926, S. 42) zweifelt daran, daß die Slawen Böhmen und Mähren völlig überschwemmt und in kurzem alle noch etwa hier verbliebenen Germanen aufgesogen hätten. Und Rud. Kötzschke (»Über den Ursprung und die geschichtliche Bedeutung der ostdeutschen Siedlung«, in *Der ostdeutsche Volksboden,* S. 18), sagt mit Beziehung auf unsere Frage: »Offensichtlich besteht an manchen Orten ein Zusammenhang der Kulturen durch eine längere Folge von Jahrhunderten, die nur durch ständige Bewohnung erklärbar ist.«

Freilich will auch Kötzschke die Bedeutung der ostdeutschen Kolonisation für Böhmen nicht leugnen, »wenn auch germanisches Volkstum das Zeitalter frühmittelalterlicher Wanderung überdauert hat« (S. 25). In späterer Zeit hat sich A. Helbok, ein weitschauender Gelehrter, der seinen Blick an der Völkergeschichte, Geographie und Siedlung ganz Europas geschärft hat, in einem Aufsatz (»Die Germanen in Böhmen und Mähren«, in *Böhmen- und Mährenbuch,* 1943, S. 135 ff.) mit dieser Frage beschäftigt und den lapidaren Satz geprägt: »Ackerbauer wandern nicht«. Helbok verweist auf das archäologische Material des 8. bis 10. Jahrhunderts, das zu einem beträchtlichen Teil rein deutsch sei, und spricht starke Zweifel gegenüber der herkömmlichen These aus.

Es ist in dieser Frage festzustellen: Ein geschichtlich zureichender Grund für diese großen Völker, ihre Wohnsitze, die sie 500 Jahre besessen haben, zu verlassen, ist nicht einzusehen. Es besteht auch nicht der geringste urkundliche Anhaltspunkt, eine solche Abwanderung anzunehmen. Sie ist nicht nachzuweisen, sie ist nicht vorhanden. Welchen Zweck die *Annahme* der Abwanderung dieser germanischen Völker Böhmens gehabt und erfüllt hat, wird sich im weiteren dartun.

Es müßte für die Forscher als feste Tatsache gelten, daß kein ackerbautreibendes Volk, das durch Geschlechter oder gar durch Jahrhunderte ein Land bewohnt hat, auch im Fall einer Abwanderung zur Gänze die Wohnsitze aufgegeben hat. Dies gilt auch von allen germanischen Völkern der großen Völkerwanderung. Es sei gestattet, auch diese Frage zu beleuchten.

Als die Langobarden gegen Ende des 5. Jahrhunderts aus ihren alten Sitzen an der Unterelbe im Lüneburgischen (Bardowiek) auszogen, wurden die Reste des Volkes (Bardi) von den Sachsen in sich aufgenommen (siehe Schmidt, *Geschichte der deutschen Stämme*, I^2, 1938, S. 45). Auch die Goten in Ostpreußen, als sie nach dem Südosten abwanderten, um neue Sitze nördlich des Schwarzen Meeres einzunehmen, haben die alten Sitze zum Teil festgehalten, wie das aus Grabfunden hervorgeht. Sie bestanden danach am Unterlauf der Weichsel bis ins 7., vielleicht bis ins 8. Jahrhundert fort (siehe R. Much, »Germanische Stämme in Ostdeutschland im klassischen Altertum«, in *Der ostdeutsche Volksboden*, 1926, S. 114). Der ostpreußische Chronist Christian Hartknoch schreibt in seinem Buch *Altes und neues Preußen* (S. 128), daß die Goten des heutigen Ostpreußens, die noch im 13. Jahrhundert von den benachbarten Polen mit dem echten Namen »Goten« genannt wurden, der Wald und die Tiere darin heilig gewesen seien (*Germania*, Monatsschrift, 1937, S. 116).

Und einen noch stärkeren Beweis vom Festhalten der alten Sitze trotz drohender Überflutung durch Feinde geben ebendieselben Ostgoten am Schwarzen Meer, die sich als Krimgoten bis nahezu in unsere Zeit, wenigstens bis in das 18. Jahrhundert, nach Sprache und Volkstum erhalten haben, noch fast 15 Jahrhunderte zwischen tartarischen Völkern. Ebenso haben die Thüringer nach Zerstörung ihres Reiches und Vernichtung des Königsgeschlechtes (531—534) als Volk weiterbestanden, wie die Grabfunde dartun (siehe Schmidt, aaO., II^2, S. 328ff. und 345).

Die Rugier, die im 5. Jahrhundert von der unteren Weichsel nach Südmähren und Niederösterreich gewandert waren und durch den Streit mit Odowakar im Jahr 488 »vernichtet« wurden, wie die Geschichtsschreibung erzählt: ihre »Reste« zogen mit den Ostgoten nach Italien, erschienen noch am Anfang des 10. Jahrhunderts im niederösterreichischen Waldviertel, und der Name Rugiland blieb den Zeitgenossen ein Begriff. Für die Annahme, auch sie seien eben völlig slawisiert worden, fehlt der Beweis. Von der Vernichtung der Gepiden durch Langobarden in Kriegen und Schlachten des 6. Jahrhunderts berichtet die Geschichte, aber noch im 9. Jahrhundert sitzen Gepiden zwischen Donau und Theiss in Ungarn (siehe Schmidt, aaO., I, Berlin 1907, S. 19f.; E. Petersen, *Der ostelbische Raum als germanisches Kraftfeld im Lichte der Bodenfunde,* Leipzig 1939, 204f.). Auch als die Langobarden im Jahre 568 aus dem Donauraum nach Italien abzogen, blieben noch Teile des Volkes zurück, was Bodenfunde aus der Zeit um 600 bezeugen. Für die ungarischen Gebietsteile, die von Langobarden besiedelt waren, weiß man das bestimmt (siehe E. Beninger, *Die Germanenzeit in Niederösterreich von Marbod bis zu den Babenbergern,* Wien 1934). Nach Paulus Diaconus (II, 7), dem Geschichtsschreiber der Langobarden, überließ König Albwin (568) das eigene Land den befreundeten Awaren unter der Bedingung, daß, wenn die Langobarden irgendeinmal wieder heimzukehren genötigt würden, sie auch ihr altes Land wieder beanspruchen könnten. Der Vertrag sollte auf 200 Jahre lauten.

Ein ganz unzweifelhafter Beleg für dieses Festhalten am Wohnsitz sind ja die Silinge, der wandalische Stamm in Schlesien, der das Heiligtum bewahrte (siehe Tacitus, *Germania,* 43). L. Schmidt (*Geschichte der deutschen Stämme,* I, 1907, S. 359), sagt: »Noch sind nicht unbedeutende Reste der Silinge in Schlesien zurückgeblieben, wie der Name dieses Landes beweist.« Darauf weisen übrigens die archäologischen Funde (siehe E. Petersen, *Germanen in Schlesien,* Breslau 1937, S. 27, 31ff.) hin. Auch die ältesten slawischen Tongefäße aus schlesischen Funden zeigen sich germanisch beeinflußt (siehe

Petersen, S. 35 f.). Als Sleenzane erscheinen die Silinge in der aus der zweiten Hälfte des 9. Jahrhunderts stammenden Regensburger Völkertafel, der zuverlässige Chronist Thietmar von Merseburg kennt am Anfang des 11. Jahrhunderts den germanischen Namen im Schlesiergau (pagus Silensis), und der Name Slenz für den Zobtenberg gilt noch im 13. Jahrhundert. Den Wandalenkönig Geiserich, der im Jahre 426 die Wandalen nach Nord-Afrika führte, haben die in der Heimat verbliebenen Wandalen kurz vor der Überfahrt nach Afrika gebeten, ihnen die Rechte der ausgewanderten Volksgenossen an dem früheren Ackerboden in der Heimat abzutreten. Bekanntlich wurde dieses Ansuchen abgelehnt.

Angesichts solcher Tatsachen dürfte man an eine vollständige Abwanderung der Markomannen und Quaden aus dem Sudetenraum auch dann nicht glauben, wenn sich für den Abzug ein geschichtliches Zeugnis beibringen ließe. Ich habe die vorstehenden Feststellungen für jene Forscher mitgeteilt, die von einem überkommenen Irrtum schwer zurücktreten können, welcher Irrtum freilich für die Gestaltung der tschechischen Geschichte bequem und fruchtbar gewesen ist. R. Kötzschke, dessen wohlerwogene Geschichtsforschung über jeden Zweifel erhaben ist, sagt (*Kulturraum und Kulturströmungen im mitteldeutschen Osten*, Halle 1936, S. 19), daß ostwärts der Saale auch nach der Überflutung durch die Slawen noch germanische Bevölkerung zurückgeblieben sei, freilich nicht in solcher Stärke, daß sie dem Volkstum der nachfolgenden Menschen das Gepräge hätte geben können. Auch A. Helbok (*Grundlagen der Volksgeschichte*, 1937, S. 258) behandelt diese Frage in unserem Sinn und hält es für eine Aufgabe der Forschung, die Frage um die Germanenreste zu klären.

Umgekehrt haben sich Slawen in Sachsen auch nach Wiedergewinnung des Landes durch die Deutschen in schütteren Siedlungen erhalten; sie erscheinen als Reste der »Heiden« bis ins 12. Jahrhundert (siehe Kötzschke, *Kulturraum und Kulturströmungen im mitteldeutschen Osten*, S. 73), und Ernst Schwarz (*Die Ortsnamen der Sudetenländer als Geschichtsquelle*, 1931, S. 15) glaubt, daß sich Reste der illyrischen Volksstämme der

Korkontoi und Bateinoi, die wir aus der Ptolemäischen Weltkarte kennen, südlich des Riesengebirges erhalten haben, ebenso wie die Osi noch um das Jahr 100 n. Chr. in der Slowakei erwähnt werden. Und das sind nicht Völker, die gleich den Markomannen und Quaden weite Gebiete wie Böhmen und Mähren durch Jahrhunderte besiedelt und in großen Kriegen verteidigt haben.

Das Langobardenreich des 6. Jahrhunderts in Böhmen

Auch die Langobarden gehören zu den germanischen Bewohnern Böhmens. Für ihre nordische Herkunft sprechen rechtsgeschichtliche Gründe. Seit dem 1. Jahrhundert v. Chr. saßen sie in einem klar umrissenen Gebiet südlich von Hamburg an der Elbe, reichten auch nach Osten über die Elbe hinaus. Sie standen jahrhundertelang unter westgermanischen Einflüssen; darum rechnet sie Ptolemäus zu den Sweben. In der zweiten Hälfte des 5. Jahrhunderts begannen sie ihre Wanderung nach Süden. Nach der Origo, der ältesten geschichtlichen Überlieferung, zogen sie über Anthaib und Bainaib und Burgundaib (*eiba*, »Gau«).

Davon weist die Bezeichnung Bainaib auf Böhmen; bei Ptolemäus entpricht Βαῖμοι, Βαινοχαῖμοι, dem Bojohaemum des Tacitus. Wie der Codex Gothanus aus dem Anfang des 9. Jahrhunderts erzählt, sind sie unter König Agalmund in das westliche Böhmen eingedrungen, sie sind also wohl längs der Saale nach dem Süden gezogen. Um 500 stehen sie im Raum Böhmen bis nach Niederösterreich, denn um 490 besetzen sie Rugiland, das Gebiet nördlich der Donau (vgl. darüber aus der älteren Literatur I. Loserth, »Die Herrschaft der Langobarden in Böhmen, Mähren und Rugiland«, in *Mitteilungen des Institutes für östliche Geschichtsforschung,* II, 1881, S. 355 ff.; ferner E. Beninger, *Die Germanenzeit in Niederösterreich,* Wien 1934; R. Holtzmann, »Zur Geschichte der Langobarden«, in *Zeitschrift des mährischen Vereins für Geschichte,* 36, 1934, S. 1 ff., und die recht unsicheren Kombinationen von Alois

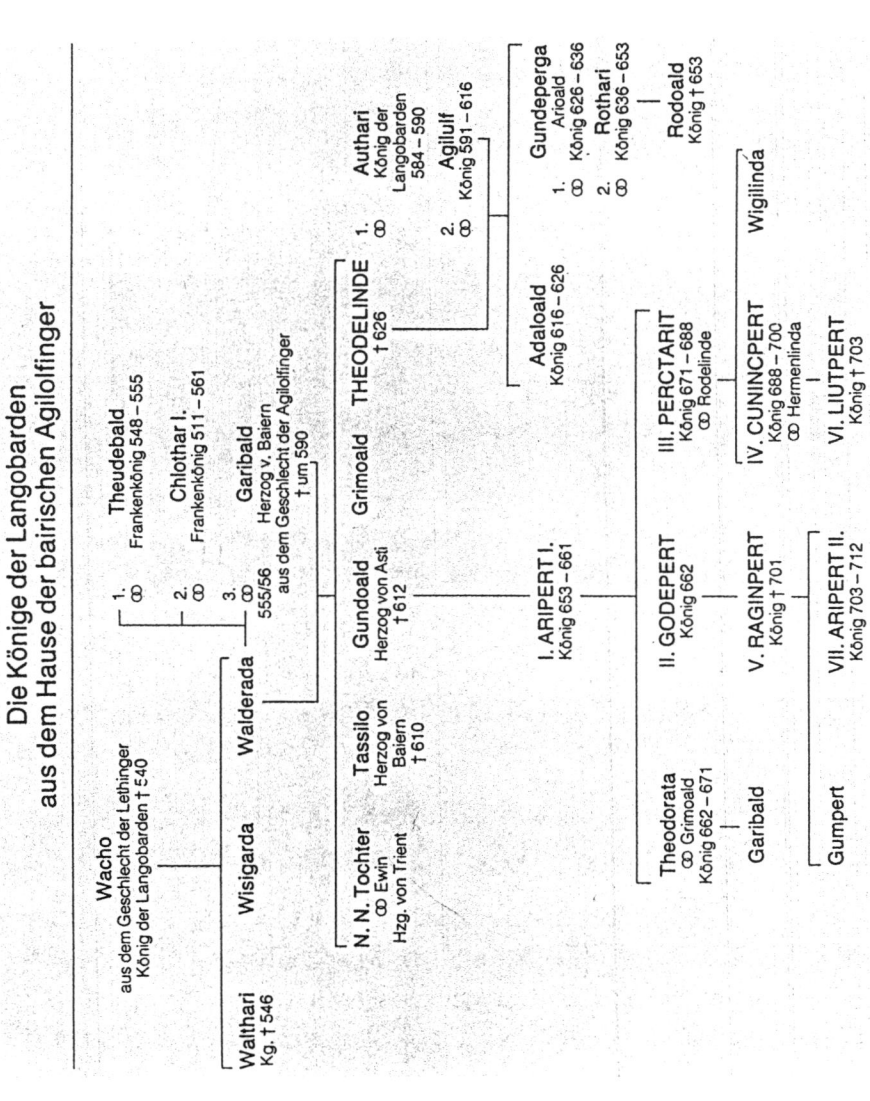

Die Könige der Langobarden aus dem Hause der bairischen Agilolfinger

Wacho
aus dem Geschlecht der Lethinger
König der Langobarden † 540

Walthari
Kg. † 546

Wisigarda ⚭ 1. **Theudebald** Frankenkönig 548 – 555

Walderada ⚭ 2. **Chlothar I.** Frankenkönig 511 – 561
⚭ 3. **Garibald** Herzog v. Baiern aus dem Geschlecht der Agilolfinger † um 590 (555/56)

N. N. Tochter ⚭ Ewin Hzg. von Trient

Tassilo Herzog von Baiern † 610

Gundoald Herzog von Asti † 612

Grimoald

THEODELINDE † 626 ⚭ 1. **Authari** König der Langobarden 584 – 590
⚭ 2. **Agilulf** König 591 – 616

Gundeperga ⚭ 1. **Arioald** König 626 – 636
⚭ 2. **Rothari** König 636 – 653

Adaloald König 616 – 626

Rodoald König † 653

I. ARIPERT I. König 653 – 661

II. GODEPERT König 662

III. PERCTARIT König 671 – 688 ⚭ Rodelinde

Theodorata ⚭ Grimoald König 662 – 671

Garibald

V. RAGINPERT König † 701

IV. CUNINCPERT König 688 – 700 ⚭ Hermenlinda

Wigilinda

Gumpert

VII. ARIPERT II. König 703 – 712

VI. LIUTPERT König † 703

Stammtafel der Langobardenkönige aus dem Geschlecht der Agilolfinger

Schneider, *Altsudetenland*, Buch V ... X, Teplitz-Schönau 1929).

Nach Paulus Diaconus (*Geschichte der Langobarden*, I, 21) besiegen die Langobarden unter König Tato um 500 die Heruler; nach diesem Siege hat dessen Neffe Waccho die Herrschaft gewaltsam an sich gebracht und bis etwa 540 über das Reich der Langobarden geboten, das seinen Schwerpunkt in Böhmen gehabt hat. Waccho ist eine der glänzendsten germanischen Herrschergestalten. Er unterwirft nun die Schwaben (*Suavi*), womit nur die Quaden gemeint sein können, schließt ein Bündnis mit den Gepiden, das durch die zweite Heirat Wacchos mit der Gepidenprinzessin Austrigusa (Ostrigusa) um 510 gefestigt wird. Seine erste Frau Radegunda war die Tochter des Thüringer-Königs Bisino gewesen, also auch dies eine politische Heirat (siehe Schmidt, *Geschichte der deutschen Stämme*, S. 311 ff., 427 ff., 2. Aufl. 1934, *Die Ostgermanen*,, S. 535 u. 565 ff.; H. Preidel, »Die Langobarden in Böhmen«, in *Mitteilungen der Anthropologischen Gesellschaft*, Wien, 58, 1928, S. 265 ff.; A. Naegle, *Mitteilungen des Vereins für Geschichte der Deutschen in Böhmen*, 52, 1913, S. 88 f., und *Kirchengeschichte Böhmens*, I[1], 1915, S. 15 ff., sowie I. Loserth, aaO., S. 353 ff.).

König Waccho hat zum dritten Mal geheiratet, die Silinga, diesmal die Tochter des gefallenen Herulerkönigs Rodulf, vermutlich wiederum aus politischen Gründen, denn auch seine Töchter, die er von Austrigusa hatte, wurden in ähnlicher Weise verheiratet. Wisigarda wurde um 530 mit dem Frankenkönig Theudebert (534–548) verlobt, die Eheschließung erfolgte sieben Jahre später; sie starb nach kurzer Ehe; seine Tochter Walderada wurde mit des Frankenkönig Theudeberts Sohn (aus erster Ehe) Theudebâld (gest. 555) vermählt. Nach seinem Tode wollte König Chlotar sie in sein Beilager ziehen, mußte sie aber auf Betreiben der Geistlichkeit an den Bayernherzog Geribald abgeben (siehe Gregor von Tours, IV, 9). Ihre Tochter ist die in der Geschichte wohlbekannte Theodelinde, die Frau des früh verstorbenen Langobardenfürsten Authari, die später den Agilulf heiratete und im Jahr 625 verstorben ist

42

Tongefäße aus langobardischen Gräbern in Mähren: Einfacher, grobgemagerter Kumpf; Knickwandschüsseln mit Vertikal- bzw. Schrägkannelur sowie Ritz- und Keilstichornamenten; Knickwandtopf mit geritzten hängenden Dreiecken und leichter Schrägkannelur; scheibengedrehter, beulenförmiger Becher mit Stempeldekor (Saratice, Bez. Vyškov; Lundenburg; Holásky, Bez. Brünn; Holubice, Bez. Brünn-Land und Velké Pavlovice, Bez. Břecko)

(siehe Paulus Diaconus, III, 30 ff.). König Waccho selber dürfte um 540 gestorben sein.

Über die Gestalt des langobardischen Königs, der gewiß längere Jahre in Böhmen residierte, sollen noch einige Ereignisse angeführt werden. Seine weitschauende Politik zeigte sich in einem friedlichen Abkommen mit dem oströmischen Kaiser, das ihm alljährlich Geschenke von Byzanz sicherte (siehe Prokop, *Gotenkrieg,* III, 33). Darum lehnte Waccho auch das Ansuchen des ostgotischen Königs Witigis ab, der im Jahre 539 seine Hilfe anrief (Prokop, aaO., II, 22). Auf Waccho folgte sein minderjähriger Sohn von der Herulerprinzessin Silinga (Sigelinda), namens Walthari, der sieben Jahre, freilich unter der Vormundschaft Audwins (Audoin), regierte (Prokop, aaO., III, 35). Dieser war der Halbbruder von Wacchos erster Frau, der thüringischen Königstochter. Nach Waltharis Tod übernahm Audwin die Führung der Langobarden, die nun in ihren östlich siedelnden Stammesteilen Pannonien und Noricum besetzten, wie auch die Origo weiß. Dies ist der älteste Bericht über die Geschichte der Langobarden, wahrscheinlich 669 verfaßt. Nach der Darstellung Prokops (*Gotenkrieg,* III, 33) hätte Kaiser Justinian selber im Jahr 548 zur Besetzung von Noricum den Anlaß gegeben.

Die Verbindung mit Thüringen wurde auch jetzt nicht unterbrochen; denn Audwin heiratete in zweiter Ehe die Witwe des letzten Thüringer-Königs Hermonfrid, namens Rodelinda, die unterdessen in Byzanz geweilt hatte.

Wie mächtig die Langobarden den mitteleuropäischen Raum erfüllten, zeigt der Plan des Frankenkönigs Theudebert aus dem Jahre 548, seinem Todesjahr, zusammen mit den verbündeten Langobarden und Gepiden den ganzen Südosten Europas zu erobern. Freilich hat das gute Einvernehmen zwischen Langobarden und Gepiden eben in diesem Jahr einen Bruch erlitten, Reibereien und Kämpfe zogen sich durch Jahre hin und führten zu einem Sieg der Langobarden im Jahre 551. Audwins Sohn Albwin (Alboin) kam etwa 564 zur Regierung. Er hatte aus politischer Erwägung die Tochter des Frankenkönigs Chlotar (gest. 561) namens Chlotoswinda (um 555) gehei-

44

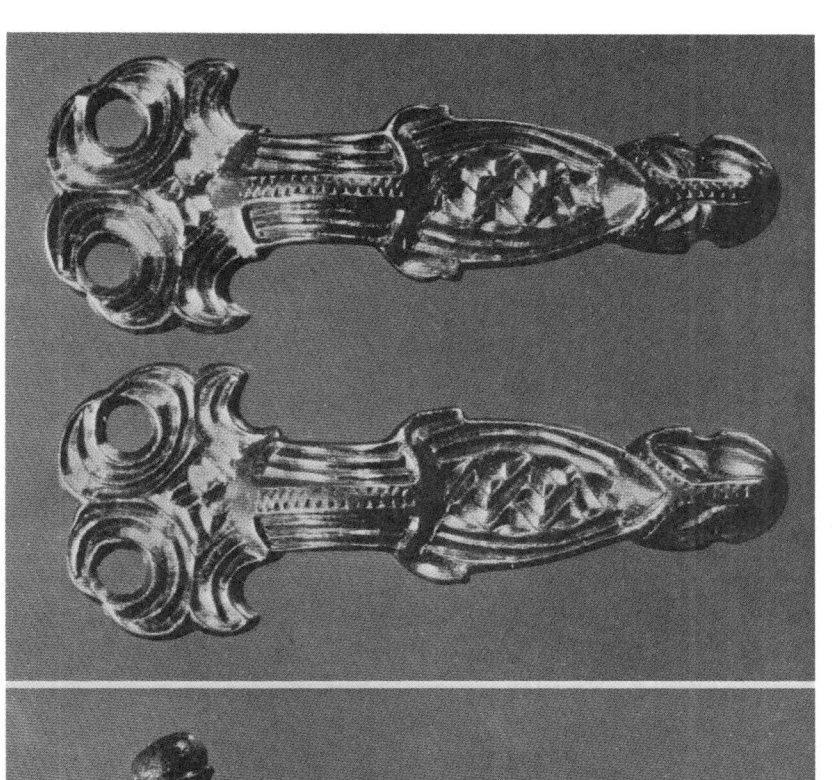

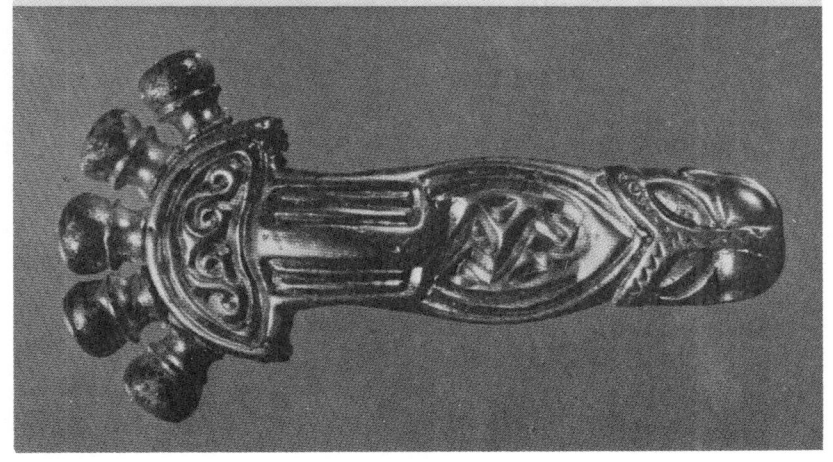

*Ein paar silberver-
goldete und niellier-
te Zangenfibeln mit
scharfgratigem
Kerbschnitt und
Tierkopffuß und ei-
ne ebenso gearbeite-
te Bügelfibel mit
profilierten, ausge-
setzten Knöpfen und
Tierkopffuß aus
langobardischen
Gräbern von Holo-
vive, Bez. Brünn,
Mähren*

45

ratet; er kämpfte im Verein mit den Gepiden gegen die Awaren, wie die Gothaner Handschrift berichtet. Dann aber führte beständige Eifersucht zwischen den beiden Verbündeten zum Kriege, in welchem der Gepidenkönig Kunimund in einer entscheidenden Schlacht (566) fiel. Im Jahr 568 zogen die Langobarden zur Eroberung Italiens aus. Es ist jedoch auch bei diesem Ereignis kein Zweifel, daß von einem Abzug des ganzen Volkes keine Rede sein kann.

Die Herrschaft der Langobarden im Sudetenraum in der ersten Hälfte des 6. Jahrhunderts, durch nahezu zwei Menschenalter, ist eine geschichtliche Tatsache. Daß sie ihren Schwerpunkt wenigstens in der ersten Zeit im nordwestlichen Böhmen hatte, ergibt sich aus einer Notiz, die in das Jahr 805 zu verlegen ist und aus dem Gothaner Codex der Historia Langobardorum (Waitz, *Monum. Hist. script. rerum Langob.*, 1878, 8, 23 ff.) stammt. Hier wird anläßlich des Zuges Karls des Großen nach Böhmen (805) gesagt, daß man hier – es drehte sich um die Canburg an der Eger, das heutige Kaaden – »bis zum heutigen Tage Haus und Palast ihres Königs Waccho in Resten sehen kann« (in schlechtem Mönchslatein: »Bevinidi – unde usque hodie praesentem diem Wacchoni regis eorum domus et habitatio apparet signa«), so daß also die Erinnerung daran im Orte selber festgehalten worden ist. Der Codex ist zwischen 807 und 810 geschrieben worden. Auch Schmidt (*Geschichte der germanischen Stämme*, [2]1934; *Die Ostgermanen*, S. 578, Anm.) findet keinen Grund, diese Angabe zu bezweifeln.

Die Herkunft der Bayern. Der Name Baja

Eine noch nicht völlig aufgeklärte Frage ist der Umfang des Begriffs Baja. Die Baimoi kennt der griechische Geograph Ptolemäus (zwischen 161 und 178); die Baibari (Baibaros) nennt zum ersten Mal der Geschichtsschreiber Jordanes in seinen *Getica*. Daß die Langobarden über Bainaib und Burgundaib nach dem Süden zogen, weiß die älteste Überlieferung

46

der Langobarden zu berichten. Schon R. Holtzmann (*Mitteilungen des mährischen Vereins für Geschichte,* 36, 1934) beschränkte den Landschaftsnamen Baja nicht, wie herkömmlich, auf Böhmen, nach dem Boiohaemum des Tacitus. A. Schneider, in seinem phantasievollen Büchlein *Böhmen und seine Nebenländer in ältester Zeit,* nimmt Baia als das heutige Bayern für den langobardischen Siedlungsbereich in Anspruch und unterscheidet es von dem Volksteil im Osten (Pannonien). Dieser auch von jüngster Forschung aufgenommene Gedanke würde freilich auch die markomannische Auswanderung aus Böhmen und die Gleichsetzung der Bayern mit den Markomannen ausschließen. Die Bayern wären Nachkommen der Langobarden, und ein sprachliches Rätsel wäre gelöst, wie noch zu besprechen ist.

Wir konnten nirgends eine Wahrscheinlichkeit entdecken, daß die Markomannen mit Beginn des 6. Jahrhunderts abgewandert seien, wie die Forschung seit I. K. Zeuß (*Die Herkunft der Bayern von den Markomannen,* 1839) annimmt (siehe R. Much, in Hoops *Reallexikon der germanischen Altertumskunde,* I, S. 156).

Nicht das geringste geschichtliche Zeugnis liegt dafür vor. Es war nur der Name Bajuwarii, der in Zusammenstellung mit Bojohaemum als dem Land der Markomannen diese These durch ein Jahrhundert gestützt hat. Die Bayern erscheinen als »Bewohner eines Lands namens Baja«. Ptolemäus schreibt für Böhmen Βαινοχαῖμοι und Βαῖμοι. Aber neuere Forschung weist darauf hin, daß unter Baja das ganze Gebiet des hercynischen Waldes verstanden worden sei, eine beachtenswerte Feststellung. Denn diese silva Herkunia muß das ganze Gebiet vom Thüringen zum Main eingenommen haben.

Was sagen uns die ältesten Nachrichten über die Bayern selber? Der Name erscheint zuerst bei Jordanes (*Getica,* 280) also vor der Mitte des 6. Jahrhunderts, in der Beschreibung der Grenzen Schwabens: »Das Land der Schwaben hat im Osten die Baiern als Nachbarn« (»Regio Suavorum ab oriente Baibaros [Bajobaros] habet, ab occidente Francos, a meridie Burgundzones, a septentrione Thuringos«). Diese Nennung der

Baiern als östliche Nachbarn der Schwaben geht zurück auf die etwas ältere Angabe in Cassiodors Geschichte der Goten, die freilich nicht erhalten ist.

Die »Abwanderung der Markomannen« wird von den Geschichtsforschern verschieden angesetzt, es wechselt der Termin zwischen dem Anfang des 6. Jahrhunderts und dem Jahre 550. Die Salzburger Jahrbücher verlegen die Einwanderung der Bayern in das Jahr 508. Man wird das als ungefähre Datierung annehmen dürfen, auch wenn die Bayern nicht die Nachfahren der Markomannen, sondern der Langobarden wären, die sich ja auch um 500 auf ihrer Wanderung nach dem Süden befanden; die baiowarischen Reihengräber deuten in die Zeit um 550. H. Preidel (*Prähistorische Zeitschrift,* 19, 1918. S. 267) nimmt als Termin der »Abwanderung der Markomannen« die Zeit von 508 bis 510 an und beruft sich dabei auf die mangelnden markomannischen Bodenfunde nach dieser Zeit. Doch ist hier noch alles in Schwebe. Noch vor Ausgang des 6. Jahrhunderts drangen sie kämpfend langsam in die Ostalpenländer vor (siehe R. Kötzschke und W. Ebert, *Geschichte der ostdeutschen Kolonisation,* Leipzig 1936, S. 24 ff.).

Um einen zureichenden Grund für die geschichtlich nicht bezeugte Abwanderung der Markomannen zu finden, wurde diese mit dem Einbruch der Langobarden um 500 in Zusammenhang gebracht. Tatsächlich weiß auch eine der drei langobardischen Chroniken von einem Grenzkampf bei der Einwanderung der Langobarden zu berichten. Das liegt freilich nahe. Aber wenn die Markomannen vor den von Nordwesten anrückenden Langobarden wirklich gezwungen gewesen wären, ihre alten Sitze in Böhmen aufzugeben, müßte man eher ein Ausweichen nach Osten als nach dem Südwesten erwarten. Es liegt darum nahe anzunehmen, daß die Gebiete, die die Langobarden bei ihrem Einbruch in Böhmen besetzten, in den westlichen und südwestlichen Landschaften des böhmischen Raumes zu suchen wären, zumal ein Auszug eines ganzen germanischen Volkes bei Annäherung eines anderen wandernden Stammes kein Gegenstück in der Geschichte hat. Der Name Baja scheint frühzeitig für das bayerische Siedlungsgebiet in

48

Gebrauch gewesen zu sein. Die spätere langobardische Geschichtsschreibung bezeichnet Geribald (553 bis 590) als »König der Baiwaren«. Der fränkische Chronist Fredegar, um 640 schreibend, nennt in seiner Chronik (IV, 34) die Tochter Geribalds »aus dem Stamm der Franken« (»ex genere Francorum«). Dieser Irrtum erklärt sich so: Die Tochter des Langobardenkönigs Waccho war die Frau zweier Frankenkönige; da aber Walderada danach die Frau Geribalds wurde, so kann ihre Tochter Theudelinde vermutlich als aus dem Stamm der Franken bezeichnet werden. Das heimatliche Fürstengeschlecht der Agilolfinger bleibt in Bayern auch in der Folgezeit führend.

Frühzeitig werden die Bayern nach dem Zerfall des ostgotischen Reiches ein Teil des Frankenreiches, wahrscheinlich schon unter König Theudebert (534 bis 548), aber wir hören nichts von einem Tribut, so daß wohl eine friedliche Unterordnung unter die fränkische Weltmacht erfolgt ist. Nach dem Jahr 539 rühmt sich König Theudebert in einem Brief an Kaiser Justinian seiner Herrschaft bis Pannonien. Die Bayern müssen also schon damals in ihren Sitzen gewohnt haben und auch bereits in einer Art fränkischer Oberhoheit gestanden sein. Für die Zeit von 538 bis 550 ist die bayerische Besiedlung ihres Gebietes gesichert. Im Jahre 565 waren sie westlich bereits über den Lech gekommen und drangen in das Inntal vor. Gegen Ende des 6. Jahrhunderts hatten sie die Brennergrenze erreicht.

Seit zwanzig Jahren werden vereinzelt Stimmen laut, die in den Bayern Langobarden sehen. Diese Ansätze lassen sich nicht völlig von der Hand weisen und drängen sich geradezu auf, weil eine Auswanderung der Markomannen nicht wahrscheinlich und vor allem nicht erweisbar ist.

Die Frage der Herkunft der Bayern hat in letzter Zeit ausführlich Franz Stroh behandelt in der Zeitschrift *Der Heimatgau* (2, 1940–1941, S. 63ff.). Er besprach neben der älteren Forschung die neueren Arbeiten von Heuwieser, Zeiß, Steche, Klebel und Beninger, die alle die These von dem großen Abzug der Markomannen ablehnen, jedoch überwiegend die

Meinung vertreten, es seien aus dem böhmisch-mährischen Raum Splitter von verschiedenen germanischen Völkern, Heruler, Skiren, auch Langobarden und Rugier, vielleicht auch mit markomannischen Volksteilen, und zwar in wiederholten Vorstößen vom südlichen Böhmen und Mähren aus in das ursprünglich romanische Gebiet vorgedrungen. So zuerst Heruler um 488 bis 509, dann die ostgermanischen Skiren um 535 und Langobarden zwischen 539 bis 545. Daß ostgermanisch sprechende Menschen an der Besiedlung des bayerischen Raumes teilgenommen haben, ergäbe sich aus ostgermanischen Sprachsplittern im Bayerischen wie Dult, die Orte mit Weichs (das mit gotisch *weihs* zusammengestellt wird), der Erchtag, Ertag als Bezeichnung für den zweiten Wochentag, vielleicht auch die Wörter Biburg und Maut; auch sei von Interesse, daß das germanische *ō* im Bayerischen bis in die erste Hälfte des 9. Jahrhunderts erhalten geblieben sei gegenüber späterem *uo*. Auch auf die engen Beziehungen der Baiowaren des 6. Jahrhunderts zu den Langobarden wird verwiesen. Die bayerischen Ortsnamen Scheyern und ähnliche deuteten auf die Skiren hin.

Wie dem auch sei – denn hier ist noch manches aufzuhellen –, die alte These der Auswanderung der Markomannen in den bayerischen Raum scheint allenthalben aufgegeben; übereinstimmend ist die Überzeugung, daß die Markomannen in Böhmen und die Quaden in Mähren im 6. Jahrhundert keine feste staatliche Bindung mehr aufwiesen und in ihrem Volkstum geschwächt erscheinen. Auch dies wird der geschichtlichen Wahrheit nahekommen und sich gut in die folgende slawische Zuwanderung und spätere slawische Vorherrschaft einordnen.

Adolf Helbok trat mit dem Aufsatz »Die Bayern stammen nicht von den Markomannen ab« in der *Zeitschrift für sudetendeutsche Geschichte* (5, 1941, 22 ff.) in die Besprechung ein. Wie seine Vorgänger nimmt er mehrere Völkerschaften als Vorfahren der Bayern an, so neben dem Hauptvolk der Langobarden die Alemannen und Ostgoten sowie keltisch-illyrische Volksreste. Das Land Baja, das die These von der Einwanderung der Markomannen hervorgerufen hat, wird von Helbok nicht als Böhmen, sondern als das Gebiet südlich des herkynischen Waldes erklärt. Die Baiowaren seien eigentlich ein Teil des Volkes der Langobarden, mit denen diese auch in der Zeit der langobardischen Herrschaft in Italien enge Beziehungen aufrechthielten. Bis gegen Ende des 5. Jahrhunderts haben gewiß Alemannen bis in die Gegend von Regensburg gesiedelt (vgl. auch A. Helbok, *Grundlagen der Volksgeschichte Deutschlands,* 1937, S. 304ff.). Vorher hat bereits R. Holtzmann die Bayern mit den Langobarden zusammengestellt.

Ich möchte für diese These, daß die Bajuwaren der westliche Teil der Langobarden gewesen sind, die sich langsam bis an die Alpen ausbreiteten und frühzeitig auch östlich bis Pannonien vordrangen, einige, vielleicht noch nicht beachtete Umstände anführen.

Wenn die Markomannen Böhmen nicht verlassen haben, müssen die Langobarden, da an eine kriegerische Ausrottung der Bewohner Böhmens nicht zu denken ist, bei ihren Sitzen in Böhmen ein Gebiet eingenommen haben, das wenig besiedelt gewesen ist; das wäre das Egergebiet bis dorthin, wo der Fluß die gebirgige Landschaft verläßt, also die Umgebung von Kaaden. Weiters werden sie Westböhmen, das damals noch ziemlich unwirtlich und in Wäldern begraben war, besiedelt haben und im übrigen nach Süden vorgedrungen sein, einerseits gegen die Donau im heutigen Bayern, andererseits gegen die Donau im heutigen Ober- und Niederösterreich. Mit dieser Annahme ließen sich die weiteren geschichtlichen Begebenheiten in Einklang bringen, daß Waccho in den ersten Jahren seiner Regierung noch in Böhmen gesessen habe, daß aber seine Nachfolger das Gewicht des Volkes und ihrer Herrschaft nach dem Südosten verlagert haben, bis sie 568 von Pannonien aus in Italien eindrangen.

Zu dieser Darstellung komme ich durch folgende Tatsache: Das Deutschtum Böhmens ist sprachlich in zwei große Teilgebiete zerlegt durch die Grenze der bayerisch-egerländischen Mundarten, die knapp westlich von Kaaden gegen Süden zum Pilsener Becken verläuft und auch das südliche Böhmen abschneidet. Damit ist natürlich die von den Anhängern der Kolonisationstheorie angenommene Besiedlung des westlichen Böhmens von Bayern aus hinfällig, worüber später noch zu reden ist. Noch interessanter ist aber die Tatsache, daß die Landschaft des Egergebietes von Eger bis Neuern und östlich bis Kaaden eine besondere Mundart spricht, das Nordgauisch-Egerländische, das durch die sogenannten gestürzten Diphthonge gekennzeichnet ist. Und was ich bei der Betrachtung der Mundart noch genauer hervorheben werde, ist die Tatsache, daß diese gestürzten Diphthonge eben in dem Gebiete an der Unterelbe, im Holsteinischen und Mecklenburgischen zu finden sind, aus denen die Langobarden gegen Ende des 5. Jahrhunderts zur Abwanderung »nach Bainaib« aufgebrochen sind.

Und noch eine sprachliche Tatsache kann am Rande vermerkt werden. Wenn die Baiuwaren Langobarden gewesen sind, müssen die kleinen Reste der heute noch deutschen Bevölkerung am Südrande der Alpen, die Sieben und die Dreizehn Gemeinden, naturgemäß versprengte und isolierte Splitter aus dem Siedlungsraum der Langobarden in Italien sein und darum dem bayerischen Sprachraum angehören; das tun sie auch. Freilich werden hier nur Vermutungen geäußert. Aber mit unerwiesenen und unbeweisbaren Vermutungen hat seit hundert Jahren die böhmische Geschichtsforschung eine Geschichtsklitterung aufgebaut, bei der eine Aussage die andere zu stützen bemüht ist. Und hier gilt es, den Weg aus der Vernebelung zu finden.

Bodenbefunde und ihre Zuordnung

Im 1. und 2. Jahrhundert n. Chr. sowie im 3. Jahrhundert sind nach den Ergebnissen der prähistorischen Forschungen von O. Menghin, H. Preidel, E. Beninger mit Hans Freising und Leonhard Franz in den südlichen Sudetenländern im wesentlichen Bodenfunde westgermanischen Charakters zu verzeichnen. Die Bestattung mit Waffen war mit den Hermundu-

52

Vormarkomannisches und markomannische Brand- und Skelettgräber. 1. Krischwitz, Bez. Tetschen. 2. Groß-Holletitz, Bez. Saaz. 3. Schießelitz, Bez. Saaz

ren und Markomannen nach Böhmen gekommen. Die Toten wurden auf einem Scheiterhaufen verbrannt und die Asche in Urnen beigesetzt. Die Erdbestattung ohne Verbrennung wird im 4. Jahrhundert vorherrschend. Im 3. Jahrhundert treten deutsch-ostgermanische Einflüsse auf, meist bei Brandbestattung. Aber im 3. und 4. Jahrhundert zeigen nach Preidel die Funde ein so großartiges Gepräge innerhalb der suebischen

53

Hinterlassenschaft, daß wir von einer ausgesprochenen Stammeskultur sprechen können, die derjenigen in Innerböhmen in weitgehendem Maße gleicht. Auch in Nordwestböhmen zeigen die Funde ähnlichen Charakter, so daß wir von einer geschlossenen markomannischen Besiedlung sprechen können. Die Kultur dieses germanischen Volkes ist noch nicht zureichend untersucht. Handel mit den Römern läßt sich aus den Funden feststellen; die römischen Münzfunde stammen freilich vornehmlich aus dem 4. und 5. Jahrhundert.

Daß im 5. und 6. Jahrhundert eine Stammesänderung in der Besiedlung des süddeutschen Raumes eingetreten sei, stellen einige Archäologen fest. Sie bringen dies freilich mit dem »Abzug« der Markomannen und Quaden in Verbindung, welcher ja zum eisernen Bestand aller Geschichtsforscher in diesem Land gehört; auch die Prähistoriker suchen ihn mit Funden in Einklang zu bringen. Man muß bei diesem allen bedenken, daß die Vor- und Frühgeschichtsforschung in Böhmen noch allzuwenig festen Boden unter sich hat, da sie seit ihren Anfängen unter dem Einfluß vorgefaßter Meinungen über die Ansiedlung slawischer Völker in Böhmen und Mähren oder wenigstens über eine völlige Besitznahme des ganzen Raumes seit dem Zeitpunkt der Einwanderung stand. Und als man auch auf tschechischer Seite begann, den geschichtlichen Tatsachen mehr Rechnung zu tragen, blieb die Bodenforschung, auch die deutsche, dabei stehen, daß Böhmen und Mähren vor dem Jahre 600 ein gleichsam menschenverlassener Raum gewesen seien. Denn die These der Abwanderung der Markomannen und Quaden war ja von der Geschichtswissenschaft angenommen worden.

Daraus ergab sich folgender Tatbestand: Was an offensichtlich germanischen Bodenfunden seit Beginn des 7. Jahrhunderts geborgen wurde, war nicht mehr einheimischer Kultur, etwa markomannischer oder quadischer Herkunft, sondern, soweit man nicht in der letzten Zeit auch langobardischen Einfluß gelten ließ, thüringisch-fränkisch-merowingisch, also von außen zugebracht. Man lese zum Beweise das umfängliche Werk von J. Schranil *Die Vorgeschichte Böhmens und Mährens* aus dem Jahre 1928. Aus dieser Verlegenheit erflossen auch die verschiedenen Erklärungsversuche (siehe auch O. Menghin, *Einführung in die Urgeschichte Böhmens und Mährens,* Reichenberg 1926, S. 11). Dazu kam noch, daß es bis in die Jahre nach dem Ersten Weltkrieg kaum eine wissenschaftliche deutsche Bodenforschung gegeben hat. Die Deutschen hatten auch hier versäumt, an sich selber zu denken. Darum wurden die Bodenfunde in Prag oder Pilsen stiefmütterlich behandelt, die Sammlungen im deutschen Sprachgebiet – zum Beispiel in Teplitz – fanden keine gründliche Bearbeitung.

Erst die Jahre nach dem Ersten Weltkrieg haben hier Wandel geschaffen. »Die Vorgeschichtsforschung in Böhmen steht hier eigentlich erst am Anfang und hat noch ein gewaltiges Brachland zu bearbeiten«, sagte M. Jahn in der Zeitschrift *Altböhmen und Altmähren* (1, 1941, S. 86). Aber noch stehen wir in der Auseinandersetzung, ob das Deutschtum in tschechischen Ländern bodenständig oder im Zuge der ostdeutschen Kolonisation eingewandert sei. Mein Buch soll der Klärung dienen.

Nach Preidel (*Die germanischen Kulturen in Böhmen und ihre Vertreter,* Kassel 1930) und anderen ansehnlichen Forschern finden sich in den böhmischen Bodenfunden kennzeichnende thüringische Einflüsse. Im 6. Jahrhundert treten als neue Elemente nordische Einflüsse zutage (Tierköpfe in den Fibelenden), die mit den Langobarden in Verbindung zu bringen sind. Diese Einflüsse reichen bis gegen die Mitte des Jahrhunderts (siehe auch H. Preidels Aufsatz in den *Mitteilungen der Anthropologischen Gesellschaft in Wien* 58, S. 273 ff.). Hingegen kann man aus Bodenfunden nichts über Abwanderung der Markomannen nach Bayern erschließen, nur daß nach 450 und bis in das 7. Jahrhundert in Böhmen die bereits erwähnten Einflüsse thüringisch-merowingischer Kultur wahrzunehmen sind. Langobardengräber finden sich bereits im Anfang des 6. Jahrhunderts nördlich der Donau, was mit den geschichtlichen Zeugnissen übereinstimmt (siehe H. Preidel, »Die Abwanderung der Markomannen«, in *Prähist. Zs.* 19, 1928, S. 263).

Seit dem 7. Jahrhundert, darin stimmen die Prähistoriker überein, findet man in Böhmen Funde von charakteristisch merowingischer Kultur (siehe H. Preidel, *Germanen in Böhmen,* Brüx 1926, S. 60 ff.; Menghin, *Einführung in die Urgeschichte Böhmens,* Reichenberg 1926, S. 107 ff.; Schranil, in *Die Vorgeschichte Böhmens und Mährens* 5, S. 272). Nur R. Much hat diese böhmischen Skelettgräber der »merowingischen« Kultur nicht den Franken, sondern den Markomannen zugeschrieben. Er dürfte recht behalten. Auch H. Preidel, der früher diese Gräberfunde der späteren Zeit als thüringisch angesprochen hatte, gibt in einem Aufsatz in *Deutsche Heimat* (Plan 1928, S. 158 ff.) die Möglichkeit zu, die als thüringisch angesprochenen Spangen von markomannischen Fibeln herzuleiten. Es sind in den letzten Jahren sehr viele Bestattungsgräber ausgegraben worden, die in den Mitteilungen immer öfter als »markomannisch« angesprochen werden.

Die älteren Forscher beziehen die nach dem Jahre 600 entstandenen sogenannten »Burgwälle« auf die slawische Besiedlung, wozu die Bemerkung von H. Uhtenwoldt in der *Zeitschrift für Geschichte der Sudetenländer* (6, 1943, S. 30) zu stellen ist: »Ausgesprochene Fliehburgen sind auch für die älteste slawische Zeit in Böhmen nicht nachgewiesen.« Kennzeichnende slawische Bodenfunde sind aus dem 7. und 8. Jahrhundert soviel wie unbekannt; die Brandgräber der Slawen, kleine Hügelgräber, sind überhaupt so arm an Beigaben, daß davon kein Aufhebens gemacht werden kann. »Die Kultur der Slawen in Böhmen war anfänglich äußerst dürftig und urtümlich«, sagt L. Zotz (*Der Sudetenraum,* 1941, S. 458). Die Keramik ist ganz einheitlich und steht nach Schranil (S. 287) »stark unter fremdem Einfluß«. Die Wahrheit ist, daß die Anwesenheit von Slawen in Böhmen zwischen 600 und 800 nicht durch Bodenfunde bestätigt werden kann. Man muß den spärlichen Erwähnungen fränkischer Chronisten Glauben schenken, die der »böhmischen Wenden« öfters gedenken. O. Menghin (*Einführung in die Urgeschichte Böhmens und Mährens,* S. III) schließt: »Die Fragen nach frühslawischem Kulturbesitz sind das dunkelste Problem in der gesamten Vor- und Frühge-

56

schichte der Sudetenländer.« Dieser bemerkenswerte Satz liegt genau in der Richtung meiner Darlegungen.

Hervorragendes wissen die tschechischen Forscher von der tschechischen »Fürstenperiode« des 10. und 11. Jahrhunderts zu berichten. Vielleicht wird eine ernsthafte Überprüfung dieser Bodenfunde feststellen können, daß wir es hier mit spätkarolingischem Kulturgut, vornehmlich in den Beigaben der Skelettgräber seit der Mitte des 10. Jahrhunderts zu tun haben. Man behilft sich da mit Hinweisen auf karolingisch-romanische Einflüsse, aber beispielsweise sind die bei Schranil (aaO., S. 292) abgebildeten Grabfunde ohne Zweifel deutsch oder deutsch beeinflußt. Beigaben von Hühnern (Hähnen) sind rein germanisch. Nach einer anderen Richtung weisen Äußerungen von Archäologen, die an einen germanischen Schwertadel bei den Tschechen dieser Jahrhunderte glauben, Reste gehobener deutscher Volkheit, also nicht bloß Wikinger. So sagt Karl V. Müller in dem Aufsatz »Zur Rassen- und Volksgeschichte des böhmisch-mährischen Raumes« (*Böhmen- und Mährenbuch*, Prag 1943, S. 128), daß es sich in den sogenannten Slawengräbern der Zeit von 1000 bis 1200, die nordischen Charakter aufweisen, wahrscheinlich um die Reste der Nachkommen der Germanen, also slawisierte Germanen, handle. Ähnliches vermutet der Archäologe L. Franz. Ein solches Grab ist gewiß das »Fürstengrab« von Kolin aus dem Anfang des 10. Jahrhunderts; andere ähnliche sind das von Czernowitz in Mähren, das aus Schellenken bei Dux und das in Podol in Mähren.

Es mehren sich also in der letzten Zeit auch unter den Archäologen die Stimmen, die nicht an völliges Versiegen germanisch-deutscher Bodenfunde im 7. und 8. Jahrhundert glauben. So sagt schon im Jahre 1922 Anton Rzehak in dem Aufsatz »Die Palackysche Kolonisationshypothese und die Vorgeschichtsforschung« (in *Zeitschrift des Mährischen Vereins für Geschichte* 24, S. 58): »Eine vollständige Abwanderung der germanischen Markomannen aus Böhmen ist auch für die Zeit bis zum 7. Jhrh. aus archäologischen Gründen nicht anzunehmen.« (vgl. ebd., S. 61) Man hat neuerdings auch in der Hanna in Mähren größere germanische Bodenfunde gemacht (siehe K. Schirmeisen in *Zeitschrift des Mährischen Vereins für Geschichte* 35, 1933, S. 19f.), wobei Schirmeisen auch die Vermutung ausspricht, daß die in Böhmen zurückgebliebenen Markomannen ebenso wie die Langobarden des 6. Jahrhunderts Christen geworden seien und darum auf Beigaben in Gräbern keinen Wert mehr legten. Übrigens sei eine Deutung der Beigaben in diesen späteren Jahrhunderten nicht so leicht, weil das Vergleichsmaterial und der Charakter der Keramik und der Waffen keine durchgreifenden Änderungen mehr aufweisen.

Die slawischen Filigranarbeiten des 10. bis 12. Jahrhunderts aus den Bodenfunden von Nordböhmen und Mähren sind hochstehende Werkskultur. Aber wer will sie neben den gleich hochwertigen germanischen Filigranarbeiten der früheren Jahrhunderte als tschechisch erweisen? So verbleiben als slawischer Einschlag die viel genannten Schläfenringe, seit der zweiten Hälfte des 10. Jahrhunderts bis ins 13. Jahrhundert zu finden, die jedoch auch in ihrer Herkunft umstritten sind, weil sie aus karolingischer Zeit auch im westlichen Europa gefunden wurden; desgleichen ist vielleicht auch die Wellenverzierung auf den Gefässen nicht kennzeichnend slawisch. »Da viele Gebiete Böhmens noch nicht oder mindestens nicht genügend erforscht sind, ist über die räumliche Ausdehnung germanischer Besiedlung noch nicht das letzte Wort gesprochen«, sagt Leonhard Franz in seinem Aufsatz »Kelten und Germanen in Böhmen« (*Das Sudetendeutschtum*, Brünn 1937, S. 18).

Aber leider gilt für die tschechischen Forscher und die von ihnen beeinflußte vor- und frühgeschichtliche Wissenschaft die These, daß seit dem Beginn des 6. Jahrhunderts keine bodenständigen germanischen Funde im Sudetengebiet anzutreffen seien (vgl. Schranils Feststellungen, *Die Vorgeschichte Böhmens und Mährens,* S. 322). Der tschechische Prähistoriker Šimek hat sogar eingestanden, daß mit der Lösung der Vorgeschichte in einem für die Tschechen negativen Sinne dem »Gegner« politische Waffen in die Hand gegeben würden (siehe *Stiftung für deutsche Volks- und Kulturbodenforschung,* Leipzig, für die Jahre 1923 bis 1929, S. 57).

58

Es sei hier dazu noch bemerkt, wenn die Bodenforschung bislang keine zureichenden Anhaltspunkte für die kontinuierliche Besiedlung der Sudetenländer durch germanisch-deutsche Menschen über die Einwanderung der Slawen hinaus bis ins 11. Jahrhundert besitzt, ist dem immer entgegenzuhalten, daß auch aus dem Versagen der Funde, die ja der Forschung nur zum geringsten Teile zur Kenntnis gekommen sind, nicht auf eine Siedlungsleere geschlossen werden darf, weil dann auch die Anwesenheit der Tschechen in Böhmen und Mähren durch unverkennbare slawische Bodenfunde vor Beginn des 10. Jahrhunderts ebensowenig nachweisbar wäre. In Nordwestböhmen beispielsweise gibt es auch noch im 10. Jahrhundert nur ganz geringe Spuren slawischer Siedlung, und die Fundgrenze für slawische Altertümer um das Jahr 1000, wie sie H. Preidel nach der Bestandsaufnahme entworfen hat, verläuft knapp westlich von Kaaden, fällt also mit der mittelalterlichen Grenze zwischen dem Egerland und Nordwestböhmen zusammen, eine bemerkenswerte Tatsache. Ich habe auf diese »Sprachgrenze« bereits verwiesen und werde noch öfter darauf zu sprechen kommen.

Aus der Gesamtübersicht über die Bodenfunde ist die Tatsache gesichert, daß germanische Gräber in Böhmen und Mähren auch im 6. und 7. Jahrhundert in großer Zahl festgestellt wurden. Daß diese Bodenfunde nur thüringischer oder fränkisch-merowingischer Herkunft seien, ist ausgeschlossen. Auch aus freilich erst spärlichen Untersuchungen kann die Abwanderung der Markomannen aus Böhmen nicht erschlossen werden. Mochten auch ihre Gaue in der Zeit nach der Einwanderung der Slawen ohne einheitliche Führung und staatliche Geschlossenheit leben, so unterliegt die germanische Kontinuität durch diese und weitere Jahrhunderte keinem Zweifel, wie sich noch erweisen wird. Freilich werden in den Bodenfunden der folgenden Jahrhunderte wohl auch karolingisch-westdeutsche Einflüsse festgestellt werden, sowie auch Einzelfunde, die in das spätere wikingische Zeitalter weisen.

II. Germanen und Slawen

Die Einwanderung der Slawen

Betrachten wir nun die Einwanderung der Slawen in den Sudetenraum, die slawische Besiedlung und die Ausbreitung der Tschechen, um die Kräfte für die weitere Geschichte Böhmens und Mährens abzumessen.

Die Urheimat der Slawen ist nach Max Vasmer (*Der ostdeutsche Volksboden*, 1926, S. 118ff.) das Gebiet zwischen Pinsk und Kiew.

Vor der Völkerwanderung gab es westlich der Weichsel keine Slawen. An der Weichsel saßen die Burgunder und südlich davon die Wandalen bis hinein nach Ungarn. Der Hauptteil dieser Völker ist am Anfang des 5. Jahrhunderts nach Westen abgewandert. In der zweiten Hälfte des 6. Jahrhunderts beginnt das Vordringen der Slawen auf deutschen Boden. Sie haben sich schnell in lockeren Scharen überall nach dem Westen vorgeschoben und jedes schwach besiedelte oder von den Siedlern durch Abwanderung verlassene Gebiet besetzt. Über Elbe und Saale hinüber dringen sie im 7. Jahrhundert bis ins Maintal vor, ziehen an der Naab aufwärts, nirgends Staaten bildend, nirgends in großer Stärke. Die Deutschen nannten sie Winden, auch Sorben. Sie siedelten wohl auch in der näheren Umgebung des heutigen Eger, wie einige Ortsnamen erweisen.

Seit dem Ende des 7. Jahrhunderts gingen ostfränkische Siedler in die schwach besetzten slawischen Gebiete vorwärts, legten Königsgüter und Herrenhöfe an und setzten freie Bauernsiedlungen aus. Die Karolinger schufen im Norden des bayerischen Stammesgebietes die Mark auf dem »Nordgau«, die sich vom oberen Naabtal nach dem Egergebiet erstreckte, das ja nicht zu »Böhmen« gehörte. Von Süden her entwickelte Bayern dauernd eine Siedlertätigkeit seit der Zeit Ludwigs des Deutschen (siehe Kötschke, *Geschichte der ostdeutschen Kolonisation*, Leipzig 1936, S. 28). Im Jahre 845 war eine sorbische

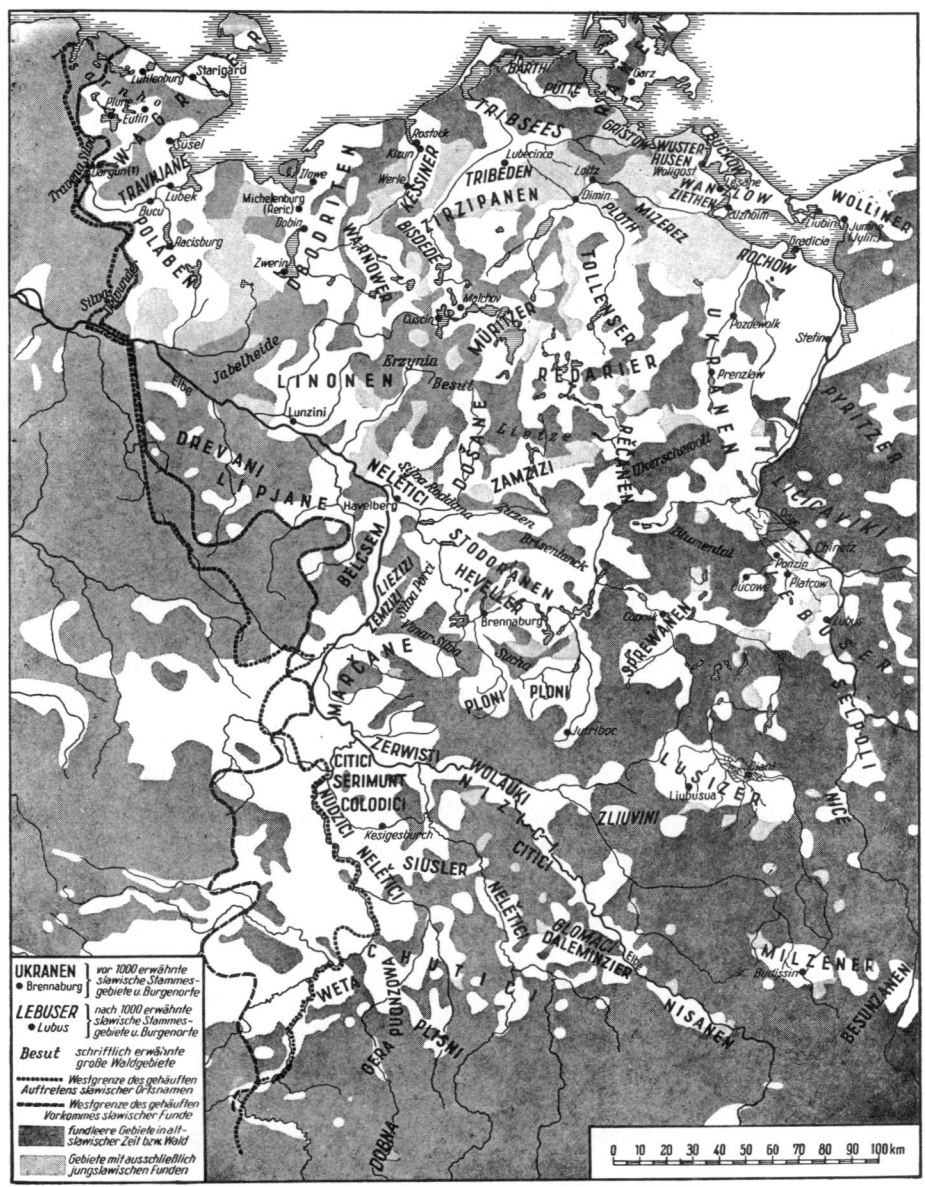

Die slawischen Siedlungs- und Stammesgebiete westlich von Oder und Neiße

Mark von der oberen Saale bis nahe an Magdeburg eingerichtet worden, an deren Spitze ein Markgraf oder ein Heerführer stand. So kennen wir Thakulf (gest. 873), der ein gutes Einvernehmen mit den Slawen pflegte.

Nach dieser kurzen Übersicht wenden wir unseren Blick auf Böhmen. Was Franz Palacky, der große tschechische Geschichtsschreiber, über das altslawische Leben in Familie, Gemeinde und Staat von der ersten Besiedlung des Sudetenraumes an bis ins 13. Jahrhundert darstellt, angeblich nach Quellen, beruht zum Teil auf der idyllischen Darbietung des Chronisten Cosmas (gest. 1125), der seine Motive aus antiken Schriftstellern zusammengeholt hat, zum Teil aus einer Übertragung der volkstümlichen Zustände und Einrichtungen südslawischer und russischer Völker, zum Teil aus der Verwertung der für echt gehaltenen Fälschungen Wenzel Hankas seit 1817 und dessen Mitarbeiter, die freilich in der tschechischen Politik wie in der Wissenschaft durch hundert Jahre die Grundlage der nationalen Erziehung gebildet haben.

Die Wahrheit ist, daß wir über alttschechische Zustände so viel wie gar nichts wissen, daß Gemeinde- und Gauverfassung der Slawen ebenso wie ihre Volkskunde und innere Geschichte für die ersten Jahrhunderte nach ihrer Einwanderung in einem völligen Dunkel liegen, daß alles, was im alttschechischen Herzogtum am Hofe, in der Kirchenverfassung und in der Landverwaltung an geordneten Verhältnissen zutage tritt, durchweg Übernahme aus dem deutschen Vorbild gewesen ist. Verfassung, Verwaltung, Gerichtswesen waren auch im weiteren Mittelalter mit deutschen Einrichtungen durchsetzt.

Die Wissenschaft weiß über altslawische Kultur und slawisches Leben Folgendes zu sagen: Die einzelnen Sippen und Stämme wohnten, von Ödlandstrecken umgeben, nebeneinander in Abgeschlossenheit für sich oder in losem Bündnis mit anderen (R. Kötschke, *Geschichte der ostdeutschen Kolonisation*, Leipzig 1936, S. 20). Die Slawen liebten die Niederung, nahe an Gewässern, das höhere Gebirge wurde gemieden. Die Siedlungen waren meist klein, geschlossene Dorfverfassungen gab es nicht. Das hinterlassene Kulturgut aus frühslawischer

62

Zeit zeigt eine geringe Höhe technischen Könnens, wie die Bodenforschung ausweist (Kötschke, ebd., S. 21). Den Slawen der damaligen Zeit war der Ackerbau nicht unbekannt, doch spielte er eine untergeordnete Rolle. Die Sammel- und Viehwirtschaft stand bei ihnen im Vordergrund. Darum hatten Wohnstätten und Dorfschaften damals noch keinen festen Standort, also fehlte auch die feste Siedelform. Die auffällige Armut an slawischen Siedlungsfunden findet so zu einem Teil ihre Erklärung, ebenso auch die große Zahl slawischer Dorfnamen (W. Ebert, *Geschichte der ostdeutschen Kolonisation,* S. 170f.). Überall, wo Slawen in der Zeit zwischen 600 und 900 altes germanisches Siedlungsland in Besitz genommen haben, ist das Gesamtbild wendischer Kultur, wie es sich aus den Bodenfunden ergibt, ein kümmerliches, so zum Beispiel in Mecklenburg (siehe *Stiftung für deutsche Volks- und Kulturforschung,* Leipzig 1923 bis 1929, S. 51).

Es ist kein Zweifel, daß diese allgemeine Kennzeichnung auch die böhmisch-mährischen Slawen in den ersten Jahrhunderten nach ihrer Einwanderung trifft. Daraus geht ohne jeden Widerspruch hervor, daß ein solches Volk von lockeren Sippen und kleinen Stämmen nicht das ausgedehnte Siedlungsgebiet von Böhmen und Mähren ausgefüllt haben kann, nicht im 7. und nicht im 8. Jahrhundert, daß es vielmehr Jahrhunderte gebraucht haben muß, jene völkische Ausdehnung und jene innere und äußere Kraft zu entwickeln, die es nach der tschechischen Geschichtsklitterung und ihren deutschen Gefolgsleuten schon im 7. und 8. Jahrhundert besessen haben soll. Wir begreifen auch, daß Böhmen Jahrhunderte gebraucht hat, zu einer staatlichen Sammlung unter einem Herzogsgeschlecht zu gelangen. Ja, wir können, vorläufig ohne Beweis, annehmen – weil wir die slawischen Staatsgründungen in Europa kennen –, daß dieses tschechische Herzogtum des 9. und 10. Jahrhunderts nicht ohne deutsche Beihilfe zustandegekommen sein kann. Auch tschechische Forscher geben zu, »daß die Anzahl der Slawen, die irgendwann zu Beginn des Mittelalters unsere Länder in Besitz nahmen, bestimmt nicht so groß war, wie man allgemein glaubt« (Korčak) und ähnlich sagt L. Franz (»Germanen und Slawen in den Sudetenländern«, in *Zeitschrift Germanien* 1938, S. 341 ff.), daß nach den Bodenfunden die Stärke der frühen Slawen nicht so bedeutend gewesen sein kann.

Wir wenden uns nun dieser Geschichte Böhmens und Mährens seit der Einwanderung der Slawen zu, soweit sie für unsere Aufgabe notwendig scheint.

Die böhmisch-mährischen Slawen sind nach sicheren Angaben im Gefolge der Awaren in unseren Raum gekommen. Diese konnten im westlichen Ungarn und der Slowakei erst nach dem Abzug der Langobarden (568) größere Landstriche besetzen; mit den Langobarden sind gewiß auch Teile des Volkes der Quaden (Sueben, Suavi) aus Südmähren und der heutigen Slowakei abgewandert.

Nach der legendären Erzählung des tschechischen Chronisten Cosmas, der im ersten Viertel des 12. Jahrhunderts schrieb, sind die Slawen unter ihrem Führer Boemus – den Namen nahm Cosmas naiv aus dem vorhandenen Namen Boemia; die tschechische Geschichtsschreibung und ihre volkstümliche Auswertung nannte diesen Boemus folgerichtig Čech und übertrumpfte damit den alten Chronisten – »Jahrhunderte nach der großen Sintflut nach Böhmen gekommen, das völlig menschenleer war« (»post diluvii effusionem – post multa saecula – terra viduata homine«). Freilich fügt Cosmas seiner weiteren poetischen Schilderung der Landnahme hinzu, daß er es dem Leser überlasse, diese Berichte zu beurteilen, ob sie wahr oder erfunden seien. Es ist köstlich, wie der tschechische Domdechant von Prag die erste Einwanderung der Tschechen ausmalt, wie sie in das paradiesische Land kamen, das noch nicht vom Pflug berührt worden war, und sich zwischen dem Říp und den Flüssen Eger und Moldau (Ogra und Wltava) niederließen, wie dann ihr Führer eine Rede hält, die in Inhalt und Wendungen an Vergils Aeneis gemahnt, und wie die Genossen antworten, daß sie keinen besseren Namen für das Land finden könnten als den ihres Führers Bohemus, also Bohemia (»quia tu, o pater, diceris Bohemus, dicatur et terra Bohemia«). Mit Geschichtsschreibung hat diese Schilderung und die verwandten Legenden im 1. Buch des Cosmas nichts zu tun, wo er das »goldene Zeitalter« in Anlehnung an literarische Vorbilder (Vergil, Ovid) darstellt. Glaubwürdig wird der Bericht des Cosmas erst für die Zeit nach 894, so daß wir auch an ihm keinen zuverlässigen Führer haben. »Mit der Einwanderung der Slawen in die westlichen Gebiete brach ein Dunkel herein, das erst im 10. und 11. Jhrh. allmählich zu weichen beginnt«, sagt Pfitzner (»Die Besiedlung der Sudeten bis zum Ausgang des Mittelalters«, in *Deutsche Hefte für Volk und Kulturbodenforschung* I, 1930–31, S. 79)

Über den geschichtlichen Zeitpunkt der slawischen Einwanderung in die Sudetenländer sind wir heute ziemlich im klaren. Es hat eine Zeit in der tschechischen Geschichtsforschung gegeben, die ernsthaft glaubte, die Tschechen seien schon um Christi Geburt nach Böhmen gekommen. Noch Jordanes, der seine Geschichte der Goten um 551 geschrieben hat, kennt keine slawischen Stämme westlich der Weichsel. Auch Prokopios, der Verfasser der Gotenkriege, etwa um 569, weiß nichts von Slawen an der Elbe. Ein klares geschichtliches Zeugnis über die Einwanderung in Böhmen und Mähren besitzen wir nicht. Sie erfolgte unvermerkt. Das unterscheidet sie von den Zügen der germanischen Völkerwanderung. Die Germanen zogen wehrfähig und kampfbereit nach neuen Wohnsitzen aus, weil sie Völker ohne Raum waren, sie überrannten seßhafte Völker oder suchten friedlichen Durchzug, sie brannten nach Kampf und Sieg. Ihre Taten sind überall in die Geschichtsschreibung der römischen und griechischen Völker eingegangen.

Nicht so die Züge der Slawen. Sie litten im Osten nicht an Raummangel, aber der Abzug so vieler germanischer Völker im Westen lockte sie. Ihrem Wesen entsprechend, scheuten sie gewaltsame Eroberung, sie waren zäh im langsamen Erwerben, setzten sich überall fest, wo eine Landschaft schwach besiedelt war, richteten sich neben den Resten der alten Ansiedler ein, waren nicht untüchtig im Kampf, wenn es galt, Erworbenes festzuhalten, zogen aber das stille Vordringen blutigem Kampfe vor. Das kennzeichnet die Besiedlung des deutschen Ostens von der Weichsel bis zur Elbe, Saale und Naab. Nirgends haben sie den ganzen Boden besessen, überall saßen ihre kleinen Sippendörfer neben den alten Einwohnern; nur so ist ihr Vordringen weit gegen Westen zu verstehen, nur so das Schweigen der geschichtlichen Quellen über die Landnahme.

Über die Art, wie die Slawen ein Land besiedelten, kann man sich aus einer Bemerkung des Geschichtsschreibers Prokopios (III, 14) ein Bild machen: daß »sie zerstreut das Land gewannen, so daß sie ein weites Gebiet einnahmen.« (»ὅτι δὴ σποράδην διεσκηνημένοι τὴν χώραν οἰκοῦσι, διὸ δὴ καὶ γῆν πολλήν τινα ἔχουσι· τὸ γὰρ πλεῖστον τῆς ἑτέρας του Ἴστρον ἄχθης αὐτοὶ νέμονται«) Wir werden gut tun, diese Bemerkung eines Fachmannes auch für Böhmen gelten zu lassen. Wir wissen ja, daß die Nordslawen, in ähnlicher Weise seit dem Ende des 6. Jahrhunderts über die Elbe vordringend, im nördlichen Deutschland größere Landstriche besiedelten, freilich neben den Deutschen.

Drei Tatsachen lassen die ungefähre Zeit der slawischen Einwanderung in die Sudetenländer erkennen. Geschichtlich bezeugt ist, daß sie im Gefolge der Awaren gekommen sind. Diese erschienen um 560 an der Donau. Vor dem Anfang des 7. Jahrhunderts müssen aber Slawen bereits im Sudetenraum gewesen sein, vor dem Beginn der zweiten Lautverschiebung in der Sprache der hier wohnenden germanischen Siedler, das erweisen sprachgeschichtliche Tatsachen, worüber noch zu reden ist. Die dritte geschichtliche Tatsache ist der Bericht des fränkischen Chronisten Fredegar vom Jahr 631—32, von der Errichtung des ersten Staatengebildes durch den Franken Samo, der slawische Stämme vereinigte und sich ein Menschenalter auch gegen die Feindschaft der Franken behauptete.

Um das Jahr 590 sind die Slawen eingewandert, gewiß in mehreren kleinen Stämmen, ohne völkische Gebundenheit und staatliche Einigung, vielleicht überhaupt nur in losen Sippenverbänden. Ebenso wie die von der Geschichte nicht bemerkte Einwanderung der Slawen in Böhmen und Mähren verlief auch ihr Dasein durch die nächsten Jahrhunderte hinter einem Vorhang. Bis auf die Einzelerscheinung des Franken Samo schwiegen die Chronisten von ihrer Anwesenheit. Erst seit dem Anfang des 9. Jahrhunderts traten sie gleichsam in die Zeitgeschichte ein, aber auch vorerst nur in gelegentlichen Erwähnungen.

Samos Herrschaft. Der Name Böhmens und seiner Bewohner

Die Chronik Fredegars und der Frankenkönige (herausgegeben von Dr. Krusch, *Script. rerum Meroving.*, Hannover 1888, IV, S. 48 ff.; übersetzt von Otto Abel, *Geschichtsschreiber der deutschen Vorzeit,* Berlin 1849) berichtet über die interessante Gestalt des Samo. Da Fredegar um die Mitte des 7. Jahrhunderts geschrieben hat, muß er die berichteten geschichtlichen Ereignisse näher gekannt haben. Sein Bericht reicht bis zum Jahre 641, sein Latein ist schlecht. Er erzählt im IV. Buche aus der Regierung Chlotars II. (gest. 628), der seinen Sohn Dagobert (gest. 638) zum Mitregenten gemacht hatte. Im Kap. 48 aus dem Jahre 623 nennt er einen Franken namens Samo (»homo nomen Samo natione Francos de pago Senonago«), der mit anderen in Hundertschaften zu den Slawen, die man Winider nennt, zog. Damals begannen sich die Slawen gegen die Awaren (die Fredegar Chuni = Hunnen nennt) zu empören; diese gebrauchten nämlich die Slawen seit alter Zeit in der Art von Sklaven (»Winidi befulci Chunis fuerant«). Samo zeichnet sich in dem Aufstand gegen die Awaren aus und wird von den Slawen zum König gemacht (»Winidi eum super se eligunt regem«) und herrschte 35 Jahre. Er nahm slawische Sitten an, so hatte er 12 wendische Weiber.

Fredegar fährt fort (Buch IV, 58): »Als nun Dagobert nach seiner Wahl zum König (628) seine Herrschaft gegen die im Osten wohnenden Völker erweitern wollte, ergriff er die Gelegenheit einer Beraubung und Tötung fränkischer Kaufleute im Gebiete Samos (Kap. 68 zum Jahr 630), bei Samo Genugtuung zu fordern.« Gegen das brüske Auftreten des fränkischen Gesandten wendet sich Samo zur Gegenwehr. Das austrasische Aufgebot, das Dagobert »gegen Samo und die Wenden« entsendet, rückt in drei Abteilungen ein, unterstützt von einem gleichzeitigen Einfall der Langobarden. Der alemannische Heeresteil unter Chrodobert erfocht an der Stelle, wo er einfiel, einen Sieg; ebenso siegten die Langobarden und machten viele Gefangene. Das fällt in das Jahr 631–32. Als aber der austrasische fränkische Heeresteil an die Belagerung der Wogastisburg ging, wo sich die Hauptmacht der streitbaren Wenden befand, kam es zu einer dreitägigen Schlacht, in der ein großer Teil von Dagoberts Heer durchs Schwert fiel, worauf eine allgemeine Flucht einsetzte (»Austrasiae vero cum ad castra Wogastisburc, ubi plurima manus forcium Venedorum immuraverant, circumdantes, triduo proeliantes, pluris ibidem de exercito Dagoberti gladio trucidantur«, Fredegar, IV, 68). Seitdem fielen die Wenden oftmals verheerend in Thüringen und in die übrigen fränkischen Gaue ein. Ja, sogar Deruanus, der Herzog der Sorben, der bisher zum fränkischen Reich gehört hatte, fiel zu Samo.

Soweit der Bericht des fränkischen Chronisten, der am Schluß noch die Bemerkung beifügt, die Niederlage der Franken an der Wogastisburg sei mehr durch die schlechte Haltung der Austrasier verursacht worden, die König Dagobert wegen seiner grausamen Herrschaft haßten. Die Niederlage fällt in die Jahre 631–32. Aus diesem Bericht ergibt sich also, daß ein fränkischer Mann sich zum Führer und König der Winider aufgeschwungen hat, wie man die Slawen in den fränkischen Chroniken nennt, und sich ein Menschenalter lang behauptete. (Über Samo vgl. auch W. Friedrich, »Die historische Geographie Böhmens«, in *Abhandlungen der Geographischen Gesellschaft in Wien*, 9, 1912, S. 73f., und Naegle, *Sudetendeutsche Bilder*, I, 24). Daß diese Wenden die böhmischen Slawen gewesen sein müssen, ist jetzt durch die Identifizierung der Wogastisburg mit dem Burberg bei Kaaden an der Eger erwiesen, worüber noch zu berichten ist.

Ich verstehe die Gestalt Samos so: Als die Slawen gegen Ende des 6. Jahrhunderts in Böhmen einwanderten, haben

68

ihre verstreuten Stämme neben den noch im Land siedelnden Germanen Platz gefunden. Da diese in dieser Zeit ohne straffe staatliche Zusammenfassung waren und wahrscheinlich unter Gaufürsten die weiten Gebiete bewohnten, kam es zu keinen größeren Kämpfen um den Wohnraum. Die einsickernden Slawen fanden noch Platz und siedelten gewiß, ihrer Vergangenheit gemäß, an den Flußläufen und Niederungen. In den von Südmähren und Niederösterreich kommenden Awaren sahen Markomannen und Quaden gewiß den gemeinsamen Feind. Als dann nach 620 die Expansion des Frankenreiches sich auch an den Grenzen Böhmens auswirkte, bedrohte die neue größere Gefahr nicht bloß die unter Samo zusammengefaßten Slawen, sondern in noch höherem Grade die in Böhmen siedelnden freiheitsliebenden Germanen. Ob Samo, der sich im Jahr 623 zum Führer der böhmischen Winider aufschwang, ein Franke oder Thüringer oder etwa ein einheimischer markomannischer Häuptling gewesen ist, kann man im Ungewissen lassen; sicher bezeugt ist, daß er kein Slawe war und daß deren Zusammenfassung hauptsächlich der Abwehrstellung gegen die Bedrohungen von außen zuzuschreiben ist. Nach seinem Tode finden wir die Bewohner des Landes in zahlreichen Gauen unter ebenso vielen Herzögen und Fürsten lebend.

Für die weitere Geschichte Böhmens und Mährens hat die bedeutsame Persönlichkeit Samos und sein »Reich« keine Bedeutung gehabt. Die Geschichte des Landes bleibt auch weiterhin im geschichtlichen Dunkel. Und die Bemerkung E. Gierachs über Samos Reich: »Der erste tschechische Staat ist von dem Franken Samo gegründet worden; so war er der erste große Slawenstaat, den die Geschichte kennt«, ist eine übereilte und unsachliche Feststellung. Übrigens sprach auch H. Zatschek (*Böhmen- und Mährenbuch*, 1943, S. 140 f.) von »einem slawischen Großreich«, das es gewiß nicht gewesen ist. Die Erhebung des fränkischen Kauffahrers Samo galt zunächst den Awaren, und er hat dazu nicht bloß die von diesen bedrückten Slawen, sondern nicht minder die markomannisch-quadischen Germanen auf seiner Seite gehabt. Mit slawischen Sippenverbänden, die damals, wie der Chronist selbst sagt, nicht höher

als Sklaven bewertet wurden, hätte Samo auch nicht den fränkischen Kriegsvölkern die Stirn bieten und sich ein Menschenalter gegen die Bedrohung aus dem Westen behaupten können. Hier müssen germanische Häuptlinge des Landes eine
bedeutsame Rolle gespielt haben, denn daß eine nichtslawi-
sche Herrenschicht im Sudetenraum vorhanden war und die
ersten Jahrhunderte der böhmischen Geschichte begleitete,
wird nun sogar von Forschern angenommen, die das Deutschtum Böhmens und Mährens im übrigen als Einwanderung
ansehen.

Bei diesem Angriff des Frankenreiches gegen Böhmen und
in dem Berichte Fredegars darüber ist eine Bemerkung von
großem Interesse, nämlich die, daß neben dem fränkischen
Heeresteil ein alemannischer und ein langobardischer gegen
Samos Gebiet vorrückte. Sie hat verschiedentlich Bedenken
erregt, weil die Langobarden dieser Zeit doch in Oberitalien
herrschten und kaum als Verbündete des Frankenkönigs genannt werden können. In Frage kommen bei einem Zug gegen
Böhmen neben Alamannen nur die Bayern, und so hätten wir
ein nicht unwichtiges Zeugnis für die oben vermutete Gleichsetzung der Langobarden und Bayern, durch welche die viel
erörterte Frage der Herkunft der Bayern und der »Abwanderung« der Markomannen erklärt würde.

Werfen wir hier einen Blick auf die frühen Nennungen des
Landes Böhmen und seiner Bewohner. Eine chronologische
Zusammenstellung steht bei Förstemann (*Altdeutsches Namenbuch*, 3. Aufl., II, 1, Sp. 510 ff.). Zuletzt hat W. Wostry
(»Der Landesname Böhmen«) darüber gehandelt (*Der Sudetenraum in Raumforschung und Raumordnung*, 1941,
S. 451 ff.). Als Zeugnis der keltischen und markomannischen
Besiedlung bleibt der Name »Böhmen« nach Tacitus (*Germania* 28, »manet adhuc Boihaemi nomen«). Boihemum (Boiohaemum) ist ein germanisches Baiaheim, Baiheim. Ptolemäus,
im 2. Jahrhundert n. Chr., nennt die Bewohner Βαινοχαῖμοι,
was Βαιοχαῖμοι bedeutet.

In dem bedeutsamen Kriegszug von Karls des Großen Söh-
men gegen Böhmen im Jahr 805 heißt es in Einhards Annalen:

70

»in das Land der Slawen, die Böhmen heißen« (»in terram Sclavorum, qui vocantur Beheimi«), und die fast gleichzeitige langobardische Geschichte des *Codex Gothanus* nennt die »böhmischen Wenden«, ebenso wie Fredegar, »Beovinidi«. Die *Fuldaer Annalen* reden von »Boemanni Slavi«, das heißt wohl »Slawen, die in Böhmen wohnen«; ähnlich in den *Xantener Annalen* (II, 228) zum Jahre 846: »Boemanni, quos Beuwinitha vocamus«, »Böhmen, die wir böhmische Wenden heißen«; zum Jahr 849 wieder »Boemanni« und zum Jahr 869 »Sclavi, qui vovantur Behemi«, »Slawen, die man Böhmen nennt«, und nochmals 873: »Boemanni, quos nos Beuwinitha vocamus«, »die Böhmen, die wir böhmische Wenden nennen«. Im Jahre 873 schreibt der Chronist Hinemar (von Reims): »Winidos, qui Behim dicuntur«, »Wenden, die Böhmen heißen«.

Aus diesen Nennungen bei den Chronisten des 9. Jahrhunderts ergibt sich, daß keine einheitliche Bezeichnung und ebensowenig eine Klarheit über den völkischen Zustand Böhmens bestanden haben kann. Neben dem Namen »Böhmen« stehen solche, die diese Böhmen als Slawen ausweisen. Daß aber damals in Böhmen neben den Wenden keine Deutschen gesessen hätten, darf man aus dem Wirrwarr der Vermerke nicht schließen. Wenn in der bekannten Stelle der *Fuldaer Annalen* zum Jahre 895 steht: »de Slavonia omnes duces Boemanorum«, also »von allen Häuptlingen der Böhmen aus dem Slawenland«, heißt das nicht, daß diese insgesamt Slawen gewesen seien. Man darf von den weitabliegenden Chronisten, fränkischen oder westdeutschen Geistlichen, keine nationale Unterscheidung und Kennzeichnung über die weiten Gebiete der Sudetenlande erwarten, ebensowenig wie man etwa den Schluß ziehen darf, daß die oft genannten Winden (Wenden, Slawen) den ganzen Raum der Sudeten eingenommen hätten. Denn das ist ganz gewiß und wird sich weiterhin klar erweisen, daß das von den Slawen des 9. Jahrhunderts eingenommene Gebiet nicht den Begriff »Böhmen« in unserem Sinne umfaßte. Mit den »böhmischen Wenden« hatten die fränkischen und deutschen Könige kriegerische Auseinandersetzungen, und darum wurden sie bekannt. Anzugeben wie groß der Siedlungsraum dieser böhmischen Wenden in Wirklichkeit gewesen ist, hatten die Chronisten keine Veranlassung. Einhard schreibt in den Annalen zum Festzug vom Jahre 791 (*Mon. Germ. hist.*, I, 177): »per Beehaimos«, das heißt eben »durch das Gebiet von Böhmen« – und diese Benennung steht ohne nationale Scheidung zum Beispiel in den *Fuldaer Annalen* (I, 382) zum Jahr 869, »Behemi«, zum Jahr 845 und 846 »Boemani« (I, 364) und ähnliches.

Siedlungsgebiete von Germanen und Slawen; Begriffsverwirrung durch Gleichsetzung von »böhmisch« und »tschechisch«

Die Bodenforschung hat über das Weiterleben der Markomannen und Quaden im Sudetenraum noch kein endgültiges Urteil finden können; die meisten Geschichtsforscher der zwanziger und dreißiger Jahre haben sich zu der Tatsache bekannt, daß eine völlige Abwanderung dieser germanischen Menschen nicht in Betracht kommen könne, weil sonst entscheidende sprachwissenschaftliche Feststellungen keine Erklärung fänden. Man darf aber auch die nunmehr von den Kolonisationstheoretikern zugegebenen »Reste« germanischer Volkheit nicht in den »unwirtlichen Wäldern« suchen, in die sie sich vor den Slawen zurückgezogen hätten, sondern vielmehr auf ihrem seit Jahrhunderten kultivierten Boden. Sie haben ja sozusagen alle Flußnamen den Slawen weitergegeben und nicht wenige Namen der größeren Siedlungen, wie noch zu zeigen ist. Der Prähistoriker L. Franz sagt in seinem Aufsatz »Kelten und Germanen in Böhmen« (*Das Sudetendeutschtum*, 1937, S. 28): »Es mehren sich die Anhaltspunkte dafür, daß man im Osten mit viel stärkerer Fortdauer des germanischen Elementes wird rechnen dürfen, als man bisher geglaubt hat« (vgl. auch L. Schmidt, *Geschichte der deutschen Stämme*, II, S. 168). Sogar Ernst Schwarz, dem heftigsten Verfechter der Palackyschen These von der Einwanderung der Deutschen im

13. Jahrhundert, erschien 1923 in dem Buch *Zur Namenforschung und Siedlungsgeschichte in den Sudetenländern* (S. 9) die Schlußfolgerung zwingend, daß die Germanen ihre Sitze gegen die locker siedelnden, kulturell tieferstehenden und im ganzen unkriegerischen Slawen ohne Schwierigkeit durch weitere Jahrhunderte hätten behaupten können.

Wir suchen diese deutschen Siedler im Flußgebiet der March und Iglawa, weiterhin westlich zwischen Deutschbrod und Budweis, ferner im mittleren Böhmen um Moldau und Beraun, im westlichen Böhmen zwischen Tachau–Klattau–Pilsen, wo sie tatsächlich nach dem Ausweis der Sprachwissenschaft ihr Volkstum bis ins 9. und 10. Jahrhundert bewahrt haben, von den breiten Rändern des Sudetenraumes ganz zu schweigen. Sie müssen sich in einzelnen Landschaften bis in die Jahrhunderte der sogenannten Kolonisation erhalten haben, weil sie den Slawen auch germanische Namen in Formen weitergegeben haben, die sie nur im Munde deutscher Menschen gehört haben können. Wenn beispielsweise der germanische Name des Říp als Reiff bis ins 14. Jahrhundert an dem Georgsberge bei Raudnitz haften blieb, kann dies nur durch hier vorhandene deutsche Volksteile bis in die Zeit der neuen Diphtongierung in der deutschen Sprache, also bis in den Anfang des 14. Jahrhunderts, seine Erklärung finden. Und die künischen Freibauern zwischen Klattau und Pfraumberg im Böhmerwald, die die böhmische Geschichtsforschung als eine Nachsippe der Chodenbauern um Taus erklärt, müssen lange vor der tschechischen Epoche auf deutschen Freihöfen gesessen haben, so daß sie mit den Namen ihrer Siedlungen gar nicht in den Urkunden über Vergebung neuen Siedlungslandes auftreten können. Immer wieder muß als entscheidende Tatsache unterstrichen werden, daß die Slawen nach ihrer Einwanderung und gewiß auch für die nächsten Jahrhunderte nur einzelne Landstriche besetzt haben, die näher zu umgrenzen unsere Aufgabe sein muß, da sie vorerst nur in diesen Gebieten germanische Siedler, und zwar in längerem Zeitraum, aufzusaugen imstande waren, daß sie aber die wesentlichsten Teile Böhmens und Mährens nicht einmal nach jahrhundertelangem

Mitwohnen slawisieren konnten, und vor allem, daß ihr Herzogtum in der Mitte des Landes wesentlich mit deutscher Hilfe entstanden und erhalten worden ist, wie wir noch sehen werden. Eine nationale Frage kannte das hohe Mittelalter nicht. So erschienen den fränkischen Chronisten des 7. bis 9. Jahrhunderts die Länder Böhmen und Mähren als Sitz von Slawen, wenn es auch in dieser Art nirgends ausgesprochen ist, und galten als dem Frankenreich zugehörig. So vollzog sich auch die Aufrichtung des herzoglichen Throns in Prag unter wohlwollender Förderung des großen Reiches. Denn so wie Karl der Große versäumt hatte, hier eine Mark des Reiches zu errichten, weil durch die völkische Zusammensetzung Böhmens und Mährens keine Gefahr für den Westen bestand, so fehlte es den Menschen des Landes in diesem Zeitraum bis zum 10. Jahrhundert an nationalem Bewußtsein und ganz bestimmt an politischer Führung, ebenso wie später im Hussitenkriege.

Aber über dies alles hinaus bleibt die von den Tschechen vor hundert Jahren aufgestellte und von der deutschen Geschichtsforschung unbesehen übernommene These, das Deutschtum Böhmens und Mährens sei nicht über die ersten Jahrhunderte der slawischen Einwanderung hinaus lebendig geblieben, ein geschichtlicher Denkfehler, eine Legende, die die militante tschechische Geschichtsschreibung und Politik durch eine bedenkenlose Propaganda seit dem Jahr 1848 genährt hat.

Das nördliche Niederösterreich heißt noch gegen Ende des 8. Jahrhunderts bei dem langobardischen Geschichtsschreiber Paulus Diaconus (I, 19) Rugilant nach den hier einstmals siedelnden und im Jahr 487 von Odowakar vernichteten Rugiern. Es müssen also wohl Reste des Volkes nach der Mitte des 8. Jahrhunderts hier gesiedelt haben, was in keiner Weise verwunderlich ist. In der wichtigen Zollurkunde von Raffelstetten, die zwischen 903 und 906 die Zollsätze feststellt, wie sie seit Ludwig dem Deutschen und seinem Sohn Karlmann gehandhabt wurden, werden die Slawen erwähnt, welche »aus dem Gebiete der Rugier oder der Böhmen zu Markte kommen« (»Sclavi vero, qui de Rugis vel de Boemannis mercandi causa exeunt ubicumque iuxta ripam Danubii«). Es ist merk-

74

würdig, daß die Wissenschaftler bis auf wenige Ausnahmen nicht bemerkt haben, daß hier zwischen »Böhmen« und »Slawen« ein Unterschied gemacht ist, indem von Slawen, die aus Böhmen kommen, gesprochen wird. Boemanni ist im 9. Jahrhundert ganz allgemein gebraucht für Land und Bewohner von Böhmen. Daß die Gelehrten diese Boemanni immer ganz selbstverständlich als Slawen verstehen, kommt aus der Verwirrung der Begriffe, die im 19. Jahrhundert von den Tschechen durch die amtliche Übersetzung von »Böhmen« mit »Čchy« genährt wurde. Schon der böhmische Chronist Cosmas hatte das Versteckspiel mit Böhmen = Tschechen getrieben. Die Gleichsetzung war in der österreichischen Zeit auch im Amtsgebrauch durchgesetzt worden. Trotzdem ist diese Hemmung des Denkvermögens bei Wissenschaftlern kaum zu begreifen.

Jedenfalls sehen wir in dieser Zollurkunde ein geschichtliches Zeugnis für das Vorhandensein von Deutschen in Böhmen und Mähren, die von den Slawen unterschieden werden. Auch die im Gebiet der Rugier sitzenden Slawen waren keine »Böhmen«, sondern Donauslawen, die übrigens bald im Deutschtum der Ostmark aufgegangen sind. Sogar E. Schwarz kann über dieses Zeugnis nicht hinwegkommen, freilich spricht er diese Deutschen als »Neusiedler« an. Aber an anderer Stelle (*Zur Namenforschung und Siedlungsgeschichte*, 1923, S. 65) gibt er zu: »Im 10. Jhrh. haben sich noch Deutsche im Innern Böhmens befunden.« Er ist selber über diesen frühzeitigen Bestand erschrocken und hat es später eingeschränkt, indem er »Handeltreibende aus den Nachbargebieten« für die Erhaltung alten Sprachgutes verantwortlich machte. Auch die Iglauer Gründungssage – soweit Wert auf derartiges volkskundliches Gut gelegt werden kann – setzt ein fortlebendes Deutschtum voraus, wenn sie in der Geschichte vom Waffenträger Johannes erzählt: »Als Karl der Große gegen die Awaren zog, traf er an dem Flüßchen Igwala einige tausend Deutsche, Abkömmlinge der alten Bewohner Mährens, die da ein Städtchen zu bauen begannen. Der Kaiser unterstützte dieses Werk.« Man erinnert sich dabei der Bemerkung Thietmars von

Merseburg (VII, 46) zum Jahre 1017, der sagt, daß die Feste Nemzi (Nimptsch) »einst von den unsrigen begründet worden ist!« – in diesem Fall mit einem wahren geschichtlichen Kern, denn es handelt sich um den Mittelpunkt des Bezirkes der wandalischen Silinge.

Von Interesse ist auch die Notiz bei dem böhmischen Chronisten Cosmas (II, 18) zum Jahre 1061, daß der Herzog von Prag Wratislaw seinem Bruder Konrad (gest. 1092) »das westliche Mähren als Verwaltungsgebiet zugewiesen habe, das an die Deutschen grenzt, weil er deutsch verstand« (»Wratislaus plagam occidentalem, quae est versus Teutonicos, dat Conrado, qui et ipse sciebat Teutonicam linguam«). Das westliche Mähren, das gegen den böhmisch-mährischen Höhenzug liegt, war damit, wenn auch nicht ausdrücklich, als deutsch besiedelt erklärt. Wir werden später hören, daß das Gebiet der Quellflüsse der Thaya bis über die Zeit der althochdeutschen Lautverschiebung des 7. und 8. Jahrhunderts hinaus und weiter bis in das 11. Jahrhundert von Deutschen bewohnt gewesen sein muß. Wir werden das gleiche von einzelnen anderen Landschaften Böhmens feststellen können. In diese Zeit des 11. Jahrhunderts fällt unsere Nachricht. Man stelle dazu die spätere Nachricht aus den Annalen des Abtes Gerlach (*Fontes rerum Bohem., II, 507*) zum Jahre 1185, daß sich der Markgraf von Mähren mit einer starken Kriegerschar, die aus Deutschen und Mährern bestand, dem von Böhmen eindringenden Herzog Friedrich an der Iglawa entgegengestellt (»Conradus excepit eos cum valida manu Teutonicorum et Moraviensium«). Von einer etwa im Ausland geworbenen Hilfsschar kann ebensowenig die Rede sein wie etwa von der beliebten Kolonisationswelle unserer deutschen Geschichtsforscher. Wir haben es hier eben mit Deutschen aus dem Land Mähren zu tun, in einer Nachricht, die diesmal nicht aus der vorsichtigen Chronik des deutschfeindlichen Cosmas stammt. Es ist schade, daß mit dem Begriff des »Landes Böhmen« und der »Böhmen« so oft recht zweideutig umgegangen wird. Diese Zweideutigkeit beginnt bereits bei den deutschen Chronisten des 9. Jahrhunderts, die ohne Absicht, aber aus einer zeitechten Gleichgültigkeit gegen nationale Belange, nirgends von dem Volkstum der Bewohner sprachen. Cosmas, ein tendenziöser Chronist, hat an keiner Stelle etwas von den Siedlungsverhältnissen im Sudeten-Raum durchschimmern lassen, nur einmal anläßlich der bekannten und durchaus fabelhaften »Austreibung der Deutschen aus Böhmen binnen 3 Tagen« zum Jahr 1055 seiner Herzensmeinung freien Lauf gelassen.

Die Bedeutung des Namens »Wogastisburg«

Wir kommen auf das schon behandelte Ereignis der Belagerung der »Wogastisburg« durch eine fränkische Streitmacht im Jahre 631−32 zurück, um unsere Widerlegung der böhmischen Geschichtslüge in einem wesentlichen Punkt zu unterstützen.

Die Sprachwissenschaft hat unwiderleglich dargelegt, daß der Name der Wogastisburg germanisch ist, tschechische wie deutsche Forscher haben den Nachweis geführt, so auch E. Schwarz (»Wogastisburg«, in *Sudeta*, IV, 1928, S. 154 ff.; I. Mikkola, *Archiv für slawische Philologie*, 42, 1929, S. 77 ff. R. Käubler, *Zeitschrift für slawische Philologie*, 14, 1937, S. 255–270, der die Ansicht von I. Mikkola und E. Schwarz weiterbegründet, jedoch die selbstverständliche Feststellung beifügt, daß der Name germanisch sei.)

Die Wogastisburg des frankischen Chronisten Fredegar ist identisch mit dem Burberge bei Kaaden im nordwestlichen Böhmen bei dem Austritt der Eger aus den Bergen in flaches Land. Er ist ein steil über dem Egertal emporgehobener Tafelberg aus Basalt, eine natürliche Festung, die in vorgeschichtlicher Zeit durch nachhelfende Menschenhände zu einer fast uneinnehmbaren Fliehburg ausgestaltet worden ist. Die alten Basaltsäulen in mehreren Absätzen sind heute zum großen Teil zerbröckelt. Das ziemlich ebene rechteckige Plateau hat ein Geviert von je 200 bis 300 Metern. Der Berg hat einen einzigen, leicht zu verteidigenden Aufgang an der Nordseite, wo heute einige Gehöfte liegen, und er besitzt in einer Mulde auch einen kleinen, aber tiefen Teich. Unten fließt in Windungen die Eger an der den hohen Felsen beherrschenden Stadtanlage vorbei. Hier endet das Duppauer Gebirge in Hügeln, zwischen denen der Flußübergang den Eintritt ins flache Saazerland möglich machte. Die alte Furt konnte von den ansteigenden Flußufern leicht verteidigt werden. Der Burberg führt auf der österreichischen Landkarte in seinem westlichen Teil noch den Namen Uhoscht.

Im Südosten unter dem Berge liegt das Dorf Atschau (zu den Ortsnamen vgl. auch Theodor Schütz, »Slawische Ortsnamen im Gerichtsbezirk Kaaden«, in *Jahrbuch der Stadt Radonitz,* 1914, S. 29). E. Schwarz hat in Anlehnung an tschechische Forscher den Nachweis geführt, daß Atschau, tschechisch Úhoštany, auf den Namen Wogast zurückgeht, der in dem überlieferten Wogastisburg steckt. Der Ort wird in einer böhmischen Urkunde von 1222 als Ugoscas, Vgoscaz bezeichnet, die wieder Abschrift einer älteren Niederschrift ist. Ugoščany, Úhoštany, die von Tschechen eingeführte slawische Umformung, geht auf einen Personennamen Úhost, früher Úgost, Úgast zurück und entspricht einem germanischen Wogast (siehe Förstemann, *Altdeutsches Namenbuch,* I, Sp. 1488, wo ein Uagast – lies Wâggast; das bilabiale w wurde, wie heute im Englischen, als Halbvokal gesprochen – aus dem Fuldaer Urkundenbuch vom Jahre 826 nachgewiesen ist, und ein Ogast – Förstemann, 1178 – aus dem Verbrüderungsbuch von St. Peter in Salzburg von 814 und 819.) Zusammensetzungen mit =gast sind bei germanischen Personennamen geläufig; Förstemann belegt (Sp. 604 f.) mehr als 40 solcher Namensbildungen, darunter etwa Alagast, Albgast, Arogast, Volcast, Herigast, Hadûgast, Lindegast, Widogast und unser Wogast, Wagast.

Fredegar überliefert Wogastisburc als den Ort der Niederlage der Franken. Wir haben es also mit einer um 630 geschichtlich bezeugten Fliehburg germanischen Namens zu tun, weshalb man ohne Voreingenommenheit schließen muß, daß die Umwohner und Verteidiger gegen die Franken als Germanen angesprochen werden müssen, wenn sie auch Fredegar als Winider bezeichnet, weil der Kriegszug gegen Samo, den Fürsten der böhmischen Slawen geführt wurde. Es ist aber sehr wahrscheinlich, daß auch die germanischen Volksteile sich gegen den Landfeind stellten und die Wehranlage ihrer Landschaft verteidigten. Daß die weitere Umgebung Kaadens auch durch die folgenden Jahrhunderte deutsch besiedelt gewesen ist, werde ich aufzeigen, ebenso, daß die Slawen erst im 11. Jahrhundert in dieses Gebiet vorzudringen suchten. Wir haben mit dem germanischen Namen einen Beleg für das Vorhandensein germanischer Volksteile im nordwestlichen Böhmen aus dem 7. Jahrhundert.

Dazu diene noch folgende Bemerkung: Wenn die Slawen, wie die Wissenschaft allgemein annimmt, kurz vor 600 in den böhmischen Raum gekommen sind, so können sie in Anbetracht aller geschichtlichen Möglichkeiten und geographischen Gegebenheiten in einem Menschenalter nicht ein so weites Gebiet der beiden Länder bis an die viel genannten »historischen Grenzen« besetzen und besiedeln. Wer unsere Darstellung der slawischen Art zu siedeln verfolgt hat und nicht Phantasiegebilden Wahrheit verleihen will, wird die ursprüngliche slawische Besiedlung des Sudetengaues für sehr schütter und ihre Ausdehnung innerhalb eines Menschenalters bis in die Berge Nordwestböhmens für ganz ausgeschlossen halten. Nur Ernst Schwarz nimmt dies bei seiner slawischen Ausdeutung des germanischen Namens an, wobei ihm Gierach beistimmt. Gewiß gibt Fredegar in seinem Bericht von Samos Herrschaft über böhmische Slawen an, daß es die Winider gewesen sind, gegen die die Franken ins Feld zogen. Ich habe jedoch schon wiederholt darauf hingewiesen, daß die Bewohner Böhmens in den fränkischen und deutschen Chroniken des 7. und 8. Jahrhunderts gemeinhin als Winider bezeichnet werden, welche allein als Feinde der fränkischen Herrschaft in Betracht kämen. Fredegar weiß auch, daß die Franken an zwei anderen Angriffspunkten gegen Samo Erfolg hatten und nur vor der Wogastisburg eine Niederlage erlitten.

Ernst Schwarz, der nicht müde wird, immer von neuem zu erweisen, daß Böhmen und Mähren bis an das Ende des 12. Jahrhunderts vollkommen slawisch gewesen sei, muß also die bedeutsame Tatsache einer germanischen Fliehburg im nordwestlichen Böhmen um 630 in seine Gedankengänge überführen. Er bleibt zunächst gegenüber den Zeugnissen für den germanischen Namen Wôgast (Wâggast) bei seiner slawischen Ableitung, obwohl noch im Jahre 1046 ein oberfränkisches Wugastesrode urkundlich bezeugt ist. Ihm ist der Name »die germanische Umformung eines altslawischen Ortsnamens«, und aus dieser Deutung folgert er, daß »die Germanen, die hier die Fliehburg schufen, die slawische Sprache beherrscht haben« (*Sudeta*, IV, 161). Er »will nicht so weit gehen, mit Mikkola anzunehmen, daß die Gegend um die Wogastisburg in der Zeit Samos (um 630) noch von Germanen bewohnt gewesen wäre«. Er zieht vor anzunehmen, daß die fränkischen Kaufleute, die Slawisch verstanden, einem alten tschechischen Namen die germanische Form gegeben hätten!

Noch im Jahre 1923 hat Schwarz germanische Reste in Böhmen und Mähren zur Zeit der slawischen Zuwanderung angenommen. Ihrerseits aber haben um 630 die Slawen bereits das nordwestliche Böhmen besiedelt und siegreich gegen die Franken verteidigt. Und in seinem Buch *Die Ortsnamen der Sudetenländer als Geschichtsquelle* (1931, S. 48) wiederholt Schwarz: »Wogastisburg erweist sich als eine Germanisierung eines altslawischen Ortsnamens. Wōgasc = Úgošč = Úhošt; die Germanisierung besteht darin, daß das slawische besitzanzeigende Suffix durch ein deutsches Grundwort ersetzt wurde. In unserem Falle wurde dafür Burg gewählt, weil es sich ohne Zweifel um einen Burgwall gehandelt hat.« Und nochmals wendet er sich gegen Mikkola, der aus dieser »Germanisierung« auf noch im Lande lebende Germanen hat schließen wollen. Nach Schwarz (*Ortsnamen*, S. 49) haben die fränkischen Kaufleute die »Eindeutschung« vorgenommen, da sie den Burgplatz schon vorher kannten und dem fränkischen Hauptheer, das sie begleiteten, mitteilten, und nochmals in dem Buch *Über die Ortsnamen als Geschichtsquelle* (S. 89) nennt Schwarz die Wogastisburg kurz und bündig einen »slawischen Ringwall«!

Die Wahrheit ist das Gegenteil. Der Name Wogastisburg erweist für sich allein, von meiner Deutung der Persönlichkeit

80

Samos abgesehen, daß in der Gegend von Kaaden um 630 noch germanische Volksteile saßen. Die Tschechisierung des germanischen Wôgast zu Úhošť fällt in das 12. Jahrhundert, in dem sich der Übergang von tschechischem g zu h vollzog. Die Übernahme des Namens ins Tschechische dürfte nicht viel früher erfolgt sein. Das heutige Dorf Atschau bedeutet die »Leute bei Úhošť« und gehört in die Reihe der flinken Tschechisierung von deutschen Ortsnamen, die in Prag seit dem Ende des 11. Jahrhunderts und bis ins 14. ganz systematisch betrieben worden ist.

Der Bodenforscher Helmut Preidel, den ich vor längeren Jahren auf den Burgberg als frühgeschichtliche Fliehburg hingewiesen hatte, hat auf dem Plateau einen halbtägigen Versuch zur Grabung gemacht, worüber er in einem Aufsatz im *Saazer Tagblatt* vom 8. November 1938 berichtete. Er fand, daß die von den Sprachwissenschaftlern gegebene Ableitung durch Bodenfunde nicht zu stützen sei. Dieser Schluß ist voreilig und leichtfertig und wird dadurch nicht besser, daß er ihn in dem Aufsatz »Zur Frage des Aufenthaltes von Awaren in den Sudetenländern« (*Südostforschungen,* 1939, S. 395 ff. und S. 403 f.) wiederholt hat. Er lehnt es sogar ab, hier die Wogastisburg zu suchen; er hält es für besser, die Annahme überhaupt fallen zu lassen, und schließt ganz unvermittelt: »Damit entfällt ein sehr wichtiges Zeugnis für die Bestimmung des Schwerpunkts im Slawenreich Samos.« Diesen möchte er in Mähren suchen. Eine solche Argumentation mit so unzureichenden Voraussetzungen bedarf keiner Erwiderung.

Nebenbei, es wurden an dem Abhang des Burgberges allerlei Funde gemacht, die leider verschleppt wurden, so eine goldene Spirale, die von den Findern zerteilt worden ist. Ähnliche Burgwälle mit der Bezeichnung Burgberg kommen in der gleichen Gegend (bei Komotau und Pürstein) noch zwei vor, und sie sind ja überall häufig. Die Fliehburgen der alten Völker für die Zeiten der Not waren nicht Wohnstätten, und es ist müßig, wie Preidel es tat, dort einen »Burgbau« zu suchen. Die ersten Zeugen von festen Burgsitzen in Böhmen gehören in die Wende des 9. und 10. Jahrhunderts, deutlicher im 10. und 12.

Jahrhundert, als Fürstengewalt Herrschersitze suchte. (Siehe K. Vogt, *Die Burg in Böhmen*, Reichenberg 1938, S. 20 u. 38; H. Uhtenwoldt, »Burgwesen und frühmittelalterliche Geschichte in Böhmen«, in *Zeitschrift für sudetendeutsche Geschichte*, 6, 1943, S. 16 ff.)

Die böhmischen Gaufürsten. Die Slavnikinge

Da wir im folgenden des öfteren den Ausdruck »böhmisch« genau verwenden müssen, scheint es notwendig, die Frage nach einer einheitlich slawischen Besiedlung Böhmens näher zu behandeln. Palacky und Tomek sowie die Mehrzahl der tschechischen Forscher sind der Meinung, daß die Slawen Böhmens von allem Anfang an in einer staatlichen Zusammengehörigkeit gelebt haben. Es steht aber außer Zweifel, daß wir für die Zeit der slawischen Einwanderung und wahrscheinlich noch für mehr als ein Jahrhundert bloße Sippenverbände anzunehmen haben. Die rechtlichen und sozial-wirtschaftlichen Verhältnisse des frühen Böhmen schildert J. Lippert (*Sozialgeschichte Böhmens*, I, 1896) völlig im Bann der tschechischen Lehrmeinung, daß das ganze Sudetenland ein slawisches Meer gewesen sei, aus dem sich in immer weiteren Kreisen der tschechische Staat gebildet hat. Es ist aber ohne weiteres einzusehen, und alle Nachrichten über die böhmisch-mährischen Slawen erweisen es, daß sie die ersten Jahrhunderte in einer Vielheit kleiner Gaue ohne staatlichen Zusammenhang gelebt haben. Denn von diesen Slawen wird dasselbe gelten, was der oströmische Geschichtsschreiber Constantinus Porphyrogenetos (c. 29) allgemein von den Slawen sagt: »Fürsten aber haben, wie man sagt, diese Völker nicht, außer den Županen genannten Großen, wie ja auch die übrigen slawischen Völker.« Die alte tschechische Gauverfassung mit den Županen als Vertretern der herzoglichen Gewalt ist übrigens eine Erfindung Palackys, die heute auch von tschechischen Historikern abgelehnt ist. Die Slawen Böhmens und Mährens lebten Jahrhunderte lang unter der Führung kleiner Gauhäuptlinge. Das erweist sich auch aus den dürftigen Notizen des Chronisten Cosmas und einzelner deutscher Annalisten. Daß aber die zahlreichen Gaue der Boemanni, die im 8. und 9. Jahrhundert Erwähnung finden, auch nur in der Mehrzahl als slawisch anzusprechen sind, wie die zünftige Geschichtsschreibung voraussetzt, ist ein Irrtum; es besteht vielmehr die Wahrscheinlichkeit, daß auch im Innern Böhmens noch germanische Gauverbände bestanden, von großen Teilen Mährens und Böhmens ganz abgesehen, die vor dem 10. und 11. Jahrhundert gar nicht unter der Oberhoheit des Prager Herzogs standen. Denn auch die »Grenzen« Böhmens in alter Zeit sind eine Fiktion der böhmischen Geschichtsschreibung, worüber noch zu reden sein wird.

In einigen abliegenden Notizen der Geschichte sickert die Wahrheit durch. Die Regensburger Völkertafel unterscheidet »Böhmen« (Beheimare) und »Prager« (Fraganeo), die sie mit 40 civitates angibt, worunter wohl befestigte Siedlungen zu verstehen sind. Fraga ist natürlich Prag (vgl. Holtzmann, »Böhmen und Polen im 10. Jahrhundert«, in *Zeitschrift des Vereins für Schlesische Geschichte,* 52, 1918, S. 1ff.). Auch die fränkische Chronik Flodoart kennt im Jahre 929 den Namen Fraga für Prag. Kennzeichnende slawische Stammesnamen werden vor dem 10. Jahrhundert nicht genannt, zuerst in der Wenzelslegende (siehe E. Schneeweis, »Die nichtdeutschen Stämme in Böhmen und Mähren«, in *Der Sudetenraum,* 1941, S. 470). Der arabische Jude Ibrahim ibn Jakub um 970 nennt Boleslaw II. König von Frâga, Bûima und Krâkwa, worin natürlich Prag und »Böhmen« enthalten sind. Der arabische Geograph Al-Maśúdî (gest. 955—56) erwähnt die slawischen Stämme der Sorben, Dudleber, Mährer, Sachsen, Kasüben und als tapfersten und kriegerischsten Stamm die Nâmdschûn, was Němci, also die Deutschen, bedeuten muß (siehe G. Jacob, *Arabische Berichte von Gesandten an germanische Fürstenhöfe aus dem 9. und 10. Jahrhundert,* Berlin 1927, S. 17). Daraus geht doch deutlich hervor, daß erstens von einer Zusammenfassung des Landes unter einer Fürstengewalt noch im 10. Jahrhundert nicht die Rede sein kann und daß es neben den

»Pragern« »Böhmen« und vor allem auch die wehrhaften »Deutschen« gegeben hat. Wir werden dabei lebhaft an die Bemerkungen erinnert, die der Prager Chronist Cosmas über die Lutschaner oder Saazer und ihren Fürsten machte.

Wenn es in den *Fuldaer Annalen* zum Jahre 856 heißt: »König Ludwig nahm auf seinem Zuge durch das Gebiet der Böhmen einige ihrer Führer in seine Botmäßigkeit auf« (»Hlodowicus rex ... inde per Boemannos transiens nonnullos ex eorum ducibus in deditionem accepit«), so zeigt das nur, ohne Voreingenommenheit betrachtet, daß die Bewohner Böhmens eben »Böhmen« heißen und daß in der Mitte des 9. Jahrhunderts noch keinerlei staatliche Einigung stattgefunden hatte. Der »bayerische Geograph« – das ist eine Zusammenstellung der slawischen Nachbarn des Frankenreiches nördlich der Donau aus der zweiten Hälfte des 9. Jahrhunderts – kennt aus Böhmen 15 »civitates«, also Gaue. Cosmas verwendet dafür in seiner Chronik des öfteren den Ausdruck »provincia«, womit keineswegs Verwaltungsbezirke gemeint sind, sondern der Ausdruck bedeutet bei ihm ganz allgemein »Gebiet«. Verwaltungsbezirke gibt es erst nach 1150 (siehe Karl Vogt, *Die Burg in Böhmen*, Reichenberg 1938, S. 44 ff.).

Die vielfach genannten duces (»Häuptlinge«) der Böhmen blieben, was ihre Sitze und ihre völkische Zugehörigkeit anlangt, im dunkeln (siehe I. Loserth, »Beiträge zur älteren Geschichte Böhmens«, in *Mitteilungen des Vereins für Geschichte,* 23, 1885, S. 8 Anm.). Palacky bezeichnet sie, weil er die Einheitlichkeit des slawischen »Reiches« in Böhmen als geschichtliche Voraussetzung ansieht, als »Großgrundbesitzer«. Unter »dux« verstehen die deutschen Annalisten der Zeit im allgemeinen »Herzog«, »Markgraf« oder »Heerführer«. Man wird also für die bömischen »duces« voneinander unabhängige Stammeshäuptlinge annehmen. Noch im Jahre 897 wird in einer Gesandtschaft an König Arnulf von den Fürsten Böhmens gesprochen, so daß also am Ende des 9. Jahrhunderts die einzelnen Gaue als politische Einheiten Bestand haben müssen.

Ich stelle eine Nachricht der *Fuldaer Annalen* zum Jahre 857

84

heraus (*Monum. Germ. hist. script.*, I, 370), wonach der König ein Heer unter dem Bischof Otger von Eichstädt, Grafen Rudolf und Herzog Ernst mit ihren Völkerschaften gegen die Böhmen schickt (in Boemanos), wobei sie eine Stadt des Herzogs Wiztrach, der seit vielen Jahren aufständisch war, besetzten, nachdem sie den Sohn des Wiztrach namens Sclawitag(?) vertrieben hatten (»civitatem Wiztrachi ducis ab annis multis rebellem occupaverunt, expulso ab ea Sclaintago filio Wiztrachi«). Wir vermögen die Lage dieses Gaues nicht zu bestimmen.

Auch für das Jahr 872 besitzen wir den Bericht der *Fuldaer Annalen* (I, 384) von einer Unternehmung König Ludwigs gegen Böhmen. Im Mai sendet er Thüringer und Sachsen unter Führung des Erzbischofs von Mainz gegen die Mährer; die Unternehmung endet unglücklich. Der Kriegszug wird wiederholt und ein Teil des Heeres dabei auch gegen die Böhmen (Behemos) geschickt. Diese hatten sich mit großen Scharen unter Führung von fünf Gauhäuptlingen (Zwentisla, Witislan, Heriman, Spoitamar, Moyslan) erhoben, wurden aber in die Flucht geschlagen, ein Teil verwundet und getötet; manche ertranken auch in der Moldau (»quidam etiam in fluvio Fuldaha submerserunt«), wobei der Fuldaer Mönch die Wulthaha mit der ihm naheliegenden Fuldaha verwechselt. Wenigstens einer dieser Gauführer trägt einen deutschen Namen.

Cosmas und andere Chronisten der Zeit nennen seit dem Herzog Boleslaw I. (935–967) diese Gauhäuptlinge nicht mehr duces, sondern subreguli oder comites, also »Kleinkönige« und »Gaugrafen«. Dieses gut gemeinte Bestreben ändert an der Tatsache nichts, daß von einer einheitlichen Führung der Tschechen sogar noch in der Mitte des 10. Jahrhunderts keine Rede sein kann. »Die tschechische Reichsgewalt bildete auch nach der Einigung im Herzogtum der Priemisliden nur einen kleinen Bruchteil von Böhmen«, sagt sogar J. Lippert, der sich sonst die These Palackys ziemlich zu eigen gemacht hat (in seinem Aufsatz »Der Anfang der Staatenbildung in Böhmen«, in *Mitteilungen des Vereins für Geschichte*, 29, S. 115). Von den Gauen Taus, Pilsen, Rokycan, Prachin hören wir aus

Die Wenzelstatue von Peter Parler im Veitsdom

jener Frühzeit überhaupt nichts. Sie gehörten noch gar nicht zur Herrschaft der Prager Priemisliden.

Das Gebiet der Slavnikinge, eines Volkes unsicherer Zugehörigkeit, das den ganzen Süden, Südosten und Osten Böhmens umfaßte, hat bis zur Vernichtung ihres Fürstengeschlechtes durch Mord im Jahr 996 völlige Selbständigkeit neben dem tschechischen Herzogtum besessen. Auch Cosmas nennt diese Fürsten in gleicher Weise wie den Prager Herzog Boleslaw »dux«, also Herzog. Wie sehr Cosmas das Herrschaftsgebiet der Slawnikinge von »Böhmen« scheidet, zeigt seine Angabe über die Grenzen »gegen Böhmen« (»contra Bohemiam«) in seiner Chronik zum Jahr 981. Gegen Süden grenzt es «an die Deutschen« (»contra Theutonicos«). Hier besaßen die Slavnikinge drei Grenzburgen Chynow, Dudlebi, Nětoliczi. Dudleb erkläre ich als ein germanisches Dudlev = Dietleib. Im Jahre 1175 wird hier ein Präfekt Dudeleb genannt. Der Sitz dieses hervorragenden Fürsten (»insignis dux«) befand sich in Libitz an der Mündung der Cidlina in die Elbe, unweit der im Jahre 950 mit deutschen Namen benannten Stadt Nimburg (Niwunburc). Der Hl. Adalbert (gest. 997) gehörte dieser Familie an, die mit dem sächsischen Königshaus (Otto III.) verwandt war.

Als Soběbor aus dem Hause der Slawnikinge im Jahre 995 Kaiser Otto III. gegen die Nord-Slawen zu Hilfe zog, nahmen die Tschechen sein Fürstentum ein, alle Geschwister des Hl. Adalbert wurden getötet.

Noch im Jahre 1108 entledigten sich die Prager Herzöge der mächtigen Familie der Wrschowitze (siehe B. Bretholz, *Geschichte Böhmens und Mährens,* München–Leipzig 1912, S. 112).

Daß es neben diesen stolzen und mächtigen Geschlechtern noch andere Gaufürsten gab, die sich dem Prager Tschechentum nicht beugen wollten, ersieht man aus einer Notiz des Mönches Widukind von Corvey vom Jahre 936 (*Rerum gestarum Saxon.,* II, 3, bei Waitz, *Monum. Germ. Script.,* III, 438). Dort wird erzählt, daß nach der Ermordung des Herzogs Wenzel des Heiligen (929) durch seinen Bruder Boleslaw und dessen deutschfeindlichen Anhang einige Gaufürsten sich der Politik Boleslaws nicht fügen wollten. Einer derselben (ein subregulus), der Name ist nicht bekannt, hielt am Bündnis mit dem Reiche fest und forderte damit das Mißtrauen und die Feindschaft Boleslaws heraus. Wohl kamen ihm thüringische und

Merseburger Grenzleute, die zum Kriegsdienst verpflichtet waren, zu Hilfe, aber Boleslaw schlug sie und eroberte und zerstörte die Gauburg. Es ist sehr schade, daß der deutsche Chronist keine Namen nennt, vielleicht wäre hier ein wertvoller Beleg für einen deutschen Gaufürsten zu finden.

Der Chronist Cosmas. Die Lutschaner

Ein für die innere Geschichte des Landes sehr bedeutsames Ereignis muß die Niederlage der Lutschaner gewesen sein, von der Cosmas wie von einer Heldensage ausführlich berichtet.

Hier ist der Platz, etwas über diesen bedeutenden Geschichtsschreiber der böhmischen Frühzeit, den Prager Dekan Cosmas, zu sagen. Ein Mann von wissenschaftlicher Bildung, die er in Lüttich (etwa 1065) erhalten hatte – er dürfte im Jahre 1045 geboren sein –, begleitete er 1085 den Bischof Jaromir Gebhard nach Mainz, wo Kaiser Heinrich das Privileg über die Abgrenzung des Prager Bistums (1086) bestätigte, das der Bischof zu einer ausgiebigen Fälschung benützte. 1092 befindet sich Cosmas wieder an der Hofhaltung des Kaisers in Mantua und Verona, 1094 wieder in Mainz. 1110 Domher zu Prag, später Dekan, ist er am 21. Oktober 1125 gestorben. Er war nach dem Brauch der Zeit verheiratet. Zwischen 1110 und 1125 wird er seine Chronik von Böhmen geschrieben haben. Das erste Buch, das bis 1038 reicht, ist mehr oder weniger unzuverlässig, wobei Cosmas selber das Sagenhafte seiner Berichte zugesteht. Auch das zweite Buch, das bis 1092 reicht, hat noch chronologische Unrichtigkeiten. Er ist auch oft nicht glaubwürdig und recht häufig voreingenommen.

Wenn Cosmas über etwas schweigt, darf man nicht meinen, daß er nichts wüßte, sagt H. Uhtenwoldt (*Zeitschrift für Geschichte der Sudetenländer*, 6, 36). Seine Abneigung gegen das Deutsche tritt mehrmals deutlich zutage, er unterdrückte auch alles, was die Mitwirkung der Deutschen in der Geschichte des Landes verraten könnte (siehe B. Bretholz, *Die Chronik der*

Böhmen, Berlin 1923, besonders die Einleitung, S. XXVIII; die Übersetzung von G. Grandaur, mit Einleitung von Wattenbach, 2. Ausg. Leipzig 1882 und 1895).

Cosmas (I, 10) fügt nach der Erzählung von der Taufe des Herzogs Bořiwoi den sagenhaften Bericht über die Lutschaner ein, deren Niederlage früher stattfand, so daß man die geschichtliche Begebenheit, die zugrunde liegt, in das Ende des 9. Jahrhunderts verlegen kann (siehe auch I. Loserth, »Beiträge zur älteren Geschichte Böhmens«, in *Mitteilungen des Vereins für Geschichte*, 23, 1 ff.), obzwar der hier genannte Herzog Neklan sonst um 880 angesetzt wird, aber die böhmischen Herzöge bis Bořwoi sind legendär und vielleicht eine Erfindung des Cosmas.

Cosmas leitet seinen Bericht mit den Worten ein: »Wir halten es nicht für überflüssig, kurz zu berichten, was wir über die Schlacht gehört haben, die zur Zeit des Herzogs Neklan auf dem Turczo benannten Gefilde zwischen den Böhmen (Boemos) und den Luczanern (Luczanos) stattgefunden hat, die man heute nach der Stadt Saaz (Satc) Saazer nennt.« Da hat schon Cosmas das Wort »Böhmen« so benützt, als ob nur »Tschechen« vorhanden seien. Schon bei der Landnahme (»quia tu, o pater, diceris Boemus, dicatur et terra Boemia«) sind ihm die »Saazer« ausdrücklich ein von den Tschechen verschiedenes und feindliches Volk. Die »provincia Liusene (auch Lusane)« ist in der oben erwähnten Urkunde von 1086 das Gebiet der Luczaner. Schon Alfred Fischel (*Das angebliche Kolonistentum der Deutschen Böhmens und Mährens«, in Zeitschrift des mährischen Geschichtsvereins*, 24, 1922, S. 8) dachte dabei an den Bergzug des Liesen südlich von Kaaden, gegenüber Turtsch.

Die Luczaner hatten nach Cosmas das ganze nordwestliche Böhmen inne – das obere Egergebiet von Kaaden gehörte bis nahe an die Zeit des Cosmas nicht zu Böhmen. Ihr Gebiet umfaßte fünf Gaue, etwa von Leitmeritz über Bilin bis Saaz und von da über Luditz bis in die Waldgegend am Fluß Mies (»quarta regio ad Luczanos spectans, quae et Silvana dicitur, sita erat infra terminos fluminis Msa«).

Cosmas erzählt nun vom Untergang des Stammes breit aus-
malend folgendes: Der Herzog der Lutsczaner hieß Wlastis-
lav[1], ein kriegerischer Fürst tapfer und überaus listig (»his
praefuit dux nomine Wlaztizlav, vir bellicosus et in bellicis
armis animosus ac consilio supra modum dolosus«). Dieser
hatte schon häufig gegen die »Böhmen« Krieg geführt (»nam
contra Boemos frequenter susceperat bellum«) und hatte die
Führer derselben so in Furcht gesetzt, daß sie sich aus Angst
vor den Einfällen in die kleine Burg Levigradec (unweit Prag)
einschlossen. Er selber baute sich eine Burg im Grenzgebiet
der Gaue Bilin und Leitmeritz, und in seinem Hochmut wollte
er ganz Böhmen in seine Hand bringen. Er schickte ein
Schwert in alle Gaue mit dem Befehl, daß jeder, der länger
wäre als das Schwert, damit gerichtet werden sollte, wenn er
nicht sofort Heeresfolge leiste.[2] Kap. 11: Aber eine Frau aus
der Zahl der Weissagerinnen (»una de numero Eumenidum«)
verkündete ihrem Stiefsohn den Sieg der Böhmen und den Tod
aller Luczaner bis auf einen Mann; sie gibt ihm ein Mittel an,
daß er dieser Mann sei. Für den Herzog Neklan, der ein
Feigling ist, kämpft dann ein angesehener Mann, nach Alter
und Namen ein Tyr(o) (»aetate et nomine Tyro«), in des
Herzogs Rüstung.

Inzwischen kam der Herzog der Luczaner (»dux Lucensis«)
mit dem tapfersten Herzen (»ferocissimus mente«) samt seinem hochmütigen Volke (»cum superbissima gente«), »denen
noch heute vom Bösen der Stolz angeboren ist« (»quibus et
hodie a malo innatum est superbiae«), und hält eine Anspra-
che. Das gleiche tut sein Gegner Tyr bei den Seinen und
verlangt, daß man ihm, wenn er falle, auf diesem Berge einen

---

1 Der slawische Name braucht nicht weiter aufzufallen, eine solche Umbenennung wird nicht einmal der Legende zufallen, sondern wahrscheinlich Cosmas
  selber; er nennt z. B. auch im Jahre 1109 (II, 30) den Sohn des Grafen Wigbert
  von Meißen, den jungen Wigbert einfach tschechisch Waceslau, also etwa
  Wenzel.
2 »mittit gladium per omnes fines totius provinciae ... ut quicumque corporis
  statura praecellens gladii mensuram segnius iusso egrederetur ad pugnam,
  procul dubio puniretur gladio.«

Grabhügel errichte. Die Böhmen erlangten den Sieg über die Luczaner und machten alle nieder bis auf den Stiefsohn der Hexe. Kap. 13: Darauf verheerten die Böhmen das ganze Gebiet und machten große Beute. Der junge Sohn des Lutschaner-Fürsten war bei einem alten Weibe versteckt und wurde gefunden. Diesen schonte Neklan wegen seiner Jugend und Schönheit. Er ließ an der Eger im Gau Postelberg – »Postolopirth« ist als »apostolorum porta« erst um 1100 gegründet worden, Cosmas kannte es bereits – eine Burg bauen und übergab den Knaben dessen bisherigem Erzieher, namens During (nomine Duringo), der seiner Geburt nach ein Sorbe war. Dieser ermordete den Knaben beim Fischen auf dem Eise.

Darauf berichtet Cosmas von der Taufe des Herzogs Bořiwoi, die geschichtlich in das Jahr 894 verlegt wird. Wie wir aber bereits gezeigt haben, war das ganze 9. Jahrhundert über Böhmen noch von den kleinen Gaufürsten beherrscht, während unser Bericht des Cosmas einen innerböhmischen Herzog voraussetzt, so daß wir die Niederlage der Luczaner eher in den Beginn des 10. Jahrhunderts verlegen müssen. Aus dem Bericht des Prager Chronisten, den dieser selbst als Sage kennzeichnet, ergibt sich, daß noch im 9. Jahrhundert ein großer, den Tschechen fremder Volksstamm (natio) das ganze nordwestböhmische Gebiet von Leitmeritz—Bilin—Postelberg- —Saaz bis in die Gegend westlich Pilsen innehatte, der von einem tapferen Fürsten geführt wurde, aber eine vernichtende Niederlage erlitt, und zwar war das Kampffeld Turczo (»in campo, qui dicitur Turzko«). In dem Gebiet der Luczaner kommt dafür nur das Dorf Turtsch in Betracht, gleich östlich Duppau, südlich Kaaden auf einem Höhenzug gelegen. Dort befindet sich in freiem Feld ein viel besuchtes Johanniskirchlein, offenbar eine alte Kultstätte. Im Jahr 1196 wird das Dorf Turscha unter den Dörfern benannt, die dem Zisterzienser-Kloster Maschau zugewiesen wurden (Friedrich, *Codex dipl. Bohem.*, I, S. 320). Die Tschechen nennen es Tureč. In den *Libri confirm.* vom Jahre 1361 heißt es Turez, 1369 Thurcz usw. (vgl. auch Bachmann, *Geschichte Böhmens*, I, 1899, S. 74). Gegenüber Turtsch liegt der Höhenzug von Liesen und erinnert an die anderweitig überlieferten Namen des Gaues der Luczaner (Linsene, Lusane). Das Ereignis scheint also auch durch Ortsnamen gesichert.

Auch der Name des Helden, der durch »Gestaltentausch« für den eigenen Herzog Neklan kämpft, »nach Alter und Name ein Tyr« (denn der Dativ Tyro scheint doch nach lateinischer Regel für die Namensnennung verwendet), gibt zu denken. Der Held ist nach seinem Wunsch beigesetzt worden, und noch zu Zeiten des Cosmas kennt man den Grabhügel des Tyr (bustum Tyri). Es kann sich bei dem Namen nicht um lateinisch tiro, tironis handeln, sondern um einen Mann namens Tyr oder einen Helden »wie ein Tyr«. Man muß an den nordischen Kriegsgott Zîu – Tyr denken, von dem sich der eddische Kriegsgott Thor (Donar) abspaltet, so daß in der Ursage wohl der Kriegsgott selber gegen die Luczaner entscheidet. Auch sonst erinnert so mancherlei an germanisches Sagengut: das Schwert, das im Land herumgetragen wird[1] – die weissagenden Frauen – der Tod des Knaben durch den ruchlosen Erzieher, der den Namen During führt (siehe etwa Jakob Grimm, *Deutsche Rechtsaltertümer,* [4]1899, S. 145, und R. Holtzmann, »Zur deutschen Besiedlung Böhmens und Mährens«, in *Zeitschrift des mährischen Geschichtsvereins,* 26, 1924, S. 3 ff.).

Es handelt sich nach allem bei der Unterwerfung der »Saazer« um einen den Tschechen volksfremden Stamm. Mir ist nicht zweifelhaft, daß wir hier einen sicheren Zeugen für das Weiterleben germanischer Volksteile in einem großen Gebiet des heutigen Nordwestböhmen besitzen. Wer aus meiner Darlegung noch nicht den Eindruck gewonnen hat, daß es sich wirklich um die Niederwerfung von Markomannen handelt, dem muß Cosmas selber, gegen seinen Willen, Zeugenschaft ablegen. Denn er stellt sie nicht bloß als ein den Tschechen fremdes und feindliches Volk hin, sondern läßt sich die Bemerkung von dem hochmütigen Volke entgleiten, »wie es auch

---

1 Ähnlich erzählt es die Chronik von St. Gallen, II, 12; Gregor von Tours berichtet sie von Karl dem Großen; ähnlich wird sie berichtet vom Frankenkönig Chlotar I. (gest. 561).

92

heute noch ist«! Damit können nur die Deutschen gemeint sein, die also noch zum Anfang des 11. Jahrhunderts im Land anwesend waren. Etwa um 900 müssen wir dieses bedeutsame Ereignis ansetzen. Damit war die Vorherrschaft der Tschechen in diesem Raum unter ihrem primislidischen Herzog gesichert, aber keineswegs das Deutschtum in Nordwestböhmen ausgelöscht. Es ist das Gebiet, das auch heute (1941) noch zur Hauptsache von Deutschen bewohnt ist und das unzweifelhaft immer deutsch bewohnt war, trotz verschiedentlicher tschechischer Einsickerung gegen die Randgebiete Böhmens. Daß dies Gebiet jemals tschechisch gewesen sei, ist durch kein geschichtliches Zeugnis weder im Mittelalter noch in der Zeit nach den Hussitenkriegen zu erweisen. Die Völkerkunde und die Bodenforschung werden hier noch ein gewichtiges Wort sprechen.

Eben erschien eine Arbeit über Bodenfunde im Launer Bezirke, der zu den Gebieten der Luczaner gehört hat, von H. Ritter; neben den reichen Bodenfunden germanischer Herkunft lassen sich altslawische Funde erst im 9. Jahrhundert nachweisen, was von einem »langsamen Einsickern der Slawen« Zeugnis gibt. Eine solche Feststellung ist wichtig.

Es ist noch kaum einmal in der Geschichtsforschung vermerkt worden, daß sich die böhmische Geschichte des Cosmas bis 1125 irgendwo auf dem Gebiete dieser Luczaner bewegt. Auch die »Saazer Provinz« (provincia immer als »Gebiet« zu übersetzen) war noch im 11. Jahrhundert den jungen Prinzen des priemislidischen Hauses zur Verwaltung zugewiesen, genoß also eine Art Sonderstellung. Eine ähnlich merkwürdige Gestalt wie der Herzog der Luczaner ist der Graf Thakulf, Graf der Sorbischen Mark zwischen Saale und Elbe, aber auch »Graf von Böhmen« genannt, zu dem die Tschechen wegen seiner Kenntnis der slawischen Bräuche ein besonderes Zutrauen hatten; auf der anderen Seite heißt er auch »Herzog der Thüringer«, so im deutschen Kriegszug gegen die Böhmen im Jahre 849 (*Fuldaer Annalen* bei Pertz, *Monumenta*, I, S. 36); in einer späteren Urkunde vom Jahre 861 wird er »dominus Tacgolfus comes de Boemia« genannt (Dronke, *Codex dipl. Fuld.*

p., 268; Friedrich, *Codex dipl. Bohem.*, I, Nr. 367). Er stirbt im Jahre 873 in Fulda. Auch dieser Mann germanischer Herkunft hat ein Grenzgebiet besetzt, das von Deutschen und Slawen gleichzeitig und gewiß auch durch Einwanderer besiedelt gewesen ist.

Urkundliche Nennungen Böhmens und seiner Bewohner ab dem 8. Jahrhundert

Ich weiß nicht, ob die Erforscher der Ostkolonisation mit ihrer Strahlengeometrie sich darüber geäußert haben, warum der slawische Keil der Sudetenländer im Herzen Mitteleuropas bis zum heutigen Tage verblieben ist, warum weder in den Tagen der Karolinger noch der Ottonen zur Errichtung einer Böhmischen Mark und im weiteren Verlauf eine endgültige Einverleibung und Eindeutschung Böhmens und Mährens erfolgt ist. Vielleicht möchte man dafür die Kräfte des Tschechentums anführen; aber was wir sehen und wissen, ist ein bis um das Jahr 1000 im Innern uneiniges Land und ein schwaches, durch Haß und Mord zerrissenes Fürstengeschlecht, das keiner festen Politik fähig schien. Die einzige Erklärung für die gestellte Frage ist die, daß in Böhmen und gewiß ebenso in Mähren seit der slawischen Einwanderung so viele germanische und deutsche Menschen vorhanden gewesen sind, daß dies die Gründung einer deutschen Grenzmark für Böhmen unnötig machte, weil in den ersten Jahrhunderten seiner Geschichte keine Bedrohung des Reiches von den machtlosen slawischen Stammeshäuptlingen zu erwarten war. Diese lebten zwischen weiten Gebieten deutschbesiedelten Landes, bis es den Tschechen gelang, im 10. Jahrhundert ein bedeutsames slawisches Herzogtum aufzurichten und ihre Macht aus dem Innern Böhmens heraus im 11. und 12. Jahrhundert gegen die deutschbesiedelten Landschaften auszuweiten. Denn jetzt schien dieses Prager Herzogtum der Politik der deutschen Könige so brauchbar und wertvoll, daß man es eher förderte als beeinträchtigte. Daß erst seit der Mitte des 11. Jahrhun-

94

derts eine allmähliche Eingliederung der deutschen Grenz-
landschaft unternommen wurde, werde ich noch darlegen. So
sind Böhmen und Mähren geradezu unter der Schirmherr-
schaft des Deutschen Reiches das geworden, was sie im 13.
Jahrhundert darstellen, ein zu einem Drittel deutsches Land,
wenn man die Menschenzahl wertet, und ein im Innern von
deutscher Kultur übervolles Gebiet, wenn man seine Leistungen betrachtet, und das alles unter tschechischen Herzögen
und Königen. Das liegt dem Betrachter offen vor Augen. Das
14. Jahrhundert hat dieses Gesamtbild verstärkt und gerundet.
Böhmen wäre unter den Luxemburgern in das Reich hineinge-
wachsen, wenn nicht die religiöse Bewegung der Waldenser
und Hussiten eine ihrem Ursprung nach religiöse Revolution
entfacht hätte, die sich zu einem sozialen Vernichtungskampf
gegen das in jeder Hinsicht überlegene Deutschtum entwickelte und in einem nationalen Fanatismus endete.

Die böhmischen Länder wurden also nicht in die Ostpolitik
der Ottonen einbezogen, die hier wohnenden Stämme unterlagen nicht einer bewußten Unterwerfung, vielmehr kamen die
Tschechen gerade durch ihre frühe Verbindung und Verflechtung mit dem Deutschtum dieser Länder zu jenem politischen
Ausgleich, der die spätere Blüte Böhmens und Mährens begründete. Der hervorragende tschechische Geschichtsschreiber Novotný sagte: »Wenn Böhmen nicht rechtzeitig ein Teil
des Deutschen Reiches geworden wäre, dann wären seine
Einwohner ein Teil des deutschen Volkes geworden.« Und zu
dieser Entwicklung hat das bodenständige Deutschtum Böhmens und Mährens seit den frühesten Zeiten beigetragen. So
schließt sich der Ring der böhmischen Geschichte.

Schriftliche Zeugnisse aus dem Land selber, die nicht Fälschung des 12. und 13. Jahrhunderts sind, haben wir erst aus
der Mitte des 11. Jahrhunderts. Da die Schreiber der böhmischen Herzöge fast ausschließlich slawische Geistliche gewesen sind, sind ziemlich alle überlieferten Namen in tschechischer Schreibweise und häufig in tschechischer Umformung
auf uns gekommen. In echten Urkunden werden in Böhmen
aus dem 11. Jahrhundert bloß 85 Orte genannt, im 12. Jahr-

hundert sind es etwa 400. Von böhmischen Herzögen haben wir eine Erwähnung Boleslaws I. in einer päpstlichen Urkunde vom Jahre 967, die aber eine Fälschung des 11. Jahrhunderts ist (Friedrich, *Codex dipl. Bohem.*, I, Nr. 371) und von Cosmas in seiner Chronik wiedergegeben wird: »Boleszlao duci«. Weiter besitzen wir ein Edikt Boleslaws II. vom Jahre 992, enthalten in einer Umschrift des 12. Jahrhunderts (Friedrich, aaO., I, Nr. 37). Die nächste echte Urkunde stammt von Boleslaw III. aus dem Jahre 1000, erhalten in einem Privileg König Ottokars I. vom Jahre 1205. Das ist alles an dokumentarischen Zeugnissen der böhmischen Herzöge bis zur Mitte des 11. Jahrhunderts.

Still und geräuschlos verliefen die ersten Jahrhunderte nach der Einwanderung der Slawen in die Sudetenländer. Sie haben – das ist jeder nüchternen Erwägung klar – in den ersten Menschenaltern nach ihrem Auftreten in den weiten Gebieten Böhmens und Mährens nur einen kleinen Teil des Raumes zwischen deutschen Menschen, und zwar in lockeren Verbänden, besiedelt. Die Höhen und Waldberge, die den größeren Teil von Böhmen und Mähren ausmachen, haben sie von vornherein gemieden, die späteren Wallburgen waren vornehmlich Grenzbefestigungen gegen Nachbarstämme. Es ist freilich auch kein Grund zur Annahme, daß gerade die fruchtbaren tiefer gelegenen Landschaften von den germanischen Siedlern verlassen worden seien, wenn auch die Germanen hügeliges und waldreiches Land den Niederungen vorzogen.

Über die Zeit und Gestalt Samos habe ich oben geschrieben, ebenso über die Niederwerfung der deutschen (markomannischen) Gaue Nordwestböhmens, der Luczaner, die um das Jahr 900 anzusetzen sein dürfte. Schon die ersten Erwähnungen der böhmischen Wenden in den fränkischen und deutschen Annalen zeigen diese in lockerer und tributärer Abhängigkeit vom deutschen Westen. Denn gewiß haben die slawischen Gaue durch Jahrhunderte ohne staatliche Bindung nebeneinander gelebt. Zwischen dem Jahre 631-32, in dem nach Fredegars Bericht der Kampf um die Wogastisburg stattfand, und dem Jahr 791 haben wir nicht die geringste Erwähnung der

96

böhmischen Wenden in der allgemeinen Geschichte, ein sicheres Zeugnis für ihr geschichtsloses Dasein.

In diesem Jahre rücken die Heere Karls des Großen gegen die Awaren und nehmen ihren Weg durch Böhmen. Einhard, der Geschichtsschreiber Karls (Annalen in *Monum. Germ. Script.*, I, 77), erwähnt diese Begebenheit so: Ein Teil der Truppen unter Führung des Theoderich und Meginfred zog »durch das Gebiet der Böhmen« (»per Behaimos«) denselben Weg, den sie gekommen waren, zurück. Auch die Sachsen und Friesen nahmen den Weg nach Hause durch das Land der Böhmen, wie ihnen aufgetragen war. Es wird also der alte germanische Ausdruck für die Böhmen verwendet, ohne daß der slawischen Besiedlung gedacht wird; diese Form der Erwähnung schließt sie natürlich auch nicht aus. In jedem Fall ist von keiner feindseligen Haltung der Bewohner die Rede. Das war 200 Jahre nach der Einwanderung der Slawen in Böhmen. Im allgemeinen freilich waren die geschichtlichen Züge Ottos I. gegen die Nordslawen jenseits der Saale und Elbe, wie wir sie aus Thietmars Erzählung herauslesen, keine großen Unternehmungen. Die Slawen erscheinen dabei wie streifende Scharen, die zur Ruhe gebracht werden sollen.

Eine bedeutsame Nennung Böhmens fällt in das Jahr 805. Darüber berichtet das *Chronikon Moissiacense* (*Monum. Germ. hist. script.*, I, 307 f.; vgl. auch II, 258): »Kaiser Karl schickt seinen Sohn König Karl mit einem großen Heere zu den böhmischen Wenden (Beuwidines) und ein anderes Heer mit Audulf und Werimar, das heißt mit den Bayern; ein drittes aber entsendet er mit den Sachsen über Werinofeld und Domolcion. Und dort (an der Elbe) kämpften sie gegen deren König namens Semela und besiegten ihn, und er gab zwei Söhne zur Sicherung seiner Treue. Und dann rückten sie vor über das Erzgebirge (super Fergunna). Und jene drei Heeresteile kamen zu einem Fluß, der Eger heißt, und von da kamen sie nach Canburg (belagerten es) und verwüsteten das Gebiet im Umkreis« (auf dieser Seite der Elbe und jenseits der Elbe). Danach kehrte König Karl siegreich zum Vater nach Francien zurück: »et venerunt ad fluvium, qui vocatur Agara, illi tres hostes insimul, et inde venerunt ad Canburg (Camburg), qui et (illum obsiderunt et) vastaverunt regionem illam in circuitu.« Es war also ein mächtiger Kriegszug, wobei der Heerbann der Franken, Bayern und Sachsen aufgeboten war. Sein Zweck war die Niederwerfung der böhmischen Slawen, erreicht wurde die Vertreibung der Feinde aus dem Kampfgebiet und die Verwüstung seines Gebietes. Hier wird das Erzgebirge mit dem alten germanischen Namen Fergunna genannt. Zwischen Schlackenwerth und Klösterle gibt es mehrere Übergänge über das Gebirge westlich Kaaden. Der Treffpunkt war ja oberhalb Kaadens, das hier Kanburg heißt. Er lag also der oben behandelten Fliehburg Wogastisburg gegenüber, schützte die Furt, die hier ins offene Land führte.

Von diesem Feldzug des Jahres 805 weiß auch Karls des Großen Geschichtsschreiber Einhard in seinen Annalen zu diesem Jahre (siehe *Mon. Germ. hist.*, 35, I, 192): »Im selben Jahre schickte er sein Heer mit seinem Sohn Karl in das Land der Slawen, welche Behaimi genannt werden.« Er berichtet weiter, daß die Heere in geringer Entfernung voneinander das Lager aufschlugen, doch nahmen die Böhmen den Kampf nicht auf, sondern entflohen in die Wälder. »Nachdem dieser (Karl) das Gebiet durch 40 Tage verwüstet hatte, tötete er ihren Herzog namens Lecho.«

Von diesem Zuge gegen die Beowinidi (»böhmische Wenden«) und der Verwüstung des Gebietes weiß auch das *Chronikon Gothanum* (Kap. 9, 11), das ebenfalls berichtet, daß man die Türme der Königshalle des Langobardenkönigs Waccho hier sehen konnte. Der langobardische Geistliche hat um 807 geschrieben und wahrscheinlich sogar den Feldzug der Franken begleitet. In den *Annales Guelferbytani* zum Jahre 805 (I, 46) heißt es kurz: »Karl schickte gegen die Slawen im Gebiete Böhmens und drang in das Land ein« (»misit in Sclavos in regione Peeheim, ipsam regionem vadit«), wobei also zwischen dem Land Böhmen und den dort ansässigen Slawen ein Unterschied gemacht wird. Ebenso wichtig scheint die Feststellung, daß die Grenze des feindlichen Landes bei Kaaden lag und daß erst von hier aus der Kampf gegen die Wenden begann.

Als Karl der Große gedeutete karolingische Herrschergestalt.

Im Sommer des Jahres 806 wiederholte Karl den Zug nach Böhmen; er ließ ein Heer aus Bayern, Alemannen und Burgundern nach Böhmen ziehen und das Land verheeren, wie die *Fuldaer Annalen* berichten. Erst 807 war diese kriegerische Unternehmung beendet. So erschienen im Jahre 815 und dann wieder 822 unter den Abgesandten der östlichen Länder auch solche der Böhmen und Mährer (Beheimorum, Marvanorum) vor Ludwig dem Frommen in Frankfurt (*Annales Einhardi* zum Jahre 822, siehe Mon. Germ. hist. script., I, 209). Einhard betrachtet in seiner Lebensbeschreibung Karls (*Vita Caroli*, II, 451, bei Pertz, aaO.) Böhmen als tributpflichtiges Land. So wird unter den Gebieten, die Ludwig dem Deutschen bei der Reichsteilung im Jahre 817 zufielen, neben Bayern und Kärnten genannt »Böhmen und Awaren und die Slawen, die an der Ostseite Bayerns sind« (*Monum. germ. hist., Leges II*, Bd. 1, S. 270), auch hier scheint ein Unterschied gemacht zwischen dem Land Böhmen und den dort wohnenden Slawen. Und daß die »Ostseite Bayerns« erst östlich der heutigen Egerländer Mundart begann, bedarf nun keiner besonderen Feststellung mehr.

Die Einbeziehung der Sudetenländer in das deutsche Reich in einer wenn auch lockeren Form blieb ohne Störung bis gegen die Mitte des 9. Jahrhunderts. Es ist anzunehmen, daß sie als ein Teil Bayerns angesehen wurden (siehe Bretholz, *Geschichte Böhmens und Mährens*, 1912, S. 47ff.). Für die Auffassung, daß das westliche Böhmen, soweit wir es heute durch die Mundartengrenze zwischen »Egerland« und »Nordwestböhmen« abgrenzen können, als der Oberheit Bayerns zugehörig galt, wären manche geschichtlichen Tatsachen beizubringen.

Im Jahre 845 haben sich dann 14 böhmische Herzöge (»quatuordecim ex ducibus Boemanorum«) mit ihrer Gefolgschaft in Regensburg vor König Ludwig dem Deutschen zur Taufe eingefunden (*Fuldaer Annalen*, siehe *Mon. Germ. hist.*, I, S. 364). Das hinderte freilich nicht, daß in den drei folgenden Jahren die Züge Ludwigs nach Böhmen unter Kämpfen gegen feindselige Stämme erfolgten (*Quedlinb. Annalen*, ebenda, III, S. 46;

100

siehe auch *Xantener Annalen* zum Jahre 846, ebenda, II, S. 229): »infirmante Ludevico rege hostis illius de Beioaria iter arripuit in Boemanos.«

König Ludwig war von den Fragen des Westens so sehr in Anspruch genommen, daß er die Sorge um den Osten bereits im Jahre 856 seinem ältesten Sohn Karlmann übertrug. Ganz deutlich wird die Schwäche des Reiches gegenüber dem Osten in den folgenden Jahrzehnten, die zur Gründung des Großmährischen Reiches führten. Noch im März des Jahres 855 (Friedrich, *Codex dipl. Bohem.,* I, Nr. 7) schickt König Ludwig eine Kriegsschar von Bayern gegen die »Böhmen« (»aciem Baiovariorum in Poemanios«). Interessant für die Stellung Böhmens zu Bayern ist auch die Stelle in den *Fuldaer Annalen* zum Jahre 900 (I, 415) in dem Kampf gegen Swatopluk; es müssen sich in Böhmen deutsche den Bayern zuneigte Volksteile befunden haben, die sich dem Kriegszug anschlossen: »Baioarii per Boemaniam, ipsis secum assumptis, regnum Maravorum . . . inruperunt.«

Diese Zeugnisse der Geschichte aus dem 9. Jahrhundert lassen das Bestreben des Reiches erkennen, die Slawen Böhmens in der Abhängigkeit vom ostfränkischen Reiche zu erhalten. Denn das Emporkommen des Großmährischen Reiches machte seine Anziehungskraft auf die böhmischen Slawen geltend. Sicher ist die feindselige Haltung einzelner Landschaften Böhmens, die diese gegen die durchziehenden Heeresabteilungen aus dem Westen an den Tag legten, nicht bloß eine in jenen Zeiten begreifliche Stellungnahme gegen den landfremden Durchzug, sondern das Streben nach Abschüttelung der fränkischen Herrschaft. Unsere Feststellung jedoch, daß durch das ganze 9. Jahrhundert nicht von einem tschechischen Herzogtum gesprochen werden darf, wird auch durch die vorstehenden Daten unterstrichen. Böhmen zerfiel noch in Gaulandschaften, gewiß deutsche und tschechische nebeneinander, wobei der ganze Westen Böhmens Bayern zugerechnet wurde.

Das Großmährische Reich

Das geschichtslose Dasein des böhmisch-mährischen Raumes bis in die Mitte des 9. Jahrhunderts wird unterbrochen durch eine staatliche Regelung, die wir das »Großmährische Reich« nennen. In Mähren errang gegen die Mitte des 9. Jahrhunderts ein anscheinend starkes slawisches Fürstentum Selbständigkeit und Unabhängigkeit vom ostfränkischen Reiche und konnte sich durch fast zwei Menschenalter behaupten. Es war der Fürst Moimir, der bereits im Jahre 836 einen anderen, an der Grenze Ungarns wohnenden Fürsten bedrängt und aus dem Lande vertrieben hatte. Wohl konnte Ludwig der Deutsche im Jahre 846 Moimir absetzen und dessen Neffen Rastislaw an seine Stelle setzen, doch verfolgte dieser gegenüber dem Reiche die gleiche Politik mit dem Ziel, sich selbständig zu machen. Das deutsche Heer wurde auch in Böhmen, wie schon erwähnt, auf dem Rückmarsch wiederholt angegriffen und hart bedrängt. Diese feindselige Haltung auch der böhmischen Stämme hielt ebenso in den nächsten Jahren an, als König Ludwig neue Züge gegen Mähren unternahm. Hier erzählt die Geschichte von dem Grafen Thakulf, der an den Feldzügen gegen die Böhmen teilnahm und von diesen um Vermittlung ersucht wurde. Von ihm ist schon gesprochen worden. Diese Kriegszüge des fränkischen Reiches gegen die Slawen (Sorben, Böhmen und Mährer) setzten sich auch in den Jahren 851 bis 857 fort. 855 unternimmt König Ludwig selber einen Zug gegen Mähren, ohne besonderen Erfolg, jedoch scheinen die böhmischen Stämme im weiteren friedfertig. Aber immer wird auch hier von einzelnen Herzögen gesprochen, die sich unterwerfen, so etwa im Jahre 856, da sich einige ihrer Führer (»de ducibus Boemanorum«) König Ludwig unterwerfen (*Fuldaer Annalen*, siehe *Mon. Germ. hist.*, I, S. 370).

Die Mährer jedoch behaupteten ihre Unabhängigkeit auch weiterhin, trotz der deutschen Angriffe, und begannen, sich durch die Berufung griechischer Mönche auch kirchlich aus dem deutschen Einfluß von Westen her zu lösen. Im Jahre 870

102

bemächtigte sich Swatopluk der Herrschaft in Mähren und konnte eine immer größere Macht entfalten, freilich hauptsächlich gegen Osten hin nach Pannonien, was zur Vermutung Anlaß gab, es seien awarische Kräfte mit im Spiel gewesen; aber das Großmährische Reich hat sicher auch in das nordöstliche heutige Niederösterreich übergegriffen und einen fühlbaren Druck auch auf Böhmen ausgeübt, der erst im Jahre 895 nach dem ein Jahr früher erfolgten Tod Swatopluks endete. Die Berufung südslawisch-griechischer Mönche nach Mähren unterstreicht auch die Tatsache, daß es sich beim Großmährischen Reich um eine slawische Reaktion gegen den Westen gehandelt hat.

Die eigentliche Ursache, daß sich am Rand des ostfränkischen Hoheitsgebietes eine feindliche Macht vornehmlich slawischer Stämme so lange behaupten konnte, war neben der kraftvollen Persönlichkeit in der Führung vor allem die Schwäche des Reiches, besonders unter König Arnulf. Tatsache ist ferner, daß Mähren auch in der zweiten Hälfte des 10. Jahrhunderts weder in politischem noch kirchlichem Zusammenhang mit Böhmen stand, vielmehr ein Gebiet blieb, das Polen und Ungarn zuneigte. Erst durch die wachsende Hausmacht der böhmischen Primisliden wurde Mähren aus dem polnischen Einfluß gelöst, in der Zeit König Konrads II.

Wir haben oben die These aufgestellt, daß sich Böhmen als freies staatliches Gebilde im Schutz des deutschen Reiches behaupten und entwickeln konnte, weil die Deutschen diese Gebiete nicht als ein slawisches Land ansahen. Rastislaw und Swatopluk machten sich diese Haltung des Reiches zunutze, saßen übrigens am Rande der deutschen Macht, und das Reich selber konnte bei seiner Inanspruchnahme gegen Westen im mährischen Raum keine Kräfte entfalten. Aber gleich nach dem Zerfall des »Großmährischen Reiches« beugten sich die Slawen des Sudetenraumes im Jahre 895 dem deutschen Kaiser. Überdies hatte das Großmährische Reich ja seine Hauptkraft im östlichen und südlichen Mähren und der angrenzenden Slowakei; denn das westliche Mähren mit den Quellflüssen und Nebenflüssen der Thaya war deutsch, was sogar E.

Schwarz (*Zur Namensforschung und Siedlungsgeschichte*, S. 41f.) noch mit dem Satz zugab, daß sich in dem böhmisch-mährischen Grenzgebiet im Flußgebiet der Thaya die Spuren längeren Nebeneinanderlebens von Deutschen und Westslawen häufen. Erst eine viel spätere Zeit hat diese zusammenhängende deutsche Besiedlung von Nordmähren über den Schönhengst und Iglau bis Neuhaus zerrissen.

Die nationale Frage hat im 9. Jahrhundert noch keine Rolle gespielt, und die Königsheere der Franken waren in Böhmen und Mähren wohl für alle Bewohner »Feinde«, denn Krieg bedeutete damals nichts anderes als Verwüstung, Plünderung, Versklavung. Man erinnere sich, daß germanische Völkerschaften schon Jahrhunderte vorher mit rassisch völlig fremden Stämmen in Bündnis und Gefolgschaft zusammengelebt haben; das bekannteste Beispiel sind die ostgermanischen Völker und die Hunnen des 4. und 5. Jahrhunderts, auch die pannonischen Langobarden, die bald mit, bald gegen ihre germanischen Verwandten gekämpft haben. Es ist auch eine nationale Eigenart des Sudetendeutschtums in allen Jahrhunderten der böhmischen Geschichte, sich jeder politischen Rolle zu entziehen. Im 13. und 14. Jahrhundert hat der deutschvölkische Teil im Sudetenraum ein ganz außerordentliches kulturelles und wirtschaftliches Übergewicht besessen, und das Deutschtum um das Jahr 1400, also vor den Hussitenkriegen, hat gewiß mehr als ein Drittel des böhmischen Königreiches besiedelt und die wirtschaftliche Macht in Stadt und Land in seiner Hand gehabt, hat aber kurz nachher ohne merkbaren Widerstand Haß, Verfolgung und Vernichtung über sich ergehen lassen.

Die Episode des Großmährischen Reiches hat in Böhmen keine entscheidende Rolle gespielt, dazu war dieses noch ein zu loses Gebilde.

Im Jahre 895 schwand der Druck, der aus Swatopluks Großfürstentum von Mähren herübergewirkt hatte, und nun erscheinen im Juli dieses Jahres alle Herzöge der Böhmen (Boemanen), »welche der Herzog Zwentibald (Swatopluk) aus der Gemeinschaft des bayerischen Volkes mit Gewalt herausgerissen hatte«, auf der Reichsversammlung zu Regensburg, unterwerfen sich und werden »wie es Brauch ist«, mit Handschlag aufgenommen (*Fuldaer Annalen*, I, S. 411). Unter ihnen waren auch Spitihnew und Wratislaw (Witizla), die Söhne des bereits verstorbenen Bořiwoi, wie sie auch Cosmas benennt, also aus dem aufsteigenden Hause der Primisliden, die damals bereits eine gewisse Führerstellung einnahmen.

Auch in der Folgezeit scheinen die böhmischen Gaufürsten sich bemüht zu haben, ihre Zugehörigkeit zum Reiche zu bestätigen. Im Jahre 897 waren wieder zwei Herzöge des Volkes der »Behemiten« bei König Arnulf in Regensburg, mit Geschenken, und baten um Schutz gegen die Bedrückung durch die Mährer; so berichten wieder die *Fuldaer Annalen*. Nach einem weiteren Zug der Bayern gegen Mähren im Jahre 900, an dem sich bereits Scharen der Böhmen beteiligten, baten die Mährer 901 um Frieden. Im Jahre 906 vernichteten dann die Ungarn die Unabhängigkeit des Mährischen Reiches.

Die Entstehung und Behauptung eines vorwiegend slawischen Großfürstentums in Mähren hat an dem Emporkommen der primislidischen Herzöge in Böhmen mitgewirkt. Gegen 890 dürften sich die innerböhmischen Häuptlinge in der Anerkennung des Prager Herzogs geeinigt haben. Cosmas nennt ja den Bořiwoi, der sich damals taufen ließ, als den ersten Träger der böhmischen Herzogsgewalt. Aber davon ist noch vieles legendär. Nach außen vollzogen war aber die Anerkennung des Prager Oberhauptes auch im Jahre 895 noch nicht, weil die beiden Söhne Bořiwois in der Gesandtschaft nach Regensburg zwar als die ersten hervorgehoben werden, aber sonst nicht in besonderer Eigenschaft auftraten.

Um das Jahr 900 also vollzieht sich in Böhmen die Einigung der innerböhmischen Gaue. In den übrigen böhmischen Landschaften haben sich auch damals noch die deutschen Gaue erhalten. Wer das nicht wahrhaben will, müßte den Gegenbeweis erbringen, daß die Grenze des sich bildenden tschechischen Staatswesens im Innern Böhmens über die heute noch bestehende Sprachgrenze knapp westlich Kaaden, die bis gegen Pilsen verläuft, hinausgegriffen hätte. Von der etwa um

900 anzusetzenden Einverleibung der fünf Gaue der Luczaner von Leitmeritz—Bilin—Saaz—Pilsen, die wir als deutsche erkannt haben, wissen wir ja durch Cosmas. Aber auch das heutige »Nordböhmen« nördlich Leitmeritz, das nordöstliche Böhmen und das deutschbesiedelte breite Grenzgebiet zwischen Böhmen und Mähren ist dem Hause der Primisliden für längere Zeit noch nicht zuzurechnen, ja im östlichen und südöstlichen böhmischen Gebiet bestand noch die Herrschaft des vielleicht slawischen Stammes der Slavnikinge.

III. Die christliche Zeit

Die Christianisierung der böhmischen und mährischen Slawen

Die Christianisierung der böhmischen und mährischen Slawen ging von Bayern aus. Regensburg sowie Passau und Salzburg haben ihren Anteil.

Seit der Mitte des 9. Jahrhunderts hat sich wohl eine kleine Oberschicht der Sudetenslawen dem Christentum zugewandt, wenn auch durch Jahrhunderte noch altheidnische Vorstellungen und Bräuche weiterliefen und immer wieder Vorkehrungen gegen heidnisches Tun nötig machten. Die deutschen Markomannen waren höchstwahrscheinlich im 4. und 5. Jahrhundert Christen geworden, von dem arianischen Christentum der Langobarden haben wir zuverlässig Nachricht. Wie schon erwähnt, haben sich am 13. Januar des Jahres 845 14 böhmische Kleinfürsten mit ihren Begleitern in Regensburg zur Taufe eingefunden. In dieselbe Richtung gehört eine urkundliche Notiz vom März 861, in der ein Häuptling der Slawen namens Chezul (Kocel) seinen Besitz bei Pilozsvve, einem Dorf, das deutsch Wampold heißt, mit allem Zubehör der Kirche in Freising widmete (Friedrich, *Codex dipl. Bohem.*, I, Nr. 9).

Zu der auffälligen Massenbekehrung der 14 böhmischen Häuptlinge des Jahres 845 ist vielleicht ein politischer Grund aufzufinden, wenn man an die im selben Jahre vollzogene Errichtung der Sorbischen Mark mit einem Markgrafen an der oberen Saale denkt. Wir hören nicht lange danach von dem Grafen Thakulf, der mit den böhmischen Slawen einen guten Zusammenhang pflegte, wie bereits erwähnt. Ob nicht die böhmischen Slawen durch diese Form der Unterwerfung vor König Ludwig der drohenden Errichtung einer böhmischen Mark zuvorkommen wollten? Denn die Kirche beteiligte sich damals am politischen Spiel.

Spitihnew und Wratislaw, die beiden Söhne Bořiwois und der Ludmilla, haben sich um die Ausbreitung des Christentums bemüht. Auf Wratislaw wird auch der Bau der St. Georgskapelle auf der Burg zu Prag zurückgeführt.

Die feindliche Abkehr vom deutschen Westen tat sich in Mähren kund in der Berufung der griechischen Mönche Konstantin (Cyrill) und Methud, die zwischen den Jahren 864 und 885 im Lande wirkten. Die Bemühungen der bayerischen Kirchenfürsten zur Aufrechterhaltung ihres Einflusses hatten vorübergehenden Erfolg, als Methud nach dem Tod seines Bruders (869) über zwei Jahre in einem bayerischen Kloster zubringen mußte. Erst nach dem Tode Methuds (885) erklärte Rom den Gebrauch der slawischen Sprache bei der Messe als Mißbrauch, und die bayerischen Bischöfe konnten ihre Ansprüche auf die Pflege der kirchlichen Angelegenheiten in Mähren geltend machen. Erst im 14. Jahrhundert kam die Legende von der einstmaligen Einführung der slawisch-mährischen Liturgie in Böhmen auf, und Karl IV. hat in seiner bekannten diplomatischen Art in Prag die Erinnerung an die beiden Slawenapostel wachgerufen und in einem slawischen Kloster Emaus (1347) lebendig gemacht.

Herzog Spitignews Neffen Wenzel, der am 28. September 929 in jungen Jahren an der Kirchentür von Altbunzlau von seinem Bruder Boleslaw aus politischen Gegensätzen erschlagen worden war, hat die Kirche heiliggesprochen. Vielleicht spielte bei dieser Mordtat auch die Gegnerschaft einer nationalheidnischen Partei mit. Die Feindschaft gegen die deutsche Geistlichkeit im Land war bereits im 10. Jahrhundert groß. Sie

Der Brudermord am böhmischen Herzog Wenzel, um die Jahrtausendwende dargestellt, bringt eine Folge von Ereignissen in ein einziges Bild, eine nicht unübliche »sprechende« Darstellung. Bemerkenswert, daß die Aussage dabei von der lateinischen Erzählung der Vorgänge abweicht und sich an die slawische Variante hält, wonach sich der Heilige zunächst mit Erfolg zur Wehr setzte

108

ist bis zum Hussiten-Sturm immer von neuem in Erscheinung getreten. Wenzel ist ungefähr 907—08 geboren und war der erste Sohn des Herzogs Wratislaw und der Drahomira, die wohl als Heidin geboren war. Wenzel war noch unmündig, als sein Vater starb und er zur Regierung kam. Seine Großmutter Ludmilla war die Tochter eines noch selbständigen Gaufürsten. Aus einem persönlichen und vielleicht religiösen Gegensatz zu Drahomira mußte Ludmilla sterben; auch sie ist heilig gesprochen.

Der junge Wenzel hat einen engen Anschluß an die deutsche Kirche und das deutsche Reich herzustellen versucht. Das betonen alle Chronisten. Dazu gehört der Anschluß an die bayerische Kirche zu Regensburg, von wo er deutsche Priester ins Land rief (F. Palacky, *Geschichte von Böhmen,* I, S. 205; Naegle, *Kirchengeschichte Böhmens,* I. . S. 188 f.). Unter Wenzel erfolgte auch die Gründung der späteren Veitskirche auf dem Hradschin, die aber erst eine ziemliche Zeit nach seinem Tode durch den Bischof von Regensburg geweiht werden konnte. Nach den Ergebnissen jüngster Ausgrabungen haben Künstler und Bauhandwerker aus dem Westen diese erste Anlage ausgeführt.

Der Nachfolger Wenzels, sein Bruder Boleslaw (gest. 967) hat es freilich seit 936 nicht an Bemühungen fehlen lassen, die deutsche Oberherrschaft abzuschütteln. Andererseits hat er jedoch zur weiteren Festigung des Christentums im Land beigetragen und ist bald Lehensmann des Reiches geworden. Sein zweiter Sohn wurde im Kloster St. Emmeran zu Regensburg erzogen und trat dort als Mönch ein, wo er den Namen Christian erhielt. Boleslaws Tochter Milada wurde die erste Äbtissin des Prager Nonnenklosters zu St. Georg. Auch die Gründung des Klosters Ostrow ging noch auf die Anregung Boleslaws zurück (Naegle, ebda, S. 251 ff.). Boleslaws Sohn, Boleslaw II., gelang es sogar im Jahre 973, für seine Stadt Prag einen Bischofssitz zu erhalten; die Erfüllung zog sich freilich bis in das Jahr 976 und 978 hin. Der neue Bischof wurde dem Erzbischof von Mainz unterstellt. Die weitere kirchliche Entwicklung kam von Sachsen her (siehe Winter, *Zeitschrift für sude-*

Der imposante Turm des St. Veitsdoms in Prag. Der Dom ist der dritte sakrale Bau an dieser denkwürdigen Stätte, an der der böhmische Landespatron Wenzel 929 bestattet wurde. Das erste Gotteshaus war eine Rotunde von karolingischem Typus; ihm folgte eine romanische Basilika

tendeutsche Geschichte, 2, 1938, S. 161 ff.). Darum wurde auch der Sachse Theotmar der erste Bischof von Prag. Bei der feierlichen Einsetzung im Jahre 976 antworteten der Herzog und die Vornehmsten des Volkes in deutschem Gesang »Christe, Keinado (= Gnade uns, Anm. d. Bearbeiters), kyrie eleison, und die haliegen alle helfent unse!«, während die einfachen Leute bloß mit »kyrie eleison« antworteten. So berichtet der böhmische Chronist Cosmas (I, 23; vgl. Naegle, ebda, S. 461).

Der zweite Bischof von Prag, ab 982, war der heilige Adalbert aus dem Geschlecht der Slavnikinge, ein Verwandter König Ottos III. Er war in Magdeburg erzogen worden, verließ jedoch schon 988 seinen Bischofssitz und ging nach Rom, von wo er erst 992 heimkehrte. Drei Jahre später wurde die Familie der Slavnikinge, die Häupter und Gaufürsten der Landschaften im östlichen und südöstlichen Böhmen, von Prag aus ausgerottet. Adalbert verließ Prag und widmete sich der Bekehrung der Heiden in Preußen, wo er 997 getötet worden ist.

Die Masse des tschechischen Volkes scheint in dieser Zeit noch heidnisch gewesen zu sein, wenn wir auch über das slawische Heidentum in den Sudetenlanden, über Glaube und Kult, soviel wie keine Nachrichten besitzen. Bis ins 14. Jahrhundert hinein gehen die Verordnungen und Verbote der Prager Synode gegen das heidnische, abergläubische Wesen (siehe Cosmas, II, S. 26; III, S. 1; und Naegle, ebda, S. 33 ff.).

Auch die drei folgenden Bischöfe waren Deutsche: Theodag (998–1017), Ekkehard (gest. 1013), Izo (gest. 1030); deutsch war auch Bischof Hermann (1100–1122) und sein Nachfolger Meinhard (1122–1134). Die Ursachen, Deutsche an diese hervorragende Stelle zu berufen, waren gewiß mannigfach und wechselnd, so daß ein besonderer Schluß nicht gezogen werden kann. Die Entscheidung lag meistens beim Herzog.

Im Jahre 1067 wurde der deutsche Propst Lanzo von Leitmeritz, ebenfalls aus sächsischem Geschlecht – »ein ansehnlicher und sehr unterrichteter Mann«, sagt Cosmas (II, S. 23) – als Bischof nach Prag berufen, aber die Brüder des Herzogs und ihr adliger Anhang setzten es durch, daß ihrem jüngsten Bruder Jaromir unter dem Namen Gebhard der Bischofssitz zugesprochen wurde (1068); die Propstwürde im bischöflichen Kapitel erhielt ein deutscher Marcus (gest. 1098) »aus einem altadligen deutschen Geschlecht«. Gebhard nahm die Bischofswürde aus den Händen König Heinrichs IV. im Juni 1068 in Mainz entgegen. Unter diesem fleißigen und tatkräftigen Mann ist Böhmen in den Bau der römischen Kirche endgültig eingegliedert worden (siehe Naegle, *Kirchengeschichte Böhmens,* I. 2, S. 439 ff.).

Bischof Gebhard (gest. 1090) war mehrere Jahre Leiter der königlichen Reichskanzlei (1077–1084), ein vertrauter Berater König Heinrichs IV., selber ein heftiger Mann, der sogar dem Papste zu widerstreben wagte und durch seine gehässige Verfolgung des Bischofs Johannes von Olmütz seinen Namen verdunkelt hat. Das Bistum Olmütz war 1063 begründet worden. Auch in der Umgebung dieses Bischofs wirkte ein Gelehrter deutschen Namens Hagno (Cosmas, II, S. 28). Mit Gebhards Fürsorge für das Prager Bistum hängt die Auswertung der Urkunde vom Jahre 1086 zusammen, die seinen Wunschtraum über den Umfang der Prager Diözese zum Inhalt hatte. Die Bestätigung des Königs zur Rahmenurkunde über das Prager Bistum hat er zu seinem Vorteil benützt. Im übrigen unterstütze er ebenso wie Herzog Wratislaw (gest. 1092) Kaiser Heinrich IV. im Kampf gegen den Papst.

Deutsche Klöster in Böhmen und Mähren

Die Verfechter der Kolonisationstheorie, denen es nicht um Bodenständigkeit des Deutschtums im Sudetenraum ging, sondern nur um die kulturelle und wirtschaftliche Bedeutung der deutschen Einwanderer, haben die Bedeutung der Kirche und besonders der deutschen Klostergründungen in Böhmen und Mähren überhöht (siehe besonders J. Lippert, *Sozialgeschichte Böhmens,* II, S. 42 ff.). Auch B. Bretholz, der an das Erstgeburtsrecht der Deutschen glaubte, ohne greifbare Beweise beibringen zu können, hat die Kulturleistung der deutschen Mönche breit hervorgehoben und die zahlreichen deutschstämmigen Bischöfe in Prag unterstrichen. Es ist wahr, die Slawen Böhmens und Mährens verdanken den Deutschen die Eingliederung in die westliche Kultur, diese Länder verdanken den Deutschen die Segnungen der deutschen Wirtschaft, ebenso den Mitgenuß der deutschen Rechtsanschauungen für Stadt und Land, aber das alles hat nichts mit einer angeblichen Einwanderung im 13. Jahrhundert zu tun und nur in gewissem Grade mit der deutschen Geistlichkeit in den deutschen Klöstern.

Gewiß haben die deutschen Klostergründungen der Benediktiner, Prämonstratenser und Zisterzienser in dem Umkreis, in dem diese Klöster entstanden, wuchsen und wirkten, einen deutschen Brennpunkt dargestellt, zumal damit auch das lebendige Band mit den Mutterklöstern in Bayern, Schwaben, Franken und dem Rheinland niemals abriß. Diese mächtigen und von den Königen des Landes immer wieder ausgestatteten und bereicherten Stifte sind immer nur mit einer kleinen Schar von

Mönchen aus dem Mutterkloster beschickt worden, die Mönche bedeuten somit keine Emigration, sie brachten auch keine Bauernvölker mit sich, außer etwa einigen gelernten Baumeistern und Kunsthandwerkern; aber auch diese nahmen sie gewiß oft genug aus ihren eigenen Reihen. Sie gründeten keine deutschen Dörfer, das muß allen gegenteiligen Meinungen gegenüber betont werden, sondern sie erhielten, was wir nachweisen können, bei der Errichtung des Klostergutes gelegentlich bereits bestehende Dörfer zugewiesen. Was sie gründeten und was sich in den Ortsnamen nachweisen läßt, sind Wirtschaftshöfe (Pfaffenhof, Mönchshof u. ä.), die sie vorbildlich pflegten und womit sie in weitem Umkreis anregend wirkten.

Trotz dieser vielseitigen wirtschaftlichen und kulturellen Befruchtung, oder vielleicht gerade deshalb, haben die deutschen Mönche durch alle Jahrhunderte die erbitterte Gegnerschaft der anderen Geistlichkeit gefunden, die wohl in der Mehrzahl slawischer Herkunft gewesen ist und es durch die Jahrhunderte, bis zum heutigen Tage (1941), in ihrer Mehrzahl geblieben ist. Aus diesem Gegensatz, der durch die bevorrechtigte Stellung der reichen Klosterherren, durch ihr vor aller Augen liegendes Wohlleben genährt wurde, verstärkte sich der nationale Haß gegen die wirtschaftliche Stellung des Deutschtums überhaupt, der schon im 12. Jahrhundert durch die Zeitberichte mitschwingt, im 13. und 14. Jahrhundert immer mehr anschwillt und um die Wende des 14.–15. Jahrhunderts zu jenem Haßausbruch gedieh, der im Hussitenkrieg nicht bloß die deutschen Klöster, wie etwa Goldenkron und Postelberg, sondern in gleichem Maße die deutschen Städte mit dem deutschen Bürgertum zu vertilgen bestrebt war.

Ich sehe also die großen deutschen Klöster Böhmens und Mährens nicht so sehr als Mittelpunkt einer Germanisierung an, denn die Kirche hat zu jeder Zeit weniger auf die Volkszugehörigkeit als auf das Bekenntnis und die Leistungen für das Gotteshaus gesehen; ihr waren gewiß schon im 11. und 12. Jahrhundert die slawischen Untertanen ihrer Dörfer ebenso wert wie die deutschen Zehentbauern. Aber die kulturelle Befruchtung der Landschaft soll nicht vergessen werden.

Ich gebe im folgenden eine kurze Übersicht über die deutschen Klöster in Böhmen und Mähren zur Vollständigkeit unseres Geschichtsbildes.

Die älteste Klostergründung war die zu St. Georg auf der Prager Burg; sie besaß am Anfang des 13. Jahrhunderts die Einkünfte von 429 Dörfern. Das Benediktinerstift Wilemow im östlichen Böhmen soll im Jahre 1278 nicht weniger als 380 Mönche und Kleriker beherbergt haben. Bereits unter Bischof Adalbert wurde Břewnow bei Prag (993) gegründet. Das Kloster Ostrow, von Boleslaw II. errichtet, war mit Mönchen aus Altaich in Bayern besiedelt. Die weiteren Gründungen der Benediktiner waren Raigern bei Brünn (1048), Hradisch bei Olmütz (1078), das später den Prämonstratensern übergeben wurde, Trebitsch in Mähren (1100), Kladrau bei Mies (1108) – es erhielt bei der Gründung von Herzog Wladislaw I. und seiner deutschen Gemahlin Richisa 25 Dörfer zugewiesen, Postelberg am Beginn des 12. Jahrhunderts an der Eger bei Saaz, Seelau im östlichen Böhmen (1144), bereits 1149 unter dem Abt Godeskalk mit Prämonstratensern besetzt. 1164 folgte das Kloster der Benediktinerinnen in Teplitz, von Judith, der Gattin Wladislaws II., begründet.

Die Gründungen der Prämonstratenser waren Strahow bei Prag, 1142 mit deutschen Mönchen aus Steinfeld bei Aachen besetzt, unter Abt Gezo; von Strahov aus wurde das Nonnenkloster südlich Leitmeritz begründet, die Insassinnen kamen aus dem rheinischen Kloster Dunwald, die erste Äbtissin war Mechthild, Propst der Deutsche Erlebold. Auch Leitomischl besetzten 1145 die Prämonstratenser. Bruck bei Znaim wurde 1190 gegründet. 1197 folgte Tepl in Westböhmen auf einer ziemlich unwirtlichen Hochebene, zu dem sich das Frauenkloster Chotieschau bei Pilsen (1198) gesellte.

Die Klöster der Zisterzienser waren 1144 Plaß bei Pilsen mit den Mönchen aus dem fränkischen Kloster Langheim; 1142 übernahmen die Zisterzienser das Kloster Sedletz in Ostböhmen mit Mönchen aus Waldsassen. 1144 folgt Nepomuk südlich Pilsen mit Mönchen aus Ebrach im bayerischen Franken. Im selben Jahre folgte Münchengrätz an der Iser nördlich

114

Jungbunzlau, mit Mönchen aus Plaß. Die Zisterzienser aus Waldsassen versuchten auch die Klostergründung Maschau südlich Kaaden um 1195, es wurden in der Stiftungsurkunde 15 Dörfer zugewiesen (siehe Friedrich, *Codex dipl. Bohem.*, I, Nr. 356), zumeist mit deutschen Namen. Diese Dörfer waren also bereits vorhanden und keine Neugründungen, wie man öfters lesen kann. Die Mönche übersiedelten jedoch im Jahr 1200 nach Osseg bei Dux am Fuß des Erzgebirges, wohin sie die Herren von Riesenburg berufen hatten.

Nun folgen die großen Gründungen des 13. Jahrhunderts. Das Zisterzienser-Stift Saar in Mähren, knapp an der böhmischen Grenze östlich Deutschbrod, entstand im Jahre 1251 unter dem Schutz des Geschlechtes der Lichtburger; das Zisterzienserinnen-Kloster Frauental (Pohled) wurde von Uta, der Tochter des Witigo von Neuhaus, 1267 gegründet, östlich von Deutschbrod an der Sazawa (Sasau). Zwischendurch folgte die Gründung der Witigonen im Zisterzienser-Kloster Hohenfurt in Südböhmen im Jahre 1259 mit Mönchen aus Wilhering in Österreich und vier Jahre später die Gründung König

Hohenfurt: Kapitelsaal des Klosters (13. Jahrhundert)

Ottokars II. in Goldenkron mit Mönchen aus Heiligenkreuz im Wienerwald. Endlich die Klostergründung König Wenzels II. in Königsaal bei Prag im Jahre 1292 mit Mönchen aus Sedletz.

Die deutschen Orden der Johanniter und Deutschherren faßten in Böhmen bereits im 12. Jahrhundert Fuß, so die Johanniter in Aussig und Kaaden; die Kommende der Deutschherren in Komotau, seit 1252, wurde ein Mittelpunkt für die zahlreichen Niederlassungen des Ordens in Böhmen.

Seit 1226 kamen die Predigermönche, Dominikaner, Minoriten, Franziskaner, die sich rasch überall ansiedelten, ausweiteten und eine große Anzahl Niederlassungen begründeten. So hatte jede größere Stadt zwei bis drei Klöster der Bettelorden.

Ich mußte diese Liste der Klostergründungen vorführen, wenn sie auch nur bekannte Tatsachen enthält, weil die Frage der deutschen Klöster in unsere Darlegung gehört. Die Äbte dieser Stifte werden einflußreich am Hof der böhmischen Herzöge und Könige, für deren Seelenheil sie beten mußten. Sie regierten ziemlich unumschränkt über weite Strecken Landes, empfingen den Zehent von Tausenden Klosterbauern. Daß sich diese Klöster mindestens bis zum Hussitenkrieg deutsch erhalten haben, machte sie zu einem beachtlichen Faktor im Deutschtum Böhmens und Mährens. Doch darf in diesem Zusammenhang nicht unterlassen werden, darauf hinzuweisen, daß die große Mehrzahl der oben genannten reichen Klöster der Benediktiner, Prämonstratenser, Zisterzienser in *urdeutsch* besiedelten Landschaften angelegt wurde und darum die Mehrzahl derselben noch heute (1941) im deutschen Sprachgebiet oder, wenn diese im späteren Verlauf verschoben wurde, knapp an der Sprachgrenze liegt. Von den Gründungen des primislidischen Hauses muß man freilich absehen, also Strahow, Břewnow bei Prag, Altbunzlau und Königsaal. Aber in dem einstmals völlig deutschen Gebiet um Iglau—Deutschbrod liegen Wilemow, Seelau, Sedletz, Saar, auch Trebitsch rechnet dazu und das weiter nördlich gelegene Leitomischl. In vorwiegend deutschen Gegenden lagen Raigern bei Brünn, Hradisch bei Ölmütz, Doxan bei Leitmeritz, Plaß bei Pilsen; auch das östlich Klattau liegende Nepomuk befindet sich un-

116

weit der früheren Sprachgrenze. Ebenso Münchengrätz im nördlichen Böhmen und endlich in auch heute (1941) deutschen Landschaften Postelberg, Tepl, Chotieschau, Bruck bei Znaim, Osseg und Hohenfurt sowie auch Goldenkron.

Dem Prager Erzbischof Ernst von Pardubitz (1343–1364) schien es unleidlich, daß alle Zisterzienser-Klöster in Böhmen deutsch seien. Als dann der nationale Gedanke im tschechischen Volk durch den Gegensatz zu dem stark deutschen Lande immer lebhafter um Geltung rang, also im 14. Jahrhundert, kam es zu der oft genannten Festlegung des Prager Bischofs vom Jahre 1333 für das von ihm begründete Augustiner Chorherren-Stift Raudnitz, daß dort nur aufgenommen werden dürfte, wer von rein tschechischen Eltern geboren sei, eine bemerkenswerte Bedingung für das 14. Jahrhundert. In dieselbe Richtung weist die schon erwähnte Geste Karls IV. vom Jahre 1347 (in bezug auf die »slawische Kirchensprache«), in der er verordnete, daß im Emmauskloster zu Prag, das er gründete, die slawische Liturgie gelten solle. Er besetzte es mit slawischen Brüdern, welche in altslawischer Sprache die Messe halten und die Horen singen sollten. Diese Maßnahme hatte nur den Zweck, der nationalen Eigenliebe seiner Böhmen entgegenzukommen.

Das Herzogtum der Primisliden

Wir wenden uns jetzt dem Herzogtum der Primisliden zu, denen Böhmen, aus kleinen Anfängen heraus, seine überragende politische Entwicklung verdankt. Es muß manches gesagt werden, was allgemein bekannt ist, allein zur Widerlegung der böhmischen Geschichtslüge müssen auch diese scheinbar klaren zeitgeschichtlichen Tatsachen herangezogen werden. Denn die böhmische Geschichte ist ein wirres Geflecht.

Die älteste Sagengeschichte der böhmischen Slawen, die uns Cosmas in seiner Chronik erzählt, hat germanisches Gepräge. Schon die von der Geschichtsschreibung in ihrer Bedeutung nicht gewürdigte, weil nicht genügend erkannte Begebenheit, die Niederlage der Lutschaner Nordwestböhmens von Leitmeritz bis Pilsen, atmet germanisches Heldentum und bedeutet nichts anderes als die Niederwerfung eines Großteils der markomannischen deutschen Gaue durch das Prager Herzogtum. Wir haben darüber berichtet.

Aber auch die Ursage des primislidischen Hauses trägt kennzeichnende Hinweise, daß wir es mit einem bedeutsamen geschichtlichen Ereignis zu tun haben, das freilich von sagenhaften Motiven umrankt ist. Schon die Sage von Crok (Crocco, Croccus) (die Belege für den Namen bei Förstemann, *Altdeutsches Namensbuch*, 2. Aufl., Sp. 879) ist uns aus der alemannisch-fränkischen Frühgeschichte bekannt (Gregor von Tours, I, 32 u. 34); Fredegar (II, 60) erzählt sie vom Volke der Wandalen beim Zuge gegen Gallien; in der polnischen Landsage gilt er als Betrüger des Reiches, auch seine Tochter bleibt jungfräulich und regiert nach des Vaters Tod. In der böhmischen Sage, die uns Cosmas (I, 3 ff.) übermittelt, ist Croccus der Vater dreier Töchter, die heilkundig und zauberkundig sind, also heidnischen Glaubens (Eumeniden nennt sie Cosmas), und die dritte, Libussa (Libussie, Lubossa) baut sich eine Burg im Wald, bleibt jungfräulich, lenkt nach dem Tod des Vaters als Rächerin ihr Volk. Und sie wählt sich endlich selbst den Mann; ein weißes Pferd führt die Abgesandten zu ihm, der auf seinem Pfluge sitzend sein Mahl verzehrt. Es ist Primisl, der Ahnherr des Hauses der böhmischen Herzöge. Alles, was von den drei Schwestern gesagt wird, gemahnt an die germanischen heiligen Frauen (Tacitus, *Germania,* 8). Auch die Namen der Töchter sind nicht unbedingt slawisch: Kazi kann mit dem germanischen Stamm haz erklärt werden, mit welchem die Frauennamen Haza, Hazeke, Hazacha, Hazicha, Hacecha gebildet sind (Förstemann, *Altdeutsches Namensbuch,* Sp. 803 f.). Teta kann an ähnliche Frauennamen aus dem Stamm Theuda angelehnt sein, wie Theuda, Theoda, Theota, Thieta, Tieda. Für den Namen Libussa haben wir im Althochdeutschen kein unmittelbares Gegenstück; die Frauennamen Leuba, Linbecha, Liubila, Leubila (vom Stamm leuba) zeigen freilich ähnliche Bildungen.

118

Je mehr wir in das Dunkel der frühen Jahrhunderte böhmischer Geschichte eindringen, desto klarer wird, daß weite Landschaften des Sudetenraumes nach der Einwanderung der Slawen germanisch-deutsch geblieben sind. So wird auch die Annahme berechtigt sein, daß die Stammessiedler dieser germanischen Gaue eine Rolle in der weiteren Geschichte des Landes gespielt haben, auch dann noch, wenn etwa die Gebiete Innerböhmens zur Gänze slawisiert worden waren. Die Entstehung des böhmischen Herzogtums mit dem Mittelpunkt Prag wird nicht ohne die Hilfe des deutschen Schwertadels vor sich gegangen sein. Auf diesen nicht-slawischen Schwertadel weist Uhtenwoldt in der *Zeitschrift für sudetendeutsche Geschichte* (6, 36) hin. Unter diesem Geschichtspunkt darf man gewiß die Sage von Libussa und ihrem selbstgewählten Gemahl Primisl betrachten; er kommt nach Cosmas aus dem Bielagau, der in den Jahrhunderten nach der Einwanderung der Slawen gewiß nicht tschechisch geworden ist.

Auch eine andere Vermutung darf nicht unterdrückt werden: Wie im russischen und im polnischen Herrschergeschlecht »Nordmänner« Gründer und Führer gewesen sind, ist auch für das Böhmen des 9. und 10. Jahrhunderts die Mitwirkung von Wikingern (Warägern) nicht von der Hand zu weisen. Gräber solcher Nordmänner sind in den letzten Jahren verschiedentlich aufgedeckt worden, so das eines vornehmen Mannes, der neben anderen um das Jahr 900 auf der Prager Burg begraben worden war (siehe den Aufsatz von Borkovsky in der Zeitschrift *Altböhmen und Altmähren,* 1, 1941, S. 171 ff.).

Wir müssen nun einen Blick in die politische Geschichte des 10. Jahrhunderts tun, bevor wir zu weiteren Beweisen für unsere These kommen.

Altbunzlau (Boleslaw), wo Herzog Boleslaw seinen Bruder Wenzel ermordete, war erst von ihm »im Grenzwald« erbaut worden! Es liegt eine Tagesreise nordöstlich von Prag. Dort hatte also das *innerböhmisch*-tschechische *Herzogtum* um 900 seine Grenze! Dann erscheint der deutsche König Heinrich I. vor Prag im Jahre 928—29, der den Anschluß Wenzels an die deutsche Königsmacht unterstrich, was freilich fürs erste eine deutsch-feindliche Politik des Herzogs Boleslaw unterbunden hat. Er hatte genug mit der Anerkennung und Festigung seiner Herrschaft im Innern Böhmens zu tun und hat die Hilfe Kaiser Ottos I. im Jahre 936 dankbar angenommen. Die Ausdehnung der Vorherrschaft des primislidischen Hauses über die widerspenstigen Stammeshäuptlinge, deren es noch manche gegeben haben muß, hat noch das ganze 10. Jahrhundert ausgefüllt. Leider hören wir nur immer von den Kämpfen und Mordtaten unter den Gliedern der Familie. Zuletzt folgte am Ende des Jahrhunderts die Ausrottung der Slavnikinge im Osten Böhmens im Jahre 995, die uns Cosmas überliefert (siehe Heinz Zatschek, » Geschichte und Stellung Böhmens in der Staatenwelt des Mittelalters«, in *Das Sudetendeutschtum*, Brünn 1937, S. 48). Gewiß hat Herzog Boleslaw I. wie seine Vorgänger und Nachfolger den jährlichen Tribut an das Reich entrichtet, von dem Cosmas zum Jahre 1040 erzählt, der ihn auf Pippin, den »Sohn Karls des Großen« zurückführt. Der ernsthafte Versuch Boleslaws einer Auflehnung gegen die Oberheit des Reiches endete im Jahre 950 mit Unterwerfung. So berichtet der Fortsetzer der Chronik des Regino zu diesem Jahre (*Mon. Germ. hist.*, I, S. 620: »eodem anno Boemorum princeps Bolizlav regi rebellat, quem rex validissima manu adibat, suaeque per ommnia ditioni subdebat«). Boleslaw blieb auch bis zu seinem Tod (967) dem Reiche treu.

Ihm folgte Boleslaw II. (967–999). Um diese Zeit war die Macht des Prager Fürstenhauses stark genug, mit Heinrich dem Zänker von Bayern im Jahre 975 gegen Otto II. zusammenzustehen. Er wiederholte diese Stellungnahme auch nach dem Tode des Kaisers und hat erst 985 Otto III. gehuldigt. Wir stoßen so immer wieder auf die politische Verbundenheit Böhmens mit Bayern, die sich auch auswirkte, als König Heinrich II., der selber aus dem bayerischen Herzogtum stammt, zur Regierung kam. Unter ihm standen die Prager Herzöge treu zum Reiche. Aus der Zeit dieses Boleslaw haben wir den Bericht eines spanischen jüdischen Händlers Ibrahim Ibn Jakub vom Jahr 973 (Übersetzung in *Die Geschichtsschreiber der deutschen Vorzeit*, 2. Ausg., Bd. 33, S. 148); darin heißt es, daß sich das Land Boleslaws der Länge nach von Prag bis Krakau erstrecke, es grenze in der Länge an das Land der Türken (Ungarn). Die Stadt Prag sei ein großer Handelsplatz, in den Händler aus Rußland, Polen, Byzanz kämen. Es sei alles sehr billig. Die Bewohner des Landes hätten meist dunkle Hautfarbe und schwarze Haare. Der blonde Typus komme unter ihnen wenig vor. Ibrahim hat also das Land vornehmlich von Prag aus gesehen. Daß der Westen und Nordwesten zu diesem Land gerechnet worden sei, ist ausgeschlossen.

Aus der weiteren Geschichte muß ein Ereignis von großer geschichtlicher Bedeutung aus der Zeit Boleslaws III. hervorgehoben werden. Wir wissen, daß die durch nordische Gefolgscharen mächtige Fürstengewalt der ersten Piasten in Polen, die selber nordischen Ursprungs waren, ein starkes Ausdehnungsbedürfnis gegen Westen entwickelt hat. So hat Polen um das Jahr 1000 größere Teile Mährens seiner Herrschaft einverleibt, begünstigt durch Kaiser Otto III.

Auch der Slavniking Soběbor, der dem Blutbad von 995 entronnen und nach Polen geflüchtet war, irgendwie mit Otto III. verwandt, kehrte nun im Jahre 1003 nach Böhmen zurück, gewiß von einheimischen Edlen und Freunden gerufen und unterstützt. Boleslaw Chrobry von Polen drang in Böhmen ein, aber nun hatte sich die Gunst des deutschen Kaisers Heinrich II. nach längerem Zuwarten von Polen abgewandt, wiederum ein Zeugnis für die Stellung Böhmens zu Bayern, denn Heinrich war der Sohn Heinrichs des Zänkers von Bayern. Kaiser Heinrich setzte die Macht des Reiches ein und stellte in einem kurzen Feldzug den alten Zustand wieder her. Der Polenfürst floh eilig aus Prag. Heinrich nahm den primislidischen Herzog Jaromir in seinen Schutz, und dieser wurde ihm ein treuer Gefolgsmann; ebenso nahm auch sein Bruder und Nachfolger Herzog Udalrich an den Kriegszügen des Kaisers teil.

Nach den Berichten Thietmars von Merseburg, der selber mit dem sächsischen Kaiserhaus verwandt war, Bischofs von Merseburg, der zwischen 1012 und 1018 seine wertvolle Chronik zur deutschen Geschichte schrieb, hören wir von den Grausamkeiten Herzog Boleslaws gegen seine Verwandten und die Großen seines Landes. Er zeigt sich auch widerspenstig gegen Kaiser Heinrich, so daß dieser selber die böhmischen Angelegenheiten in die Hand nahm. Im Sommer 1004 entschloß er sich zu einem schnellen Feldzug nach Böhmen. Er wollte über das Erzgebirge (Miriquidui), das aber dicht verschanzt war. Jedoch Herzog Jaromir, der sich in des Kaisers Heer befand, konnte diesem eine »Burg« übergeben, die »recht eigentlich an der Tür des Böhmerlands lag« (Thietmar, IV, 8). Wenn der Kaiser über das Erzgebirge kam und gegen Saaz zog, wie er ja tat, kann diese »Burg« nur die von uns mehrmals genannte Feste Kaaden gewesen sein, die Kanburg des Jahres 805. Bei Kaaden und knapp westlich davon laufen Pässe über das Gebirge. Daß Kaaden »an der Grenze« des eigentlichen böhmischen Landes lag, ist aus unserer Darlegung schon klar geworden, wird aber noch stärker erwiesen werden können, weil eben das westliche Böhmen um das Jahr 1000 noch kein Teil des böhmischen Herzogtums geworden war. Thietmar fährt fort: »Der Kaiser erschien dann von einer Stadt namens Satzi und erkannte die Bewohner derselben, die ihm sogleich die Tore öffneten und die polnische Besatzung erschlugen, als seine Freunde.«

Heinrich zog darauf (Thietmar, IV, 9ff.) mit dem Herzog Jaromir und dessen Anhang nach Prag und wurde dort mit Jubel empfangen. Die *Würzburger Annalen* (II, 242) zum Jahre 1004 sagen kurz: »Kaiser Heinrich hat Italien, Böhmen und den Herzog Bolislaw mit allem Volk der Slawen unterworfen« (»Heinricus rex Italiam, Boemiam et Bolizlaum ducem cum omni gente Sclavorum subiugavit«); gemeint war Boleslaw Chrobry von Polen.

Im Jahre 1012 wurde Herzog Jaromir von seinem Bruder Udalrich vertrieben und floh nach Polen (Thietmar, IV, 45). Udalrich wurde im selben Jahr vom deutschen Kaiser zu Merseburg mit Böhmen belehnt. Boleslaw Chrobry suchte das Land Mähren unterdessen ganz in seine Hand zu bekommen. So zog Kaiser Heinrich gegen Polen; im Jahre 1015 wollte Herzog Udalrich »mit den Bayern« (Thietmar, VII, 12) zum

Heere des Kaisers stoßen, der Feldzug gegen Polen fiel jedoch unglücklich aus, aber um 1020 setzte sich das böhmische Herzogsgeschlecht unter Herzog Břetislaw in Mähren fest. In diesem Jahrzehnt war Böhmen dauernd von Thronstreitigkeiten ausgefüllt. Als Herzog Udalrich im Jahre 1033 wegen einer neuen Spannung nicht zum Hoftag Kaiser Konrads II. nach Merseburg kam, wurde er von dessen Sohn, dem späteren Heinrich III., zur Rechenschaft gezogen. Am 18. Mai 1035 belehnte Konrad den jungen Herzog Břetislaw feierlich mit seinem Land. Dessen Gemahlin ist Judith von Schweinfurt. Übrigens widerstand auch Břetislaw Kaiser Heinrich III. und wurde erst 1041 zur Unterwerfung in Regensburg gezwungen, »barfuß um die kaiserliche Gnade flehend«. Bei der kriegerischen Entscheidung hatte ein Teil des böhmischen Adels den Herzog im Stich gelassen. Aber von diesem Jahre 1041 an muß das slawische Böhmen als ein fest in der Hand seines Fürsten liegendes Gebiet betrachtet werden. Nach dem Ausgleich mit dem Reiche konnte der böhmische Herzog nun darangehen, seine Macht im Land auszubauen. Mit diesem Jahre erst schiebt sich das slawische Siedlungsgebiet über die bisherigen Grenzen des innerböhmischen Herzogtums vor. Erst nach diesem Zeitpunkt haben tschechische Vorposten, Militärstationen sowie Dorfsiedlungen, in bisherigen deutschen Gebieten Fuß gefaßt. Keine Urkunde Böhmens weist über diese Zeit zurück auf eine Festsetzung slawischer Menschen in den deutschbewohnten Landesteilen. Die staatsmännische Persönlichkeit Břetislaws ist darum für die weitere Entwicklung des Landes ein Markstein, auch für unsere Betrachtung des Deutschtums in diesem Raume.

Kritik des Begriffs »Historische Grenzen Böhmens«

Wir kommen damit zu dem Kernpunkt der böhmischen Geschichtslüge, dem etwa seit 1000 politisch ausgewerteten »böhmischen Staatsrecht« und den »historischen Grenzen«. Bis zum Jahre 1041 konnten keinerlei geschichtliche Begebenheiten erwähnt werden, die über den Bereich eines der kleinen innerböhmisch-tschechischen Herzogtümer hinausgingen. Nie wurden Ereignisse erwähnt, die etwa westlich Kaaden oder Pilsen geschahen, ebensowenig wie aus den Gebieten nördlich der Linie Saaz und Leitmeritz oder aus dem geräumigen Norden von Böhmen solche berichtet wurden, von Mähren gar nicht zu reden, das nur durch den Bestand des Großmährischen Reiches in die allgemeine Geschichte hinüberreichte und erst im Jahre 1029 zu Böhmen kam. Wer das aus kleinen und sehr dunklen Anfängen erwachsende Prager Herzogtum vorurteilsfrei wertet, wer gehört hat, daß die Burg Alt-Bunzlau an der Elbe nordöstlich Prag »im Grenzwald« erbaut war oder daß Kaaden im Jahre 1004 eine Grenzfestung gewesen ist, wird die historischen Grenzen Böhmens bis zur Mitte des 11. Jahrhunderts in einem sehr engen Raum suchen. Unsere folgenden Ausführungen sollen diese wichtige Frage von mehreren Seiten beleuchten.

Es waren viele kleine und kleinste slawische Stämme, die sich seit dem 7. Jahrhundert über die weiten Räume im Innern Böhmens verteilten, ohne politische Zielrichtung, ein Objekt fremder Kräfte. Das sogenannte »Reich« des Samo, der germanischer Herkunft gewesen ist, lebte von dieser starken Führerpersönlichkeit und blieb eine Episode. Inwieweit die mährischen Slawenstämme den Awaren tributpflichtig blieben, ist nicht leicht festzustellen. Die Abhängigkeit des Sudetenraumes vom ostfränkischen Reich war eine geschichtliche Gegebenheit.

Der Hauptstamm der böhmischen Slawen, die Tschechen im Landinnern, haben etwa um das Jahr 900 eine gewisse staatliche Verbundenheit unter einem Fürstengeschlecht gefunden, das vielleicht selber germanischer Abkunft gewesen ist. Es liegt auch da manches unklar. Die um die gleiche Zeit anzusetzende Niederwerfung der fünf markomannischen Gaue von Leitmeritz über Saaz bis gegen Pilsen hat wahrscheinlich die endgültige Anerkennung des Prager Herzogs herbeigeführt, wenn auch noch weiterhin Stammeshäuptlinge in den Kämpfen um den Herzogsthron mitspielten. Eine Vernichtung dieser deutschen Menschen in dem weiten nordwestböhmischen Wohnraum hat auch durch den Sieg über die »Saazer« nicht stattgefunden. Sie saßen durch alle folgenden Jahrhunderte und mit geringer Mehrung ihres nationalen Besitzstandes bis zum heutigen Tage (1941) als sogenannte deutsche Minderheit in ihren ererbten Sitzen. Das langsame Vordringen der Tschechen in der Zeit zwischen 900 und 1050 in diese Landschaften fand im Vorfeld von Leitmeritz, Saaz, Luditz und Pilsen sein Ende. Die Saazer empfingen das deutsche Heer Kaiser Heinrichs II. im Jahre 1004 als »ihre Freunden«. Die Einbeziehung des östlichen und südöstlichen Böhmen in den tschechischen Herrschaftsbereich fand im Jahre 995 durch die Vernichtung des Fürstengeschlechts der Slavnikinge ihre Erfüllung. Es dürfte sich vornehmlich um die Landschaft an der Sazawa (Sasau) und Luschnitz etwa von dem heutigen Kuttenberg bis in den Raum von Pisek gehandelt haben. Cosmas (I, 27) nennt zum Jahre 981 die drei »Burgen« Chinow, Dudlebi und Netolitz (bei Tabor, Budweis und Prachatitz) als die Grenze zwischen dem Gebiet der Slavnikinge und den Ostmarkdeutschen (»Teutonici orientales«). Damit wird offenbar das Gebiet des südlichen Böhmerwaldes nicht den Slavnikingen zugerechnet, sondern den Deutschen, und die Grenze verlief ja 30 bis 40 km landeinwärts. Jedoch ist wenigstens für den Gau der Dudleber zu vermuten, daß es sich um germanische Menschen gehandelt hat. Übrigens verlief die Landesgrenze im südlichen Böhmen noch im 11. Jahrhundert zwischen Prachatitz und Krummau längs des Planker Waldes, und der Pillunc de Tudeliep, der zwischen 1179 und 1186 in Teindles nachweisbar ist, ist zweifellos ein Deutscher (siehe Heinz Zatschek, »Die Witigonen und die Besiedlung Südböhmens«, in *Deutsches Archiv für Land- und Volksforschung,* 1, 1937, S. 110 ff.). Die Westgrenze der Slavnikinge (»ad occidentalem plagam contra Boemiam«) bildeten nach Cosmas ein Fluß und ein Berg, die im Innern Böhmens liegen. Wir wissen ja, daß Cosmas unter »Böhmen« die Tschechen verstand; die Slavnikinge waren also zumindest keine Tschechen. Man wäre versucht, eine Karte des tschechischen Herzogtums um diese Zeit zu entwerfen.

Erst um das Jahr 1050 werden Bemühungen der primislidischen Herzöge sichtbar, ihr Herrschaftsgebiet zu erweitern und festere Grenzen zu gewinnen. Aber ein Jahrtausend angestrengter nationaler und politischer Arbeit hat nur in wenigen schmalen Strichen die angeblich »historische« Grenze erreicht.

Gleich vorweg sei festgestellt, daß die Urkunde, die der Bischof Gebhard von Prag, ein Bruder des böhmischen Herzogs und ein Berater Kaiser Heinrichs IV., im Jahre 1086 in Mainz dem Kaiser zur Bestätigung vorlegte und worin der angebliche Umfang des Prager Bistums mit Einschluß der Diözese Olmütz verzeichnet und bestätigt werden sollte, der Form nach echt ist, aber die Vorlage Gebhards, die den Inhalt ausmacht, ist eine Fälschung, um die nicht geringen Ansprüche Gehbards zu festigen. Danach sollte bereits zur Zeit der Gründung des Bischofsitzes im Jahre 973 bzw. 976 nicht nur »Böhmen«, Mähren und Schlesien, sondern auch Krakau, Teile von Rotrußland und das Land an der Waag dem Prager Bischofssitz zugewiesen sein. Cosmas (II, 37) vermittelt uns die Urkunde, eine Abschrift aus dem 12. Jahrhundert (bei Friedrich, *Codex dipl. Bohem.*, I, S. 92 ff.; siehe darüber I. Loserth, »Der Umfang des böhmischen Reiches unter Boleslaw III.«, in *Mitteilungen des Instituts für österreichische Geschichtsforschung*, 2, 1881, S. 17 ff.; I. Lippert, *Sozialgeschichte Böhmens*, I, S. 27 ff.; Hans Hirsch, »Die Entstehung der Grenzen zwischen Niederösterreich und Mähren«, in *Deutsches Archiv für Land- und Volksforschung*, 1, 1937, S. 864 f.). Die Echtheit der Urkunde leugnen A. Bachmann und B. Bretholz. »Hauptquelle der slawischen Siedlung bleibt die Urkunde von 1086 sowie Cosmas«, sagt I. Pfitzner (*Deutsche Hefte für Volks- und Kulturbodenforschung*, 1, 1930–31, S. 82).

Wie großzügig Gebhard vorgeht, zeigt etwa der Satz, daß »die Prager Diözese von Anfang an über ganz Böhmen und das Herzogtum Mähren einzig und unversehrt gegründet und in dieser Art sowohl vom Papst als auch von Otto I. bestätigt worden ist«. Gebhard liegt natürlich daran, im Sinn der oben gekennzeichneten Sicherung der tschechischen Hoheitsgebiete alle Gebiete als zur Diözese von Anbeginn an zugehörig zu

126

bekunden, die seit der Mitte des 11. Jahrhunderts vom Prager Herzogtum als wünschenswerte Ergänzung in Aussicht genommen waren. Also finden wir in der Aufzählung der Gebiete das an der äußersten Grenze Böhmens gegen Bayern liegende Taus (Tugust), wohin wohl im 10. Jahrhundert ein viel beschrittener Reiseweg nach Regensburg führte, das aber um diese Zeit, wie wir noch sehen werden, keineswegs als tschechisches Wohngebiet benannt werden darf; als Mautstelle wird Taus zum ersten Mal im Jahr 993 genannt. Gebhard nimmt es vorläufig für seine Kirche in Anspruch; das Gleiche gilt für das Gebiet von Zedlza, das ist Zettlitz gegenüber Karlsbad im Egerland. Über diesen vereinzelt vorgeschobenen Posten ist noch zu reden. Er wird nach dem Vorgang von Bischof Gebhard von ganzen Geschlechtern von böhmischen Geschichtsschreibern als erwiesen dafür genommen, daß die Tschechen nicht bloß im 11. Jahrhundert, sondern sofort seit ihrer ersten Einwanderung auch das Egerland bis Eger (!) besetzt hätten. Wir haben von diesem Zettlitz erst durch die Urkunde von 1086 Kunde erhalten und hören erst wieder in der Mitte des 12. Jahrhunderts davon. Natürlich hat Gebhard auch die durch die Niederlage der Luczaner dem Prager Herzogtum anheimgefallenen deutschen Gebiete Nordwestböhmens nicht vergessen anzuführen, also das Gebiet der Lusane, die wir aus Cosmas als Luczaner kennen, ebenso das von Dazana, was den Umkreis von Tetschen darstellt, und natürlich die Liutmerici (Leitmeritz) und Lemuzi usw. als Gaue unter dem Bischofsstab von Prag.

Vom Gau Tetschen sprach die böhmische Geschichtsforschung gern; die in der Bestätigung einer Urkunde des Jahres 993 aus dem Jahre 1224 zum ersten Mal genannte provincia (was »Gebiet« bedeutet) Dechinensis (Friedrich, *Codex dipl. Bohem.*, I, Nr. 38, S. 45), steht als »Stadt Dacin« in einer Fälschung des 12. Jahrhunderts und als Dacsine in einer Urkunde von 1130. Das ist alles, was wir von dem »slawischen Gau« Tetschen wissen. Wenn Tetschen und Leitmeritz und Zettlitz und Taus wirklich nicht nur vorgeschobene Außenposten gewesen sind, warum hat der ehemalige kaiserliche Kanzler Gebhard nicht einfach festsetzen lassen »alles Gebiet der Böhmen« oder »das ganze Land Böhmen«?

Ich will hier nun einen bedeutsamen Beitrag zu den Grenzen Böhmens in der Frühzeit unserer Geschichte geben.

Es mag überraschen, aber es ist kein Zufall, daß das ganze »Egerland im weiteren Sinn« und das ganze westliche und südliche Böhmen, soweit es die bayerische Mundart spricht, in der Zeit vor 1040 und teilweise noch lange danach nicht zu »Böhmen« gehört hat. Es ist unentschieden, ob die Bayern Langobarden sind, jedenfalls ist sicher, daß das nordwestliche Böhmen heute (1941) wie immer durch eine scharfe Mundartgrenze von dem »Egerland« geschieden ist. Eine solche Sprachgrenze muß eine geschichtliche Ursache und weitere Bedeutung gehabt haben. Nun behaupten ja die Verfechter der Einwanderungs-Theorie, daß eben das westliche Böhmen von Einwanderern kolonisiert worden sei. Wenn das der Fall ist, bliebe immer noch die entschiedene Sprachgrenze zwischen dem »Egerland« und dem deutschen Nordwestböhmen ohne Erklärung, und die verzwickten Darlegungen von E. Schwarz haben ihn über meine Hinweise selber so verwirrt, daß er nun nach einer neuen Erklärung sucht. Ich werde darauf zurückkommen, aber vorerst einmal den Tatbestand vorlegen.

An der Westgrenze des alten Gebietes der Luczaner, von dem uns Cosmas berichtet, wie oben dargelegt, verläuft eine befestigte Landgrenze, von der ich ein Stück beschreibe. An der Eger, etwa drei Stunden westlich Kaaden, liegt hart am Fluß »die Wart«, mit dem Dorf Warta. Die Wart ist ein außerhalb des Dorfes gelegener Felskegel, dessen Fuß durch die am Flußlauf angelegte Straße abgesprengt ist. Er selber wird seit einem Menschenalter als Steinbruch abgegraben. Der Gipfel war durch einen noch um 1900 klar bestehenden Ringwall geschützt. Ihm gegenüber liegt eine kleinere Felskuppe, die demselben Zwecke, der Sicherung der beiden am Fluß verlaufenden Wege, diente. Der Platz vermochte jeden Zugang flußabwärts abzuriegeln, da sich hinter ihm steile Berghänge emporhoben. Wenige Minuten westlich der »Wart« endigt der knapp am felsigen Flußufer nur für Fußgänger oder Saumtiere

128

gangbare »Frankensteig«. Neben der alten Wart liegt der »Zollfelsen« (siehe auch K. Meder, *Flurnamen im Erzgebirge und seinem Vorland*, 1924, S. 28).

Man könnte nun freilich aus dem Egerland von Rodisfort aus über Totzau oder Olleschau in das südlich von Kaaden und dem Egerfluß gelegene Aubachtal und damit in die Ebene des Saazer Landes gelangen. Dieser Weg war jedoch durch uralte Anlagen gesperrt.

Das breite Tal wird vom Aubach durchflossen, zwischen dem Duppauer Bergzug und dem bereits genannten Bergrükken des Liesen. Im Tal liegen zahlreiche Siedlungen, von denen mehrere bereits um 1196 urkundlich genannt werden, so Olleschau, Tiefenbach, Sebeltitz; im Jahre 1203 wird nordwestlich Maschau der Ort Gehae als Villa Hagn erwähnt. Nach meiner Erklärung (*Mitteilungen des Vereins für Geschichte*, 56, 1918, S. 136 f.) ist Gehae = Gehau, mundartlich Khaa (vgl. Fraa für Frau), also ein Verhau[1], der den Zugang zum ebenen Land abschloß. Weiter nach Westen liegt die Ortschaft Saar mit altem deutschen Namen (= Sumpf), hinter einem Teiche, der das Tal abschloß, heute nur noch in Resten vorhanden.

Unweit Gehae liegt der Ort Gestub (mundartlich Gštub), also eine Mehrheit von Stuben, offenbar zur Unterbringung von Verteidigern des Verhaues; gleich neben Gehae über dem Aubach liegt Wohnung (mundartlich Wōning), das die Tschechen Vojnin nannten (urkundlich 1383 Woynin, 1461 Wojnung), also ein Platz zur Unterbringung einer militärischen Wache. Gehen wir noch den Berg empor, so findet sich Zettlitz (tschech. Sedlec), wiederum eine Militärstation slawischen Namens. Dahinter liegt heute auf einem Hügel das »Alte Schloß«. Noch weiter südlich davon erhebt sich die 744 m »hohe Lauer«. Wir haben also eine alte Befestigungslinie vor uns.

Über dem Aubach auf dem Höhenzug liegt das aus der Sage vom Untergang der Luczaner bekannte Turtsch (campus Turc-

---

1 Flurnamen mit Hag und Hai, Gehai gibt es im Bezirke mehrere, so Hacke, Hackleiten, Hailait, Haihübel, Berggehai (siehe K. Meder, *Flurnamen im Erzgebirge und seinem Vorland*, Kaaden 1924, S. 14).

zo), 559 m hoch auf einem Plateau. Daneben ein 714 m hoher »Hutberg«. Ein anderer Hutberg, mit Ringwällen, liegt bei Mohlischen auf der anderen Seite des Tales. Im Westen schließt dieses tiefe Tal das Duppauer Gebirge ab. Und dort erhebt sich der 932 m hohe Burgstadtberg (tschech. Hradiště), ebenso auf eine militärische Anlage hinweisend. Auch noch westlich von Duppau bei Sachsengrün finden wir ähnliche »Huthübl«. Und ebenso nördlich davon auf dem Zugang über die Berge bei Totzau liegt der 720 m hohe »Hutberg«, an den sich der Liesen anschließt. Ganz im Osten, bei Maschau, liegt ein ein weiterer »Hutberg«, östlich von dem eben genannten Zettlitz.

Ostwärts Kaaden liegt das einsame Kirchlein Seelau, ursprünglich ohne Dorfanlage, auf einem jäh zur Eger abfallenden Berghang, die Begräbnisstätte für die umliegenden Dorfschaften, ein romanischer Bau aus der ersten Hälfte des 13. Jahrhunderts, offenbar ursprünglich als befestigte Anlage gedacht.[1] Und daneben wieder gegen Osten liegt das Dorf Burgstadtl, also wiederum eine Wehranlage, und noch weiter östlich der alte umfängliche »Burgwall« mit dem Flurnamen »das alte Dorf«, das der Vorgänger des auf der anderen Seite der Schlucht angelegten Dorfes Neudörfl gewesen ist; das Dorf ist urkundlich im 12. Jahrhundert bezeugt. Alles zum lebendigen Zeichen dieser alten befestigten Landgrenze Böhmens aus der Zeit vor 1050.

Wir haben also zugleich mit einer festen Mundartengrenze eine gleichlaufende befestigte uralte Landesgrenze gleichsam mitten in Böhmen gefunden, die nach unseren früheren Darlegungen die markomannischen Luczaner von dem westlich liegenden nordgauisch-egerländischen breiten »Egerland« abschloß. Die Befestigungen müssen zur militärischen Deckung gegen das deutsche Gebiet im Westen gedient haben. Und nun fragen wir: Ist eine solche wehrfähige Abgrenzung möglich bei

---

1 Nach Salm-Reifferscheidt, *Der Burgwart* (37, 1936, S. 32 f.), wurden solche ältesten böhmischen und mährischen Rundkirchen in der Zeit von 1140–1230 als verteidigungsfähige Kapellen angelegt.

der Annahme der deutschen Kolonisation Böhmens im 13. Jahrhundert? Und wenn die Tschechen nach der festen Annahme der Palackyschen Geschichtslüge bereits im 7. Jahrhundert das ganze Egergebiet bis knapp vor Eger besetzt und besiedelt hätten, wozu hätte dann eine solche Wehranlage gedient? Ich kann ihren Verlauf gegen Luditz—Pilsen nicht verfolgen. Wem mein Erweis nicht genügt, der will nicht glauben. Die offenbar slawische, wenn auch im deutschbesiedelten Gebiet der Luczaner angelegte Grenzbefestigung wird der geschichtlichen Wahrscheinlichkeit nach im 10. Jahrundert angelegt worden sein, als das Prager Bischofstum über das Gebiet der »Saazer« hinweg nach einer gesicherten Grenze gegen den nordbayerischen »Nordgau«, das Egerland, verlangte. Erst nach 1050, nach Anerkennung des Prager Herzogs als Lehensträger des Deutschen Reiches, sind weitere Versuche gemacht worden, im Egerland vereinzelt Fuß zu fassen. Darüber ist noch zu reden. Um das Jahr 1000 war Kaaden Grenzfestigung gegen Westen, wie uns die Nachricht vom Zug Kaiser Heinrichs im Jahre 1004 bestätigt; ihren deutschen Charakter hat die Landschaft in dieser Zeit, wie auch später, niemals verloren. Die im Vorstehenden genannten Grenzdörfer sind nach den Ortsnamen ebenso oft deutsch wie slawisch, wohl öfter deutsch als slawisch[1].

Unter König Wladislaw (1140—1173) wurde dem Kloster Doxan (südlich Leitmeritz) in dem Gebiet westlich Kaadens ein Grundbesitz geschenkt, in dem Wickwitz, Jokes, Damitz und Schönwald genannt werden, die ersten drei Ortschaften wohl slawische Neugründungen, und Herzog Friedrich von Prag (1179—1189) schenkt Ketwa bei Woslowitz, etwas näher bei Kaaden über der Eger. Ketwa trägt einen germanischen Namen, wie weiter unten dargelegt wird. Das sind Zeugnisse des späteren Ausbaus des Landes gegen das obere Egergebiet.

---

1 Es sei bemerkt, daß im Kaadener Bezirk die ältere Bildungssprache der Dorfnamen mit -dorf überwiegt gegenüber den jungen Rodungsnamen auf -schlag, -reut am Fuß des Erzgebirges. In Warta findet sich ein kennzeichnender bayerischer Flurname »Gries« (sandiges Flußufer) (siehe K. Meder, aaO., S. 21).

Denn die Tschechen haben in der Zeit zwischen 900 und 1050 ihre Kräfte verbraucht, um den inneren Ausbau des durch den Fall der Luczaner gewonnenen Wohnungsgebietes vorwärts zu treiben, zumal sie auch das umfangreiche Siedlungsgebiet der Slavnikinge an der Sazawa (Sasau) und Luschnitz seit 995 einbezogen haben. Vor dem Jahre 1041 war also die geschilderte Grenzbefestigung gegen das Egerland noch fest.

Das Vorrücken der Tschechen innerhalb Böhmens im 12. Jahrhundert

Betrachten wir das Vorrücken der Tschechen in das von Mittel- und Nordbayern bewohnte Gebiet des südlichen und westlichen Böhmen. Daß die Grenze durch das ganze Mittelalter in Südböhmen diesseits der Moldau verlief, erweisen auch die Ortsnamen, Diese Tatsache beleuchten auch die mehrfachen Umbenennungen und Doppelbenennungen von Siedlungen, auf die ich noch zu sprechen komme. Ausführliche Belege dafür bringt der wissensreiche A. Mayer (*Die Besiedlung des Böhmerwaldes*, 1932, S. 30 ff.). Südböhmen weist etwa 25 Siedlungsnamen auf -ing und -ingen auf, davon liegt ein Teil an den alten Saumwegen durch das Gebirge. Unter diesen -ing-Namen sind mehrere sogenannte echte, das heißt mit germanischen Personennamen gebildete Orte. Diese ältere Schicht reichte nach A. Mayer (aaO., S. 81 ff.) zumindest in das 9. Jahrhundert zurück, weil dann diese Bildungen aufhören.

E. Schwarz bringt es fertig (*Ortsnamen*, aaO., S. 167) fast alle Ortsnamen tschechisch zu erklären, oder bezeichnet sie als »unechte« -ing–Namen. Kalsching ist ihm Chvaleš, Chvalšing. Auf Seite 79 sagt Schwarz: »echte Ortsnamen auf -ing fehlen in den Sudetenländern fast vollständig«. Nur Hörsin bei Wildstein sei ein solcher, aber »es wäre voreilig, dem Dorf ein höheres Alter als der Nachbarschaft zuzuschreiben, für die nur Zeugnisse aus dem 12. Jahrhundert bekannt sind. Der Name ist vermutlich von den Ansiedlern des 12. Jahrhunderts aus dem Altlande mitgebracht worden.« Dazu kann man nur den Kopf schütteln. Neben den vielen -ing–Namen im südlichen Böhmerwald stehen etwa 20 altdeutsche Ortsnamen auf -ern – dazu gehören Pichlern bei Krummau, Angern bei Kaplitz, Wallern und aus dem Egerland Fischern bei Karlsbad.

Alte Ortsnamen sind auch im mittleren Böhmerwald zu finden, mit altdeutschen Personennamen als Grundwort gebildet, zum Beispiel Habartitz, Bernatitzl, Jindrzichowitz, Welhartitz, Kunkowitz, Depoldowitz, Olchowitz, Hoslau, Hinkowitz. Ebenso wie die an anderer Stelle besprochenen altdeutschen Namen der Moldau, die Bergnamen Osser und Arber und die Flüsse Angel und Amsel.

In der Nähe von Schüttenhofen liegen auch aus altdeutschen Personennamen gebildete Ortsnamen wie Hartmanitz, Rappatitz, Kundratitz, Kadeschitz, Kumpatitz, Albrechtsried, von Eisenstein und Reichenstein abgesehen. Man sieht aus dieser Liste, wie eng und nachhaltig schon im frühen Mittelalter die tschechischen Urkundenschreiber des Prager Bistums die altdeutschen Namen mit einem slawischen Schwänzchen versehen haben.

Es hat im mittleren Böhmerwald Jahrhunderte gedauert, bis die Slawen gegen das Gebirge vorgedrungen sind. Gegen Kladrau (bei Mies) kamen die Tschechen erst im 11. Jahrhundert, auf das Tepler Hochland, nördlich davon erst im 12. und 13. Jahrhundert (siehe Albrecht, »Zur Besiedlung Westböhmens durch Slawen«, in *Jahresberichte des deutschen Gymnasiums zu Pilsen,* 1910 und 1911; und A. Mayer, *Die Besiedlung des Böhmerwaldes,* 1932, S. 23). Taus an der Landgrenze war, wie schon erwähnt, ein weit vorgeschobener Posten an der Straße Pilsen–Cham–Regensburg zur Sicherung der Wege.

Bemerkenswert ist auch, daß im südlichen Böhmen um Budweis, Hohenfurt, Goldenkron noch gegen Ende des 13. Jahrhunderts nach Passauer, Regensburger und Wiener Münze gerechnet wurde und daß in Prachatitz im südwestlichen Böhmen noch im Jahre 1323 das gleiche Hohl- und Feldmaß wie in Passau galt (siehe G. Juritsch, *Die Deutschen und ihre Rechte in Böhmen und Mähren,* 1905, S. 25 f.).

Daß im Gebiet von Neuern die »Künischen« (kaiserlichen) Freibauern saßen, ganz in germanischer Art und Freiheit auf ihren Einzelhöfen, ist eine beachtliche Tatsache, wenn ihr Vorhandensein in den Urkunden auch erst spät bezeugt ist. Sie sind jedenfalls nicht erst im 15. Jahrhundert etwa vom »böhmischen« König eingesetzt worden. Die Tauser tschechischen Chodenbauern, die übrigens nur zum Teil Tschechen gewesen sind, die zum Schutz des Weges nach Bayern, wohl auch recht früh, angesiedelt worden sind, werden zum erstenmal im Jahre 1325 genannt.

Wir besitzen aus dem mittleren Böhmerwald einige ganz bedeutsame alte Nachrichten, aus Cosmas und seinen Nachfolgern, die uns einen Blick in das Vordringen der Tschechen in dieses urdeutsche Gebiet tun lassen. Es hört sich freilich bei den tschechischen Chronisten recht harmlos an. So vernehmen wir zum Jahr 1121, daß »einige Deutsche innerhalb der böhmischen Grenze im Wald (bei Weißensulz) auf steilem Felsen eine Befestigung errichteten« (»quidam ex Theutonicis infra terminos Boemorum in silva, ad quam iter per villam Bela, in praerupta rupe aedificabant castrum«). Aber Herzog Wladislaw nahm mit einer auserlesenen Schar Bewaffneter die Befestigung ein und die Deutschen gefangen. Nur auf Bitten des Grafen Albert wurden sie geschont. Also hatten sich die Deutschen gegen das Vordringen von slawischen Abteilungen und Siedlern in ihr altes Siedlungsgebiet durch Wehranlagen schützen wollen, erlagen aber der Gewalt des nun durch das Deutsche Reich geschützten Prager Herzogs. Und ebenso kennzeichnend: Der Kanonikus von Wyssehrad schreibt in seiner Chronik zum Jahr 1126, also unter Herzog Wratislaw, von der Anlage dreier tschechischer Befestigungen, die »auf slawisch« Przimda, Yzgorelik und Tachow hießen (»eodem tempore quaedam munitiones Bohemi reaedificaverunt, quae sclavice Przimda, Yzcorelik, Tachow appelantur«). Hier sind also die slawischen Vorposten am Werke, alte deutsche Siedlungen für ihren Vormarsch zu befestigen. Und eine dritte Nachricht vom Jahr 1131 schließt sich an, daß Herzog Sobieslaw eine Burg bei Mies gebaut habe (»urbem Misam alias Strzibro construxit«).

134

Wir stehen im Raum Pilsen—Mies—Tachau—Pfraumberg, einem Gebiete, das ohne jeden Zweifel seit der germanischen Zeit von Deutschen besiedelt war und in dauerndem Zusammenhang mit Bayern gelebt hat. A. Mayer (»Völkerverschiebungen in Böhmen und Mähren«, in *Zeitschrift des Mährischen Vereins für Geschichte, 28, 1926, S. 77*) stellt fest, daß die Gegend von Mies—Tachau—Weißensulz mindestens seit dem 6. Jahrhundert von Deutschen bewohnt gewesen sein müsse.

Diese drei Nachrichten liegen in derselben Richtung. Wir stehen hier im westlichen Böhmen in der Zeit, in der die Prager Herzöge bemüht waren, die Grenzen vorzuschieben und ihre Oberhoheit zu sichern. Um das Jahr 1120—1130 also drangen die Tschechen, offenbar nicht als Siedler, sondern als militärische Vorposten, zur Errichtung der langen Böhmerwaldgrenze vor, aus dem Pilsener Becken nach Westen. Das feste Lager, das die Deutschen im Jahre 1121 errichteten, war ein Abwehrunternehmen und mißlang; die Tschechen befestigten fünf Jahre später ihrerseits drei feste Plätze, und weitere fünf Jahre später auch die altdeutsche Siedlung Mies. Im Jahre 1108 war in der Nähe von Mies das deutsche Benediktiner-Stift Kladrau errichtet worden, und bei diesen Zeugnissen haben wir auch einen alten und ausgiebigen Beweis, wie schnell die Tschechen deutsche Ortsnamen slawisierten entweder durch eine tschechische Verballhornung der Form, durch ein angehängtes -ici, -ce, -itz oder durch eine Umtaufe, wobei es ganz naiv zum Jahre 1126 heißt, »die auf slawisch lauten«, und zwar bei Orten, die alle vorhergehenden Jahrhunderte keine Slawen gesehen haben, denn Przimda ist Pfraumberg, worüber noch zu handeln ist, Yzgorelik ist Brand, so wie Misa 1131 »anders Strzibro« heißt.

Die hier gebrachten Zeugnisse geben einen Einblick in das geschichtliche Werden des innerböhmischen Staatswesens. Der Graf Albert, der zum Jahre 1121 genannt wird, gehört dem bayerischen Geschlechte der Bogen an, welche auch Schüttenhofen und Winterberg besaßen, ein Zeugnis für die alte Verflechtung von Bayern und Westböhmen; erst im Jahre 1242 wurde dieses Gebiet an die niederbayerischen Herzöge abgetreten und kam 1273 an König Otaker II. von Böhmen (siehe darüber Schmidt, *Mitteilungen des Vereins für Geschichte*, 45, S. 112; und T. Mayer, »Aufgaben der Siedlungsgeschichte in den Sudetenländern«, in *Deutsche Hefte für Volks- und Kulturbodenforschung*, I, 1930—31, S. 129 ff.; auch A. Mayer, *Zeitschrift des Mährischen Vereins für Geschichte*, 27, 1925, S. 10).

In Südböhmen war die Grenze noch lange in Fluß. Um 1100 gilt die obere Moldau von Kuschwarda bis Hohenfurt als Grenze gegen Bayern und Oesterreich (»usque ad fluvium, qui Wultha vocatur – usque ad terminos Boemie – ad fluvium, qui Wultha vocatur – a ripa Danubii ad fluvium, qui Woltha . . .«) Diese Grenze bestand übrigens noch im 13. Jahrhundert. Aber dieses Gebiet ist nur ein kleiner Streifen, über den wir zufällig genaue Nachrichten besitzen, so daß es hier nur am Rande erwähnt wird.

Auch das Gebiet um Neubistritz in Südostböhmen ist erst unter Otaker II. an Böhmen gekommen. Die Gleichheit der genetivischen Ortsnamen hier wie im benachbarten österreichischen Waldviertel bezeugt die frühe Zusammengehörigkeit ebenso wie die Siedlungsform der Dörfer. Sie gehörten ursprünglich zur Grafschaft Raabs (Radegoz), woraus die tschechische Namensform für Österreich »Rakouska« entstanden ist. Das Gebiet gehörte zur Diözese Passau noch in der Mitte des 13. Jahrhunderts; erst um 1280 fällt es politisch an Böhmen (siehe Hans Hirsch, »Zur Entwicklung der böhmisch-österreichisch-deutschen Grenze«, in *Jahrbuch des Vereins für Geschichte der Deutschen in Böhmen*, I, 1926, S. 13 u. 18; Lechner, »Geschichte der Besiedlung des Waldviertels«, in *Jahrbuch für Landkunde von Niederösterreich*, 19, 1924, S. 87).

Das Egerland und seine Abgrenzung gegen Böhmen

Aus dem ganzen Egergebiet ist uns, von der Geschichte der Luczaner abgesehen, aus der Zeit bis in das 11. Jahrhundert

136

keine Nachricht überliefert, die in Beziehung zum Prager tschechischen Herzogtum gesetzt werden könnte, auch nicht von dem sonst so gesprächigen Chronisten Cosmas. Gewiß kann man mir entgegenhalten, in der Bestätigungsurkunde für die Grenzen des Prager Bistums, von Bischof Jaromir-Gebhard, dem Bruder des Prager Herzogs und zeitweiligen Kanzler Kaiser Heinrichs IV., sei ja auch die Landschaft Zedlza namentlich angeführt, und der Gau Zettlitz gehört tatsächlich zum eisernen Bestand der tschechischen wie deutschen Geschichtsschreibung. Er wird darum auch von E. Schwarz (*Die Ortsnamen der Sudetenländer,* aaO., S. 50) als eigener slawischer Stamm geführt, die Sedltschaner. Es war dies Zedlza aber nichts weiter als eine Militärstation, heute würde man sagen, ein »Stützpunkt«, der kein viel höheres Alter beanspruchen kann als das Jahr der Urkunde von 1086. Sedlec heißt »Sitz«, »befestigter Platz«. Dieses Zettlitz bleibt auch durch alle Jahrhunderte bis zum heutigen nur ein Dorf auf einer Erhöhung über dem Egerfluß gegenüber der Mündung der Tepl. Den Grund für diese Militärstation sieht A. Mayer (*Zeitschrift des Mährischen Vereins für Geschichte,* 27, 1925, S. 23) in der Ausgestaltung der reichsländischen Position Eger unter den Vohburgern (1077–1146). Übrigens wurde das ganze Gebiet noch durch Jahrhunderte nicht zur böhmischen Krone gerechnet. Wir schließen: Wenn Bischof Gebhard wirklich das ganze Egergebiet (weiteres Egerland) zum Prager Bistum rechnen durfte, hätte er das durch den Ausdruck »vom Erzgebirge bis zum Böhmerwald« oder so ähnlich viel besser umschreiben können als durch »das Gebiet von Zedlza«. R. Käubler (in seinem Aufsatz über *Ländliche Siedlungen des Egerlandes,* Leipzig 1935) glaubt, daß das Egerland über die slawische Einwanderung hinüber bis ins 9. Jahrhundert germanisch geblieben sei. Nach ihm liegt auch weithin in Innerböhmen tschechisiertes deutsches Land (siehe seinen Aufsatz in der *Auslandsdeutschen Volksforschung,* 2, 1938, S. 59). Hingegen behauptet R. Fischer (»Zur Frühgeschichte des Egerlandes«, in *Südostforschungen,* 7, 1942, S. 275): »Es ist unmöglich, daß die Slawen erst im 10. oder 11. Jahrhundert ins Egerland geholt

Eger: Doppelkapelle in der Kaiserburg, die Oberkirche. Hier feierte Kaiser Barbarossa seine Vermählung

worden wären«, nachdem er vorher von der »slawischen Überschwemmung gegen Ende des 6. Jahrhunderts« gesprochen hatte.

Was sagt uns nun die *Geschichte* von dem Egergebiet, dem engeren und weiteren »Egerland«)?

Das eigentliche »Egerland«, die regio Egere, wie sie 1135 heißt, gehörte bis 1322 nicht zum Land Böhmen. Es war auch

138

bei der Grenzbeschreibung der Diözese Regensburg dieser unterstellt und stand unter der Obhut des bayerisch-ostfränkischen Nordgaues Nabbug-Cham (vgl. zum Beispiel W. Friedrich, *Die historische Geographie Böhmens,* Wien 1912). Die Stadt Eger war seit 1146 Kaiserpfalz und später Burgsitz der Hohenstaufen (siehe H. Sturm, *Zeitschrift für sudetendeutsche Geschichte,* 1, 1937, S. 186). Konrad III. zog das obere Egerland, das seit 1002 Reichsgebiet war, nach dem Aussterben der Vohburger (1146) als Reichslehen ein. Seit 1154 erscheint es ebenso wie die Burg Eger im Besitz der Hohenstaufen. Nach 1125 hatte das ganze Gebiet noch den Vohburgern gehört. Aber 1159 schenkte der böhmische König Wladislaw dem 1133 gegründeten Kloster Waldsassen ein Stand Land im Wald der »Provinz Zettlitz« (»in silva provinciae Zedilcensis«), wobei nach dem Sprachgebrauch der Zeit Provinz die Bedeutung von »Gebiet« hatte. Es war also wohl in dieser Zeit Sitz eines Kastellans. Im Jahre 1165 heißt es genauer »im Wald hinter der Provinz Zettlitz« (»in silva ultra provinciam Zedlece«). Die im 12. Jahrhundert zu Zettlitz gehörigen Dorfschaften lagen am Egerufer, sind also schon dadurch – mit Rücksicht auf die frühgeschichtlichen Uferüberschwemmungen – als jüngere Besiedlung gekennzeichnet.

Im Jahre 1266 hat dann der böhmische König Otaker II. die Besetzung des Egerlandes durchgeführt »zur Wahrung der Rechte des Reiches«, mußte aber im Jahre 1276 Verzicht leisten. Auch sein Sohn Wenzel II. bemächtigte sich 1291 dieses Reichsgebietes, es mußte aber von Wenzel III. (1305) wieder herausgegeben werden. Doch hatte die böhmische Krone sich unterdessen im Egerland allerlei Besitz gesichert. 1314 verpfändete Ludwig der Bayer das »Egerland« an Johann von Luxemburg, der es 1322 zur böhmischen Krone schlug; doch währte die Sonderstellung des Gebietes durch Jahrhunderte.

Im Umkreis der Stadt Eger befand sich in der Frühzeit eine Reihe sorbischer Siedlungen, deren Namen sich in Ortsnamen erhalten haben. Sie rühren von der slawischen Welle her, die über die Saale bis zur Naab vorgedrungen war, gewiß auch hier nicht das ganze Land einnehmend, sondern in lockeren Hau-

Das Egerland

140

fen längs der Niederungen der Flußläufe vordringend. Auch in Böhmen haben sich neben der großen Überflutung durch die Markomannen um die Zeitwende noch lange Zeit einzelne keltische Siedlungen erhalten. E. Schwarz (*Die Ortsnamen der Sudeten-Länder als Geschichtsquelle*, aaO., S. 251 ff.) hält wohl Kulm und Tirschnitz für sorbisch, neigt aber nun dazu, die übrigen im Egergebiet auftretenden slawischen Ortsnamen für tschechisch zu halten, sowie das gesamte egerländische Deutschtum für ein Ergebnis der Kolonisation seit dem 12. Jahrhundert (siehe zum Beispiel *Die Ortsnamen als Geschichtsquelle*, 5, S. 260). Wir kommen noch wiederholt auf diese Aufstellungen zurück.

Wir wenden uns jetzt von Eger flußabwärts dem Kreis Elbogen zu. Die eingehende Arbeit von R. Fischer *Die Ortsnamen des Bezirks Falkenau* (Reichenberg 1928) vermittelt uns den Stand der geschichtlichen und sprachlichen Forschung zu dem weiteren Umkreis des »mittleren« Egerlandes. Auch R. Fischer möchte wie E. Schwarz die sorbischen Siedlungen um Eger als tschechisch ansehen und sie der ersten Zeit der Einwanderung der Slawen im Sudetenraum zuweisen. Doch hören wir: »Seit etwa 600 bekam unser Bezirk allmählich eine dünne slawische Bevölkerung, die dem Zettlitzer Gau angehörte« (S. 75). Er weitet also die Nennung der sicherlich dem 11. Jahrhundert angehörigen Militärstation in der Bistumsbeschreibung des Bischofs Gebhard (1086) zu einer Besiedlung aus der Zeit der ersten slawischen Landnahme aus. Daß in den Jahren 1159 und 1165 für Zettlitz ein Mann namens Záviš als Zeuge auftritt, gibt Fischer Anlaß, ihn Gauobmann zu nennen. Wir hören aber erst im Jahr 1188 von einem »Wernherus economicus« in Zedlitz (Friedrich, *Codex dipl. Bohem.*, I, S. 320), also einem »Wirtschaftsverwalter«. Möglich ist nur der Schluß, daß im 11. Jahrhundert um Zettlitz bei Karlsbad als einem weit vorgeschobenen Posten der Prager Ausweitungsbestrebungen etwa 10 Chodendörfer entstanden sind (Chodau erscheint 1195–1197 als Codou, aber bereits dem Kloster Waldsassen zugehörig, ist also wohl unter den Liegenschaften gewesen, die König Wladislaw im Jahre 1159 dem Kloster

Ottaker II. (1230—1278), König von Böhmen.

gewidmet hat.). Die zu Zettlitz rechnenden Dörfer, augenscheinlich Sicherungen im vorgeschobenen Landgebiet wie die Choden vor Taus, liegen zumeist am Flusse, jedenfalls ärmlich und unbedeutend. Das ist auch alles. Aber nach R. Fischer kamen um diese Zeit deutsche Siedler aus Nordbayern zur Kolonisation. Daß diese slawischen Dorfschaften bereits im 14. Jahrhundert eingedeutscht waren, gibt Fischer selber an, aber mit dem Zusatz »die ehemaligen Slawendörfer, die doch älter sein müssen«.

Nach Fischer gehen von 78 Ortsnamen des Bezirks Falkenau – zunächst dem eigentlichen Egerland – etwa 20 auf eine slawische Form zurück, was also das Zeichen der früheren Besiedlung der Landschaft durch die Tschechen wäre. Nach ihm ist ja auch das eigentliche Gebiet um die Stadt Eger »bald nach der Einwanderung der Slawen« von ihnen besetzt worden (S. 59). Aber man bemerke, was Fischer nicht hervorhebt: diese Ortsnamen slawischer Herkunft sind uns erst aus dem 14. Jahrhundert bezeugt, mit ganz vereinzelten Ausnahmen: Leibitsch schon im Jahre 1165 und 1181, also in der einer Zeit, in der der tschechische Vorstoß in das deutsche Egergebiet geschichtlich bezeugt und verständlich ist. Die deutschen Ortsnamen des Bezirkes sind aber Zeugnissen aus dem 13. Jahrhundert entnommen und sind wohl um Jahrhunderte älter. Die deutschen Siedler, die R. Fischer aus Bayern kommen läßt, verlegt er ja auch in das 12. Jahrhundert (S. 69). Im 14. Jahrhundert, aus dem die tschechischen Ortsnamen stammen, gibt es in diesem Umkreis mehrere deutsche Städte und an die 60 deutsche Dorfschaften. Aber trotz allem: »Seit etwa 600 bekam der Bezirk allmählich eine dünne slawische Bevölkerung.«

Der älteste Name im Bezirk Falkenau ist nach R. Fischer etwa Fronau, das im Jahr 1363, also in der Zeit Karls IV. und der verhaßten kirchlichen Slawisierung, als Wranow überliefert ist; von 1364 bis 1785 geht es immer unter der Schreibung Fronaw, Fronau; die Übersetzung des Namens ins Tschechische stammt aus den *Libri confirmationum* des Prager Bistums, deren offenkundiges Bestreben, alle deutschen Dorfnamen zu slawisieren, ich noch kennzeichnen werde. Schon darum hätte Fischer eine etwaige deutsche Herkunft des Namens in Betracht ziehen müssen. Fronau lag doch am nächsten. Ein deutsches Fronau liegt im Bezirksamt Roding in Bayern, mit den urkundlich alten Belegen: Fronowe vom Jahre 1170 und 1179 und Vronawe um 1138 (Förstemann, *Altdeutsches Namenbuch*, II, 1, Sp. 936). Dabei liegt unser Dorf im Süden des Bezirkes zwischen lauter deutschen Siedlungen, weitab von den Orten mit wirklich slawischen Namen, die sich um den Lauf der Eger gruppieren. Ähnlich unsicher ist die tschechische Ableitung für den Namen Buckwa (seit 1304 bezeugt) und Schaben, das seit 1309 als Scheiben, Scheben auftritt.

Der wirklich tschechische älteste Beleg für den Bezirk ist Datznitz vom Jahre 1370. Aus dem 14. Jahrhundert stammt auch die Mehrzahl der Belege von slawischen Dorfnamen um Falkenau. Auch das meistens als sorbisch angesprochene Maria-Kulm ist als Siedlung – Kulm heißt bloß »Berg« – vielleicht erst im 14. Jahrhundert entstanden und erst aus dem Anfang des 15. Jahrhunderts bezeugt.

Von ähnlichen Erwägungen gehen auch die anderen Feststellungen der »uralten« slawischen Besiedlung im Bezirk aus, so der Ort Thein bei Falkenau, der auf tschechisch Týn (»Feste«) zurückgeht, im Grunde ein germanisches Wort. Fischer setzt hinzu, daß es »sicher schon in slawischer Zeit (also nach 600; der Verfasser) ein Verteidigungsplatz war« (S. 42). Aber urkundlich belegt ist auch dieser Name erst aus dem Jahre 1408. Will man einen richtigen Schluß ziehen, darf man dieses Thein höchstens als eine Gründung des 13. Jahrhunderts ansehen, ebenso wie Maria-Kulm und andere.

Hingegen sind die festen Plätze deutscher Herkunft viel früher urkundlich bezeugt, so Königsberg bei Falkenau als Burg Friedrich Barbarossas schon im Jahre 1188: Usalcus de Chunigisberch neben Friedericus de Eeger bei Friedrich (*Codex dipl. Bohem.*, I, S. 320). Die Burg Hartenburg im Norden des Bezirks als Herrenburg seit 1236, Falkenau selber, der heutige Hauptort, ein Rittersitz seit dem 13. Jahrhundert und ähnliche andere kleine feste Sitze, insgesamt deutsch. Sie reden gegenüber dem Thein von 1408 eine deutliche Sprache.

144

Aber die Wissenschaft von E. Schwarz und seinen Gefolgsleuten geht nach der anderen Richtung, sie setzt slawische Ortsnamen des 13. bis 15. Jahrhunderts flugs in die Zeit nach 600 und
kommt damit den tschechischen Aufstellungen bereitwillig
entgegen. R. Fischer gibt freilich in einer jüngeren Feststellung
(*Deutsche Volksforschung in Böhmen und Mähren, 2, 1943,*
S. 82 f.) zu, daß das Egerland tatsächlich alte, echte Namen auf
-heim und -ingen besitzt und nennt Kulsen = Kulsheim, altdeutsch Kolbesheim, Ratsam aus altem Rotesheim, Hörsin aus
Heresingen vom Namen Heregis. Hingegen betont R. Käubler
(*Auslandsdeutsche Volksforschung, 2, 1938,* S. 57 f.), daß das
Egerländer Deutschtum aus im Land verbliebenem Germa-
nentum hervorgegangen sei, das sich bis ins 9. Jahrhundert
germanisch-deutsch erhalten habe.

Das Elbogner Ländchen. Die Grenze in Nordböhmen

Die zäh erhaltene Nachricht, das Elbogner Land, das östlich
an das Falkenauer Gebiet anschließt und den weiteren Umkreis von Karlsbad umfaßt, sei einst außerhalb der Grenze
Böhmens gelegen, hat gewiß einen geschichtlichen Kern. Darüber schreibt ausführlich R. Schreiber (»Die Stellung des mittelalterlichen Elbogner Landes zu Böhmen«, in *Mitteilungen
des Vereins für Geschichte,* 74, 1936, S. 1 ff. und 81 ff.). Auch
Schreiber weist auf die Beschreibung des Prager Bistums von
1086 hin, in der Zedlza als tschechischer Gebietsteil benannt
wird. Der Verfasser schließt seine klare Untersuchung mit der
Feststellung, daß bis zum Ende der Regierung des König Wla-
dislaus (1125) die Provinz Zettlitz ganz selbstverständlich zu
Böhmen gezählt worden sei, während im letzten Viertel des 12.
Jahrhunderts Böhmen und Zettlitz deutlich unterschieden
werden, und daß aus einer Reihe von Zeugnissen damals eine
gewisse Oberhoheit des Reiches über dieses Gebiet erkennbar
ist, aber ohne völlige Ausschaltung des Einflusses der böhmischen Herzöge. Seit 1212 ist das Elbogner Land sicher wieder
bei Böhmen. Zettlitz tritt bald hinter Burg und Stadt Elbogen

zurück. Tschechische Grenzwächter (Choden) waren in dieser Gegend schon seit 1165. Mit dieser wissenschaftlichen, von mir völlig unabhängigen Darstellung ist ausgedrückt und aus urkundlichen Nachrichten festgelegt, daß dieses Egergebiet westlich Kaadens und westlich seiner alten Landgrenze bis in

Auf einem mächtigen Felsen in einem Dreiviertelkreis von der Eger umflossen, erhebt sich das Städtchen Elbogen mit einer aus dem 9. Jahrhundert stammenden Burg. Das Städtchen hat noch immer einen altertümlichen Zug

146

die Mitte des 11. Jahrhunderts nicht zu Böhmen gehört hat; daß die Bemühungen der Prager Herzöge um eine Art Obrigkeit über diesen Landesteil während des ganzen 12. Jahrhunderts nur zu einem geringen Teil Erfolg hatten, nämlich in der Gründung eines tschechischen Vorpostens in Zettlitz, dem eine Reihe slawischer Dörfer zugehörten; daß ferner das Reich noch nicht auf sein Recht an Westböhmen offen Verzicht geleistet hatte und daß dieses Gebiet an der mittleren Eger erst seit dem 13. Jahrhundert rechtlich und tatsächlich Böhmen eingegliedert war.

Im Jahre 1266 hat König Otaker II. ja vorübergehend das Egerland unter einem Rechtsvorwand besetzt, mußte aber seinen Anspruch zurückziehen, und der Nürnberger Burggraf Friedrich von Zollern zog als Burggraf nicht bloß in Eger, sondern auch in Elbogen ein. Also hat dieses Gebiet noch als Reichsland gegolten. Nach Schreibers Ausführungen setzten sich Mannen des Reiches als Lehensträger auch im Elbogner Gebiet fest. Bemerkenswert ist dabei die Gerichtsfreiheit des Landes von Eger und Elbogen von den böhmischen (Prager) Gerichten, sogar auch nach der Einverleibung des Egerlandes in die böhmische Krone im Jahre 1322! Auch das Elbogner Ländchen hatte seit dem Ende des 13. Jahrhunderts eine wenigstens verwaltungsmäßige Eigenständigkeit. Um 1340 und später hatte es noch seine eigene Gerichtsbarkeit. Das Egerer Gebiet wurde übrigens vom Deutschen Reich in den späteren Reichs-Landfrieden eingeschlossen, seit dem 14. Jahrhundert. Eger und Elbogen standen gegen die Hussiten, waren auch in die Reichssteuer einbezogen, sogar mit Freiheit von der Besteuerung durch Böhmen um 1400 und später, bis 1461.

Als dem Herzog von Prag im Jahre 1212 die erbliche Königswürde verliehen wurde, wurde in der Verleihungsurkunde ausgesprochen, »daß alle Gebiete, die Böhmen zuzugehören scheinen, mögen sie auf welche Weise immer dem Reiche entfremdet worden sein, alle nach unserem Willen ihm und seinen Nachfolgern als Besitz verbleiben«. So sind die historischen Grenzen Böhmens im Laufe von Jahrhunderten entstanden. A. Fischer (»Das angebliche Kolonistentum der Deutschen Böhmens und Mährens«, in *Zeitschrift des Mährischen Vereins für Geschichte,* 24, S. 3 ff.) sagt: »Die Geschichte, wie die heutigen Grenzen Böhmens und Mährens entstanden sind, ist noch nicht geschrieben; dafür sind die vorliegenden Daten zu lückenhaft.« So galt auch das Elbogner Land mindestens bis in den Anfang des 13. Jahrhunderts bloß als »Außenteil von Böhmen«.

Aber auch in Nordböhmen war die Grenze durch Jahrhunderte fließend. Sie verlief jedenfalls noch in der historischen Zeit als natürliche Grenze längs dem Lausitzer Gebirge. Das ergibt sich aus der Grenzbeschreibung der Meißner Diözese nach dem Diplom Ottos III. vom Jahre 996. Und sie blieb es bis ins 13. Jahrhundert. Die slawischen Ortsnamen Nordböhmens von Kulm bei Aussig bis Grottau bei Reichenberg sind jedenfalls windisch. Hier mag eine Feststellung von I. Pfitzner (*Deutsche Hefte für Volks- und Kulturbodenforschung,* 1, S. 83) stehen, die alles besagt: »In Nordmähren stammen die vorgeschobenen slawischen Posten alle aus der Zeit nach 1130.« Und anders ist es kaum in Nordböhmen gewesen. Schwarz gibt in dem Buch *Die Ortsnamen als Geschichtsquelle* (aaO., S. 261) eine Erklärung der im Volke lebenden Bezeichnung »Böhmischer Berg« zwischen Leipa und Georgswalde, die unzureichend ist. Hier lief eben eine alte Landesgrenze, die durch den Namen »Böhmisch-Leipa«, »Böhmischer Weg« und das im Volksmund noch heute lebende »Landrain« gekennzeichnet ist. E. Schwarz will nur zugeben, daß nach 1241 diese Grenze »einige Zeit« vorhanden gewesen sei.

Herzog Spitihnew und die angebliche Vertreibung der Deutschen

Wir müssen als nötige Ergänzung zu unseren Darlegungen nochmals ein Stück böhmischer Geschichte in kurzen Umrissen einschalten. Während Herzog Břetislaw Böhmen und Mähren zu einem Ganzen zusammenzufassen bestrebt war und überall über das ererbte Gebiet hinauszugreifen versuchte, hat

148

sein Sohn Spitihnew (1055—1061) einen einzigartigen und übereilten Versuch gemacht, das Deutschtum des Landes zu schwächen. Es ist zu vermuten, daß Kreise der slawischen Geistlichkeit die Anstifter dieses Haßausbruchs gewesen sind, denn von dort wurde ganz deutlich die Tschechisierung der deutschen Ortsnamen mit einer merkwürdigen Folgerichtigkeit betrieben.

Cosmas (II, 14) weiß folgendes von Herzog Spitihnew nach seiner Wahl zum Herzog (1055) zu erzählen: »Er vollbrachte etwas Großes und Wunderbares, was ihn für alle Zeit denkwürdig machte; denn er befahl, daß alle Deutschen, ob reich oder arm oder Pilger, alle insgesamt innerhalb dreier Tage aus Böhmen vertrieben werden sollten; sogar seine Mutter Judith durfte nicht bleiben.« Diese Nachricht eines gehässigen Deutschenfeindes, der Cosmas gewesen ist, trägt den Stempel der Aufbauschung an der Stirn. Dieser Angriff gegen das Deutschtum Böhmens hat natürlich niemals den Charakter einer Deutschenvertreibung gehabt, nicht einmal bei der tschechischen Geschichtsschreibung (siehe I. Loserth, »Der Herzog Spitihnew und die angebliche Vertreibung der Deutschen aus Böhmen,« in *Mitteilungen des Instituts für österreichische Geschichtsforschung,* 4, 1883, S. 177; A. Zycha, *Mitteilungen des Vereins für Geschichte,* 53, 1915, S. 11; B. Bretholz, *Geschichte Böhmens,* 1912, S. 147, der bemerkt, daß ein böhmischer Fürst, der eine solche Tat gewagt hätte, nicht kurz darauf von Kaiser Heinrich III. die Belehnung in Regensburg erhalten hätte). Wir haben es also mit einem Falle der böhmischen Erfindungen zu tun. Spitihnew selber hatte eine Deutsche zur Frau, Ida (Hidda) von Wettin, die Enkelin des bekannten Markgrafen Ekkehard von Meißen, und Spitihnews Mutter, von der in der Notiz gesprochen wird, war Judith von Schweinfurt, deren Bruder (1057) als Herzog von Schwaben starb. Sie ist nach der tatsächlich erfolgten Verbannung im Jahre 1058 in Ungarn verstorben. Von der Vertreibung der Deutschen weiß sonst keine Chronik, keine Urkunde zu berichten. Eine Vertreibung der Deutschen aus Böhmen binnen drei Tagen ist überhaupt ein Unding, wenn auch das Böhmen von 1055 noch nicht die Hälfte seiner späteren Gebiete darstellt. Jedoch irgendeinen geschichtlichen Kern muß die Nachricht des Cosmas bergen.

Herzog Spitihnew wollte sich nach seines Vaters Tod (1055) Mährens bemächtigen, das seinen drei Brüdern Wratislaw, Konrad und Otto zugesprochen war, während der jüngste Bruder eben der öfter genannte Bischof Jaromir-Gebhard gewesen ist. Die Brüder wurden auch ihres Besitzes entsetzt und an den Hof zu Prag gebracht. Der älteste war jedoch nach Ungarn gegangen. So berichtet auch Cosmas. Aus diesem Gewaltstreich entstand gewiß im Land Mähren eine starke Gegnerschaft, wohl von seiten der Deutschen, denn Mähren muß um diese Zeit auf weite Strecken deutsch besiedelt gewesen sein. Vielleicht hat auch der Anhang der Königin Judith mit der höheren deutschen Geistlichkeit Partei ergriffen. Und da hinein fällt folgendes Ereignis: Spitihnew befahl dreihundert mährischen Großen sich bei ihm in Chrudim im östlichen Böhmen unweit der mährischen Landesgrenze, einzufinden (Cosmas, II, 15: »praemissit autem dux Spitihnew ad illius terrae primates litteras ... ex omnibus civitatibus, ut sibi ad urbem Hrudim occurant«). Es war also sozusagen die ganze mährische Landvertretung zur Unterwerfung aufgerufen worden. Als diese aber aus Trotz seiner Aufforderung nicht völlig nachkam und ihm nur bis an die mährische Grenze entgegenkam, ließ er sie gefangennehmen. Erst im Jahre 1059 wurde der Streit mit seinen herzoglichen Brüdern beendet. Aus dieser Begebenheit, deren Hintergrund wir nicht klar übersehen, geht für jeden ein geschichtliches Zeugnis für das Deutschtum Böhmens und Mährens hervor. Die anscheinend vom Zaun gebrochene Angelegenheit mit den primates (Vornehmen) aus Mähren wird nämlich von Cosmas unmittelbar in die Nachricht von der Vertreibung der Deutschen gestellt. Die mährischen deutschen Vertreter widersetzten sich dem Herzog von Böhmen und wurden durch die neue herzogliche Gewalt entwaffnet und gefangengesetzt. Cosmas fügt hinzu: »und er hatte den Weg nach Mähren in der Hand« (»et tenuit viam in Moraviam«). Daß uns Cosmas verschweigt, daß die 300 mährischen

Vertreter der größeren Orte, die für die jungen Herzöge eintraten, Deutsche gewesen sind, läßt sich mit Händen greifen. Daß Spitihnew in blindem Zorn den Befehl gab, die Deutschen aus Böhmen zu vertreiben (gemeint ist natürlich immer das Innerböhmen, der Machtbereich des böhmischen Herzogs), ist in die Legende eingegangen. Jedenfalls hat diese Austreibung nicht stattgefunden. Spitihnew ist im Jahre 1061 gestorben.

Daß Cosmas bewußt die Tatsachen verdunkelt und im ganzen Buch nichts von Deutschen in Böhmen und Mähren zu wissen scheint, ist wiederholt festgestellt worden; ich verzeichnete bereits die Kennzeichnung bei Uhtenwoldt (*Zeitschrift für sudetendeutsche Geschichte*, 6, 36).

Welche Blüten der Deutschenhaß trieb, zeigt die Angabe in der tschechischen Chronik des sogenannten Dalimil (*Fontes rerum Boh.*, III, S. 139f.) aus dem 14. Jahrhundert, daß ein Sohn König Wladislaws namens Sobieslaw ein wütender Deutschfeind gewesen sei und jedem Deutschen, dessen er habhaft wurde, die Nase abschneiden ließ und für einen Schild voll »deutscher Nasen« einen Preis gezahlt habe. Diese Notiz wurde noch im 15. Jahrhundert weitergetragen; sie reiht sich ebenbürtig an die Gehässigkeiten, die im 19. Jahrhundert Wenzel Hanka in der gefälschten Königinhofer Handschrift aus der Frühzeit des Tschechentums auftischte.

So wie Herzog Sobieslaw-Uldarich (gest. 1140) zwei deutschen Kaisern, Lothar von Sachsen und Konrad III., treue Gefolgschaft geleistet hatte, so herrschte auch zwischen Herzog Wladislaw II. (1140–1175) und Kaiser Friedrich Barbarossa ein Treueverhältnis. Nur im Anfang von Friedrichs Regierung hatte eine Spannung mit Böhmen bestanden wegen dessen Parteinahme für Heinrich Jasomirgott von Österreich, mit dem Wladislaw verschwägert war. Aber durch seine zweite Frau, Judith von Thüringen, seit 1153, trat er in ein verwandtschaftliches Verhältnis zum Kaiser. Wiederholt erschien der Herzog von Böhmen nun auf den deutschen Reichstagen, so 1156 in Regensburg, im folgenden Jahre in Bamberg, und am Hoftag zu Regensburg des Jahres 1158 empfing er vom Kaiser, für seine Person die böhmische Königskrone. So zogen auch in

Friedrichs Heerfahrt nach Italien böhmische Scharen mit. Barbarossa hat auch, nachdem Wladislaw auf den Thron verzichtet hatte, in den folgenden Thronstreitigkeiten in Böhmen eingegriffen und sich für Herzog Friedrich entschieden, der sich auch gegen die feindliche Adelspartei in der Macht behauptete (gest. 1189). Ebenso mußte Kaiser Heinrich VI. in die neuen mehrjährigen Thronwirren eingreifen, aus denen dann Otaker I. (1197) zur Herrschaft kam und sich dafür auf die Seite des Staufers Philipp von Schwaben stellte. Zum Dank dafür verlieh ihm dieser am 8. September 1198 in Mainz die erbliche Königswürde. Freilich gelang es Papst Innozenz III., Böhmen im Jahre 1202 auf seine Seite zu ziehen, trotz manchem Widerstand im Land, das vorherrschend staufisch gesinnt war. So behauptete sich Otaker und verlobte in friedlicher Vereinbarung seinen Sohn Wenzel mit König Philipps Tochter Kunigunde. Sie wurde die Mutter Otakers II., der die primislidische Hausmacht zur höchsten Stufe emporgeführt hat.

Der junge Staufer Friedrich II. bestätigte König Otaker I., der auf Hoftagen zu Bamberg und Nürnberg erschien, in der Königswürde und in all seinen Rechten und Besitztümern, hob die bisherigen Verpflichtungen gegen das Reich auf, die königliche Belehnung ausgenommen, und hielt nur die Verpflichtung zum Besuch der Hoftage in Bamberg, Nürnberg und Merseburg aufrecht. Die jeweiligen Verpflichtungen zum Römerzug konnte er mit 300 Mark ablösen. Damit war der böhmische König Reichsfürst. Otaker erschien auch im Jahre 1213 in Regensburg und in Eger. Im Jahre 1216 erhielt Böhmen von Friedrich die Anerkennung als Erbkönigreich.

Auf unserem Wege ist die ununterbrochene Oberhoheit des Deutschen Reiches von den ersten historischen Nachrichten über Böhmen bis in das klare Licht des Mittelalters deutlich geworden. In diesem Schutz konnte sich Böhmen im Innern ohne Gefahr und Behinderung von außen entfalten. Andernfalls wäre der tschechische Volksstamm wie die sorbisch-wendischen und schlesisch-slawischen Volksteile aufgesaugt oder wie die Elbeslawen gewaltsam unterjocht worden. Zum

»Dank« hat seit der Mitte des 11. Jahrhunderts das tschechische Herzogtum mit seiner Kirche einen ständigen Kampf gegen das Deutschtum der deutschen Landesteile geführt, ohne es vernichten zu können, hat freilich dem Deutschen Reich und der Politik seiner Kaiser fast durchweg willig gedient und dafür auch den höchsten Lohn empfangen: den souveränen Staat, als der das Böhmische Königreich im 13. Jahrhundert erscheint und sogar die deutsche Kaiserkrone begehren konnte.

Der Umfang des tschechischen Sprachgebietes im 11. bis 13. Jahrhundert

Wenn wir fragen, wie groß im 11. Jahrhundert das Herrschaftsgebiet der Tschechen in Böhmen gewesen ist, so kann man nur aus einzelnen Tatsachen Schlüsse ziehen. Der tschechische Ortsname Sedlec bedeutet »Sitz, befestigte Niederlassung, Militärstation«, und da diese naturgemäß im Grenzbereich lagen, kann man aus solchen Orten auf die alte Grenzziehung schließen. Man verfolge einmal auf der Karte die Lage der Orte Sedlec. Die urkundlichen Erwähnungen schließen natürlich ein höheres Alter nicht aus, doch werden wir nicht fehlgehen, wenn wir annehmen, daß diese befestigten Plätze um das Jahr 1000 noch Geltung besaßen. Ein »Sedlec prope Beroun« wird im Jahre 1000 erwähnt (Friedrich, *Codex dipl. Bohem.*, I, Nr. 40) und wiederum zwischen 1037 und 1055 (Friedrich, ebd., Nr. 52). Ein Sedlec bei Libokowitz, also im Umkreis Leitmeritz, wird in der bekannten Verleihungsurkunde für die Leitmeritzer Domherrenstiftung vom Jahre 1057 erwähnt. Das bekannte und vielgenannte Sedlec (Zettlitz) bei Karlsbad wird zuerst 1130 genannt, nachdem es bereits im Jahre 1086 in der Beschreibung der Prager Diözese (Friedrich, ebd., I, Nr. 86) als Zedlza eine Rolle spielte. Ein Sedlec tritt bei Kuttenberg auf, an der Stelle der bekannten Klostergründung von 1142. Und ein Cedelice (Sedlec) bei Kralowitz, südlich Jechnitz, also wohl an der von mir oben beschriebenen Landesgrenze im Gebiet der Luczaner, als Besitz des Klosters

Plaß in der Urkunde von 1192–3 (Friedrich, ebd., I, Nr. 344). Stellen wir dazu noch die Erwähnung eines Stare zedlo vom Jahre 1115 (das ist Altsattel bei Tachau), freilich in einer Fälschung des 13. Jahrhunderts (Friedrich, ebd., I, Nr. 390), und eines Stare zedlo, das ist Neumark bei Tepl, vom Jahre 1183 (wiederum Fälschung des 13. Jahrhunderts), so greifen wir damit bereits in das im 12. Jahrhundert besetzte und gesicherte Gebiet der tschechischen Ausweitung. Zu diesen frühen Angaben tritt noch ein Sedlitz bei Pisek, ein Sedlec bei Rokytzan östlich Pilsen, ein Sedletz in den Bergen nordwärts von Tabor.

Diesen Orten, die auf eine Befestigung zur Grenzsicherung hinweisen, reihen sich nun die Orte Gradec, Hradec an; so ein castrum vom Jahre 1073 und 1130, das spätere Königgrätz; ein Gradec (Hrádek), das ist der Erdberg bei Znaim, vom Jahre 1073, und ein Gradec bei Mies, wiederum bereits aus dem Ende des 12. Jahrhunderts, vom Jahre 1186. Das Kloster Hradisch bei Olmütz, seit 1078, war gewiß vorher eine solche Befestigung. Dazu stellen sich die verschiedenen Gradische, Hradiště, so etwa bei Pardubitz, vom Jahre 1142–48. Auch Raygrad, das ist Raigern bei Auspitz, urkundlich 1045 in einer Fälschung des 13. Jahrhunderts, das bereits castrum desertum heißt.

Auch die verschiedenen Tinec gehören hierher – ein Tyn aus dem germanischen tun, althochdeutsch zûn »Zaun« –, sie waren immer ein »geschlossener Platz«, so Tinec (= Obertenzel bei Leitmeritz), um 1057 genannt, Tinec bei Schlan vom Jahre 1088, Tinez (= Teinitzl) bei Mies, schon im 12. Jahrhundert (1115) und Tinez (= Elbesteinitz) bei Kolin, vom Jahre 1167.

Die im 11. Jahrhundert genannten Orte dürften das Gebiet begrenzen, das um 1000 tschechisches Hoheitsgebiet war, die Nennungen aus dem 12. Jahrhundert (bei Tachau, Mies, Tepl) gehören bereits der vorgeschobenen Linie an, die seit etwa 1120 die Ausweitung der tschechischen Herrschaft andeutet. Hier ist überall Forschungsboden, der Beachtung verdient.

»Bis Ende des 12. Jhrh. hat die slawische Besiedlung kaum die Hälfte von Grund und Boden in Besitz genommen«, sagt

Friedrich (*Die historische Geographie Böhmens*, 1912, S. 128). Ich vermerke hier die Beobachtung des Forschers Otto Schlüter (»Die frühgeschichtliche Verbreitung von Wald- und Siedlungsland in Böhmen und Mähren«, in *Sudeta*, 14, 1938, S. 108), der feststellt, daß bei Beraun einst eine Grenzlinie verlaufen sei, hier sind einige Burgwälle und »hier scheint eine Grenze zwischen zwei Wohnbezirken bestanden zu haben«.

Auch E. Schwarz (*Die Ortsnamen der Sudetenländer*, aaO., S. 67) bemerkt, daß die Rodungssiedlungen der Tschechen in die Mitte des 12. Jahrhunderts fallen, ganz vereinzelt in das Ende des 11. Jahrhunderts. Er schließt das aus dem Auftreten der Siedlungsnamen mit Chota, was »Freigut« (auf schlechtem Rodungsboden) bedeutet, welche Ortsnamen um 1200 beginnen, eine Feststellung der Sprachwissenschaft, die unsere geschichtlichen Darlegungen erfreulich bestätigt. Erst im 11. Jahrhundert bildete sich das landesfürstliche Bodenregal in Böhmen aus, wonach der Landesfürst das Verfügungsrecht über das Wildland erhielt. Das konnte dann verliehen werden. Nun wächst der große Grundbesitz in den Waldgegenden, neue Dörfer werden gegründet, deutsche Klöster werden mit Grund und Boden begabt. Diese Feststellung von W. Friedrich paßt geradezu auf das Tepler Hochland, das zuerst im 11. Jahrhundert von Tschechen betreten wurde, worauf dann von Hroznata dem Stift Tepl ein größeres Landgebiet gewidmet wurde, alles in einer ziemlich unfruchtbaren und vorher gewiß sehr schwachen besiedelten Landschaft.

E. Schwarz will in einem neueren Aufsatz (»Deutsch-tschechisches Volkstum – Auseinandersetzung im böhmischen Mittelgebirge«, in *Der Sudetenraum*, 1941, S. 475 ff.) nachweisen, daß hier in Nordböhmen die tschechischen Bauern die ersten Ansiedler gewesen sind. Die Spielerei mit den Ortsnamen, Flurnamen und Personennamen aus der Zeit vor 1420 ist nach den bekannten Tschechisierungen der Prager Kanzleien kein gültiger Beweis gegenüber den von mir gebrachten geschichtlichen Tatsachen über den inneren Ausbau des böhmischen Landes im 12. und 13. Jahrhundert. Die Slawisierung von oben nach den Hussitenkriegen hat zwar die Städte Leitmeritz und

Aussig mit einem tschechischen Mantel überdeckt, aber das Deutschtum hier wie dort nicht vernichtet. Aussig hatte bereits in der Mitte des 16. Jahrhunderts das Aussehen einer deutschen Stadt; das ist aber nicht durch »Zuwanderung« zu erklären, wie Schwarz (S. 484) tut, sondern ebenso wie in Leitmeritz und Saaz durch die Kraft des bodenständigen Deutschtums. Gegen Behauptungen Einspruch zu erheben, wie etwa, daß Leitmeritz als deutsche Stadt hauptsächlich durch »Zuwanderung aus dem Reich« im 13. Jahrhundert geworden sei, ist überflüssig.

Schwarz bespricht aus dem nordböhmischen Raum Leitmeritz—Aussig—Leipa tschechische Lehnwörter in der deutschen Umgangssprache (S. 487), die er aus der früheren slawischen Bevölkerungssprache übernommen erklärt, während sie nach längst anerkannten Darlegungen, zum Beispiel von J. Lippert, der in dem Gebiet heimatberechtigt war, nur Übernahme aus dem Wortschatz der tschechischen landwirtschaftlichen Arbeiter sind, Speisen und Gebrauchsgegenstände betreffend. Der Versuch von Schwarz, die Landschaft im böhmischen Mittelgebirge als ursprünglich slawisch zu erweisen, ist völlig abwegig.

In den Beurkundungen vor 1300 stehen im allgemeinen nur solche Orte, die in dieser Zeit als Besitzzuwendungen durch den Kaiser oder einzelne Herren vornehmlich an eine geistliche Herrschaft gelangten. Freie Bauerndörfer konnten nicht vergeben werden, und das waren die deutschen (siehe F. Albrecht, »Zur Besiedlung Westböhmens durch die Slawen«, in *Jahresbericht des Deutschen Gymnasiums,* Pilsen 1910, S. 13). Darum sind die deutschen Ortsnamen im Verhältnis spärlich in den sowieso nicht zahlreichen Urkunden vor dem Ende des 12. Jahrhunderts.

Daraus haben die Verfechter der Kolonisationstheorie den Schluß gezogen, daß es deutsche Dörfer vor 1200 sozusagen nicht gegeben habe, und darum seien, wie E. Schwarz in dem Buch *Die Ortsnamen als Geschichtsquelle* darlegt, die tausend und mehr deutschen Ortsnamen von deutschen Dorfschaften, die im 13. und 14. Jahrhundert bezeugt sind, durchweg Neusiedlungen durch Kolonisation von außen gewesen. Eine falsche Schlußfolgerung, die in der Nachfolge Palackys verständlich ist.

Wenn etwa im 12. Jahrhundert eine Reihe Dörfer an das Kloster Kladrau bei Mies vergeben werden, die tschechische Namen führen, so waren das slawische Neugründungen, nicht alte freie deutsche Sippendörfer, an deren Vorhandensein gerade in diesem Gebiet Westböhmens kein Zweifel bestehen kann. Die slawischen Neusiedler waren unfrei und hörig wie die tschechischen Bauern im Innern Böhmens[1]; eine Ausnahme machten nur die Chodendörfer in der Tauser Gegend und vielleicht auch die wenigen slawischen Dörfer um Zettlitz im Karlsbader Gebiet, die als eine Art Militärgrenze gelten sollten. Die Choden des Böhmerwaldes hatten ihre eigene Gerichtsbarkeit, besaßen das Heimfallrecht für ihren Besitz nach deutschem Rechte, also auch Freizügigkeit und Befreiung von Zöllen und Mauten (siehe Loserth, »Der Grenzwald Böhmens«, in *Mitteilungen des Vereins für Geschichte*, 21, 1883, S. 200). Sie haben diese Rechte bei ihrer Ansiedlung nach dem Muster der in Westböhmen und im Böhmerwald sitzenden deutschen Dorfschaften erhalten.

Im Gebiet unter dem Fluß Mies wird der nordwestliche Teil im 12. Jahrhundert nach dem Ausweis der Urkunden als landesfürstlicher Besitz vergeben, während der größere südöstliche Teil (Tachau–Haid) altbesiedeltes, das heißt deutsches Land gewesen sein muß. Denn daß in dieser Frühzeit, also etwa schon im 11. oder 12. Jahrhundert, tschechische Siedler in dieses Bergland aus dem Innern Böhmens gekommen wären, ist ausgeschlossen. Über Maßnahmen der ersten slawischen Vorposten in diesem Landstrich in den Jahren 1121 bis 1131 habe ich oben gehandelt. Auch das Land ober der Mies muß schon in vorurkundlicher Zeit in Kulturland umgewandelt worden sein, weil sich hier aus späterer Zeit keine landesfürstlichen Schenkungen nachweisen lassen (siehe F. Albrecht, *Zur*

---

1 Die sozialen Verhältnisse und die Stellung des slawischen Bauern bis ins 13. Jahrhundert hat J. Lippert ausführlich behandelt in seiner *Sozialgeschichte Böhmens* (Braunschweig, I., S. 222 ff. und 263 ff.).

Besiedlung Westböhmens durch die Slawen, Pilsen 1910, S. 28ff.). Nach A. Mayer (*Zeitschrift des Vereins für Mährische Geschichte,* 27, 1925, S. 10f.) muß ein größeres Gebiet um Tachau—Pfraumberg—Weißensulz als uralte, in die markomannische Zeit zurückreichende Siedlung angesprochen werden, die später durch Neusiedlung vergrößert wurde und bis zum heutigen Tage (1941) deutsch geblieben ist. Der Tauser Landstrich, längs der Straße aus dem Pilsener Becken zur späteren Landesgrenze, also wohl der Hauptweg Böhmens nach Bayern über den Paß von Furth, muß jedoch schon gegen das Jahr 1000 besetzt worden sein, woraus sich dann die Erwähnung in der öfter genannten Urkunde des Bischofs Gebhard vom Jahre 1086 erklären würde. Aber sichere Nachricht mit Namen tschechischer Chodendörfer haben wir erst aus der zweiten Hälfte des 11. Jahrhunderts (siehe A. Mayer, *Zeitschrift des Vereins für Mährische Geschichte,* 27, 1925, S. 8f.). Aber es war bloß eine Art Geleitposten für den Reiseweg.

Tepl: Das Prämonstratenser Stift. 1173 gegründet, verwaltete es großen Land- und Forstbesitz. Berühmt ist die Bibliothek, unter deren Werken sich auch der Codex Teplensis, eine deutsche Bibelübersetzung aus dem 14. Jh., befindet

Aus der ausführlichen Behandlung des Siedlungsproblems für den südlichen Böhmerwald in dem Buch von A. Mayer *Die Besiedlung des Böhmerwaldes* und der überlegten Betrachtung der deutschen und tschechischen Ortsnamen gewinnt man die Überzeugung, daß hier die tschechischen Siedler aus dem Landesinnern erst im 11. Jahrhundert über die ursprünglich slawischen Wohngebiete vorgedrungen sind. Daneben sind dann freilich seit dem 13. Jahrhundert auf altbayerischem Siedlungsboden zahlreiche deutsche Rodungsdörfer, 136 nach A. Mayer, entstanden, die von deutschen Flurnamen umgeben sind.

Auch das unwirtliche Tepler Hochland war kein altslawisches Gebiet; die »Kolonisation« aus dem Innern Böhmens, das heißt das Vordringen tschechischer Siedler in das westliche Böhmen, ist hier erst gegen 1300 abgeschlossen. Das von dem Großgrundbesitzer und militärischen Befehlshaber Groznata – er hatte vorher die Militärstation von Zettlitz geleitet – in seinem Machtbereich gegründete Prämonstratenserstift Tepl (1197) erhielt eine Reihe kleinerer Siedlungen von slawischen Leibeigenendörfern in einem weiten Umkreis zugewiesen. Vielleicht sind diese Dorfschaften erst zu diesem Zweck angelegt worden.

Weitere Abgrenzung des Sprachgebietes in Böhmen und Mähren

Im Bezirk Elbogen und Falkenau nehmen die slawischen Ortsnamen nur ein Achtel, im eigentlichen Egerland nur ein Zehntel des Gesamtbestandes ein, wovon noch ein Teil als sorbische Frühsiedlungen anzusehen ist. Im Bezirk Joachimsthal, Platten, Neueck und Graslitz, also im Erzgebirge, gibt es natürlich keine slawischen Ortsnamen.

Es ist ein Irrtum zu meinen, die unmittelbar am Flußlauf ohne schützende Anhöhe liegenden Siedlungen seien früheren Datums als die über den Wasserläufen angelegten. Die Flüsse waren vor tausend und mehr Jahren meist von sumpfigem Ufergelände umgeben, die jährlichen Überschwemmungen damals viel umfänglicher. Orte, die in solchem Gelände liegen, sind meist jüngere und in Böhmen nicht selten slawische Siedlungen. Zwischen Kaaden und Schlackenwert – wart, warder deutet auf Sumpfland, auf eine von Wasser umspülte Insel, was bei Schlackenwert noch heute zutrifft – liegen unmittelbar am Flußlauf Roschwitz, Tschirnitz und Wickwitz, alle drei wohl jüngere Siedlungen mit slawischen Ortsnamen. Solche Betrachtungen sind nicht wertlos. Daß Kaaden eine germanische Siedlung gewesen ist, ist von vornherein unzweifelhaft, ergibt sich auch aus dem Namen, wie noch darzulegen ist. Hier mündet aus dem Gebirge ein Bach, der im Frühjahr auch heute noch das Ufergelände weithin überschwemmt. Das nur fünfzehn Minuten nördlich der Stadt liegende Dörflein Wistritz ist eine junge slawische Siedlung des 12. Jahrhunderts, wie die Gräberfunde erweisen. Hier kann man an einem Beispiel den Hergang der slawischen Innenkolonisation studieren.

Die Landschenkungen an die Stifte Waldsassen, Tepl, Doxan und Ossegg durch den Kaiser oder kaiserliche Beamte bis ins 13. Jahrhundert betrafen gewöhnlich solche unwirtlichen oder am Wald liegenden Gebiete. So wird etwa Lichtenstadt unter dem Erzgebirge im Jahre 1213 als dem Stift Tepl zugehörig genannt, wo neben den alten Dorfschaften neue ausgesetzt wurden. Auch der Militärstützpunkt Zettlitz hatte bald seine Bedeutung verloren; er kam nach dem Tod Herzog Wladislaws I. (1125) in den Besitz der Vohburger, die das Egerland besaßen (siehe A. Mayer, *Zeitschrift für die Geschichte Mährens*, 27, 1925, Heft 3).

Die seit etwa 1050 ins Egergebiet vorgeschobenen slawischen Posten und Siedlungen unterlagen im 12. Jahrhundert alle der Eindeutschung, es blieben nur die versprengten tschechischen Ortsnamen übrig. Die Dorfschaften im eigentlichen Egerland, von den wenigen sorbischen Namen abgesehen, erweisen mit ihren altdeutschen Stämmen – hart (Hartes, Hardeck, Klingshart, Heidenhain) ihren Charakter als uralte Siedlungen, die keine Kolonisationsergebnisse sind. Nur E. Schwarz (»Ostmitteldeutsche Sprachprobleme«, in *Beiträge zur Geschichte der Deutschen Sprache und Literatur*, 1928,

S. 381) ist der Überzeugung, daß das obere Egergebiet erst im 14. und 15. Jahrhundert deutsch geworden sei.

Das Gebiet um Brüx und Teplitz lag natürlich seit dem 11. Jahrhundert dem Vorrücken der Tschechen offen; im Jahre 1164 hat die Kaiserin Judith in Teplitz ein Kloster der Benediktinerinnen gegründet. Daneben haben dann die Zisterzienser von Osseg ihre Kulturarbeit begonnen. Am Rand vermerkt sei, daß der von ihnen angelegte Mönchshof von den Tschechen zu Beginn des 13. Jahrhundert bereits Mnichow genannt wird, ein köstliches Zeugnis für die von amtswegen betriebene Slawisierung deutscher Namen.

Ähnlich wie im südlichen und westlichen Böhmen wird die Expansion der Tschechen sich im nördlichen Böhmen im 11. Jahrhundert bemerkbar gemacht haben; hier hatten sich wohl um das germanische Heiligtum des St. Georgsberges, des Říp, germanische Siedler lange gehalten, und es verblieben auch nach der Slawisierung noch deutsche Menschen in dieser Landschaft, die den altgermanischen Namen Říp weitertrugen, wie er schriftlich bezeugt ist. Nach dem germanischen Vorort dieses Umkreises, Leitmeritz, griffen die Tschechen in der Mitte des 11. Jahrhunderts (um 1057).

Auch nördlich des großen Elbebogens gegen Jungbunzlau sind die Tschechen wohl erst im 11. Jahrhundert vorgedrungen, und ebenso über Pardubitz hinaus über das heutige Königgrätz gegen das Glatzer Land. Für Nordostböhmen haben wir eine wichtige urkundliche Nachricht zur inneren slawischen Kolonisation. Die Urbs Gradec, heute Königgrätz, wird bei Cosmas zum ersten Mal zum Jahre 1091 genannt, und in den *Opatowitzer Annalen* heißt es zum Jahre 1108: »In diesem Jahre bevölkerte Bořiwoi fast die gesamte Provinz Grätz.« Das ist einmal eine deutliche Feststellung. Im Jahre 1130 erscheint Königgrätz als Gauburg.

Das langgezogene böhmisch-mährische Bergland hat in seiner zusammenhängenden deutschen Besiedlung von Trübau— Zwittau her über Iglau bis Neuhaus einer slawischen Übersiedlung bis in die neuere Zeit standgehalten; Einbrüche durch slawische Zuwanderung kamen in breiter Front längs der Elbe erst seit dem 15. Jahrhundert, und später erfolgte auch ein Durchbruch des geschlossenen Sprachgebietes südlich Iglau. In Mähren hat wohl der Bestand des Großmährischen Reiches auf weite Strecken die deutschbesiedelten Landschaften erschüttert, ohne das Deutschtum zu vernichten; man hat vielmehr bei Betrachtung der geschichtlichen Tatsachen durch die Jahrhunderte den Eindruck, als sei das mährische Deutschtum geschlossener und widerstandsfähiger gewesen als die deutschböhmischen Wohngebiete.

Auch die Eingliederung Mährens in das primislidische Staatswesen durch Břetislaw I. zwischen 1020 und 1028 hat zu einer Slawisierung von oben her beigetragen, so daß das deutsche Gebiet um Olmütz langsam abbröckelte und die Tschechen an den Flußufern der Zwittawa, Schwarzach und Iglawa aus der Ebene gegen das Hügelland vorrückten. Das Gebiet von Brünn hatte lange Zeit noch Verbindung mit dem deutschösterreichischen Nachbarland, in dem Gebiet, wo noch 1048 das Benediktinerkloster Raigern begründet worden war.

Neben dieser slawischen inneren Kolonisierung, die zugleich eine Slawisierung gewesen ist, hat es ebenso in den weiten deutschbesiedelten Landschaften einen inneren Ausbau des noch zur Verfügung stehenden Bodens gegeben, besonders gegen die Grenzwälder hin, in das Berg- und Hügelland im südlichen Böhmen, das böhmisch-mährische Grenzgebiet, desgleichen Westböhmen und das Vorland des Erzgebirges.

An den Namen auf -reut, -schlag, -grün kann man das Wachsen erkennen. Aber wenn wir daneben zum Beispiel im südöstlichen Böhmen so viele Ortsnamen auf das Genitiv -is (= s) finden und wenn wir daneben die zweifellos germanischen Namen der bedeutendsten Siedlungen Böhmens und Mährens stellen, so erblicken wir hier uraltes Besitztum neben neuerschlossenem Gelände, beides in der Hand deutscher Menschen... »In Ostmähren war der ganze Raum einstmals so gut wie deutsch; auch im südöstlichen Mähren ist viel Deutschtum verlorengegangen«, sagt H. Weinelt (*Der Sudetenraum*, 1941, S. 604 f.).

162

Dem durch die hundertjährige Befestigung der Kolonisationstheorie gehemmten Leser mögen manche der hier vorgetragenen Sätze zweifelhaft erscheinen. Ihm soll die folgende sprachwissenschaftliche Untersuchung und die Behandlung der deutschen Mundarten des Sudetenraumes die Bodenständigkeit des deutschen Volkes erweisen.

Zweites Kapitel

Erkenntnisse aus der Sprachwissenschaft

Ergebnisse der Sprachforschung
Zur angeblichen Kolonisation
Deutsche Städte und Dörfer
Die einzelnen Sprachlandschaften
Der Parallelfall Schlesien

I. Ergebnisse der Sprachforschung

Die keltische Namensüberlieferung.
Die Anfangsbetonung der Wörter

Wir wollen im folgenden unsere Frage auch von der Seite der Sprachwissenschaft erhellen und zudem hergebrachte Zeugen für das bodenständige Deutschtum im Sudetenraum zu Wort kommen lassen[1]. Zur näheren Betrachtung der wissenschaftlichen Streitfragen müssen hier einige sprachwissenschaftliche Bemerkungen vorweggenommen werden.

Eine ganz bemerkenswerte Tatsache enthält die Feststellung, daß die Tschechen die Anfangsbetonung des Wortes von den Deutschen übernommen haben. Der Germane liebt die

---

1 Die wichtigsten Arbeiten seien hier vorausgeschickt: R. Much, in verschiedenen Aufsätzen in *Hoops Reallexikon der germanischen Altertumskunde,* Straßburg 1911 ff. – R. Much, *Beiträge zur Anthropologie und der Urgeschichte Bayerns,* XII, München 1898, S. 1 ff. – E. Gierach, *Altdeutsche Namen in den Sudetenländern,* Reichenberg 1922, und *Germanen im Erzgebirge,* Reichenberg 1923. – E. Schwarz, *Zur Namensforschung und Siedlungsgeschichte in den Sudetenländern,* Reichenberg 1923. – E. Schwarz, »Reste vorslawischer Namensgebung in den Sudetenländern«, in *Mitteilungen des Vereins für Geschichte,* 61, 1923, S. 26 ff. – E. Schwarz, *Die Ortsnamen der Sudetenländer als Geschichtsquelle,* München–Berlin 1931. – A. Mayer, »Völkerverschiebungen in Böhmen und Mähren«, in *Mitteilungen des Vereins für mährische Geschichte,* 26, 1924, S. 19 ff.; 27, 1925, H. 3, S. 1 ff.; H. 4, S. 1 ff.; 28, 1936, S. 70 ff. A. Mayer, »Die deutsche Besiedlung der Sudetenländer im Lichte der Sprachforschung«, in *Mitteilungen des Vereins für mährische Geschichte,* 30, 1928, H. 3. – A. Mayer, »Zur Verwertung der Sprachgeschichte für die Siedlungsgeschichte«, in *Mitteilungen des Vereins für mährische Geschichte,* 32, 1930, S. 153 ff.

Hervorhebung des Wesentlichen, das war die Stammsilbe oder bei Zusammensetzungen die Silbe der näheren Bestimmung. Das unterscheidet die Germanen von den anderen europäischen Völkern, den Romanen wie den Slawen, und ist ein Kennzeichen, das etwas Wesentliches bedeutet. Alle Slawen haben den freien indogermanischen Akzent, nach dem der Ton, wie im Griechischen und Latein, auf jede Silbe des Wortes fallen kann. Daß nun die Tschechen ebenso wie die Lausitzer Wenden den Wortton nach germanischer Art möglichst weit zurückziehen, somit die germanisch-deutschen Stammbetonungen nachbilden, ist ein Zeugnis für das lange Nebeneinanderwohnen dieser kleinen Völker zwischen deutschen Menschen. Freilich betonen diese Slawen als Nachahmer, ohne die deutsche Unterscheidung des Wesentlichen, durchgängig. A. Mayer hat in dem Aufsatz »Die deutsche Besiedlung der Sudetenländer im Lichte der Sprachforschung« (*Zeitschrift des Mährischen Vereins für Geschichte,* 30, 1928, siehe Abdruck Seite 29) diese kennzeichnende Tatsache der Einwirkung auf das Sprechen eines anderen Volkes damit erklärt, daß die Sudeten-Slawen große Reste deutscher Stämme aufgesaugt haben müssen, denn die Slowenen in Kärnten und Krain haben ihren indogermanischen Akzent behalten, weil sie bei ihrer Einwanderung auf keine größeren deutschen Volksreste stießen.

Die eben angeführte Beeinflussung der tschechischen Sprache, die nur in einem langen Zeitraum entstanden sein kann, geht E. Schwarz, dem deutschen Vorkämpfer der Palackyschen These, wider den Strich. Er versetzt diese Entwicklung in das Kolonisationsalter und meint, »es liegt deutscher Einfluß nahe! – Zumal in anderen kulturellen Dingen sich sowohl Sorben wie Tschechen *nun* nach dem Westen zu orientieren beginnen«. Zuletzt folgt noch der Satz: »Man ersieht, daß die Durchführung der Anfangsbetonung keine unbedingte Folge der deutschen Nachbarschaft gewesen ist.« Demgegenüber ist nachdrücklich zu betonen, daß die Tatsache der Übernahme, beziehungsweise Nachahmung der deutschen Wortbetonung eine so umwälzende Veränderung des Sprechens bedeutet, daß sie nur in einem langen Nebeneinander und in einer Zeit noch nicht gefestigter Volkheit entstanden sein kann, nicht aber durch eingewanderte Kolonisten des 12. Jahrhunderts.

Die vorgeschichtlichen illyrischen Stämme, die aus dem Odergebiet durch Böhmen und Mähren nach dem Süden abwanderten, haben als Zeugnis ihres Daseins einzelne Namen zurückgelassen, so an der March (in dem Grundwort), sowie der Oppa, vielleicht auch der Aupa. Bei Tacitus (*Annalen*, II, 63) ist die älteste Überlieferung des Namens der March die Form Marus zum illyrischen Stammwort mar »Sumpf, Moor«. Unsere Form Maraha ist mit germanisch ahwa, aha, ache weiter gebildet und findet sich bei den Chronisten seit dem 7. bis ins 11. Jahrhundert, die slawisierte Form Morawa ist zum ersten Mal im Jahre 1073 bezeugt. Bemerkenswert heißt die March in der Mundart auch »die Mohr«, auch »Mohrau«, was wiederum eine germanische Umbildung mit auwa (»Gewässer«) ist, womit in Deutschland zahlreiche Flußnamen in der Zusammensetzung mit »au« auftreten. Freilich will E. Gierach (»Die Bretholzsche Theorie im Lichte der Sprachforschung«, in *Der ostdeutsche Volksboden,* 1926, S. 149) diese offenbar bei den Deutschen entstandene Bezeichnung Mohrau auf dem Weg über das tschechische Morawa erklären, ein abwegiger Versuch.

Auch die Kelten, die vom 4. Jahrhundert v. Chr. bis in die Zeit der Markomannenherrschaft in Böhmen siedelten, haben einen Zeugen ihrer Siedlung in dem Flußnamen der Iser hinterlassen, die Germanen haben den Namen den Slawen weitergegeben. Hier möchte wiederum E. Schwarz (*Die Ortsnamen der Sudetenländer*, aaO., S. 15ff.) die germanische Vermittlung einschränken, indem er gegen die Erklärung von Steinhauser unsere heutige deutsche Bezeichnung der Iser als eine »deutsche Rückentlehnung aus dem Tschechischen« erklärt, »weil man sonst annehmen müßte, daß Germanen an der Iser von der germanischen Zeit bis zum 12. oder 13. Jahrhundert gewohnt haben«. Denn nach Schwarz haben nach der Einwanderung der Slawen keine Germanen noch auch Deutsche vor dem Jahre 1140 dort gewohnt. Aber noch mehr: der Name der

Iser muß von den Tschechen bereits um das Jahr 600 übernommen worden sein, da die tschechische Form Jizera ein germanisches izara, izera verlangt. Doch ist dagegen zu sagen, daß die Landschaft an der unteren Iser zum ältesten Kulturboden Böhmens gehört; überdies ist nach allem bisher Vorgebrachten die geschichtliche Tatsache zu betonen, daß die Tschechen, die Altbunzlau um 920 im »Grenzwald« bauen, an der Elbe, also eine Tagesreise von Prag, vor dem 11. Jahrhundert nicht an der Iser erschienen sein können; denn als Kaiser Otto I. am 16. Juli 950 an der Elbe östlich Altbunzlau urkundet, tut er das in Niunburg (Friedrich, *Codex dipl. Bohem.*, aaO., Nr. 32). Da die Deutschen der sächsischen Kaiserzeit noch nicht gelernt hatten, fremde Namen in Urkunden zu verdeutschen, muß man die Gegend um das heutige Nimburg um 950 als noch von Deutschen bewohnt ansehen.

Von den Kelten übernommen ist wahrscheinlich auch der Name der Eger – 805 Agara, tschechisch bei Cosmas um 1110 Ogra. Ob der Name der Elbe keltisch oder germanisch ist, ist nicht leicht zu entscheiden: lat. albis, albia im Bericht des fränkischen Chronisten zum Jahre 805. A. Mayer (*Mitteilungen des Vereins für mährische Geschichte,* 26, S. 40f.) stellt den Namen zum germanischen albis; markomannisch Albi, nordisch Elf; Alb und Alf sind auch Flußbezeichnungen im heutigen Deutschland; Albe und Elbe kommen in Hessen vor. Die slawische Form Labi, Labe (bei Cosmas) ist von den Tschechen vor Eintritt des deutschen i-Umlautes, also frühzeitig übernommen worden. Vielleicht ist die Form bei Cosmas einem späteren Abschreiber zu verdanken, denn sonst gilt in den böhmischen Beurkundungen bis 1230 die Form Albia.

Der Name der Hercynischen Waldes, Hercynia silva bei Cäsar, der darunter das Gebiet am Main bis über Böhmen und noch weiter ostwärts versteht, hat sich noch im Jahre 805 als Fergunna (Fergunia) erhalten. Bei Thietmar v. Merseburg (VI, 8) erscheint im Bericht zum Jahre 1004 das Erzgebirge als Miriquidui, was im Alt-Nordischen dem Myrkvidr entspricht, eigentlich ein »Schwarzwald«. Der Name der Sudeten geht auf Ptolemäus zurück: εούδητα ὄρη, was von Much aus süd zu »sū,

Sau« erklärt, von Neueren auf das kleine Volk der Sudini zurückgeführt wird.

Sprachliche Andenken aus der Zeit der Markomannen

Von den Markomannen haben die Slawen in den Zeiten nach ihrer Einwanderung die Namen von Bergen und die Namen fast aller Flüsse des Sudetenraumes übernommen; es ist erstaunlich, wie viele es sind, und es ist ein Beweis, daß die Germanen noch überall in Böhmen und Mähren gesessen haben müssen.

Auf der Weltkarte des Ptolemäus, aus dem 2. Jahrhundert n. Chr., ist der Name Ασκιβούργιον überliefert, von germanisch aska (»Esche«), was die Tschechen als Jeseníky übernahmen, in der Art einer Übersetzung – jesen ist Esche –, welcher Name heute in dem nordmährischen Gesenke wiederkehrt, während die Weltkarte unter Askiburgion das Riesengebirge versteht. W. Jungandreas (*Beiträge zur Erforschung der Besiedlung Schlesiens*, Breslau 1928, S. 25) teilt mit, daß er noch in unserer Zeit den Namen Ebereschengebirge für das Riesengebirge vernommen hat. Auch der bekannte Jeschken bei Reichenberg bewahrt den uralten Namen. E. Schwarz (*Die Ortsnamen*, aaO., S. 40), der die lange Anwesenheit von Germanen unter dem Riesengebirge ablehnt, meint, daß diese Bekanntschaft der Tschechen mit den deutschen Namen »wohl im Norden im Siligengau« vor sich gegangen sei. Er bedenkt dann allerdings nicht, daß damit ein Fortleben germanischer Menschen in Schlesien angenommen werden müßte. Den Namen »Gesenke« möchte Schwarz als Rückentlehnung aus dem Tschechischen auffassen; dagegen wendet sich H. Weinelt (*Die Flurnamen des Bezirks Freudenthal*, Reichenberg 1937, S. 59).

Eine merkwürdige Verkehrung von geschichtlichen Tatsachen betreibt E. Schwarz bei dem Namen des heiligen Berges der Tschechen, dem Říp bei Raudnitz, der etwa 450 m hoch aus einer sonst ebenen Landschaft emporragt. Cosmas erwähnt ihn bei seiner Legende von der Landnahme durch die Tschechen (I, 2) als mons Rip. Es ist von allen Forschern erkannt, zuerst von R. Much, daß wir es auch hier mit einem germanischen Namen zu tun haben. Rip (unser neuhochdeutsches Riff) bedeutet »Berg«, wie solche Kultstätten auch anderswo auf deutschem Boden schlechthin »der Berg« hießen. Wir haben es ohne Zweifel mit einer markomannischen Kultstätte zu tun. Nun heißt der Říp, so die tschechische Benennung in der deutschen Übersetzung des Tschechen Dalimil aus dem 14. Jahrhundert (*Fontes rerum Bohem.*, III, 7), »der Reiff« (»wan sy von dem berk lugtin, Reiff sy im den namen fugtin«). Damit ist ein Beweis gegeben, daß der Name des Berges bis ins 14. Jahrhundert nicht bloß im tschechischen Mund, sondern ebensowohl im deutschen Mund gelebt hat, weil er nur so die im 14. Jahrhundert durchgreifende Zerdehnung des alten î zu ei mitgemacht hat (ähnlich wie wir es bei dem Namen Pfreimd = Pfraumberg sehen werden) und natürlich auch 600 Jahre früher die zweite Lautverschiebung p zu f. Diese Tatsache, die der Sprachforscher A. Mayer gebührend unterstrich, muß nun E. Schwarz nach Möglichkeit unwirksam machen, seiner Kolonisationstheorie zuliebe. Man höre ihn selber seine Sache vortragen (*Die Ortsnamen als Geschichtsquelle*, aaO., S. 40 f.): »Eine Frage ist, wo diese Germanen, die die Vermittlung besorgt haben, gewohnt haben, ob im Innern Böhmens oder etwa außerhalb des Landes. Es ließe sich denken, daß der Berg an der Elbe durch Händler – fränkische Händler kamen schon im 7. Jahrhundert nach Böhmen – in fortlaufender Tradition erhalten worden wäre. Aber der österreichische Salzhandel griff nicht so weit nach Norden, der von Halle a. S. aber wurde bis ins späte Mittelalter durch niederdeutschsprechende Kaufleute getragen, falls nicht mhd Vermittlung angenommen wird.« Und »seit dem 10. Jhrh. sind wieder Deutsche nach Prag gekommen«. Also ohne solche Umschweife gesagt: Nicht in Böhmen weiterlebende germanische Menschen und Deutsche des 7. bis 14. Jahrhunderts haben den Tschechen den Namen gegeben und in deutschem Mund weiterentwickelt, sondern deutsche Händler aus dem Reiche haben dafür gesorgt, daß es geschieht. Wenn das nicht offenkundige Stellungnahme für eine wissenschaftlich verlorene Sache ist, was sollte es sonst sein? Wahr ist ohne Zweifel folgendes: Die böhmischen Slawen haben nicht bloß den Namen des Berges von den Markomannen übernommen, sondern diese deutschen Menschen haben über die altdeutsche Lautverschiebung (p > f) hinüber im Land gelebt, und, was noch wichtiger ist, sie müssen auch den Namen im deutschen Mund bis in den Anfang des 14. Jahrhunderts weitergetragen haben, weil er auch die oberdeutsche Verschiebung í > ei (Reif) mitgemacht hat. Den gleichen Fall finden wir bei der Schwarza, Schwarzawa in Mähren. Ob dort auch Salzhändler eine Rolle gespielt haben?

Wir wählen ein Gegenbeispiel aus Bayern. Der Ort Gurtweil bei Waldshut, aus einem römischen »curtis villa«, muß mit seiner Umgebung noch bis nach der zweiten Lautverschiebung romanisch sprechende Bevölkerung gehabt haben, da das t nicht zu z verschoben wurde, wie A. Helbok (*Grundlagen der Völkergeschichte*, 1937, S. 203) unterstreicht, nachdem er festgestellt hat, daß eine solche Übernahme von Ortsnamen nur dort möglich war, wo eine längere dauernde Berührung statthatte, »friedlich und täglich«.

Der Arber im Böhmerwald, bei Eisenstein, hieß noch in neuerer Zeit Atweich. Diese Benennung bekräftigen urkundliche Belege vom Jahre 1009 Hadawîch, 1029 Hadauit, 1040 Haduit (wahrscheinlich verlesen: Haduic, lies Hadwic); später erscheint die Bezeichnung Adweich, Adwich. Alle diese Benennungen führen auf ein germanisches Kampfheiligtum Hadawîh zurück, und wir werden wieder an den Řip gemahnt. E. Schwarz freilich (*Ortsnamen*, aaO., S. 42), der diese Belege selber beibringt, will nicht an eine germanische Kultstätte, sondern an »einen zufälligen, uns unbekannten Anlaß« zur Benennung denken.

Flußnamen germanischen Ursprungs in Böhmen und Mähren

Besonders reichlich sind germanische *Fluß*namen Böhmens und Mährens durch den Mund germanischer Menschen den Slawen weitergegeben worden. So der Name der Moldau. Die bayrische Sprachform Wultha, die in Urkunden schon im 12. Jahrhundert begegnete – so in einer Passauer Urkunde aus dem Jahre 1113 (bei Friedrich, *Codex dipl. Bohem.*, aaO., I, Nr. 104: »qui Wultha vocatur«) –, gilt noch heute im Böhmerwald: »Wulda« und wird von A. Mayer als Waldaha oder Wuldawa erklärt, woraus das tschechische Vltawa hervorging, aus vorausgehendem Wulthahwa (A. Mayer, *Mitteilungen des Mährischen Vereins für Geschichte*, 27, 1925, S. 1ff.). In der Mitte des Landes erscheint der Fluß im 13. Jahrhundert als Moltawa. Nach Gierach und Schwarz (*Ortsnamen*, aaO., 5, S. 28f.) wäre nicht Waldaha, sondern ein germanisches Wilthahwo zu denken. Mayer hat die mundartliche Form für sich. Schwarz nennt Mayers Erklärung »konstruiert und nirgends vorhanden«. Der Grund dieser scharfen Ablehnung dürfte sein, daß sonst das dauernde Weiterleben der Form in deutschem Mund seit der germanischen Zeit erwiesen wäre. Darum soll auch das mundartliche Wultha, Wulda, das noch heute gilt, »vermutlich auf einer südtschechischen Aussprache des Vultava beruhen«! Wir werden E. Schwarz auf seinen Seitenpfaden nicht folgen, denn auch die *Fuldaer Annalen* vom Jahre 872 (die Handschrift ist etwa ein Jahrhundert jünger) schrieben Fuldaha und meinen Wuldaha, an Fulda angeglichen. Aber dieses Zeugnis nennt E. Schwarz »vereinzelt und für die Sprachentwicklung nicht maßgebend«, und in *Ostnamen* (aaO., S. 438f.), wo sich Schwarz mit der Besiedlung des Böhmerwaldes befaßt, erklärt er, der Name Moldau zeige im Deutschen keine ununterbrochene Weiterentwicklung, sondern beruhe auf Rückübernahme aus dem Tschechischen.

Die Angel, aus dem Böhmerwald von Eisenstein über Klattau nach Pilsen zur Beraun, ist ein germanisches *Angulahwa, im Jahre 1341 als Anglauia überliefert, von den Tschechen als

Úhlava (aus älterem Uglava) übernommen. Aber auch da kommt bei Schwarz (*Ortsnamen*, aaO., S. 30) der Hinkefuß: da er die germanische Ableitung und das Weiterleben der Form nicht umgehen kann, macht er eine Erklärung für den gutgläubigen Leser zurecht, die ein Fortleben deutscher Menschen im Gebiet der Angel ausschließen soll, nämlich »die Bewahrung der deutschen Form könnte im Deutschen nicht nur in Südwestböhmen erfolgen, sondern auch im benachbarten Baiern«, womit er sich die Möglichkeit schafft, die Deutschen im Gebiet von Eisenstein bis Pilsen aus dem frühen Mittelalter fortzuwischen; überhaupt spielen bei Schwarz immer Deutsche außerhalb des Landes eine Rolle, wenn ein kritischer Tatbestand vorliegt.

Auch die östlich der Angel zur Beraun fließende Úslava ist trotz dieser anscheinend tschechischen Namensform eine germanische Benennung, aus Ams(u)lahwa (»Amselbach«) (siehe E. Schwarz, *Die Ortsnamen*, aaO., S. 30). Hier fehlen urkundliche Belege für das Mittelalter, aber hier liegt ein klarer Beleg dafür vor, daß Vieles wahr ist, wofür wir keine Urkunde besitzen.

Auch die westböhmische Mies, tschechisch Msa (bei Cosmas, I, 4), heute tschechisch Mže, gibt zu einer Auseinandersetzung Anlaß. E. Schwarz (*Namensforschung*, aaO., S. 48) erklärte den Namen aus germanisch Mussea = »Sumpfwasser«, denkt aber (in dem Buch *Die Ortsnamen*, S. 77) an eine keltische Form Mosa, während A. Mayer (*Mitteilungen des Mährischen Vereins für Geschichte*, 27, 1925, S. 5 ff.) in einem germanischen Meusa (Mussia) die ältere Form sieht und auf althochdeutsch mios, mittelhochdeutsch mies (»Moos, Sumpf«) hinweist. Da die Erklärung aus germanischer Wurzel sprachwissenschaftlich befriedigt, bedarf es keiner keltischen Herleitung. Der Name des Flusses ist älter als die Silbergruben von Mies, nach denen die Tschechen die Stadt Stříbro tauften.

Vom Iwinbach und Iwinburne bei Graslitz im Erzgebirge hören wir in Urkunden von 1165 und 1181. Auch ein Flüßchen Liube erscheint in einer Urkunde Böhmens, so als Liube in der Nähe von Brünn vom Jahre 1073 in einer Fälschung des

13. Jahrhunderts (Friedrich, *Codex dipl. Bohem.*, aaO., I, Nr. 386), und ein anderes bei Seelau im östlichen Böhmen als »Livbe fluvius« in der Urkunde von 1178 (Friedrich, ebd., I, Nr. 287). In Westpreußen gibt es ebenso ein Flüßchen Liebe. Auch die Wotawa (über Schüttenhofen-Pisek zur Moldau) dürfte eine germanische Benennung tragen, trotz der tschechischen Form. E. Schwarz denkt (*Die Ortsnamen*, aaO., S. 31) an hwat (= schnell), also eine germanische hwatahwa. Die Folgerung, die Schwarz (*Zur Namensforschung*, S. 24) zog, daß aus der Übernahme des unverschobenen t in Wotawa durch die Slawen diese vor der deutschen Lautverschiebung in Südböhmen eingedrungen sein müßten, ist dahin zu berichtigen, daß die Wotawa erst nördlich von Pisek, also bereits im Innern Böhmens in die Moldau mündet, so daß hier die Slawen schon um 600 ein germanisches Hwatahwa kennen lernen konnten. Damit erledigt sich auch die Annahme, daß schon seit dem 6. Jahrhundert Slawen und Deutsche in Südwestböhmen nebeneinander gelebt hätten. Auch den deutschen Namen der Moldau haben die Tschechen gewiß nicht in ihrem Oberlauf im Böhmerwald vernommen, sondern von germanischen Siedlern in Innerböhmen. Der heutige Name der Wotawa ist aus der tschechischen Form wieder ins Deutsche zurückgenommen. Urkundlich heißt es im Jahre 1045 Otava. Zu beachten ist, daß ein Abschnitt der Wotawa beim Volk Ou (in der Schrift Ohe) heißt, das auf altdeutsch ouwe = »Wiesenwasser« zurückgeht. M. Vasmer (*Zeitschrift für slawische Philologie*, II, 1925, S. 528), der nebenbei die Herleitung von germanisch hwat (»schnell«) bezweifelt, hält auch die Zurückführung aller dieser Flußnamen auf -ahwa für zu schematisch, es wird A. Mayer recht haben, der wiederholt auf das altdeutsche auwa, -awe, -au in der Bedeutung »Gewässer« als zweiten Bestandteil hingewiesen hat. Daraus würde sich das slawische -awa, -ava der böhmischen und mährischen Flüsse erklären.

Die Sazawa im Gebiet der Slavnikinge gemahnt sogar an altdeutsche Namen im Reich und in der Schweiz in der Form Sazzawa, aus dem 9. Jahrhundert bezeugt, als Sazzowa um rund 1100, Sazowe aus dem 12. Jahrhundert und aus der

Schweiz als Sazowa bereits aus dem Jahre 872, das ist ein späteres Sassau, wobei der zweite Bestandteil, das deutsche -ouwe, awe (»fließendes Wasser«), wohl bekannt ist. Auch für die ostböhmische Sazawa finden wir die Nebenform Sazau in böhmischen Urkunden und sogar eine kennzeichnende Form Zasauna (lies Sasauwa, Sasaua) seit dem Jahre 1160. An dem germanischen Ursprung des Namens ist nicht zu zweifeln.

Auch in Mähren gehen eine Reihe Flußnamen auf das Germanische zurück. So die Igel (Iglawa), die die Tschechen Jihlava (aus Jiglava) nennen. Es ist ein germanisches Igulahwa; die Stadt Iglau erscheint 1174 als Gihlawa, 1227 als Igla in den Urkunden. Diesmal läßt E. Schwarz (*Die Ortsnamen*, S. 35) unentschieden, ob man nicht an eine Rückübernahme aus dem Tschechischen denken müsse. Mit diesem pythischen Bescheid meint er nämlich folgendes: Die Germanen hätten zwar den Namen (um 600) den Tschechen überliefert, seien aber dann ausgestorben, und im 12. und 13. Jahrhundert hätten die einwandernden Deutschen den germanischen Namen von den Tschechen übernommen. Auf diese Weise entgeht man der Annahme einer fortdauernden deutschen Besiedlung.

Auch die Schwarzach, Schwarzawa, die ebenfalls aus dem Böhmisch-Mährischen Hügelland kommt und an Brünn vorbeifließt, trägt einen germanischen Namen: Swartahwa, woraus das tschechische Svratka entstanden ist, das seit dem 11. Jahrhundert auch schriftlich bezeugt ist. Da germanisch Swartahwa ein althochdeutsches Swarzawa voraussetzt – noch in dem Jahre 1263 ist der deutsche Name Suarcza in den Urkunden –, müssen die Sudetenslawen den Namen vor dem Einsatz der zweiten Lautverschiebung (t zu z) übernommen haben. Da diese Lautverschiebung nur im deutschen Mund vor sich gegangen sein kann, müssen im 7. und 8. Jahrhundert in diesem Gebiet Deutsche gewohnt haben! Und wenn hier Deutsche im 8. Jahrhundert gelebt haben – und zwar im ganzen großen Quellgebiet der Thaya –, so ist kein Grund, sie im 9. und 10. Jahrhundert wegzudenken. So erweist sich die sprachwissenschaftliche Untersuchung wertvoll. Auch hier meint E. Schwarz (*Die Ortsnamen*, aaO., S. 35): »der Name sei ähnlich

177

wie der Name der March immer den Deutschen in Niederösterreich bekannt geblieben«, das heißt, in Mähren habe es eben
keine Deutschen gegeben, die den Namen weitergetragen hätten, nur die Ostmarkdeutschen seit dem 10. Jahrhundert hätten dies besorgt. Das ist Geschichtsfälschung!

Auch die Oskawa, die aus dem nördlichen Mähren zur
March fließt, ist eine germanische Askahwa, ein »Eschen-
bach«.

Bei der Waag, dem wichtigen Fluß der Slowakei, hat noch
niemals ein Zweifel bestanden, daß sie von Germanen benannt
worden und daß ihr Name bis heute weitergetragen worden ist.
Es sind wohl die Quaden, die den Namen geschaffen haben;
urkundlich in der Beschreibung des Prager Bistums vom Jahre
1086 heißt sie Uag, bei Cosmas (II, 37) Wag, tschechisch Váh.
Es bedeutet Wâg »Waage«. Auch der kleine Nebenfluß der
Waag in der Slowakei, heute Rudava, entspricht einer germanischen Raudahwa, »Rotache«.

Eine strittige Angelegenheit der Sprachforscher war der
Name der Pfreimd, die aus dem Böhmerwald, an Pfraumberg
vorbei, zur Naab fließt. Tschechisch heißt sie Přimda. Daß dies
eine der beliebten Tschechisierungen sei, lag auf der Hand.
Pfraumberg leitet A. Mayer (*Mitteilungen des Mährischen Vereins für Geschichte*, 26, 1924, S. 82 f.; 27, 1925, S. 10 f.; 30,
1928, H. 3) davon ab, so daß der Ort seit der zweiten Lautverschiebung (p zu pf) ohne Unterbrechung in deutschem Mund
fortgelebt haben müsse. Der deutsche sowie der tschechische
Name sind in der oben erwähnten Nachricht des Cosmas zum
Jahre 1126 bezeugt, wo die Tschechen den ersten Vorstoß in
das deutschbewohnte Westböhmen unternahmen. Pfraumberg
und Pfreimd gehen auf einen alten Flurnamen zurück, der den
Stamm prim, später pfrim enthält und »Ginster« bedeutet,
verwandt mit brâmo »Dornstrauch, Brombeere«. Der ausge-
zeichnete Sprachkenner Ignaz Peters hatte schon an das althochdeutsche *Primmida (von pfrimma »Ginster«) gedacht,
was A. Mayer wieder aufnahm. Das Wort mußte also von den
Slawen in der Zeit vor der althochdeutschen Lautverschiebung
als Primda übernommen worden sein. Aber ich gebe gleich

einen geschichtlichen Beleg, der auch möglich macht, an die Nebenform brêmo, brâmo zu denken. Doch die Namen Pfreimd und Pfraumberg beweisen, daß es im deutschen Mund weitergelebt hat. Der heutige Name der Stadt hat sich aus mundartlich Pfreimberg, Pframberg durch Analogie zu Pfraumberg weitergebildet.

E. Schwarz (*Ortsnamen*, aaO., S. 36) hat gegen die Deutung Peters–Mayer Bedenken wegen des langen î, das zur Form Pfreimt geführt hat. Er will darum auch Pfraumberg als Frinberk = »freier Berg« erklären, eine Ansicht, die von vornherein bei einem alten Stadtnamen Bedenken erregt. Warum aber Schwarz gegen die Erklärung aus Primmida, pfrimma ist, erklärt sich daraus, daß bei der Richtigkeit dieser Ableitung hier wiederum ein ununterbrochenes Fortleben einer germanischen Lautung über die Jahrhunderte weg erwiesen wäre, nicht bloß über die althochdeutsche Lautverschiebung p zu pf, sondern auch über die oberdeutsche Zerdehnung des î > ei des 13. Jahrhunderts; beide Lautverschiebungen waren nur in deutschem Munde möglich.

Der Slawist M. Vasmer (*Zeitschrift für slawische Philologie*, II, 1925, S. 528) hält die von Schwarz erwogene Ableitung aus tschechisch přímy für sicher falsch. Bemerkt kann noch werden, daß Abschnitte der Pfreimt in Böhmen den Namen Löchlau und Höhlou tragen, wie E. Schwarz (*Die Ortsnamen*, aaO., S. 127) vermerkt, also ebenfalls das altdeutsche Auwe, Au (aus ahwô) als Flußbezeichnungen führen. Da die Benennung Au für Gewässer in der sogenannten Kolonisationszeit nicht mehr lebendig gewesen ist, muß auch hier auf ein hohes Alter geschlossen werden. Schließlich darf auch noch an das Flüßchen Pfrimm in Rheinhessen erinnert werden.

Ich kann nicht umhin, hier auf das Kapitulare Karls des Großen vom Juli 805 (bei Friedrich, *Codex dipl. Bohem.*, aaO., I, Nr. 1) hinzuweisen, durch das der Waffenhandel mit den slawischen Völkern verboten wird. Über die Durchführung des Verbotes haben Gaugrafen zu wachen, so soll bei Forchheim, Breemberg und Regensburg Graf Audulf die Aufsicht führen (»ad Forachheim et ad Breemberga at ad Ragenisburg praevideat Audulfus«). Es ist also hier eine Linie Forch-heim–Brêmberg–Regensburg angeführt. Der Herausgeber Friedrich erklärt Breemberga als das Städtchen Pfreimt in der Oberpfalz bei der Einmündung des Flußchens Pfreimd in die Naab. Die Erklärung läßt sich hören. Aber damit ist das -berg nicht erklärt, während Pfrimberg, heute Pfraumberg weiter östlich in Böhmen an einem augenscheinlich sehr wichtigen Übergang aus dem Innern Böhmens über den Böhmerwald liegt und den 840 m hohen Paß überwacht. Die Erklärung Mayers aus einer germanischen Bezeichnung wird zurecht be-stehen und wird durch den Beleg Brêmberg gestützt. Ist aber der Ort wirklich unser böhmisches Pfraumberg, so beweist es, was mir nie zweifelhaft erschien, daß das bayrische Hoheitsge-biet seit ältester Zeit in das westliche Böhmen hineinragte.

Ortsnamen germanischen Ursprungs in Böhmen und Mähren

In den *Orts*namen ist unser aus dem Germanischen erhalte-nes Wortgut nicht geringer als bei den Flußnamen. Die echten Urkunden des 11. Jahrhunderts in Böhmen enthalten bloß 85 Ortsnamen, die echten Urkunden des 12. Jahrhunderts nur 400 Namen, so daß wir häufig mit Rückschlüssen arbeiten müssen. Vielen dieser durch slawische Schreiber überlieferten Ortsna-men sieht man den deutschen Ursprung nicht an. Daß viele Namen dennoch wie die Steine im Evangelium zu reden began-nen und von der Vorzeit Kunde geben, verdanken wir der Sprachwissenschaft.

Die ptolemäische Weltkarte aus dem 2. Jahrhundert n. Chr. enthält einige Namen aus dem Sudetenraum. E. Schwarz weist (*Die Ortsnamen*, aaO., S. 28) auf den im nordwestlichen Böh-men eingezeichneten Namen Φουργισάτις (lies Phurgisatis) hin und denkt an Saaz. Man müßte freilich, was bei der langen Überlieferung dieser Weltkarte erklärlich ist, eine Verschrei-bung für Burgisatis annehmen, wenn nicht dem griechischen Gewährsmann eine urgermanische Bildung mit Aspiration vorschwebte. Dann haben wir die Stämme Burg (zu »bergen«) und Sâtiz für gemeingermanisches Sêtiz in der Bedeutung »(fester) Sitz«. Ich habe selber bereits in der *Zeitschrift für deutsche Philologie,* (55, 1930, S. 197) Saaz als germanischen Namen angesprochen. Schwarz verharrt freilich nicht bei seiner Herleitung aus dem Germanischen; denn er sagt (*Ortsnamen,* S. 343): Der tschechische Name Žatec ist »vor 1300« eingedeutscht worden. Betrachten wir jedoch die sprachgeschichtlichen Begebenheiten: Auf ein germanisches sât, das mittelniederdeutsch in der Bedeutung »Stelle, Niederlassung« altgermanisch sséta, altnordisch und dänisch ssête bekannt ist, gehen viele Ortsnamen zurück, wie Alisatia (Elsaß), Holtsati, Waldsati, die Förstemann im *Namenbuch* (aaO.) belegt.

Wir fanden aber dort (Bd. 2, ³1916, Sp. 689) auch den Ort Sazze in den *Monum. Boica,* XII, 59, aus dem 12. Jahrhundert, das heute Saas heißt, daneben das oberösterreichische Sazbach (vom Jahr 1180 bezeugt). Und Sazowa, heute Sassau, eines bei Trostberg, eines im Kanton Bern. Auch vom gemeingermanischen *Set, sset sind Ortsnamen gebildet (Förstemann-Jellinghaus, II, S. 702), wie Berchsete, was dasselbe sagt wie das Burgisatis des Ptolemäus (»Burgsitz«). Ein Ort Sete findet sich im *Hamburger Urkundenbuch* für das Jahr 1178 und bezeichnet das heutige Sethe bei Delmenhorst, das mundartlich »uppe deme Sete« ausgedrückt wird. Auch ein Seth bei Segeberg in Holstein gibt es, das mundartlich »up'n Seth« heißt. Auch ein Seze neben Setze findet sich im Rheinland bei Neuwied urkundlich im 12. Jahrhundert, heute heißt der Ort »Gesetz«. In der böhmischen Geschichte erscheint unser Saaz als Hauptort der Luczaner und im Jahre 1004 bei dem Zuge Kaiser Heinrichs nach Böhmen in der Form Satzi. Es werden keine Zweifel bestehen, daß Saaz eine Gründung germanischer Menschen gewesen ist, die vielleicht in einer keltischen Bergsiedlung ihren Vorgänger hat.

Prag, in den Urkunden weit hinein ins 13. Jahrhundert nur in der Form Praga bezeugt, ist bei seiner hervorragenden Lage ohne Zweifel bereits vorgeschichtlich besiedelt gewesen. Daß der Name nicht tschechisch ist, wie E. Schwarz (*Die Ortsna-*

men als Geschichtsquelle, aaO., S. 297) ausdeutet, steht außer Zweifel. Er stellt tschechisch Praha mit praziti = »rösten« zusammen, prahnouti »dürr, heiß werden«, als ob erst die Slawen hier ein Walddickicht zu verbrennen gehabt hätten. Man muß gewiß an die oben erwähnte Form Frâga anknüpfen, um Wesentliches sagen zu können.

Olmütz läßt E. Schwarz (*Die Ortsnamen,* aaO., S. 44 und 372) nicht mehr als germanischen Namen gelten, während es A. Mayer nach wie vor überzeugend auf germanisch Alamundis zurückführt und hinweist, daß noch im Jahre 1570 die Form Olomuntz erhalten war. M. Vasmer (*Zeitschrift für slawische Philologie,* II, 1925, S. 528) nimmt die Herleitung aus germanisch Alamunth an. Der Name Alamund ist bei den Westgoten und den Langobarden bezeugt und liegt auch einigen hessischen und thüringischen Ortsnamen zugrunde. Der Name muß den Slawen durch deutschen Mund schon vor dem 9. Jahrhundert bekannt gewesen sein. Die Tschechen heißen es Olomouc. Auch Schwarz kann nicht umhin, den Namen der Stadt auf eine »ungewöhnlich frühe Eindeutschung« zurückführen (*Sudetendeutsche Sprachräume,* S. 240), was seine Ansicht, daß wir es von den Tschechen übernommen hätten, offenbart; denn Olomunz zeige Bewahrung des altslawischen Nasalvokals.

Der Name von Hradisch in der Nähe war lange im deutschen Mund mit der Form Gradisch (»also seit dem 12. Jhrh.«), ebenso in der Nähen Nebotein tschechisch Hněvotín, urkundlich schon 1131 erwähnt, wird noch 1249 Gnevotin geschrieben. Aber alle diese Umschweife des Sprachforschers können die Herleitung A. Mayers nicht erschüttern.

Die mährische Hauptstadt Brünn kann nur germanisch erklärt werden aus brunno mit Dativbildung Brunnin, »zum Brunnen«, tschechisch heißt es Brno. In Urkunden des 12. Jahrhunderts (Friedrich, aaO., I, Nr. 361 und 370): Brenne, Brnen. Aus deutschen Ländern belegt ist bei Förstemann-Jellinghaus (II/2, Sp. 1396) aus dem 10. Jahrhundert Wisibrunnen, Wisonbronna. In Mähren findet sich in Urkunden des 11. und 12. Jahrhunderts außerdem ein Wsobren, Uzobren[1],

182

Uzebrno, heute Hausbrunn bei Mährisch Trübau, das ein germanisches Wisibrunn (Wiesenbrunnen) ist.

Wie Saaz ist auch Leitmeritz eine germanische Gründung.[2] In einer Urkunde, angeblich 993, aber in einer Fälschung aus dem 12. Jahrhundert, heißt es Lutomericih, also mit slawischer Locativ-Endung, was ein stammhaftes Lutomer voraussetzt, dann in der Urkunde über die Leitmeritzer Domkirche vom Jahre 1057 (Friedrich, *Cod. dipl. Bohem.*, aaO., I, Nr. 55) Castrum Lutomericense, in der Urkunde vom Jahre 1130 (Friedrich, ebd., Nr. 111) oder Lutomericih, in der Bistumsbeschreibung Gebhards vom Jahre 1086 Liūtmerici (Friedrich, ebd., Nr. 86). Diese Namensform erscheint öfter, so daß der Name in den Urkunden des Landes mit Liutmor -ic, Liuthomer -ic, Lutomer -iz, auch Lutmar -iz feststeht. Die Schreibung u, iu ist offensichtlich älter und echt gegen das spätere Litomerice der böhmischen Schreiber. »u« in Personennamen für germanisch iu ist ganz geläufig, fast immer in Lupoldus, ähnlich Lutolt neben Liutgerus vom Jahre 1071 (Friedrich, ebd., S. 367). Lubgast steht in einer Urkunde vom Jahre 1088 in Umschrift des 12. Jahrhunderts.

Die Siedlung Leitmeritz, in hervorragender Lage hoch über dem Zusammenfluß von Eger und Elbe, ist germanisch, wenn sie auch E. Schwarz (*Ortsnamen*, S. 50) mit angeblich tschechischem Lutoměr, also Lutoměřici zusammenstellt. Auch ihm ist aufgefallen, daß das tschechische kurze u in den späteren Namensnennungen als eu: Leutmaritz (heute Leitmeritz) auftritt. Es ist die deutsche Diphthongierung eines langen ū des 13. Jahrhunderts. Aber wir wollen an die bessere Quelle gehen und finden in Förstemann (*Altdeutsches Namenbuch,* bei den Personennamen, Sp. 1054f.) die Entsprechungen für einen germanischen Leudomar. Leudomer hieß der Bischof von Chalons im Jahre 580 und 614. Leudomar steht in den Acta

---

1 Vgl. oben Úhošt für Wogast.
2 Ich vermerke, daß nunmehr R. Fischer ebenso wie ich die germanische Herleitung des Stadtnamens erwiesen hat, und zwar 1940 und 1941 in der *Zeitschrift für Deutsche Philologie* (S. 178ff. und 132ff.), wiederholt in *Deutsche Volksforschung in Böhmen und Mähren,* 2, 1943, S. 89.

Sanctorum und in den Scriptores Francorum; wir finden die Form Leudomir ferner in fränkischer Zeit im Jahre 565, weiter einen Leudomir im Kloster Corvei, einen Leutmar in Regensburg. Die Form Liudemar, Liutmar und Liutmere, auch Litomeris finden wir in den *Mon. Germaniae,* einen fränkischen Litomeri (also mit i-Schreibung) schon im Jahr 572 und einen Lithomar, ebenfalls fränkisch, aus dem Jahre 610.

Von diesen vornehmlich fränkischen Personennamen wurde auf deutschem Boden eine Reihe von Ortsnamen gebildet, so gehen Laumersheim bei Frankenthal, Leimersheim bei Rheinzabern und Limersheim bei Erstein auf ein althochdeutsches Liutmarasheim zurück und finden sich in den urkundlichen Erwähnungen als Liutmarasheim im Jahre 784, Leutmariesheim im Jahre 768, Liutmaresheim im Jahre 774 usw. Auch ein Liutmarinehovun (heute Leutmerken im Thurgau) findet sich bereits im Jahre 830 und 834, ein Lutmereshusen (heute Lütmarsen bei Höxter) ist im Jahre 822 bezeugt, ein Liumaresstat (heute Laimerstadt in der Oberpfalz) ist belegt um das Jahr 900, und ein Ludemaresdorf in Bayern, um 1170 in den Urkunden (Förstemann-Jellinghaus, II/2, Sp. 108). Danach ist der von E. Schwarz gefundenen tschechischen Herleitung jeder Boden genommen. Aus einem althochdeutschen Ludemaris, Ludemeris, einem besitzanzeigenden Genitiv, hat der Prager Schreiber wie in hundert ähnlichen Fällen eine tschechische besitzanzeigende Form Lutomericih gemacht, und das hat tausend Jahre so gegolten. Ich darf an dieser Stelle verweisen auf den Namen[1] eines heute nicht mehr bestehenden Dorfes bei Saaz, das in Urkunden der Jahre 1183 und 1185 (die Urkunden

---

1 Auch einen Radimir, Rathmir, Ratmir gibt es um 1200 in den böhmischen Urkunden und einen Ort Radmiric, der mit germ. Ratamar, Rademir, Radamir (Förstemann, *Personennamen,* Sp. 1216) zusammenstimmt und mit den seit dem 8. Jahrhundert bezeugten Ortschaften Ratmarsheim, Ratmereshusen, Ratmarisdorf (Förstemann, *Ortsnamen,* II/2, Sp. 519). Das Radimir kann freilich auch tschechisch erfaßt werden, zum Stamm rad. Jedoch trägt jener Wissemir, Wisemyr, der in den böhmischen Urkunden ab 1211 als nobilis Bohemiae bezeugt ist, zweifellos einen germanischen Namen; wir finden ihn bei Förstemann (*Personennamen,* Sp. 1624) als Wisamar (Wandalenkönig) und als Visumar, Wisimar.

selber entstanden im 13. Jahrhundert) als »fast verlassen« angeführt wird und den Namen Ingmerouiz führt (Friedrich, *Codex dipl. Bohem.*, aaO., I, S. 418, 424). Es ist germanisch (markomannisch) Inguiomer, wie bekanntlich Armins Oheim hieß, und der Name Ingomer ist aus althochdeutscher Zeit reichlich bezeugt (Förstemann, aaO., *Personennamen*, Sp. 963).

Deutung des Namens Kaaden und anderer Ortsnamen in seinem Bezirke

Auch die Stadt Kaaden, die wir in diesem Buche wiederholt an hervorragender Stelle nennen mußten, ist nach dem Namen eine germanische Siedlung. Die älteste Erwähnung vom Jahre 805 trägt bekanntlich den Namen Canburg. Die erste Nennung in den böhmischen Urkunden stammt aus dem Jahre 1186 (Friedrich, *Codex dipl. Bohem.*, aaO., I, Nr. 310); sie ist von Herzog Friedrich für die Johanniter ausgestellt, denen der neue Marktflecken über der Eger übergeben wird. Die Johanniter haben durch mehrere Jahrhunderte hier großen Besitz gehabt. Es heißt in dieser Schenkung: »den Ort, der Lessain heißt, ... aber auch den neuen Marktort über dem Egerfluß mit Namen Cadain« (»et burgum novum super Ogre fluvium situm nomine Cadain«), wo der Orden schon vorher eine Kirche gebaut hatte. Die Urkunde ist von einem slawischen Schreiber ausgefertigt, wie die Bezeichnung Ogre für Eger erweist. Der zweite Bestandteil des Namens -ain vertritt das landläufige und hundertmal in deutschen Namen vorfindliche -oin als Vertreter des germanischen -win. Es steht in derselben Urkunde gleich noch einmal in dem Namen Gherdoin (»G. villicus meus«), was ohne Zweifel einen germanischen Gerd-win, Gardwin darstellt (siehe Förstemann, *Personennamen*, Sp. 600: Carduin aus Cartwin, aus dem Jahre 699). Auch hier die Schreibung oin und uin für die germanische halbvokalische Aussprache des w (uu). Jeder kennt Balduin für Baldwin,

Eduard für Edward; aus der Geschichte bekannt ist Alboin für Albwin, Audoin für Audwin. Bei Förstemann (*Namenbuch,* aaO., Sp. 1609f.) kann man unter 200 germanischen Namen auf -win eine große Anzahl solcher Schreibungen auf -oin finden und unter den mehreren hundert Namen auf -wald (Förstemann, Sp. 1496ff.) eine ganz große Zahl Schreibungen mit -oald, wie etwa Beroald, Dodoald, Frodoald, Lindoald, aus welchen Formen dann unsere Namen auf -olt, -ald (Fasolt, Reginald) hervorgingen.

Daß -oin ein germanisches -win vertritt, ist ohne jeden Zweifel. Der slawische Schreiber hörte und schrieb dafür -ain. Wir haben auch dafür Belege aus böhmischen Urkunden, zum Beispiel aus dem Jahre 1183, die freilich Fälschung des 13. Jahrhunderts ist (Friedrich, *Codex dipl. Bohem.,* I, S.402): »Ich habe ihm auch ein Dorf übergeben, das neben Vicain liegt, mit Namen Tynec« (»villam iuxta Vicain iacentem«); der Ort liegt bei Kolin. Bei Förstemann (Sp. 1588) steht ein Guiguin = Wigwin, aus dem 11. Jahrhundert. Mit dem Namen Vicain weiß der Herausgeber der böhmischen Urkunden nichts anzufangen; es ist ein Parallelfall zu Cadain = Cadwin. Kaaden ist eine germanische Gründung. Namenbildungen mit -win kennen übrigens auch böhmische Urkunden, so Helmwin (um 900), Lutwin, Lutuin zwischen 1180 und 1193 (Friedrich, aaO., I, S. 266 und 270), ebenso Ortwin, Rudewin und andere.

Es bleibt noch die Erklärung des ersten Bestandteils. Wir haben es mit einer Bildung nach dem germanischen Stamm *hathu zu tun, der eine große Reihe Personennamen gebildet hat (vgl. Förstemann, Sp. 790ff.), woraus ich etwa vermerke: Hathubald, Chadbedo, Hadupert, Hathubrant, Hadufrid, Haduger, Hadugast, Hathumer, Hadamund; auch Hadawig gehört in diese Reihe. Wir bemerken dabei den Wechsel der Schreibung H und Ch, beziehungsweise C, die bereits in der römischen Überlieferung festzustellen ist, so kennt Tacitus (*Annalen,* XI, 17) einen Hadumer in der Schreibung Catumer; ebenso ist Katwalda, der Gegner des Marbod, in dieser Schreibung (Catualda) bei Tacitus (*Annalen,* II, 62f.) zu lesen; es ist ein althochdeutsches Hathold.

186

Aber wir finden unter den Personennamen mit Had-, Chad- auch einen Haduwin, so heißt zum Beispiel ein Franke unter König Dagobert I., jenem fränkischen König, in dessen Auftrag 631−32 die vergebliche Belagerung der Wogastisburg bei Kaaden geschah. Der Name Hadwin ist überliefert in den Formen Haduwina, Hadawine, Hadawin, Hadwin, aber auch als Haduin und Hadoin (in den *Mon. Germ., libri fraternitatum*, II, 452) und in der Form Chaduin aus dem Jahre 693 (Förstemann, aaO., Sp. 799). Hadwin bedeutet etwa »Kampffreund«. Nach diesen Belegen besteht kein Zweifel, daß der Name der Stadt Kaaden germanischer Herkunft ist. Sie müßte in den lateinischen Umschriften als Hadwini (villa, curia) stehen. Die germanische Aussprache des w erzeugte ein u, das meist als o wiedergegeben wird und in unserer Urkunde in der Hand des tschechischen Schreibers a geworden ist.

Die heutige tschechische Schreibform Kadaň bewahrt noch das stimmhafte i (Kadanj). Die Schreibungen ch, c für hath wechseln in der frühen Zeit ohne Bedenken. Auch Hadowind (Hadwind) erscheint in der *Lex Baioar. prolog* und bei dem fränkischen Chronisten Fredegar (40, 78), erste Hälfte des 7. Jahrhunderts, als Chadoind, ein kennzeichnendes Gegenstück für unser Chadain. Und Hathowulf erscheint in der urkundlichen Form Chadulf, Cathuulf, Cadulph. Ähnlich lesen wir Chedolmar im Jahre 703, Chadoloald (= Katwald) im Jahre 658. Oder ein germanisches Goduald als Coduald im Jahre 752. Auch in böhmischen Urkunden wird anlautendes g als k wiedergegeben, so etwa Kozperht = Gozbert, oder Crawar für Graber; auf Kotwic = Göttweig, Kotwin = Gotwin verweise ich sogleich.

Auch Pilsen wird von A. Mayer (*Mitteilungen des Mährischen Vereins für Geschichte, 27, 1925, S. 6 f.*) als eine frühdeutsche Gründung erklärt und mit althochdeutsch biliso, später bilisa »Bilsenkraut« zusammengestellt, als Ortsdativ bilisîm. Durch die bayerische Lautverschiebung des 7., 8. Jahrhunderts wurde der Anlaut p erklärt. Der älteste Beleg heißt iuxta Pilisini urbem bei Thietmar von Merseburg (III, 7) um das Jahr 1000. Bei Cosmas (III, 30), also um 1120, heißt es

Plizen, heute tschechisch Plzeň, die Deutschen sprechen ganz allgemein »Bilsn«. Ich notiere hier aus einer Urkunde vom Jahre 861 (Friedrich, *Codex dipl. Bohem.*, aaO., I, S. 9) die bereits erwähnte Schenkung eines slawischen Grundbesitzers Kocelus, der ein Dorf prope Pilozsvve an die Kirche zu Freising widmet. Der Herausgeber weiß den Namen nicht zu erklären: am ehesten könnte man ihn auf *Pilisowe = Bilsenau deuten.

Mir erscheint eine deutsche Deutung des Namens eine selbstverständliche Sache aus Gründen der geschichtlichen Feststellung über Grenze und Ausbreitung der tschechischen Siedlung. Nach seiner Lage muß Pilsen eine der frühesten Siedlungen Böhmens gewesen sein. Ein deutsches Bilsen liegt im Kreis Stormarn, also in Norddeutschland, vom Jahre 1149 als Bilsele bezeugt.

Ich kann auf eine zweifellos germanische Siedlung im Bezirke Kaaden hinweisen, die sich in dem heutigen Ketwa (mundartlich Kētwa) erhalten hat. Es liegt etwa zwei Stunden westlich von Kaaden über dem Egerufer. In einer Urkunde vom Jahre 1226 (Friedrich, *Codex, dipl. Bohem.*, aaO., Nr. 286) bestätigt König Otaker I. dem Kloster Doxan alle seine Besitzungen, unter anderen die im Umkreis von Cothwin (circuitus Cothwin). Es ist das eine Schenkung des Herzogs Friedrich (1179−1189) gewesen, über die auch im Totenbuch des Klosters die Notiz steht: »Er gab unserer Kirche das Dorf Cothwin« (»qui dedit huic ecclesiae villam Cothwin«).

Der Autor hat es mit unserem Ketwa identifiziert, weil in einer Notiz das Dorf Oztlow (= Woslowitz) zusammen mit Ketwa genannt wird. Die bayerische Schreibung c, k für unser gemeindeutsches g ist althochdeutsch noch im 13. Jahrhundert geläufig und in der Wissenschaft wohlbekannt. So steht zum Beispiel für Göttweig, dem Kloster in Niederösterreich, Gotewico, in den Urkunden Kotewich, Chotewich, Kotwig, Kotwich, Kotwico (Förstemann, *Namenbuch,* aaO., I, Sp. 1071). Das »wa« der heutigen Aussprache in Ketwa ist in Vertretung eines win und mundartlich in Nordwestböhmen geläufig, so erscheint die Feminin-Endung =in (Wirtin, Müllerin) ganz

Kaaden ist dem Namen
nach eine germanische
Siedlung. Die älteste Er-
wähnung datiert aus dem
Jahr 805. Unten: Rodis-
fort, eine der ältesten Siedlungen östlich von Karls-
bad, verdankt seine Ent-
stehung einer alten Furt an
einem Salzweg

189

allgemein als Werta, Millera und ebenso alle Frauennamen, die hier mit -in gebildet werden: Kunza für Frau des Kunz.

Kothwin entsprach germanisch Gotwin, dafür zeugen die althochdeutschen Belege bei Förstemann (*Namenbuch*, Sp. 686): Godwin, Cotuwin, Cotwine, Cotwin, Goduin, Godoin, Guduin – man vergleiche das oben behandelte Cadain = Kadwin –, aber auch als Ortsname erscheint Gotwin in der Form Godawini, als besitzanzeigender Genitiv, »Besitz des Gotwin«, und zwar aus dem Jahr 1074 (Förstemann, *Ortsnamen*, aaO., I^3, Sp. 1077); heute heißt der Ort Jüdewein, er liegt im Herzogtum Meiningen. Nach allem scheint es außer Zweifel, daß unser Ketwa im Bezirk Kaaden eine germanische Siedlung bezeichnet. Ich darf hier noch auf Uittwa (bei Karlsbad) verweisen, das im 15. Jahrhundert als Utwein belegt ist (Friedrich, *Codex dipl. Bohem.*, aaO., II, Nr. 369) und wohl einem Utwin entspricht (bei Förstemann, *Personennamen*, Sp. 1177 als Uothwin eingeführt).

In unserer geschichtlichen Darstellung wurde der Name Rodisfort (Rodisfurt), zwischen Kaaden und Karlsbad, vermerkt. Diese Furt über die Eger trägt einen germanischen Namen; ob man nun an den Stamm hrod »schnell, hurtig« denkt, der bei einer Furt über den Fluß naheliegt, oder etwa an einen Personennamen mit hrôth »Ruhm, Sieg«. Bei Förstemann (*Altdeutsches Namenbuch*, II/1, Sp. 1448 f.) findet sich ein Rodesbach in Hessen aus dem 10. Jahrhundert, ein Rodesbroke aus dem 12. Jahrhundert (bei Rotenburg in Hannover), ein Rodasheim bereits im Jahre 778, als Rodesheim bezeugt im Jahre 1050, als Rodisheim 1178; auch ein Rodesdorf, das als Rudisdorf bereits 978 belegt ist, als Rothesdorf 1137, als Ruodesdorf bereits 945 auftritt; auch ein Radisleben liegt im Kreis Ballenstedt. Nebenbei, im Kaadener Bezirk liegt eine Ortschaft Radis.

Diese große Anzahl der aus germanischer Zeit weiterlebenden und auch von den nachrückenden Slawen übernommenen Gebirgs-, Orts- und Flußnamen können unmöglich von »Resten« zurückgebliebener Markomannen weitergegeben worden sein, denn dann müßten, wenn wir die Lage dieser Flüsse und Orte auf der Karte betrachten, überall in Böhmen und

Mähren solche Reste gesessen haben, was in klarer Folgerung zu dem Schluß führt, daß es sich *nicht* um Reste eines germanischen Volkes handeln kann, sondern daß keine Landschaft im Sudetenraum leer von germanischen Siedlern gewesen ist, gewiß durch Jahrhunderte; denn die Übernahme der Anfangsbetonung von der deutschen Umwelt in die Sprache der Tschechen läßt ein frühes und langdauerndes Nebeneinanderwohnen der beiden Völker erkennen. Und die viel genannte Aufsaugung der germanischen Reste existiert nur in den Feststellungen der böhmischen Geschichtsschreiber der letzten hundert Jahre.

Übergang von »g« zu »h« im Slawischen und die Übernahme der alten Bezeichnungen mit »g«

Nun müssen wir uns bei unserer Untersuchung in die verschlungenen Pfade der *Sprachwissenschaft* begeben, weil sie in hervorragender Weise zu der Frage nach dem Alter des Deutschtums in Böhmen und Mähren beitragen kann. Und wir müssen auch einige wissenschaftliche Streitfragen betrachten, die die Parteien zur Unterstützung ihrer Thesen vorbringen.

Eine große Anzahl Ortsnamen sind neben den oben behandelten in einer nicht bestimmten Zeit aus dem Deutschen ins Tschechische und aus dem Tschechischen ins Deutsche übernommen worden. Dabei haben sich lautgesetzliche Vorgänge entwickelt, die den Forscher Schlüsse auf die Zeit der Übernahme ziehen lassen; deutsche sowie slawische lautgesetzliche Entwicklungen wurden in den letzten zwei Jahrhunderten emsig untersucht, einiges blieb strittig.

Dies ist im besonderen der Fall bei dem westslawischen Übergang von altem g zu jüngerem h. F. Bergmann (*Listy filologické*, 48, 1921, S. 237 f.), Emanuel Schwab (*Archiv für slawische Philologie*, 39, 1925, S. 239 ff.) und A. Mayer in verschiedenen Aufsätzen (*Mitteilungen des Mährischen Vereins für Geschichte*, so besonders 32, 1930, S. 154 ff.) verfechten gegenüber E. Schwarz den früheren Beginn des Übergangs von g zu h; sie fanden den Beginn dieser Entwicklung bereits um 1130 und hielten ihn um 1169 für nahezu abgeschlossen. Schwarz stellt sich entschieden gegen diese Aufstellung, so im Aufsatz »Zur Verwertung der Sprachforschung für die Siedlungsgeschichte« (*Mitteilungen des Vereins für Geschichte*, 69, 1931, S. 30 ff.), worauf A. Mayer in dem Aufsatz »Grundsätzliches in der Verwertung der Sprachforschung für die Siedlungsgeschichte« (*Mitteilungen des Mährischen Vereins für Geschichte*, 35, 1935, S. 60 ff.) antwortet. Während Schwarz den Übergang möglichst weit in die zweite Hälfte des 12. Jahrhunderts ansetzen möchte, weist Mayer auf vereinzelte schriftliche Belege bereits um 1150 hin. In der Schrift, die der sprachlichen Entwicklung nachhinkt, ist das neue h erst in der ersten Hälfte des 13. Jahrhunderts allgemein durchgedrungen. Diese anscheinend bloß gelehrte Angelegenheit ist wichtig für die Feststellung, wann Deutsche tschechische Ortsnamen übernommen haben und umgekehrt Tschechen deutsche Ortsnamen. Denn da die Kolonisationstheoretiker die »Einwanderung« der Deutschen früher allgemein in das 13. Jahrhundert setzten, wo »die böhmischen Könige deutsche Siedler in das Land riefen, Dörfer und Städte zu bauen«, mußten die Gelehrten durch den Umstand, daß beispielsweise viele alte slawische g in den von Deutschen übernommenen Ortsnamen urkundlich auftreten, das Vorhandensein deutscher Menschen überall bereits im 12. Jahrhundert zugestehen.

Nun behauptete E. Schwarz (*Zeitschrift für Ortsnamenforschung*, V, 48), daß die Deutschen erst kurz vor diesem tschechischen Lautwandel (g > h) eingewandert seien und daß dieser Lautwandel überhaupt erst um 1170 begonnen habe, während A. Mayer diesen Übergang schon bald nach Beginn des 12. Jahrhunderts wahrscheinlich macht. Mehr als 40 tschechische Ortsnamen erscheinen im deutschen Mund in schriftlicher Überlieferung noch mit dem alten tschechischen g, müssen also mindestens um 1150 bereits von Deutschen aufgenommen worden sein. Da nach unserer geschichtlichen Darstellung der innertschechische Ausbau des Landes erst im Laufe des 11. Jahrhunderts begonnen hat und vornehmlich im 12. und 13.

Jahrhundert vor sich ging, weisen natürlich diese jüngeren tschechischen Ortsnamen auch im deutschen Mund bereits das neue h auf. A. Mayer konnte aber an zahlreichen tschechischen und deutschen Ortsnamen, die von dem anderen Volke übernommen worden sind, nachweisen, daß viele davon nicht erst nach 1150, sondern lange *vor* diesem Zeitpunkt übernommen sein müssen, ja, daß manche davon in der sprachwissenschaftlichen Betrachtung bis in die Zeit der tschechischen Einwanderung zurückreichen müssen. Auch Konrad Schiffmann (»Zur Frage nach dem Alter der deutschen Besiedlung in Böhmen, Mähren und Schlesien«, in *Mitteilungen des Mährischen Vereins für Geschichte*, 31, 1930, S. 175 f.) begründete aus der Betrachtung oberösterreichischer Ortsnamen, daß der westslawische Wandel g > h schon im 11. Jahrhundert begonnen haben müsse. Natürlich vermieden die gelehrten Kanzelisten in Prag durch lange Jahrzehnte den Gebrauch der Neuschreibung h als einen mundartlichen Vorgang, so daß aus Urkunden kaum ein bündiger Schluß gezogen werden kann.

Ortsnamen wie Trogau, Müglitz, Grottau, Münchengrätz, Königgrätz, Gradlitz, Gratzen, Göding, um nur einige zu nennen, zeigen auch in deutschem Mund das alte slawische g, müssen also von Deutschen aufgenommen worden sein, bevor dieses g zu h geworden ist. Wenn die Ortschaft Kumpalitz bei Schüttenhofen – es liegt eigentlich ein germanischer Name Gundpolt zugrunde – in dieser tschechisierten Form um 1170 bezeugt ist, während es dann von den Tschechen Humpolec genannt wird, muß sogar Schwarz (*Die Ortsnamen*, aaO., S. 309) von einem »auffallend frühen Zeugen des Deutschtums« sprechen. In Wirklichkeit ist der Name freilich bloß ein Zeugnis für frühe Tschechisierung durch Urkunden. Das gleiche ist ja der Fall bei Humpoletz im östlichen Böhmen, das im Jahre 1219 (Friedrich, *Codex dipl. Bohem.*, aaO., S. 410) urkundlich »in Gumpoldis« heißt, im Jahre 1233 aber Humpolz; und wenn dieses germanisch-deutsche Gundpolt noch im 14. Jahrhundert als Gumpolds gesprochen wird, so kann nur *ein* Schluß gezogen werden: daß hier Deutsche nicht bloß im 13. und 14. Jahrhundert gewohnt haben, was ja auch die Verfechter der Einwanderung glauben, sondern daß hier eine fortdauernd germanisch-deutsche Besiedlung vorhanden gewesen ist. Um so bezeichnender ist das von A. Mayer angeführte Köpfenschlag bei Neuhaus, das ein deutsches Gotvridesslac gewesen ist, welches die Tschechen Hospříz heißen. Der gleiche Fall ist das Dorf Riegerschlag bei Neuhaus aus dem deutschen Personennamen Rüedegêr, das die Tschechen Lodhéřov nennen. In Pilgram hat sich das alte g bis heute erhalten; zugrunde liegt Peregrin, die Deutschen kannten es als Pilgreims/Pilgrims, die Tschechen benannten es in weiterer Entwicklung des g>h Pelhřímov.

E. Schwarz gibt (*Die Ortsnamen*, aaO., S. 313) zu: »Die angeführten Ortsnamen, die in deutschen Urkunden und noch heute ein g ausweisen, sind jedenfalls in einer Frühzeit, etwa bis 1170—1200 bekannt geworden.« Wenn wir schon seine Datierung annähmen, müßten wir bei der großen Verbreitung dieser Orte mit altem g auf alle Gebiete im Sudetenraum folgern, daß hier mindestens schon vor 1200 überall Deutsche gewohnt haben, wobei wir den Ton auf »überall« legen. Schwarz spricht von »Mönchen, Kaufleuten und Bergleuten«, die in einer Frühzeit solche Sprachformen übernommen haben könnten, und schließt mit der Feststellung: »daß die deutsche mittelalterliche Besiedlung der Sudetenländer erst kurz vor dem tschechischen Wandel des g>h eingesetzt haben kann. Sonst müßten wir eben massenhaft g- und wenig h-Formen im Deutschen besitzen.« Dies ist ein Trugschluß: Erstens führen doch verhältnismäßig wenig tschechische Ortsnamen ein g, zweitens ist der größere Teil der tschechischen Orte in den deutschbewohnten Gebieten erst nach 1200 gegründet worden, und drittens haben wir leider aus der Zeit von 1100 bis 1200 nur eine recht begrenzte Zahl von urkundlichen Belegen für diese Orte. Nach meiner Überzeugung geht es bei dieser sprachwissenschaftlichen Streitfrage nicht um die Tatsache, ob Deutsche um 1100 oder 1170 ins Land gekommen sind, sondern diese Ortsnamen, die ein altes g bewahren, sind von Deutschen lange vor diesem Zeitpunkt in dieser Form gesprochen und bis heute so bewahrt worden.

194

Germanische Personennamen in alten Ortsbezeichnungen

Dem von A. Mayer in verschiedenen Veröffentlichungen durchgeführten Versuch, aus den tschechischen Ortsnamen der Urkunden germanische Personennamen herauszuschälen und damit das hohe Alter dieser Siedlung zu erschließen, lehnt E. Schwarz (*Die Ortsnamen*, aaO. S. 134) mit der Pauschalbemerkung ab: »Die in das 13. und 14. Jahrhundert zurückreichenden Ortsnamen weisen nur solche Personennamen als Bestimmungswörter auf, die aus den gleichzeitigen Urkunden unter den Zeugen begegnen. Es ist ausgeschlossen, unsere Ortsnamen an und für sich auch etwa im 8. und 9. Jahrhundert für möglich zu halten.« Und er setzt diese Ablehnung (S. 203) fort, indem er sagt, daß Namen wie Ernst, Heinrich, Dietrich, Siegfried früh ins Tschechische gedrungen sind, zum Teil vor der deutschen Kolonisation, so daß Ortsnamen mit solchen deutschen Personennamen als Grundwort nicht unbedingt für deutsche Siedlungen angesehen werden dürfen. Seite 271 erklärt Schwarz etwa vorhandene altgermanisch-deutsche Namen als Namen von deutschen oder tschechischen Grundherren, wodurch er wiederum das Vorhandensein deutscher Siedler in größeren Landschaften ausschalten möchte. Und endlich auf Seite 278 als letzte Ausflucht, daß Ortsnamen, die germanisch-deutsche Personennamen als Grundlage haben, eben Zeugnisse einer besonders frühen deutschen Einwanderung seien. Diesem Versuch eines deutschen Forschers, offenbare Tatsachen abzuschwächen und zu vernebeln, kann man nur durch Vorführung des Materials begegnen:

Riedweis bei Neuhaus, tschechisch Rodvinov, erscheint im Jahre 1297 (Emler, *Reg. Boh.*, II, S. 759) als Rudweins (vgl. das niederösterreichische Riedwies, das im Jahre 1331 als Rvedweins auftritt), also als germanisch-deutscher Genitivnamen, den die Tschechen mit einem allbereiten -ov zurechtgemacht haben, und ist ein germanisches Hrôdwinis (vgl. E. Schwarz, *Zur Namensforschung*, aaO., S. 27 und 80; und A. Mayer, »Die deutsche Besiedlung der Sudetenländer«, in *Mitteilungen des Mährischen Vereins für Geschichte*, 30, 1928,

195

H. 3). Jedoch nimmt Schwarz seine ursprüngliche Ansicht, daß die Entlehnung ins Tschechische vor dem 9. Jahrhundert stattgefunden haben müsse, als im Altbayerischen noch ô ohne Diphthongisierung vorhanden war, in dem Buch *Die Ortsnamen als Geschichtsquelle* (aaO., S. 151 f.) zurück und setzt nun die Übernahme ins Tschechische um 1200 an; die Ableitung aus einem Ruodwini ergäbe tschechisch Rudvinov. Im selben Bezirk findet sich das schon vorher erwähnte tschechische Lodhéřov, das auf früheres Rodhéřov zurückgeht und einem germanischen Rôdgêres entspricht, es ist das Dorf Riederschlag = Riegerschlag, vorher Rüedergersslac. Die gleiche Entwicklung zeigt Köpferschlag, tschechisch übernommen als Hospřiz, früheres Gospriz, entsprechend einem ursprünglich deutschen Gôzfrides. A. Mayer verweist in einem Aufsatz (»Ein altes Germanennest im Herzen Mährens«, in *Mitteilungen des Mährischen Vereins für Geschichte,* 30, 1928, S. 18 ff.) auf Gottfriedsschlag, das ist eines der zehn Dörfer der Herrschaft Hohenstein, das 1371 in tschechischer Umformung als Hosprziedowicz belegt ist und auf germanisch Gautfrit, althochdeutsch Gôzfrid zurückgeht, im 13. Jahrhundert an Gottfried angeglichen und mit der landläufigen Ableitung für deutsche Siedlungen mit -schlag versehen wurde. Der Ort muß mindestens seit dem 8. Jahrhundert und dann bis ins 12. Jahrhundert von Deutschen bewohnt gewesen sein. Die Tschechen übernahmen den Ortsnamen zum zweiten Mal in der Form Kotvrdovice. In der nächsten Nachbarschaft liegt eine Reihe deutschbenannter Dörfer.

Anscheinend tschechische Ortsnamen werden von dem kenntnisreichen A. Mayer als alte germanisch-deutsche Siedlungen erklärt. So ist ein tschechisches Vodonec in Mähren ein germanisches Audwin(i) aus der Zeit des 8. oder 9. Jahrhunderts. Tschechisch Okarec im südlichen Mähren entspricht einem altdeutschen Hagihartes und muß noch vor dem 8. Jahrhundert in das Slawische übernommen worden sein; aber der Ort muß auch später noch von den Deutschen bewohnt gewesen sein, weil sonst das in der Urkunde vom Jahre 1101 auftretende Hekkartici nicht verständlich wäre. Hiesl bei Gaya

196

in Südmähren entspricht einem althochdeutschen Gîsela oder Gîsal. Bedřichov bei Pilgram entspricht einem althochdeutschen Fridurîch; auch hier muß nach A. Mayer mit einer Übernahme ins Slawische zwischen dem 8. und 10. Jahrhundert gerechnet werden, der späteste Zeitpunkt wäre vor der Wende zum 11. Jahrhundert. Auch andere Worte derselben Landschaft wie Rynárec, Markvarec, Lidmaň gehen auf deutsche Benennungen Reinhards, Markwarts, Leutmans zurück. Alle diese Namen können nicht durch deutsche Einwanderung des ausgehenden 12. und des 13. Jahrhunderts geschaffen worden sein.

Die alten Genitivnamen bei Siedlungen, hauptsächlich wohl eine Hinterlassenschaft quadischer Herkunft, wie sie sich im östlichen Böhmen um Humpoletz-Neuhaus bei Kaplitz häufen, also Ortsnamen wie Humpoletz, Heraletz, Artholz, Wetzlers, Gebharz, Gottschallings, Bernharz, Ditreichs, Konrads, Kunas, Reichers, Dieblings, Riedweis, Burgholz, Oppolz, Migolz, Trautmanns, sind keine Rodungsnamen des 13. Jahrhunderts, sondern weisen in ein höheres Alter zurück. Nach E. Schwarz (*Zur Namensforschung und Siedlungsgeschichte,* aaO., S. 78f. und 99) müssen einige Namen durch Erweis der Sprachgeschichte vor dem 10., ja vor dem 9. Jahrhundert von den tschechischen Einwohnern übernommen worden sein, so etwa Rodvinov (Riedweis) bei Neuhaus, das 1297, 1319 als Rudweins erscheint, wie schon oben erwähnt. Da germanisch ô erst gegen Ende des 9. Jahrhundert zu bayerisch uo geworden ist, kann man das hohe Alter der Siedlung aus der Übernahme des o ins Slawische erkennen, ebenso wie bei dem gleichnamigen Rodinov bei Kamenitz an der Linde.

Sohr bei Bürgstein heißen die Tschechen Zahoří (»Hinter dem Berge«), danach faßt Schwarz das deutsche Soor, Saar »Sumpfwiese«, das in zahlreichen deutschen Orten bis an die Saar wiederkehrt, als tschechische Benennung auf (*Ortsnamen,* aaO., S. 135). Für Saar, das Kloster westlich von Deutschbrod, nimmt Schwarz (ebd., S. 333) die tschechische Form als Wurzel an: Žďár, und erklärt die »Übernahme aus dem Tschechischen« sei im 13. Jahrhundert erfolgt. Nun gibt es in Böhmen mehrere ganz einwandfreie Saar, Soar, Sohr (»Mohrwiese«) als Orts- und Flurnamen, und die Gegend von Deutschbrod gehört zu denen, wo sich zweifellos die markomannisch-quadische Besiedlung über die Jahrhunderte hin erhalten hat. Von den vielen Žďár, Zdiar im Tschechischen sind gewiß einige nur bequeme Tschechisierungen aus dem deutschen Saar. So belegt eine Urkunde vom Jahr 1221 ein Sahar, heute Sohors bei Kaplitz, und eine Urkunde vom Jahre 1226 ein Sahore, das heute als Zahoří (bei Humpoletz) erscheint. Für das Dorf Saar südlich Kaaden, das ich als Soor (»Sumpfwiese«) (*Mitteilungen des Vereins für Geschichte*, 56, 1918, S. 134) erklärte, gibt Schwarz (*Die Ortsnamen*, aaO., S. 342 f.) nur die tschechische Umbenennung an: Žďár, und dazu den Beleg von 1378 Sahors, ohne sich zu entscheiden. Der Beleg von 1384 Zdyar sive Zahars ist schon Arbeit der tschechischen Kanzlei. Ich habe seinerzeit darauf hingewiesen, daß das hinter dem »Saarer Teiche« (heute Wiesen) liegende Dorf Sebeltitz, tschechisch Zablatici, in Übersetzung bedeutet: »Die Leute hinter dem Sumpfe«, so daß meine Erklärung des Ortsnamens ganz unbestritten bleiben muß.

Auch das Dorf Sehrles südlich Kaaden (mit der Ableitung -lîns wie die benachbarten Prôlas, Prödlas, Stengles, Dörfles) habe ich (*Mitteilungen des Vereins für Geschichte*, 56, S. 131 f.) von altdeutsch Sahar »Riedgras« abgeleitet; ich erwähne noch die gleiche Namenbildung Sacherles bei Kaplitz, das 1349 als Sacherleyns bezeugt ist; ebenso Seelenz bei Deutschbrod, das im 15. Jahrhundert als Sahers, Zehersleins, Saherles erscheint, oder den Ortsnamen Sehrlenz, im 13. Jahrhundert Seherleyns, 1480 Zeherlas; weiter Sohorz bei Kaplitz, tschechisch Žár, das 1399 »in Zdarzie«, 1530 Sahorz heißt, aber von Schwarz wieder zum tschechischen Žár »Brand« gestellt wird. Tschechisch Žár erscheint 1221 als Saher, 1278 als Saher, und obzwar hier zweifellos altdeutsch Saher »Riedgras« als Flurname vorliegt, schwankt E. Schwarz zwischen deutscher und tschechischer Herleitung.

Wie sehr Schwarz offensichtlich tschechischen Ableitungen zuneigt, zeigt etwa die Erklärung zu Elbogen im Egerland. Die deutsche Form ist 1239 bezeugt, während die tschechische Bezeichnung Loket schon 1234 in einer Urkunde steht. Dieser zufällige Umstand bei dieser uralten deutschen Siedlung genügt Schwarz (*Die Ortsnamen*, aaO., S. 136), die tschechische Benennung als ursprünglich anzusehen und die deutsche als Übersetzung aus dem Tschechischen aufzufassen. Sie soll die böhmische Geschichtslüge stützen. Merkwürdig ist beispielsweise auch, daß Schwarz an drei Stellen seines Buches über die Ortsnamen feststellt, daß die tschechische Benennung von Eger »Cheb«, die erst im 14. Jahrhundert auftritt, die ursprüngliche gewesen sei, weil das »Ellenbogen« bedeutet und dafür ein altslawisches Heb bekannt sei. Dieser Flurname sei dann auf die Bezeichnung der Stadt ausgedehnt worden! Sogar Schüler von E. Schwarz haben diesen merkwürdigen Versuch zurückgewiesen; Cheb ist Erfindung eines tschechischen Kanzleischreibers, der eine Eger-Beurkundung übersetzte und dabei den Ortsnamen mitlaufen ließ.

Kalsching in Südböhmen erklärt A. Mayer als -ing=Namen (*Die Besiedlung des Böhmerwaldes*, 1932, S. 86 f.), da der südliche Böhmerwald mehr solche Namen aufweist. Schwarz (*Die Ortsnamen*, aaO., S. 167) hält die tschechische Herleitung aus Chvaleš, Chvalšiny aufrecht. Ebenso hält er auch (*Die Ortsnamen*, aaO., S. 284) den Namen Königsfeld bei Brünn für eine Gründung deutscher Kolonisten. Danach sieht der Name nicht aus. Im Jahre 1244 erscheint er (*Regesta Boh.*, I, 52) als Cuonegesueld. Es ist gewiß ein altes Marsfeld; ein gleiches Kunigsfelt erscheint im Jahre 1292 im urdeutschen Schönhengstgau, der ja eine Fülle alter deutscher Ortsnamen aufweist. Das Mautstatt bei Krummau vom Jahre 1284 (Muczstat) nennt Schwarz eine »Eindeutschung« von tschechisch Mýto, während doch ganz einwandfrei feststeht, daß die Moldau noch im 13. Jahrhundert Landesgrenze gewesen ist und eine Maut im deutschen Gebiet gewiß einen deutschen Namen trug. Auch das Tichtihöfen bei Krummau, das 1284 (*Regesta Boh.*, II, 564) von einem offenbar tschechischen Kanzlisten als Dietohzlag wiedergegeben wird, soll nach Schwarz eine Eindeutschung für »U Dětka« sein.

Seit der Mitte des 12. Jahrhunderts (1144) bestand das Prämonstratenser-Stift Seelau in der Nähe von Deutschbrod, an einem Flüßchen liegend, das deutsch Seele heißt (tschechisch Želivka), wonach die deutschen Mönche wohl ihr Kloster benannt haben; die tschechische Umschreibung von 1144 (Friedrich, *Codex dipl. Bohem.*, aaO., I, S. 142) heißt Selev, heute Želiv.

Tschechisierung deutscher Ortsnamen durch die bischöflichen und herzoglichen Kanzleien

Damit stehen wir bereits an einer der stärksten Stützen der böhmischen Geschichtslüge, der Tschechisierung alter deutscher Ortsnamen. Es ist in der böhmischen Geschichtsforschung noch kaum einmal hervorgehoben und schon gar nicht zusammenhängend untersucht worden, wie systematisch die bewußte Umbenennung seit dem Beginn des 12. Jahrhunderts von den vorwiegend tschechischen Kanzleien der Prager Bischöfe und der Prager Herzöge und später ebenso der böhmischen Könige betrieben wurde. Es ließe sich ein Buch mit diesen slawisierten Namen im böhmisch-mährischen Raum füllen. Und wenn die Tschechen des 19. Jahrhunderts immer über die »Germanisierung« Klagen erhoben, die es höchstens in der Theresianischen Zeit merkbar gegeben hat, so muß mit aller Entschiedenheit festgestellt werden, daß in Böhmen und Mähren seit dem 11. Jahrhundert eine Slawisierung deutscher Menschen im größten Umfang stattgefunden hat und daß ebenso auch deutsches Kulturgut, wozu die Namen gehören, bewußt umgefälscht worden ist. Die aus den bischöflichen und herzoglichen Kanzleien aufsteigenden beamteten Kanzlisten und Notare haben ihre Tätigkeit durch Jahrhunderte geübt: deutsche Ortsnamen, die eine Übersetzung ins Lateinische vertrugen, wurden übersetzt; zweitens haben die Schreiber – und das ist für den heutigen Leser und Forscher irreführend, wenn er nicht zugleich Sprachkenner und Sprachforscher ist –

200

deutsche Namen in eine tschechische Form gebracht durch die landläufige Verknüpfung mit dem tschechischen -ici, -ice,-ov; drittens haben sie für den bestehenden und in der Landschaft gebrauchten deutschen Ortsnamen eine tschechische Umbenennung eingeführt, was sie durch eine in der Urkunde weitergegebene Doppelbenennung deckten. Wir werden aus den Hunderten von Fällen auch dafür kennzeichnende Beispiele bringen.

Systematischer noch als in der herzoglichen Kanzlei wurde diese Praxis geübt in den urkundlichen Ausfertigungen über Errichtung neuer Kirchen und der Einsetzung der Landgeistlichen (libri erectionum und libri confirmationum). Die böhmische Landtafel hat dann diese Praxis für die nächsten Jahrhunderte übernommen, und die tschechische Geschichtsschreibung hat diese zweifellos tschechischen Umbenennungen und Verballhornungen deutschbesiedelter Orte als Beweis für die uralte tschechische Besiedlung genommen und die trotz allem verbliebenen deutschen Dörfer mit deutschen Namen als Eindeutschungen durch die »Kolonisation« bezeichnet, womit wir wieder bei unserem ersten Satz angelangt sind.

E. Schwarz (*Die Ortsnamen*, aaO., S. 218) sucht die Ursache der auffallenden Tschechisierungen der Ortsnamen in den »geänderten nationalen Verhältnissen«, vor allem in Innerböhmen, wo das »Inseldeutschtum« in den Städten durch den Hussitenkrieg einen entscheidenden Schlag empfangen hatte. Hingegen weist I. Pfitzner (»Die Besiedlung Böhmens bis zum Ausgang des Mittelalters«, in *Deutsche Hefte für Volks- und Kulturbodenforschung*, I, 1930−31, S. 81), sonst ein ausgesprochener Anhänger der Kolonisationstheorie, darauf hin, daß sogar deutsche Neugründungen des 13. Jahrhunderts mit dem Namen eines deutschen Lokators, durch ein -īci mit dem scheinbar slawischen patronymischen Siedlungsnamen versehen wurden. Ein recht altes, aber bezeichnendes Beispiel bewußter Slawisierung deutscher Ortsnamen konnten wir schon oben in dem Bericht des Kanonikus von Wyssehrad aufweisen zum Jahre 1126 und 1131, wo urdeutsche Siedlungen im westlichen Böhmen: Weißensulz, Frimberg (Pfraumberg) Tachau,

Brand und Mies nun »auf slawisch« Bela, Przimda, Yzcorelik, Tachow, Strzibro heißen. Noch weiter zurück reicht ein Beispiel in der bekannten Urkunde zur Stiftung der Kollegiatkirche in Leitmeritz vom Jahre 1057 (bei Friedrich, *Codex dipl. Bohem.*, aaO., I, Nr. 55), wo das Dorf Pokratitz bei Leitmeritz, gewiß eine deutsche Gründung der ältesten Zeit neben dem germanischen Leitmeritz (beide Ortsnamen bis heute in der tschechischen Umformung) als Lokalform Pocraticih auftritt, so daß der darin verborgene Burkhart vernebelt wurde; der gleiche Fall aus dem 12. Jahrhundert (Friedrich, ebd., I, S. 365) ist dann Pocudicih, was das heutige, leider ebenfalls verballhornte Pokatitz bei Kaaden bedeuten soll; dabei kann man die Kraft von Schriftformen sehen, die sich durch immer neuen Schreibgebrauch in den Beurkundungen festsetzten und sicher in die Umgangssprache eingingen.

Nun einige Beispiele für tschechische Umformungen in Urkunden. Das deutsche Krumbenouve in Südböhmen, so in der Urkunde von 1240, erscheint bereits im Jahre 1259 als Crumlov, ähnlich Blumenau als Plumlov. Für Ullersreuth bei Tachau steht bereits 1251 ein Oldrichow, für Jacobz (1235) findet sich fast gleichzeitig ein Jacubob (= Jacubov); Bernharts, urkundlich Pernharz erscheint schon 1219 als Bernadice, Pfaffengrün erscheint 1242 als Poppowizz. Der tschechische Bestandteil, der die Zugehörigkeit anzeigt, -ici, -ice, hat Hunderten deutscher Ortsnamen zu einer tschechischen Herkunft verholfen, so etwa Pürglitz, das ein altes Greslins, Gresleins gewesen ist und tschechisch Kraslice geschrieben wird; oder Höflitz aus altdeutsch Hewleins. Reischdorf, das ein Reinhartsdorf war, erscheint 1378 als Lynhartice; Oberleutensdorf, gleichfalls im Erzgebirge, tritt im Jahre 1357 als Luthwini villa auf, aber bereits 1355 in der tschechischen Verballhornung Lutwinow, zuletzt amtlich Litvinov. Aber Nollendorf, das 1407 als Nakleri villa bezeugt ist, wohl von altdeutsch nagelsere, »Nagelmacher«, erscheint schon 1383 als Naklerzow in den libri confirmationum. Das Dorf Rongstock bei Tetschen erscheint 1186 und 1188 als Rostoki (Friedrich, *Codex dipl. Bohem.*, aaO, I, S. 282 und 293); es geht auf mittelhochdeutsch ron = Baumstrunk zurück. Wer würde glauben, daß im Ortsnamen Witrschkowitz bei Freiberg in Nordmähren, das in der reinen tschechischen Form als Větřkovice erscheint, ein deutsches Dietrichs(dorf) enthalten sei, da auch 1347 bezeugt ist? Auch Vitkovice, 1396 als Witchendorff bezeugt, entstammt einem deutschen Witege. In der Gründungsurkunde der Kirche von Trebitsch vom Jahre 1104 fand sich der Ortsname Rapotici, Hekkartici, Gothscalconici aus altdeutschem Personennamen Radbot, Ekkehart, Godesscalk. Aber E. Schwarz sagt (*Die Ortsnamen als Geschichtsquelle,* aaO., S. 203): »Es wäre verkehrt, bei allen an deutschen Ursprung zu denken.« Die planmäßige Slawisierung deutscher Namen hat also schon frühzeitig eingesetzt, ganz systematisch durchgeführt wurde sie seit dem 14. Jahrhundert unter Karl IV. im Zeitalter der »Gleichberechtigung«.

Im Jahre 1357 tauscht Karl IV. vom Kloster Postelberg Dörfer ein gegen solche bei Saaz, und zwar die Dörfer Bocz, Hrachowa seu Erweisteyn, einem Teil des Dorfes Warta seu Strazie, Wykmanow seu Weykmansdorf, Pokozgrün, Andresgruen und das Dorf Gruen seu Hrzuen, Oswynow seu Goeczweynsdorf, Smylow seu Smylendorf. Nun liegen diese Dörfer unter dem Erzgebirge oberhalb der Eger, lauter deutsche Siedlungen, zum Teil wie Warta, von dem wir oben ausführlich gehandelt haben, und wahrscheinlich auch Erbelstein und Wotsch, die einer Frühzeit angehören, während die anderen dem deutschen Ausbau des 12. und 13. Jahrhunderts entstammen.

Sie werden in diesem Tauschgeschäft, wie man sieht, auch gleich mit tschechischen Taufnamen versehen, so Weigensdorf, Bocksgrün, Kleingrün, Germesgrün und Mühlendorf, das der slawische Kanzlist zu Smylendorf, beziehungsweise Smylow werden läßt (siehe J. Endt, in *Zeitschrift für Geschichte der Sudetenländer,* 6, 1943, S. 365 ff.). Die Absicht, tschechische Dorfnamen an die Stelle der altheimischen zu setzen, liegt hier auf der Hand. Und das werden auch die folgenden Beispiele unterstreichen.

Heinrichs in Südmähren erscheint 1259 als Bytess (= Bitesch) seu Heinrichs; Wildberg in derselben Landschaft erscheint 1261 als Wilperk sive Vgezd. Pertoldsdorf in Südmähren – es besteht nicht mehr – erscheint 1252 als Berktoldesdorf, »quae aliter dicitur Novawize« (»das man anders Now. nennt«). Rohrbach bei Iglau erscheint 1252 als Rorbach aliter Hruschowani. Schattau in Südböhmen heißt 1220 Chatow – man vergleiche das oben für das Egerland aus einem 1363 geschriebenen Wranow umgetaufte Fronau. Aus dem nördlichen Mähren (siehe E. Sandbach, *Schönhengster Ortsnamen,* Heidelberg 1922): Ernestendorf, so Urkunde 1258, erscheint 1407 als Arnostow, Kunzendorf, so 1270, erscheint 1464 als Kunczina dolni, Pirkelsdorf erscheint 1398 als Perklyssow, heute Prklišov; Seibelsdorf erscheint 1365 als Sybothina, später ganz tschechisch Žipotín. Blumenau erscheint 1347 als Blumnow, 1398 als tschechische Übersetzung Quietna; Hopfendorf, noch 1314 Hoffendorf, erscheint 1380 als Chmelik; Dittersdorf, noch 1321 Dietrichsdorff, jedoch 1464 als Mosteczna. Schützendorf, so urkundlich 1273, erscheint 1318 als Slawonow, ähnlich Putzendorf 1440 als Paczow. Kumrowitz (Komárov) bei Brünn hieß früher Luh (=»Aue, Moorgrund«).

In Ostböhmen erscheint 1360 ein Pilunksdorff, 1384 als Pylingsdorff alias Pilkniow (heute Pilnikau) in den *Libri erectionum,* was einem deutschen Billungsdorf entspricht. Langenau bei Haida in Nordböhmen wird im 14. Jahrhundert nur deutsch benannt, aber 1414 und später begegnet (in den *Libri confirmat.* des Prager Bistums) der Name Skalicz, 1416 heißt es wieder Scalicz sive Langnaw, ein offenbarer Versuch, einen tschechischen Namen einzuführen. Das gleiche geschah mit Hennersdorf bei Deutsch-Gabel; 1409 schreiben die *Libri confirmat.* Dubnicz alias in Henrici villa, auch hier die tschechische Benennung an erster Stelle. Wittingau in Südböhmen, das als Gründung der Rosenberge zweifellos keinen tschechischen Taufschein hatte, erscheint im Jahre 1369 dennoch als Witingaw alias Trziebon. E. Schwarz (*Die Ortsnamen,* aaO., S. 215) erklärt, daß hier gleichsam ein deutsches Dorf zwischen Tschechen eingepflanzt worden sei oder daß zwei kleinere Orte nebeneinander bestanden hätten, die zusammenwuchsen. Ein

204

solcher Vorgang ist nicht unmöglich, aber die Prager Urkundenschreiber haben ihr Handwerk so konsequent betrieben, daß man keine Ausflüchte suchen sollte. Man lese die Ausführungen von A. Mayer (*Mitteilungen des Mährischen Vereins für Geschichte*, 27, S. 13 ff.). Das deutsche Arnsdorf erscheint 1427 als Komonyn alias Arnoldi villa; Leukersdorf 1407 als Lutkerstorff alias Crumpna; Saara 1416 als Zdiar alias Zoro.

Im Schönhengst liegen auch ehemals deutsche Orte mit tschechischer Bevölkerung wie etwa Potštyn, Žamberk, Kyšperk, Vamberk, Rychnow, letzteres 1258 noch als Richenowe bezeugt, und außerdem Dörfer mit noch deutschen Namen, aber tschechischen Bewohnern, wie Landsberg, Liebental, Schützendorf, Petersdorf, Riedersdorf, Waltersdorf, Weipersdorf. Und im östlichen Zipfel von Böhmen bei Wildenschwert ehemals deutsche Orte mit tschechischen Bewohnern wie Kerhartitz, Herbotitz, Hermanitz, Tschenkowitz (im 14. Jahrhundert hieß es noch Schunkendorf), Außmanitz.

Edberg bei Znaim, trotz seines tschechischen Namens Hrádek (»Burgwall«) steht als die Übersetzung eines deutschen »Erdpurg«, welchen Namen denn auch eine Urkunde vom Jahre 1227 bietet: Walgerstein et Erdpurga (Friedrich, *Codex dipl. Bohem.*, aaO., II, Nr. 301). Ähnlich ist das deutsche Eisgrub bei Nikolsburg, das im Jahre 1222 im Besitz der Brüder Adamar und Lipert ist und izgrubi heißt, von den Tschechen zu lednice umgetauft worden. Man denke auch an das bekannte Schlackenwert im Egerland, das als Zlaucowerde 1207, Slaukenwerd 1272 überliefert ist, aber von den Tschechen nach dem deutschen Wert-Werder (»Land zwischen Wasser«) als Ostrow übersetzt wird, allerdings sehr spät. E. Schwarz benützt den Namen, um darzutun, daß auch die Deutschen aus einem tschechischen Wort Slavko eine Verdeutschung hergestellt haben, aber dieser Slavko von Riesenburg, nach dem auch Schlaggenwald benannt ist, gehört einem deutschen Rittergeschlecht an, das in der deutschen Literaturgeschichte genannt wird. Haid bei Tachau ist völlig deutsche Landschaft, wird bereits im Jahre 1253 als Bor übersetzt, ist aber freilich bis heute (1941) Haid geblieben.

Man darf dabei nicht glauben, daß diese tschechischen Namen auch nur in einigen Fällen aus dem Mund von slawischen Umwohnern stammen könnten, sie sind amtliche Umbenennungen von oben her, vornehmlich durch die Kirche, in zweiter Linie durch die königliche Kanzlei in Prag. E. Schwarz (*Die Ortsnamen*, aaO., S, 209) möchte freilich glauben machen, daß solche Namensveränderungen und Übersetzungen von Leuten geübt worden seien, die mit den anderen zusammengewohnt und die Sprache verstanden hätten. Für Chleby bei Nimburg schreibt eine Urkunde (Emler–Erben, *Reg. Bohn.*, II, 675) »praedium prope civitatem Nuenburch dictum Chleb, teutonice Brod, latine vero panis«; da sieht man den gelehrten Kanzlisten an der Arbeit. Das Wort heißt Brod, was ein deutsches Furt ist, die Verwechslung mit dem deutschen Brot, lateinisch panis, und danach die Verballhornung Chleb (tschechisch Brot) sind reizvoll. Nebenbei ist Nimburg als Niuunburc also mit deutschem Namen (Niuwunburc) im Jahre 950 bezeugt.

In einer Urkunde von 1307 heißt es: »Wilhelmswerd quae et Usci dicitur«. Diese Übersetzung des deutschen Namens gehört sicher dem Schreiber an, das hätten ja Slawen, die etwa in der Gegend gesiedelt hätten, nicht fertig gebracht. Das sind dann die Ortsnamen, die Fr. Palacky in seinem »Popis« (*Beschreibung des Königreichs Böhmen*) als geschichtliche Urkunde zusammengestellt hat. Danach erscheint freilich ganz Böhmen und Mähren ein slawisches Meer mit deutschen Inseln. Wie wäre es möglich, daß der deutsche Ortsname Ogfalderheyd bei Krummau erst 1720 auftaucht, während es bereits im Jahre 1387 als Jablonec erscheint. Daß Deutsche den uralten Namen (apfalter = Apfelbaum) erst im 18. Jahrhundert erfunden hätten, ist natürlich ausgeschlossen. In fleißiger Arbeit haben E. Hauke-Hajek und Heinz Zatschek in der *Zeitschrift für sudetendeutsche Geschichte* (4, S. 25 ff, S. 243 ff.) aus den überlieferten Namen der Kanzlisten des Prager Hofes nachzuweisen versucht, daß die Mehrheit dieser Beamten deutsch gewesen sein müßte, ein unsicheres Ergebnis, dem die Tatsachen der Urkunden gegenüberstehen. Die systematische Tschechisierung der Ortsnamen Böhmens und Mährens seit dem Jahre 1086 müßte in einer gründlichen Untersuchung vor Augen gestellt werden als ein Zeugnis der böhmischen Geschichtslüge, an der die herzogliche und später königliche Hofkapelle ebenso Anteil hat wie das Prager Bistum.

Auch deutsche *Personen*namen wurden in böhmischen Urkunden verballhornt und fast unkenntlich gemacht. 1208 heißt ein Zeuge in Olmütz Sebrith (Friedrich, *Codex dipl. Bohem.*, aaO., II, S. 89), was Siegfried sein soll. Žipota für Siboto findet sich; im Schönhengstgau heißt ein Dorf Schebetau, das im Jahre 1249 Sibotonis villa genannt wird. Jeřmar steht für Heriman, Agna für Hagino (im Jahre 1175 bei Friedrich, aaO., I, S. 244), Olbram für Wolfram im Jahre 1213 (Friedrich, II, S. 104); 1250 lesen wir Wolbrammus; Vílém steht natürlich für Wilhelm, so S. 1195 ff.: Hermanus Willamowicz (Friedrich, I, S. 323), und das vom Grafen Wilhelm begründete Kloster wird demgemäß 1123 Wilemov genannt (Friedrich, II, S. 242); Ojiř ist ein germanisches Hôhgêr (vor 1170), Kunhata steht für Kunigunde, Dětřich für Dietrich, Oldřich für Ulrich.

II. Zur angeblichen Kolonisation

Die Stützung der Kolonisationstheorie durch
Kartenskizzen von Ernst Schwarz.
Die Flurnamen

E. Schwarz hat die böhmische Geschichtslüge auch durch einige Kartenskizzen unterstützt, die als authentisch gelten wollen, weil sie aus den Urkunden bis 1230 beziehungsweise bis 1300 ausgezogen sind und eine dokumentarische Sicherheit über Verbreitung der deutschen und tschechischen Ortsnamen in diesem Zeitraum vorstellen sollen. Da diese Karten auch als Propagandakarten in vergrößertem Maßstab vervielfältigt wurden und niemand den wissenschaftlichen Apparat zur Verfügung hatte, die Ergebnisse nachzuprüfen, kann sich Schwarz ein besonderes Verdienst zur Stützung der überkommenen Lehrmeinung von der deutschen Einwanderung zuschreiben.

In seinem Buch *Die Ortsnamen der Sudetenländer als Geschichtsquelle* (aaO., S. 267 ff.) steht eine Kartenzeichnung nebst Zählung der tschechischen Ortsnamen vor dem Jahre 1230 nach dem gedruckten urkundlichen Material. Bemerkenswert ist an dieser Karte, daß weite Landschaften frei von tschechischen Ortsnamen sind, so in Südböhmen das Gebiet südlich Winterberg—Pisek—Weseli—Neuhaus. Ebenso sind im nordwestlichen Mähren große Strecken frei von Siedlungen mit tschechischen Namen, wie wir nach dem im letzten Abschnitt Gesagten vorsichtig ausdrücken müssen.

Auch kleinere Gebiete um Rakonitz—Luditz—Podersam-–Saaz, sowie das Egerland westlich von Karlsbad bis Marienbad—Tepl sind frei; ebenso ist der große nördliche Teil des Landes zwischen dem Elbebug von Königinhof bis Tetschen nur von etwa einem Dutzend tschechischer Ortsnamen besetzt. Ebenso frei ist das Flußgebiet der Adler und, was ebenso auffallen muß, fast das ganze Gebiet der Sazawa (Sasau) im südöstlichen Böhmen, dem Wohnsitz der Slavnikinge. Bei dieser oberflächlichen Prüfung ergibt sich aus der von Schwarz, freilich zu ganz anderem Zwecke vorgenommenen Zusammenstellung, daß die von mir in vielen vorausgehenden Abschnitten gegebene und belegte Darstellung über die Ausbreitung des Tschechentums und den inneren Ausbau des Landes vor der deutschen Kolonisation zurecht besteht. Die tschechische Besiedlung Böhmens vor dem Jahre 1230 umfaßt nur einen Teil des vorhandenen Raumes, weil die größte Hälfte des Landes längst deutsch besiedelt war und tschechische Ortsnamen in diesen Landschaften nur ganz sporadisch auftreten können, soweit sie nicht durch die in den Prager Urkunden geübte Slawisierung erzeugt worden sind.

E. Schwarz jedoch erkennt aus seiner Karte, daß »der prähistorische Siedlungsraum (eine bescheidene Umschreibung für ›Innerböhmen‹; der Verfasser) tatsächlich auch von Slawen in

Besitz genommen worden ist« und »daß bereits vor der Ankunft der Deutschen« ein Landausbau stattgefunden hat (S. 268 f.). An beiden Behauptungen ist nur insofern Wahrheit, als der vorgeschichtliche Siedlungsraum ja nicht ganz Böhmen und Mähren einnimmt, und auch das ist richtig, daß die Slawen schon im 10. Jahrhundert die ganze Mitte Böhmens eingenommen haben. Auch habe ich bereits in der Besprechung der »historischen« Grenzen und des inneren Ausbaus die Bemühungen der primislidischen Herzöge umrissen, seit der Mitte des 11. Jahrhunderts über bis dahin besiedelte Gebiete in die deutschen Landschaften vorzustoßen. Daraus erklären sich ja auch einige slawische Ortsnamen im Egerland und an den großen Straßen Pilsen–Taus und Königgrätz–Glatz. Von diesem langsamen Vorrücken der tschechischen Macht seit Beginn des 12. Jahrhunderts habe ich bereits wesentlich berichtet. Aus diesen Tatsachen erklärt sich auch die große Zahl von 1400 tschechischen Ortsnamen in der Karte von Schwarz, denn hier sind alle im 12. und am Anfang des 13. Jahrhunderts durch Landausbau zwischen deutschbesiedelten Gebieten neu entstandenen tschechischen Orte einbezogen, aber eine nähere Durchsicht und geschichtlich orientierte Nachprüfung würden hier interessante Feststellungen machen können. Zunächst kommt bei der Zählung der tschechischen Ortsnamen vor dem Jahre 1230 in Abzug, was Schwarz als tschechisch ansieht, was aber im Grund slawisierte altdeutsche Siedlungsnamen sind. Das auffallende Bestreben von Schwarz, solche Namen den Tschechen zuzuweisen, mußte in meinen Darlegungen immer wieder unterstrichen werden.

Bis zum Jahre 1197 fand Schwarz 895 tschechische Ortsnamen, in der Zeit von 1198 bis 1230 kamen noch 518 hinzu. Eine Nachprüfung der Aufstellungen dieser Karte ist ein dringliches Bedürfnis unserer Geschichts- und Sprachforschung. Daß die tschechischen Siedlungen von Anfang an »außerordentlich klein« gewesen sind, daß es infolgedessen »in einer Landschaft relativ mehr tschechische als deutsche Namen gibt« (Schwarz, *Die Ortsnamen*, aaO., S. 270), ist zu beachten. Es ist bereits oben bei der Betrachtung der slawischen Einwanderung darauf hingewiesen worden. Übrigens hat Schwarz nur etwa 45 tschechische Rodungsnamen vor 1230 festgestellt, was erweist, daß tatsächlich die Tschechen erst spät in langsam vorgeschobenen Posten in das deutsche Gebiet eindrangen.

Im Anschluß an diese Zählung der tschechischen Ortsnamen gibt E. Schwarz (*Die Ortsnamen*, aaO., S. 282ff.) eine Zählung und Übersicht der deutschen Ortsnamen bis zum Jahr 1300. Das Ergebnis von etwas über 330 deutschen Ortsnamen muß sehr dürftig genannt werden. Schwarz freilich wundert sich über diese »über Erwarten bedeutende Anzahl«, aber er arbeitet nicht gerecht. Er gibt selbst zu, daß ihm manches entgangen sein könnte, daß viele deutsche Siedlungen nicht in den Urkunden verzeichnet sein dürften – wir wissen ja aus früheren Erwägungen, daß die deutschen Sippendörfer der frühen Zeit nicht in den Urkunden erscheinen können, weil sie nicht den Herzögen des Landes oder dem Bischof zugehörten, wie etwa die auf der Stufe der Hörigkeit stehenden slawischen Dorfschaften. Vor allem ist festzustellen, daß Schwarz eine sehr große Zahl von deutschen Ortsnamen, die in tschechischem Gewand auftraten, nicht einbezogen, sondern den tschechischen Namen zugezählt hat. Auch besitzen wir zwar für die Zeit bis 1230 eine vortreffliche und vollständige Edition der böhmischen Urkunden, aber nicht für die Zeit nach 1230, wo nur das lückenhafte Regestenwerk von Erben–Emler zur Verfügung steht. Nach der von Schwarz (S. 293) vorgelegten Karte zeigt sich freilich, daß das Deutschtum des 13. Jahrhunderts nur in den Randgebieten saß. Aber dieser Vergleich mit dem tschechischen Siedlungsgebiet Innerböhmens ist nach Schwarz' eigenem Geständnis »nicht ganz einwandfrei«; »es kommt hier eben in erster Linie auf die Hauptgebiete an« – der Sinn dieses Satzes ist nicht klar, aber man erfährt weiter: »die deutschen Namen im tschechischen Gebiete wurden nicht systematisch erfaßt, auch die deutschen Burgnamen im tschechischen Gebiet wurden nicht eingezeichnet«; »hier läßt sich ohne urkundliche Nachprüfung nicht leicht ein sicheres Urteil abgeben«. Aber E. Schwarz und seine ganze These ruhen auf solchen »unsicheren Urteilen«. Alles, was er sagt, zielt auf den

Satz ab: »Die Deutschen in Böhmen und Mähren sind Kolonisten des ausgehenden 12. und 13. Jhrh.«

Auch die deutschen *Städtenamen* des Sudetenraumes hat Schwarz nach eigenem Geständnis nicht in seine Karte einbezogen, und doch weiß jedermann, daß die Städte in Böhmen und Mähren im 13. Jahrhundert sozusagen ohne Ausnahme deutsch gewesen sind und daß ihre Zahl weit über 100 beträgt. Und Schwarz fügt (S. 365) noch vorsichtig hinzu: »Es war unmöglich, alle deutschen Ortsnamen, die bis 1300 zu erschließen sind, aufzunehmen.« Was hatte also die Aufstellung mit so vielen Vorbehalten gegen die deutsche Seite für Wert? Auch »weitere eingedeutschte Formen tschechischer Ortsnamen, welche bis 1300 in deutschen Mund gelangt sind«, hat Schwarz nicht aufgenommen, als ob sich unter diesen eingedeutschten Formen nicht viele wirklich ursprünglich deutsche Siedlungen befunden haben könnten.

Der eigentliche Zweck seiner Zählung und Kartenzeichnungen liegt darin aufzuzeigen, daß »die deutschen und eingedeutschten Ortsnamen in Böhmen durchaus an den Rändern liegen« (S. 366), ähnlich in Mähren. Nur für Mähren gibt Schwarz eine Durchdringung von Deutschen und Tschechen zu. Übrigens hat er auch hier die deutschen Städtenamen nicht mit einbezogen. So muß abschließend gesagt werden, die ganze Aufstellung von E. Schwarz entspricht nicht den urkundlich erfaßbaren und geschichtlich vorhandenen Tatsachen, ist als Beweismittel geradezu irreführend und darum durch eine anderweitige wissenschaftlich genaue Nachprüfung zu ersetzen. Hingegen weiß Schwarz von den wissenschaftlichen Auseinandersetzungen Anton Mayers über die uralte deutsche Besiedlung des Sudetenraumes nur zu sagen, daß »sie der wissenschaftlichen Kritik nicht standzuhalten vermag« (S. 368 ff.). Wir behaupten mit größerem Recht das gleiche für die Zählung und Kartenzeichnung von E. Schwarz.

Ein wertvolles Zeugnis für die dauernde Besiedlung großer Teile der Sudetenländer sind *Flurnamen*. Sie sind darin sogar den Bodenfunden ähnlich, da sie kaum eine Verfälschung erfahren haben. Die Bewohner können wechseln, die Flur

211

bleibt. Die Namen haften am Berge, im Gelände überall, gehen mit dem Acker und dem Grasland von einem Besitzer zum anderen. Aus Flurnamen kann man wie aus einem Buch die Sprache vergangener Geschlechter lesen, häufig sogar das einstmalige Bild der Landschaft und die Abschnitte der allmählichen Besiedlung und Urbarmachung. Im Sudetenraum erkennt man in heute tschechischer Gegend den Umkreis, in dem einst Deutsche gesiedelt haben, und kann im deutschen Gebiete das einstmalige Vorhandensein slawischer Menschen aufzeigen. Ganz allgemein kann gesagt werden, daß in einzelnen deutschen Bezirken nahe der Sprachgrenze bis 40 Prozent slawische Flurnamen vorhanden sind, daß aber umgekehrt in völlig tschechischen Landstrichen bis zu 50 Prozent deutsche Flurnamen aus vergangener Zeit ihre eigene Sprache reden. Darum haben bezeichnenderweise die Tschechen in der letzten Zeit ihrer Herrschaft im deutschen Sudetenland und noch mehr im Innern des Landes einen Versuch gemacht, auch die deutschen Flurnamen umzuändern.

Aus dem großen Gebiet der Flurnamen sei hier ein Beispiel für viele angeführt: Von weit über 1000 Flur- Geländenamen der Iglauer Sprachinsel weisen nach E. Schwab (*Das geschichtliche Recht der Iglauer Sprachinsel,* 1919) nur etwa 4 Prozent auf slawischen Ursprung hin. Und K. Meier (*Flurnamen im Erzgebirge und seinem Vorland,* Kaaden 1924, S. 71) hat festgestellt, daß die Zahl der slawischen Flurnamen im Kaadener Bezirk nur einen sehr geringen Prozentsatz einnimmt: »Aus ihrer Verbreitung geht hervor, daß östlich Kaaden, im Egertal bis Roschwitz, im Aubachtal bis gegen Duppau slawische Siedler Ortsgründungen vorgenommen haben, auf dem Paßwege nach Preßnitz aber wahrscheinlich nur als Besatzung einiger fester Plätze gewohnt haben.« Nach den bisher erschienenen Flurnamenbüchern der deutschen Gesellschaft der Wissenschaften in Prag betragen die tschechischen Flurnamen im Gablonzer Bezirk etwas über 1 Prozent, im Bezirk Freudenthal nicht einmal 1 Prozent, im Bezirk Römerstadt nicht einmal 0,5 Prozent, im Bezirk Eger etwa 1 Prozent, wobei die frühe sorbische Besiedlung einbezogen ist.

212

Die Frage der ostdeutschen Kolonisation

Nun steht an unserem Wege ein Schlagbaum mit der Aufschrift »Ostdeutsche Kolonisation!« Er verlangt eine Auseinandersetzung.

Um die Frage, ob das Deutschtum in Böhmen und Mähren bodenständig sei oder, wie die Geschichtswissenschaft überwiegend annimmt, seit dem 12. Jahrhundert im Zuge der großen ostdeutschen Kolonisation eingewandert sei, geht mein Buch, das in allen Abschnitten eine Widerlegung dieser leider auch von fast allen deutschen Geschichtsschreibern übernommenen These darstellt. Was ich bisher an wesentlichen Gegengründen vorgebracht habe, könnte jeden unvoreingenommenen, geschichtlich denkenden Menschen überzeugen, daß nach geschichtlichen und sprachgeschichtlichen Tatsachen von einer Auswanderung der germanischen Bevölkerung aus Böhmen keine Rede sein kann, daß vielmehr während der langen Zeit bis zur Entstehung des Prager Herzogtums weite Teile von Böhmen und Mähren deutsch besiedelt gewesen sind, daß die Tschechen aus der Mitte des Landes verhältnismäßig spät in diese deutschen Siedlungsgebiete vorgestoßen sind, daß sichere sprachgeschichtliche Tatsachen für ein langes Nebeneinanderwohnen der beiden Völker Zeugnis geben und die große Zahl der germanisch-deutschen Ortsnamen, die von den Tschechen in eine slawische Form gepreßt wurden, von einer überaus langsamen Slawisierung kleiner Landesteile reden, die jedoch die weiten Randgebiete des Sudetenraumes niemals erreicht hat und überdies ein starkes Inseldeutschtum besonders im mährischen Raum übrig ließ.

Ich kann mich zunächst auf den besten Kenner und überragenden Forscher R. Kötzschke beziehen, der sich über den Ursprung und die geschichtliche Bedeutung der ostdeutschen Siedlung (*Der ostdeutsche Volksboden,* herausgegeben von W. Volz, Breslau 1926, S. 8f.) äußert.

Als der Zustand Mitteleuropas im 6. und 7. Jahrhundert in der Überlieferung wieder klarer faßbar hervortritt, waren die Germanenstämme der Völkerwanderungszeit weit über den

Rhein vorgedrungen, saßen an Elbe und Saale, gewannen den ganzen österreichischen Raum bis zur Enns und zu den Quellen von Mur und Drau. In den Ostalpen behaupteten sie ein nahezu geschlossenes Siedlungsgebiet. Aber ostwärts hinaus saßen Völkerschaften und Stämme mit slawischen Namen. Dies war die Lage noch im karolingischen Zeitalter, als ein neuer, östlich gerichteter Vorstoß des Deutschtums einsetzte. Ich habe diese Rückwärtsbewegung in den Zügen der Franken und Karls des Großen sowie Ludwigs des Deutschen gegen Böhmen und Mähren in meinem kurzen geschichtlichen Abriß hervorgehoben. Es war eine Abwehrbewegung gegen die neuen slawischen Volksstämme, die sich seit etwa 600 auch in das germanische Siedlungsgebiet der Markomannen und Quaden eindrängten, lange nicht stark genug, einem kriegerischen Gegenstoß des deutschen Westens standzuhalten.

Freilich glaubte man seit K. Zeuß und G. Wendt nicht mehr, daß sich in diesen Ostgebieten um Elbe und Oder auch nur unbedeutende Reste germanischer Volkheit erhalten haben konnten und daß ihnen, wenn es solche gegeben hat, gewiß keinerlei Einfluß auf die geschichtliche Entwicklung zuzuschreiben sei. B. Bretholz, ein gewiegter Kenner und Deuter der Urkunden und geschichtlichen Tatsachen, angeregt durch die Abwehr der mährischen Heimatforscher gegen die Palakkysche These, hat dann in verschiedenen Büchern zwischen 1912 und 1921 den Standpunkt vertreten, daß für die Sudetenländer von einer bewußten groß angelegten Kolonisierung des ausgehenden 12. und 13. Jahrhunderts nicht zu reden sei, weil dafür in der geschichtlichen Überlieferung überhaupt kein Zeugnis spreche, daß aber die Geschichte Böhmens und Mährens durch ein Verbleiben größerer Reste germanisch-deutscher Siedler wohl zu verstehen sei, ohne daß natürlich, wohlgemerkt im 13. Jahrhundert, deutsche Zuschübe von Westen und ein innerer Ausbau des Landes durch die Deutschen selbst geleugnet werden können.

»Der Widerstreit der Meinungen ist noch nicht ausgetragen«, sagt Kötzschke (aaO., S. 15). Man stelle sich zunächst einmal den Auszug eines großen Volkes wie der Markoman-

214

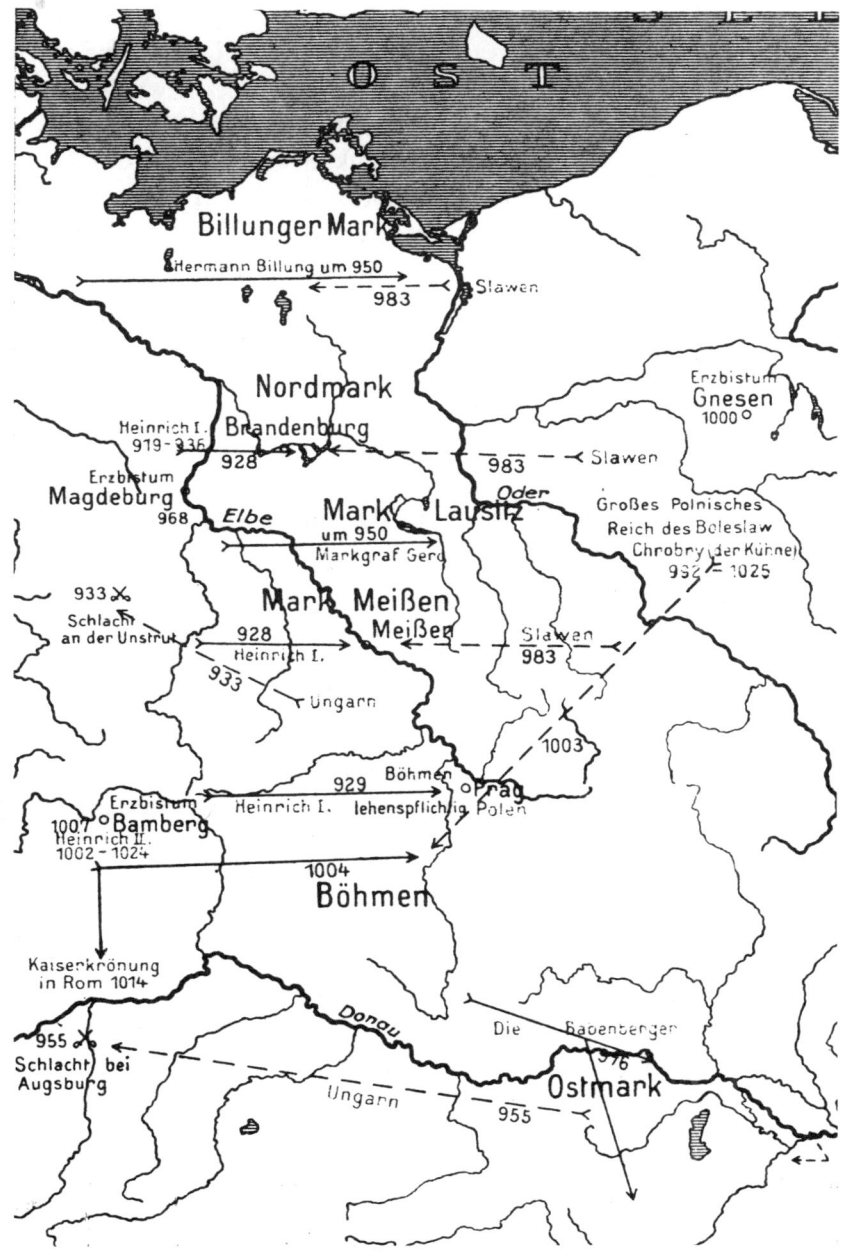

Feldzüge nach Osten und Rückzüge, 919—1125

nen und Quaden vor Augen, die durch Jahrhunderte in dem weiten Sudetenraum ein staatlich geordnetes, nach außen starkes, kulturell hochstehendes Herrschaftsgebiet entwickelt und gegen das Römerreich in seiner höchsten Machtentfaltung große Kriege geführt haben. Diese Völker sollen nach der Meinung der meisten deutschen Gelehrten gleichsam einen organisierten Auszug aus Ländern vollzogen haben, die ihnen um das Jahr 500 niemand streitig machte. Die Annahme, daß die Bayern Nachkommen der Markomannen seien, wie man bisher geglaubt, wird immer fadenscheiniger. Es wäre auch dann von vornherein anzunehmen, daß große Reste der Markomannen und Quaden vorhanden waren, als die Sudetenslawen am Ende des 6. Jahrhunderts in diese Gebiete vorrückten. Auch Kötzschke sagt (aaO., S. 17): »Die einwandernden Slawen verstreuten sich zwar über weite Räume, nahmen jedoch nur wenig ausgedehnte Bodenflächen zwischen Wald und Sumpf ein, die sie sich in durchgeführter Besiedlung wirklich zu eigen machten.« Ferner (S. 18): »Die archäologisch-geographische Forschung zeigt, daß während der vor- und frühgeschichtlichen Zeitalter die für die Besiedlung und Bodennützung eingenommenen Flächen auf die Dauer festgehalten zu werden pflegten.« Und: »Es ist anzunehmen, daß jeweils Überreste der Vorbevölkerung zurückgeblieben und von der neu zuwandernden Bevölkerung aufgenommen worden sind.« Und: »Dazu kommt, daß an der Schwelle der Zeiten, die aus geschriebener Überlieferung aufhellbar sind, eine völkische Siedlungsmischung noch auf eine lange Reihe von Menschenaltern nach den großen Wanderbewegungen stattgefunden hat.«

Ich selber bin aus den Tatsachen der frühgeschichtlichen und sprachgeschichtlichen Forschung zu der Überzeugung gelangt, daß die Slawen in den Sudetenländern und gewiß auch in Schlesien und der Mark Brandenburg sowie in den Ostseegebieten die dort verbliebenen germanischen Volksteile auch nicht in einem langen Zeitraum aufsaugen konnten, sondern im ganzen verträglich neben ihnen gesiedelt haben, weil der Siedlungsraum für die Kraft jener Stämme eigentlich unmeßbar groß gewesen ist.

216

Wenn sich im deutschen Westen gegen die Franzosen erst um das Jahr 1000 eine feste Sprachgrenze herausgebildet hat, kann der Bestand deutscher kleiner Landschaften im Osten annähernd bis in die gleiche Zeit angenommen werden. Kötzschke glaubt, was für die Landschaften an der Niederelbe, östlich vom Harz, in Thüringen, am oberen Main, im südwestlichsten Bajuwarenland an der Donau gilt, dürfte auch im ferneren Osten ähnlich eingetreten sein; er sagt (S. 19): »Durcheinandersiedeln einander fremder Völkerbestandteile, Durchsetzung des Volksgebietes mit größeren oder kleineren Sprachinseln auf beiden Seiten einer im Entstehen begriffenen Volksgrenzzone hat offenbar in Gegenden, wo stärkere Völkerverschiebungen stattgefunden hatten, viel nachhaltiger den Siedlungscharakter bestimmt, als bisher nach den oft recht spärlichen und allgemeinen Angaben erzählender Quellen vermutet worden ist.« Hier spricht ein durch geschichtliches Denken geklärter Fachmann. Und auf Seite 22: »Die Forschungen zur historischen Siedlungsgeographie sind noch zu jung, noch nicht entwickelt und ausgedehnt genug, um die großen und schweren Probleme Ostmitteleuropas in frühgeschichtlicher Zeit schon heute sicher entscheiden zu können.« Dieser Satz enthält ein kritisches Urteil über die Siedlungsgeometrie und Mundartengeographie einer ganzen Schule.

Kötzschke schließt (S. 22): »Die Urgermanentheorie (womit gemeinhin die These von Bretholz bezeichnet wird) ist mitnichten so völlig abgetan, wie es nach Äußerungen einzelner Gelehrter den Anschein haben könnte, wenigstens nicht auf dem ganzen Gebiet der ostdeutschen Kolonisation.« Und auf Seite 23: »Die sogenannte Völkerwanderungszeit hat nicht eine völlige Vernichtung des Zuständlichen gebracht, vielmehr es bestehen nicht unbeträchtliche Kulturzusammenhänge, die nur von zurückbleibender Bevölkerung vermittelt sein können, zwischen der Vorzeit und dem aufziehenden Mittelalter.« Und ebenda: »Das koloniale Deutschtum selbst, zumal in den Landschaften der Grenzzonen gegen das Mutterland, wie eine jede koloniale Bevölkerung offenbar reich an Nachwuchs und noch beweglich, hat aus sich schon früh die Kraft zu eigener weiterer Ausbreitung erzeugt.« Aus solchen abgewogenen Sätzen ergibt sich mein Glaube an den Bestand von germanischen Volksteilen im Osten auch weit über die Zeit der Völkerwanderung hinaus, daß also die ostdeutsche Kolonisation seit Otto dem Großen durchaus nicht in rein slawische Länder vorstieß und daß das Deutschtum dieses neuen Bodens auch aus eigener Kraft zum inneren Ausbau dieses Ostens beigetragen hat.

Ich kann im Anschluß an diese Äußerungen des bekannten Fachmannes zur ostdeutschen Kolonisation wohl sagen, daß meine vorausgegangenen Darlegungen das erwiesen haben werden: daß die Züge des ostfränkischen Deutschen Reiches nach Böhmen und Mähren nicht die Absicht erkennen ließen, eine völlige Unterwerfung und Einverleibung der hier wohnenden deutschen und slawischen Volksstämme herbeizuführen, weil man diese Gebiete mehr oder minder immer dem Reich zugehörig betrachtet hat, da man hier weite Landschaften von deutschen Menschen bewohnt wußte. Diese deutschbesiedelten Landschaften nahmen mehr als die Hälfte des Sudetenraumes ein, so Nordmähren, Südmähren, ferner das umfangreiche Gebiet zwischen Böhmen und Mähren von Böhmisch-Trübau und Wittau bis Neuhaus und Budweis in Südböhmen, endlich den ganzen Westen Böhmens und Nordböhmens, soweit er sich bis zum heutigen Tage (1941) deutsch erhalten hat.

Über das deutschbesiedelte Mähren gibt die aufschlußreiche Arbeit von E. Schwab *Die deutsche Besiedlung der Sudetenländer* (Wien 1924, S. 5 f.) Bescheid, ferner der gleichgeartete Aufsatz von H. Weinelt, »Untergegangenes Deutschtum in Mähren« (in *Der Sudetenraum*, 1941, S. 604 f.).

Zuwanderung deutscher Bergleute. Das Privileg Herzog Sobieslaws

Aeneas Silvius Piccolomini, nachmals Papst Pius II., machte auf einer Gesandtschaftsreise nach Prag die Beobachtung, daß

218

in den kleinen Landkirchen ausschließlich deutsch gepredigt wurde, nur auf den Friedhöfen, von der Außenkanzel aus, slawisch, und sieht darin den Erweis, daß das Land ursprünglich deutsch gewesen sei und die Slawen in ihm nur ganz allmählich und unvermerkt Eingang gefunden hätten. Diese Feststellung aus der Mitte des 15. Jahrhunderts, also in der Zeit des tschechischen Thronreiches, gibt zu denken. Die Klagen der mittelalterlichen und späteren böhmischen Schriftsteller über das Überwiegen der Deutschen sind bekannt. Es ist ein weiter Weg bis zu Franz Palackys großer *Geschichte von Böhmen* (1836 ff.) und seinem Aufsatz vom Jahre 1846: »daß wenigstens im 7., 8., 9., 10. und 11. Jahrhundert kein einziger Deutscher außer als Gast sich in Böhmen aufgehalten hat«, daß alle nun in Böhmen wohnenden Deutschen spätere Ankömmlinge, Kolonisten und Gäste in diesem Land seien. Man muß sich wundern, daß ein solches Wort durch ein Jahrhundert bei tschechischen und deutschen Geschichtsschreibern seine Geltung nicht verloren hat. Die Wortführer der Gegner von Bretholz, die Historiker Adolf Zycha und Wilhelm Wostry und im Anschluß die Germanisten Erich Gierach und Ernst Schwarz, sind freilich auch in gelehrten Untersuchungen zu dem Schluß gekommen: »Die Deutschen in Böhmen und Mähren sind Kolonisten des ausgehenden 12. und 13. Jahrhunderts!« Die breiten Ausführungen dieser deutschen Gelehrten[1] hier wiederzugeben und Punkt für Punkt zu widerlegen, ist heute nicht mehr nötig, nachdem schon eine Reihe ernsthafter Forscher, besonders mährischer Herkunft wie R. Holtzmann,

---

1 Zur Literatur: B. Bretholz, *Geschichte Böhmens und Mährens,* München-Leipzig 1912, S. 305 ff. Dagegen A. Zycha, »Über den Ursprung der Städte in Böhmen«, in *Mitteilungen des Vereins für Geschichte* 52, S. 2–76; 263–307; 559–605; 53, S. 124–170; ferner A. Zycha, »Eine neue Theorie über die Herkunft der Deutschen in Böhmen«, in *Mitteilungen des Vereins für Geschichte* 53, S. 1–23. – W. Wostry, »Das Kolonisationsproblem«, in *Mitteilungen des Vereins für Geschichte* 60, S. 1–168. – B. Bretholz, »Kolonisationstheorie«, in *Mitteilungen des Mährischen Vereins f. Geschichte* 24, 1922, S. 27 ff., und »Die Kolonisationspolemik«, ebenda, 25, 1923, S. 3 ff. Außerdem die zahlreichen Aufsätze und Entgegnungen von A. Mayer, sämtliche in der Zeitschrift des Mährischen Vereins für Geschichte.

E. Schwab und A. Mayer an der These Palackys Kritik geübt haben. Auf einzelne Punkte muß im Verlauf meiner Widerlegung eingegangen werden. Nur muß nochmals erwähnt werden, weder Cosmas (um 1120) noch ein anderer böhmischer Chronist bis über die Zeit der sogenannten Kolonisation Böhmens und Mährens weiß auch nur das Geringste von einer deutschen Zuwanderung. Auch im sogenannten *Dalimil,* in der tschechischen Reimchronik aus dem ersten Drittel des 14. Jahrhunderts, einem ausgesprochen deutschfeindlichen Werk, steht keinerlei Andeutung, daß die im Land ansässigen verhaßten Deutschen eingewandert seien.

Immer wieder wird die Nachricht einer Prager Chronik zum Jahre 1257 unterstrichen, anläßlich der Gründung der Kleinseite in Prag durch Otaker II., daß dieser eine Reihe Böhmen (d. i. Tschechen) aus dem unter der Burg gelegenen Stadtteil vertrieben und dafür Fremde angesiedelt hat (»pepulit Bohemos de suburbio et alienigenas locavit«). Diese Notiz betrifft ein einzelnes Ereignis in einer Zeit, in der tatsächlich vom Herrscher aus die Hauptstadt durch Neuanlage eines Stadtteiles erweitert worden ist und darum arme Leute, die unter der Burg in buntem Durcheinander ihre Hütten gebaut hatten, für den höheren Zweck ausgesiedelt wurden, wofür wohl deutsche wohlhabende Bürger, gewiß aber nicht solche von außerhalb des Landes, Bauplätze erhielten. Diesen vereinzelten ungewissen Fall mit der Frage der ostdeutschen Kolonisation in Zusammenhang zu bringen (siehe A. Zycha, in *Mitteilungen des Vereins für Geschichte* 52, S. 300, und 53, S. 10) konnte nur mangels besserer Gründe geschehen.

Eine ähnliche Nachricht haben wir von dem Opatowitzer Abt Neplach aus dem 14. Jahrhundert über ein Ereignis des Jahres 1276—7, wonach derselbe König Otaker »den Deutschen Ländereien übergeben hat unter Hintansetzung der Seinen« (gemeint sind die Tschechen). Es war die Zeit vor dem Endkampf Otakers mit Rudolf von Habsburg, als der König, um zuverlässige Anhänger zu gewinnen, Burgen verschenkte und verpfändete, und zwar im Glatzer, Elbogener und Trautenauer Bezirk (siehe darüber Bretholz, in *Mitteilungen des*

Instituts für österreichische Geschichtsforschung 38, 1917, S. 216ff.). Auch diese Nachricht hat nichts mit der deutschen Einwanderung zu tun.

Aus derselben Stimmung im Land heraus dürfte die Notiz der Kolmarer Chronik zum Jahre 1249 entstanden sein, in der klagend und tadelnd von der Vermehrung der Deutschen in Böhmen gesprochen wird: »danach vermehrten sich die Deutschen in Böhmen; durch sie brachte der Kaiser ungeheure Reichtümer zusammen aus den Gold- und Silberbergwerken« (»post hoc multiplicati sunt in Bohemia Theutonici; per hos rex ingentes divicias collexit ex auri et argenti fodinis«). Die Bemerkung bezieht sich offensichtlich auf den Zuzug deutscher Bergleute in der Mitte des 13. Jahrhunderts, also in einer Zeit, in der Böhmen in seiner Oberschicht und seinen Städten fast als ein deutsches Land angesehen werden muß. Daß die Bergwerke in Kuttenberg−Deutschbord−Iglau Tausende aus Sachsen und Franken angezogen haben, ist zu verstehen. Die Aufschließung der Silberbergwerke von Joachimsthal im Jahre 1517 und den folgenden hat fast vor unseren Augen dasselbe Schauspiel geboten.

Auch sonst darf angenommen werden, daß das reiche Land mit dem blühenden Städtewesen auf dem Gipfel der Macht und des Reichtums seiner Könige dauernd Zuwanderungen aus allen Nachbarländern gesehen hat, aber mit der Frage der ostdeutschen Kolonisation haben diese »Zuwanderer« nichts zu tun. Das Bild der Wirtschaft hatte sich hier wie überall geändert, die neue Städtekultur, die beginnende Geld- und Zinswirtschaft, der politische Aufschwung des böhmischen Königreiches haben einen lebhaften Handel und Wandel im Land und mit dem Reiche, dessen Lehensland Böhmen und Mähren waren, erstehen lassen. Daneben verlief ja auch der innere Ausbau des noch verfügbaren Bodens. Aber von einem Zuzug deutscher Menschen aus der Fremde zur Anlegung neuer Dorfschaften hören wir auch nicht einmal im 13. Jahrhundert. Auch tschechische Forscher geben nach einer Überprüfung der Urkunden zu, daß Otaker II. nicht der Urheber der deutschen Kolonisation, weder der bäuerlichen noch der städtischen, gewesen sei, obzwar er es war, der bewußt die deutschen Städte durch Bestätigung des von alters her gehandhabten deutschen Rechtes gefördert hat, zu seinem und seines Landes Nutzen. Ähnlich äußert sich V. Novotný in seiner *Böhmischen Geschichte* (Bd. 5) von I. V. Šimák, der hinzufügt, daß die Kolonisation in ein viel höheres Alter zurückgehe, sich jedoch hauptsächlich auf die Besiedlung der Grenzwälder beziehe. Man muß auch ein solches Urteil als sachlich anerkennen.

Ein Hauptpunkt in den Untersuchungen über die »Einwanderung der Deutschen« ist immer das sogenannte Sobieslaveum, das Privileg, das Herzog Sobieslaw in der Zeit zwischen 1174 und 1178 für die Deutschen Prags ausgestellt hat. Es hat folgenden Wortlaut (Čelakovsky, *Codex juris munic. Regni Boh.*, I., V Praze 1886, Nr. 1): »Ich Sobieslaus, Herzog der Böhmen, mache kund allen Gegenwärtigen und Zukünftigen, daß ich in meine Gunst und meinen Schutz aufnehme die Deutschen, die in der unterhalb der Burg liegenden Stadt Prag leben, und es ist mein Wille, daß diese Deutschen, wie sie von den Böhmen national verschieden sind, sie auch von den Böhmen in ihrem Gesetz oder Brauch verschieden sein sollen« (»quod sicut iidem Theutonici sunt de Boemis nacione diuersi, sic eciam a Boemis eorumque lege uel consuetudine sint diuisi«). »Daher gewähre ich diesen Deutschen, zu leben nach dem Gesetz und dem Rechte der Deutschen, das sie seit der Zeit meines Großvaters, des Königs Wratislaw besessen haben« (»vivere secundum legem et iustitiam Theutonicorum, quam habuerunt a tempore aui mei regis Wraczlay«) … Sie haben also ihren Geistlichen nach eigener Wahl, ihr eigenes Gericht mit Ausnahme der Mordsachen …»denn ihr sollt wissen, daß die Deutschen freie Menschen sind« (»noueritis, quod Theutonici liberi homines sunt«).

Dieses Privileg für die Prager Deutschen wird um 1231 von König Wenzel I. erneuert (Čelakovsky, aaO., Nr. 2), und da heißt es in der Einleitung, daß die Deutschen in Prag zu ihm gekommen seien und das Privileg Otakers I. vorgewiesen hätten mit der Bitte, es zu bestätigen; so wolle er es Buchstaben für Buchstaben, Wort für Wort erneuern, ohne eine Änderung

222

dessen, was sie seit ihrer ersten Berufung nach Böhmen durch Fürsten zu besitzen verdient haben (»quae a prima ipsorum vocatione in Boemiam obtinere principes meruerunt«). An der Echtheit der Urkunde besteht kein Zweifel.

Das Privileg für die Prager Deutschen hat die verschiedenste Deutung erfahren. Den Tschechen und manchem deutschen Forscher war es ein Beweis, daß es vor dieser Urkunde keine Deutschen in Prag, ja sogar keine in Böhmen und Mähren gegeben habe; allen Auslegern gemeinsam ist die Auffassung, daß es erweise, daß die Deutschen zugewanderte Kaufleute waren, denen hier vom Fürsten ein besonderes Recht zugebilligt wird.

Den Passus über die »erste Berufung« haben die Verfechter der deutschen Einwanderung immer wieder aufgegriffen, so etwa A. Zycha (aaO., S. 292). Aber er ist nicht ernster zu nehmen als in den Urkunden aus der zweiten Hälfte des 13. Jahrhunderts der Ausdruck locatio für die Gründung von Städten, das heißt »Gewidmung mit Stadtrecht«. Dies war der ständige Kanzleiausdruck, auch bei Städten, die ohne Zweifel schon lange mit diesem Recht lebten. Der Passus ist auch erst in der Bestätigung von 1231 enthalten.

Daß ein Deutschtum lange vor der schriftlichen Festlegung seiner besonderen, von den Tschechen verschiedenen Rechte in Böhmen und natürlich auch in Prag gesiedelt haben muß, kann nur der leugnen, der die ganz unter dem deutschen Einfluß stehende Geschichte des Sudetenraumes im Mittelalter nicht sehen will. Wer mit alten Urkunden zu tun hat, weiß, daß ein Brauch recht lange bestehen muß, bevor eine schriftliche Festlegung in den Akten für nötig erachtet wird. Diese Überlegung weist das Deutschtum Prags weit über die Zeit Wratislaws II. hinaus, gewiß ein weiteres Jahrhundert zurück, und damit kommen wir in die ersten Anfänge des primislydischen Herzogtums im Innern Böhmens.

Man darf jedenfalls dieses Prager Deutschtum nicht ausschließlich auf zugewanderte Kaufleute und Zwischenhändler einengen, wenn es auch daran nicht gefehlt haben wird. Der Fronhof (Teinhof), eine Herberge für Lagerraum der fremden

Kaufleute, ist urkundlich freilich schon um das Jahre 1101 bezeugt und wird noch viel weiter zurückreichen. Er bestand wie in anderen Ländern nach mitgebrachtem deutschen Rechte und unterstand einem deutschen Richter, der in der lateinischen Urkunde mit dem deutschen Worte richterius auftritt. Dieses Wort ist übrigens als richtář in die tschechische Sprache übernommen worden. Diese Deutschen Prags siedelten nach Vierteln gewiß seit der Zeit, da Prag eine civitas genannt werden konnte, besaßen ihre eigene Kirche, waren begreiflicherweise wohlhabend durch den regen Handel mit dem Ausland, der zum größten Teil in ihren Händen gelegen haben dürfte. Diese Deutschen hatten den begreiflichen Wunsch, ihre Rechte, die nach Inhalt und Bedeutung gegenüber den slawischen Kleinbürgern als ein Sonderrecht angesprochen werden durften, irgendwie vom Herrscher verbürgt zu sehen. Dies muß schriftlich schon einmal unter Wratislaw (1061 bis 1092) geschehen sein. Nach dem Rechtsbrauch der Zeit suchte man die Geltung eines Privilegs durch Neubestätigung lebendig zu erhalten. Das geschah also vor 1178 unter Sobieslaw, unter besonderer Hervorhebung der Bedeutung des Deutschtums und seiner freien Stellung unter den tschechischen Bewohnern Prags. Das Sobieslawsche Privileg für die Prager Deutschen ist also genauso aufzufassen wie die späteren Bestätigungsurkunden für die deutschen Städte in Böhmen und Mähren, denen die Freiheit, nach ihren überlieferten Formen und Rechten zu leben, verbrieft wurde, und zwar meist im Laufe des 13. Jahrhunderts. Die Prager hatten sich ihr deutsches Recht also bereits im 11. Jahrhundert durch die Anerkennung des Herzogs gesichert. Das ist die ganze Angelegenheit.

Gewiß nimmt die Urkunde Sobieslaws auf das Deutschtum des Landes keinen Bezug, dazu lag kein Anlaß vor, und selbstverständliche Tatsachen und Zustände pflegen Urkunden nicht zu behandeln. Ein Schluß auf das Deutschtum der Sudetenländer ist aus der Urkunde nicht zu ziehen, weder für noch gegen ihr Dasein. Für dieses haben wir die Geschichte von zwei Jahrtausenden für uns.

Ich darf hier die Ansicht des besten Kenners des deutschen

Rechtes in Böhmen, Wilhelm Weizsäckers, wiedergeben: »Über die älteste Urkunde der Prager Deutschen« (*Zeitschrift für sudetendeutsche Geschichte*, I, 1937, S. 161 ff.). Nach ihm ist das Privileg Sobieslaws II. eine erste und großzügige Anerkennung des Rechtes der Deutschen in der Vorburg zu Prag. Wie wichtig sie dem deutschen Gemeinwesen war, zeigt sich aus der immer erneuerten Bestätigung durch die folgenden Herrscher. Diese Bestätigungen sind freilich nicht im Original erhalten, sondern nur in zwei Abschriften in den Stadtbüchern der beiden Prager Städte. Schon das Privileg König Wratislaws II. enthält zweifelsohne bereits die Gewährung der »lex et justitia teutonicorum«. Wir haben in dieser Urkunde den Vorläufer des alten Prager Stadtrechtes zu sehen. Freilich haben tschechische Forscher die Anerkennung deutschen Wesens (»Ihr sollt wissen, daß die Deutschen freie Menschen sind«) als Einschiebsel erklärt. Eine Beschränkung auf Ausländer ist im Texte nicht gemacht. Daraus ergibt sich die große Zukunftsbedeutung dieser Bestimmung. Es ist unrecht zu meinen, daß die Deutschen, für die dieses Privileg im 11. und 12. Jahrhundert ausgestellt worden ist, nur Fremde gewesen seien. Daß das Privileg etwas Absonderliches und Unerhörtes darstelle, wie die tschechische Forschung meinte, ist nicht der Fall, denn um 1220, also 40 Jahre nach der Urkunde des Sobieslaw, haben wir in Böhmen Dutzende von Städten, die ohne jeden Zweifel deutsch besiedelt sind und nach den gleichzeitigen und späteren Bestätigungen ihrer Rechte durch die böhmischen Könige als freie Leute nach ihrem eigenen deutschen Rechte und ihren Rechtsgewohnheiten leben. Denn, mögen auch die Bestätigungen der Stadtrechte durch die Herrscher meist erst nach 1230 erfolgen, immer berufen sich diese auf das überlieferte und seit alters gepflegte deutsche Recht und die deutsche Freiheit in den Städten. Das Sobislaveum ist ein früher Beleg für die Anerkennung der Deutschen als unter eigenen Gesetzen Lebender, noch in einer einmaligen Form gegenüber den in den Bestätigungen des 13. Jahrhunderts gebräuchlichen allgemeinen Hinweisen auf das bekannte und überlieferte deutsche Recht.

Fehlende Beweise für eine Neukolonisierung Böhmens durch Deutsche

Böhmen war kein slawisches Neuland, das vom Reiche her erobert und kolonisiert werden konnte. Es ist nicht, wie bisher geschehen ist, mit den übrigen Gebieten der ostdeutschen Kolonisation gleichzustellen. Auch Karl der Große hat Böhmen nicht wirklich in sein fränkisches Reich einbezogen, sondern nur eine Art Oberhoheit begründet und wie die folgenden ostfränkischen Herrscher ausgeübt. Böhmen war auch keine »Mark«, sondern – soweit die Urkunden reden – Lehensgebiet des Deutschen Reiches. Es hat auch mehr als drei Jahrhunderte gedauert, bis sich hier eine gesicherte herzogliche Gewalt und ein Staatswesen entwickelten, aber dieses innerböhmische slawische Herzogtum war doch um 1100 festgefügt und nimmt im weiteren durch Herzöge und Könige an der Reichsgeschichte teil. Auch die frühe Bindung Böhmens an Bayern, wie sie seit dem 9. Jahrhundert sichtbar wird, ist ohne Analogie in den sogenannten Kolonialländern. Die staatsrechtliche Stellung Böhmens zum Reich und zu den deutschen Königen, die zweimalige Verleihung der Kaiserkrone, die mehrfache Verschwägerung des herzoglichen Hauses mit deutschen Kaisern, all das verbietet, die ostdeutsche Kolonisation in ihren Ursachen, ihrem Verlauf und ihren Auswirkungen auf die Sudetenländer zu übertragen.

Wenn man die Kolonisation der Elbeslawen überblickt, etwa nach Thietmar von Merseburg, so kann man davon die einzelnen bedeutsamen Tatsachen, Wendepunkt und Endpunkt in der Wiedergewinnung des Ostens unterscheiden, etwa daß im Jahr 930 Heinrich I. die Burg Meißen erbaut, daß 968 das Erzbistum Magdeburg begründet wird und ihm die Bistümer Merseburg und Meißen angegliedert werden. Auch die Etappen in dem Kampf gegen die polnischen Piasten sind durch einzelne Kriegszüge genau zu umgrenzen. Unter Konrad II. wurde die Niederlausitz und das Land um Bautzen und Görlitz dem Reich einverleibt. Um 1130 erlangte Konrad von Wettin in Meißen und der Lausitz das Amt des Markgrafen.

226

Die eigentliche Ostkolonisation unter Förderung des Reiches begann mit der Reichsversammlung zu Merseburg 1108, und seit der Mitte des 12. Jahrhunderts ist sie überall erfolgreich, seit etwa 1160 schließen sich die schlesischen Herzöge an Deutschland an.

Völlig und ganz haben sich auch Böhmen und Mähren nicht dem Zuge der großen ostdeutschen Kolonisierung ausgeschlossen und sich vor ihr verschließen können, schon wegen ihrer politischen, wirtschaftlichen und kirchlichen Verbindung mit Deutschland. Aber die durch die sudetendeutsche Geschichtsschreibung durch lange Jahrzehnte genährte Vorstellung, daß ein solcher Zuzug in das Reich der Primisliden in hellen Haufen stattgefunden habe, muß man weit von sich weisen. A. Zycha wundert sich (*Mitteilungen des Vereins für Geschichte* 52, 1913, S. 291), daß »die epochale Bedeutung einer solchen Massenzuwanderung in der zeitgenössischen Literatur sich kaum widerspiegelt«. Er müßte richtiger sagen: »überhaupt nicht widerspiegelt«. Denn er selber setzt hinzu: »Keine Quelle berichtet über die Kolonisationsbewegung als solche.«

Man hatte sich auch in dem wissenschaftlichen Schrifttum Böhmen als einen teilweise von dichtem Urwald bedeckten, jedenfalls von einem breiten Gürtel von Waldbergen rings abgeschlossenen Raum vorgestellt. Die neuere Forschung hat jedoch für den größeren Teil von Böhmen und Mähren den Steppencharakter erwiesen, also offenes Land, von Büschen und Baumwuchs unterbrochen, so daß das Siedlungsgebiet viel größer gewesen sein muß, als man bisher annahm. Die Bodenfunde bestätigen das. Die Neuordnung und Siedlung des 13. bis 15. Jahrhunderts war jedoch im wesentlichen nur ein Ausbau der nutzbaren Bodenfläche, ein Vordringen in das Waldgebirge; sie ging auch in diesen Jahrhunderten von der bodenständigen Bevölkerung des Landes aus.

Gebräuchlich ist es bei den Verteidigern der böhmischen Kolonisation, nun nicht mehr jene Scharen »zu Roß und Wagen« anzunehmen, wie eine frühere deutsche Geschichtsschreibung beliebte; auch wird jetzt lieber von »Wiederbesiedlung« gesprochen. Der Wortführer dieses Schlagwortes war E. Gierach, der es in einem Rundfunk-Vortrag in Breslau 1933 (auch im Druck erschienen) und seither verwendete, ein Fortleben deutscher Volkheit im Sudetenraum aber zurückweist, »nachdem die Deutschen um die Wende des 5. und 6. Jahrhunderts ihr altes Stammland verlassen haben«. Dem sei die Meinung des angesehenen tschechischen Forschers V. Novotný gegenübergestellt, der nicht glaubt, daß die deutschen Stämme der Markomannen und Quaden das Land bei der slawischen Besiedlung schon verlassen hatten.

Kolonisation, das heißt Einwanderung oder gar Herbeiholung fremder Siedler, die eine neue Heimat suchen, ist für die Sudetenländer nicht nachzuweisen. Kolonisation ist vor allem Bauernsiedlung. Diese geht überall der Stadtgründung voraus. Von Bauernsiedlungen von außen her redet in Böhmen und Mähren nicht eine einzige Nachricht, keine Beurkundung, keine Chronik. Wohl nimmt die Neugründung von Dörfern im 13. und 14. Jahrhundert einen ziemlich breiten Platz ein. Aber im 11. und auch im 12. Jahrhundert, auf das es im wesentlichen ankommt, war Ostfranken und der bayerische Nordgau noch selber Siedlungsgebiet, noch um das Jahr 1000 geschah hier eine Umschichtung der Siedler mit Deutschen. Das Bistum Bamberg ist als Mittelpunkt der deutschen Politik Heinrichs II. im Jahre 1007 begründet worden.

Es steht für Böhmen und Mähren über jeden Zweifel fest, daß bereits um 1200 eine große Anzahl geordneter Städtewesen vorhanden war, deren deutsche Stadtrechte dann seit 1230 von den Herrschern des Landes sozusagen der Reihe nach bestätigt wurden. Danach müßte eine deutsche Kolonisation im Land mindestens 100 Jahre vorher eingesetzt haben. Es sei hier die Meinung von Hermann Aubin wiedergegeben, der, selbst Sudetendeutscher, in dem Aufsatz » Zur Erforschung der deutschen Ostbewegung« (*Deutsches Archiv für Land- und Volksforschung,* I, 1937, S. 37 ff.) die Frage der Kolonisierung allgemein behandelt. Er sagt (S. 57): »Es wird deutlich, daß die Ostwanderung schon lange nicht mehr auf die Bevölkerungsüberschüsse Altdeutschlands angewiesen war, sondern sich gewissermaßen selbst gespeist hat. Nur am Anfang ist in der Bevölkerungsbewegung der alten Heimat eine treibende Kraft der ostdeutschen Kolonisation zu erkennen. Nicht ganz Deutschland ist während der 250 Jahre von 1100 bis 1350 von einer immerwährenden Strömung durchflutet, die unaufhörlich aus allen Landschaften starke und wertvollste Bevölkerungsteile nach den Ostlanden fortreißt, sondern dieses Erleben beschränkt sich für die alten Stämme auf eine viel kürzere Spanne.« Die Forschung müsse also die Weiterentwicklung auf dem ostdeutschen Volksboden suchen.

Auch bei Aubin sieht man ein Abrücken von der landläufigen Anschauung einer »Völkerwandrung nach Osten«, von »der großartig in Schwung gebrachten Kolonisation in zusammenhängenden Massen« (so L. Schlesinger, *Geschichte Böhmens*, [2]*1870), von dem »Strom deutscher Kolonisation« (A. Bachmann, Geschichte Böhmens*). Wir müssen vielmehr für den Sudetenraum das Fortleben der germanisch-deutschen Siedlung in großen Teilen Böhmens und Mährens als eine durch Geschichte und Sprachwissenschaft erweisbare Tatsache festhalten, wenn wir zu einer richtigen Beurteilung der Geschichte dieses Landes gelangen wollen. Auch E. Schwarz, der schärfste und tätigste Verfechter der »Einwanderung der Deutschen«, glaubte im Jahre 1922 noch an eine Kontinuität der deutschen Bevölkerung in den Sudetenländern. Umgekehrt hat W. Wostry seine einseitige Stellungnahme gegen Bretholz (*Mitteilungen des Vereins für Geschichte*, 60, S. 1–168) abgeschwächt, wie sich aus dem Aufsatz »Die geschichtlichen Grundlagen des Sudetendeutschtums« (*Zeitschrift für sudetendeutsche Geschichte*, 2, 1938, S. 1 ff.) ergibt; er sagt da (S. 14): »Die Deutschen kamen im 10. und 11. Jahrhundert nach Böhmen. Ob sie noch Reste der germanischen Bevölkerung vorgefunden haben, ist fraglich.« Damit ist also der landläufige, besonders von E. Schwarz zäh verteidigte Termin »Ende des 12. Jahrhunderts« aufgegeben. Es war auch nicht möglich, mit dieser Annahme die Machtstellung des Deutschtums um 1230 in den rund 200 deutschen Städten zu erklären. Dieses neue Deutschtum hätte auch nicht durch die

Gunst des Hofes und der Kirche entstehen können, wie des öfteren angenommen worden ist. Die Einflußnahme der Fürsten und ihre aktive Unterstützung datiert nach Wostry auch erst aus dem 13. Jahrhundert, und damit hat er recht. Aber Wostry kann sich bei seiner Schilderung der Kolonisation nicht von romantischen Anschauungen freimachen: von der Rodung der jungfräulichen Gebirgswälder und daß nun auch außerhalb Prags die Anfänge städtischen Lebens sich erklären lassen. Und immer wieder fällt das Wort vom »ins Land rufen«, »einwandern«. Sicher ist, daß die Urkunden des Landes Böhmen wie Mähren nichts von diesem Zulauf wissen. Auch der böhmische Geschichtsschreiber Cosmas, um 1120, der die Deutschen nicht liebte, hat an keiner Stelle von einer Zuwanderung Deutscher gesprochen, während er beispielsweise von der Ansiedlung kriegsgefangener Polen vom Jahre 1039 erzählt und feststellt, daß die Niederlassung noch zu seiner Zeit bestanden habe.

III. Deutsche Städte und Dörfer

Das deutsche Recht in den Sudetenländern

Es seien einige Worte vom »deutschen Rechte« gesprochen, wie es sich in den Sudetenländern aufzeigt.

Das deutsche Recht bestand im wesentlichen aus der eigenen Gerichtsbarkeit, worin sich ein guter Teil altgermanischer Freiheit bewahrt hat. Damit geht die Selbstverwaltung durch Schöffen und Geschworene Hand in Hand aufgrund einer Gemeindeverfassung. Erst seit 1306 wird die eigene Gerichtsbarkeit eingeschränkt und einzelne Schwervergehen werden dem königlichen Kämmerer zugewiesen. Die Stellung des Bürgermeisters entwickelt sich erst gegen Ende des 13. Jahrhunderts und gilt im 14. Jahrhundert, während der Stadtrichter seine Stellung zwischen Rat und Thron hat. Im »Gericht« war

230

der »Richter« in den Städten nur der Leiter des Verfahrens der Schöffen und im Besitz der ausübenden Gewalt. Während die Schöffenbank alljährlich erneuert wurde, blieb der Richter in seinem Erbamte. Das Institut der Schöffenbank in den Sudetenländern hatte die Findung des Urteils zum Ziel nach hergebrachten und jeweilig schriftlich festgelegten Normen. Man kann dies am besten aus dem Altprager Stadtrecht und aus dem Altbrünner Recht kennen lernen, die Franz Rößler (*Das Altprager Stadtrecht,* Prag 1845, und *Die Stadtrechte von Brünn aus dem 13. und 14. Jahrhundert,* Prag 1852) veröffentlicht hat. Das erste zeigte fortlaufende lateinische und deutsche Eintragungen seit 1310. Die Niederschrift der wichtigsten Grundsätze des Altbrünner Rechtes stammt aus dem Jahre 1243.

Aber während das Prager Recht ebenso wie das Egerer nach Nürnberg weist und das Brünner Recht nach Wien deutet, galt für die meisten deutschen Städte der Sudetenländer das Magdeburger Recht, für das in Böhmen als Oberhof und Vorort Leitmeritz entschied. In Leitmeritz und Eger findet sich auch eine steinerne Rolandsäule.

Das deutsche Recht in Böhmen und die deutsche Freiheit der Städte überhaupt nennen die Urkunden des 13. Jahrhunderts »libertas Teutonica« oder »ius Teutonicorum« oder, wie es in den Bestätigungsurkunden gewöhnlich heißt: »wie es überall Kennzeichen der deutschen Freiheit ist« (»prout ubique teutonicae libertatis est«) (so im Jahre 1234), oder »sie sollen es in allen Dingen so haben und halten, wie es die Deutschen haben, eine sichere Freiheit, ein ständiges und festes Recht« (»habeant in omnibus, sicut habent Theutonici, securam libertatem, ius stabile et firmum), oder »leben nach dem Gesetz und der Gerechtsame der Deutschen« (»vivere secundum legem et iusticiam Theutonicorum«), oder »untereinander Gericht halten nach ihren eigenen Gewohnheiten« (»inter se iudicare secundum suas consuetudines«).

Wie alt ist nun dieses deutsche Recht in den Sudetenländern?

Von den Anfängen der Stadtverwaltung durch Rat und Geschworene hören wir nirgends. Sie ist mit dem ersten Auftreten

Im Jahre 1322 war Eger von Ludwig dem Bayer an Böhmen verpfändet worden. Den niemals angezweifelten urdeutschen Charakter der Stadt bezeugte auch, daß zu ihren Kunstdenkmälern eine Rolandsäule zählte

der Städte in den Urkunden des Landes als gegeben und selbstverständlich da, und ebenso selbstverständlich und anerkannt ist das Deutschtum der Städte in Böhmen und Mähren um das Jahr 1200. Schon diese Umstände sollten zu denken geben, und es ist eigentlich verwunderlich, daß ernsthafte Historiker

232

eben diese Deutschen, die um 1200 blühende Stadtwesen verwalten, erst wenige Jahre vorher ins Land einwandern lassen. Mindestens um 1220 sind diese Städte in dem beschriebenen Charakter und nur dem König zugehörig vorhanden. Auch A. Zycha stellte fest, daß die bürgerlichen Gemeinwesen im 13. Jahrhundert bei dem öfters überlieferten urkundlichen Akt der Belehnung mit deutschem Stadtrecht bereits »fertig dastehen«. Daß sich ein geschichtskundiger Tscheche, wie es Čelakovsky gewesen ist, damit tröstet, die ganze Entwicklung sei »von oben« her geschehen, auch die Städte überdies gar nicht so ganz deutsch, das deutsche Recht erst ein allmählich gewordenes, ist begreiflich, aber seine Meinung wird von anderen tschechischen Forschern nicht geteilt.

Das deutsche Recht nach seiner Handhabung in Verwaltung und Gericht sowie in seiner Freiheit übte auf die Slawen eine große Anziehungskraft aus. Man hört des öfteren, aber freilich erst gegen Ende des 13. und im 14. Jahrhundert von der Bewidmung kleiner Marktorte in völlig slawischer Umgebung mit deutschem Rechte, ebenso wie man in dieser Zeit auch anfängt, Dörfer »nach deutschem Rechte« auszusetzen, bei denen man nicht an Deutsche zu denken braucht. Der Sieg des deutschen Rechtes in Böhmen und Mähren wirkte auch über die hussitische Zeit fort, und die Gerichtsbücher wurden zu eigenem Gebrauch allenthalben ins Deutsche übertragen.

Entstehung der Städte in Böhmen und Mähren

Wollen wir dem »Rätsel« der Kolonisation näherkommen, insofern dies nach allem Vorgebrachten noch ein Rätsel sein kann, läßt sich die Frage nach der Entstehung der deutschen Städte in Böhmen und Mähren nicht umgehen. Ich schicke einige Sätze dazu von R. Kötzschke voraus (*Kulturraum und Kulturströmungen im mittelalterlichen Osten*, Halle 1936, 5, S. 114): »Den Stadtgründungen geht eine Zeit gleichsam der Vorgeschichte voraus, in der es wohl Siedlungen mit nichtagrarischem Charakter – Markt- und Bürgerorte – gab, doch nicht

Stadt im vollbürgerlichen Sinn. Bis ins 12. Jahrhundert waren nur ganz wenige ›Stadtsiedlungen‹ in Deutschland.« Danach haben wir erst seit dem 12. Jahrhundert mit der Ausbildung des Stadtwesens zu rechnen, die dann allerdings überraschend schnell vor sich ging. Wir erhalten dasselbe Bild bei der Betrachtung der böhmischen-mährischen Städte.

Die Bezeichnungen oppidum oder civitas sind schon früh bezeugt, aber »Stadt« in unserem Sinne als geschlossenes Gemeinwesen wird erst im 13. Jahrhundert Geltung haben; man sagt, daß civitas in diesem Sinn für Troppau zuerst gebraucht worden sei. Das ist natürlich Zufall. Vorher galt burgum in der Bedeutung »Markt« einer geschlossenen Niederlassung, zum wesentlichen aus Kaufleuten bestehend (siehe W. Weizsäcker, in *Zeitschrift für sudetendeutsche Geschichte*, 1, S. 174). Eger heißt zum ersten Mal civitas im Jahre 1197.

Bevor wir den Fragenknäuel aufrollen, sei etwas über den Wert von urkundlichen Belegen gesagt. Die Nennung eines Ortes, sei es Stadt oder Dorf, in einer Beurkundung ist in der Regel nichts weiter als die durch Zufall herbeigeführte erste Nennung, sei es, daß sich keine frühere Urkunde hierüber erhalten hat, sei es, daß die Ortschaft außer dem Bereiche schriftlicher Erwähnungen in den Landesurkunden geblieben ist. Ein Beispiel soll das für alle weiteren Daten ins Licht rücken. Der Ort Nimburg, östlich Altbunzlau an der Elbe, ist in den uns zugänglichen Urkunden zum ersten Mal im Jahre 1257 bezeugt: Nvenburch (*Regesta Boh.*, II, 1038). Und doch bestand er bereits im Jahre 950 als Niuunburg (das ist Neuburg, vgl. Naumburg), als Kaiser Otto I. hier am 16. Juli 950 »in Beheim suburbio Niuunburg« eine Schenkung an das Kloster Emmeram in Regensburg bestätigte (Friedrich, *Codex dipl. Bohem.*, aaO., I, S. 36). Wie man sieht, liest man in den drei Jahrhunderte auseinanderliegenden Urkunden beide Male einen deutschen Ortsnamen; es ist gewiß keine Verdeutschung eines ursprünglich slawischen Namens.

Bei Thietmar von Merseburg (*Chronik*, VI, 8) zum Jahre 1004 heißt es: »Kaiser Heinrich zog durch Ostfranken und Sachsen... zog schnell nach Böhmen hinein, besetzte in dem

Wald, welcher Miriquidui genannt wird, einen Berg mit Bogenschützen... aber Herzog Jaromir, der in des Königs Gefolge war, eröffnete dem Kaiser die Zugänge zum Gebiet und übergab ihm freiwillig eine Burg, welche recht eigentlich an der Tür des Böhmer Waldes lag«. Nach der Sachlage kann diese Grenzburg nur Kaaden gewesen sein, denn der Kaiser »erschien darauf vor einer Stadt namens Satzi und erkannte die Bürger derselben, welche ihm auf der Stelle die Tore öffneten und die polnische Besatzung erschlugen, als seine Freunde.« Hier haben wir wiederum einen Beleg über feste Siedlungen in Böhmen, wobei Thietmar von Saaz als von einer »Stadt« spricht.

Beispiele für das Werden vieler Städte schon vor der Verleihung des Stadtrechtes

Die Städte sind zum größten Teil geworden, nicht »gegründet«. Ich will das an dem Beispiel Kaaden aufzeigen, das an sich nicht zu den großen Stadtsiedlungen des Sudetenlandes gehört. Bei Kaaden geht das Duppauer Mittelgebirge, das auf Stunden den Lauf der Eger einengt, in Hügelland über, das die Saazer Ebene einleitet. Hier befand sich eine Möglichkeit, den Fluß durch eine Furt zu überqueren. Hier liefen auch die Paßübergänge vom Norden über das Erzgebirge zusammen, längs der Eger verlief der einzig mögliche Weg aus dem Egerland und von Ostfranken. Über dem Fluß erhebt sich auch auf der linken Seite ein steil abfallender Gneisfelsen von ziemlicher Ausdehnung. Hier hat es in keltischer wie in germanischer Zeit eine befestigte Siedlung gegeben. Die »Wogastisburg« (der merkwürdige Burberg), gegenüber der Stadt liegend, wird zum Jahre 631/2 genannt; im Jahre 805 wird die Canburg auf dem Heereszug Karls des Großen erwähnt. Ich darf hier auch ohne weitere Ausführung den Vers eines unbekannten böhmischen Dichters in Prag vom Jahre 1011 anführen: »Kanad Bojorum arx olim validissima, Kadan urbs nunc mutato nomine clara lucet« (»Kaaden war einst die festeste Burg der

Bojer, heute leuchtet Kaaden die Stadt mit geändertem Namen«).

Am Flußufer befand sich gewiß in frühester Zeit eine Niederlassung von Holzhütten, auf dem Felsen über der Eger ein fester Bau, eben die »Burg«. Von der ersten Niederlassung findet sich heute noch ein kleiner Marktplatz nahe der alten Furt und späteren Brücke, der jetzt den Namen »Welschplatz« führt. Im 12. Jahrhundert hatte sich die Siedlung um den Burghügel ausgebreitet und trug den Charakter eines geschlossenen Gemeinwesens, das am 23. April 1186 als »neue Marktsiedlung oberhalb des Egerflusses« (»burgum novum super Ogre fluvium situm nomine Cadain«; Friedrich, *Codex dipl. Bohem.*, aaO., I, Nr. 310) von der Kaiserin Elisabeth durch Herzog Friedrich dem Johanniterorden übergeben wurde. Für das Jahr 1183 wird die Pfarrkirche als dem Orden zugehörig erwähnt (siehe Naegle, *Mitteilungen des Vereins für Geschichte,* 52, S. 93, und *Kirchengeschichte Böhmens,* I, S. 19 Anm.; auch W. Friedrich, *Die historische Geographie Böhmens,* Wien 1912, S. 102).

Die neue, nach deutschem Recht lebende Stadt, im Norden an die alten Niederlassungen anschließend, mit geräumigem rechteckigen Marktplatz, bildet sich in der ersten Hälfte des 13. Jahrhunderts aus, aus welcher Zeit auch bauliche Zeichen stammen. Als Stadt genannt ist Kaaden dann erst im Jahr 1261 und 1277. Im Jahre 1261 setzte der Kaadener Bürger Arvo nördlich der Stadt vier deutsche Dörfer aus. Wir sehen also in eine lange Zeit rückwärts.

In ähnlicher Weise ist an wichtigen Stellen als Mittelpunkt eines geschlossenen Gebietes, als feste Plätze, die der Verteidigung und Zuflucht dienten, als lebendige Marktorte einer Landschaft eine ganze Reihe von Städten im Sudetenraum entstanden. Als solche Städte müssen außer Prag Leitmeritz, Saaz, Pilsen, Kaaden, Nimburg, Olmütz, Brünn, Iglau, Lundenburg (dieses im Jahre 1056 genannt) gelten. Aber neben diesen zweifellos germanischen Siedlungen hat es Dutzende andere gegeben, deren Bestand als Marktort oder Burgplatz Jahrhunderte über unsere Urkunden zurückreicht.

Beispielsweise wird Znaim in Südmähren von der Prager Geschichtsforschung öfter als Neugründung mit berufenen Siedlern hingestellt, mit Hinweis auf die Urkunde König Otaker I. vom 19. September 1226: »da wir vor Znaim eine Stadt gründen und dorthin Leute berufen wolten« (»cum nos vellemus ante Znaim civitatem construere in ipsamque homines convocare«).

Demgegenüber ist festzustellen, daß Znaim nach seiner Lage eine viel ältere Siedlung ist, die zur Zeit dieser Urkunde bereits eine Pfarrkirche besaß, so daß 1226 bloß eine Erweiterung des Stadtgebietes erfolgt ist, worauf schon die Wendung »vor Znaim« hindeutet. Anton Vobka (»Wie Znaim zur Stadt wurde«, in *Mitteilungen des Mährischen Vereins für Geschichte, 24, 1922, S. 73 ff.*) weist nach, daß die Deutschen hier schon zwischen 1200 und 1226 in ansehnlicher Zahl und hervorragender Stellung lebten; ein Magister Peter wird als Vorstand der Schule in der Burg 1225 genannt. 1239 und 1243 werden Klöster begründet. In der Urkunde König Otakers wird bereits von Räten, Richtern, Tor und Mauer gesprochen. Das Kloster Bruck in der Nähe bestand schon 1190 und besaß um 1226 eine Anzahl Dörfer mit deutschem Namen. Znaim entstand auf einer herzoglichen Burg mit einem wenigstens teilweise deutschbewohnten Marktweiler.

Solche Erweiterungen von Städten durch einen besonderen Akt kennen wir auch sonst. König Otaker II. gründet 1257 die Kleinseite von Prag als eigenes Stadtwesen mit Magdeburger Recht. Solche Neusetzung bekam auch Ungarisch-Hradisch im Jahre 1257 neben der bereits bestehenden älteren Siedlung. Ebenso Neukolin neben der alten Siedlung, vor 1261, Neu-Pisek im Jahre 1253, Neu-Welehrad 1257, Budweis im Jahre 1265, ähnlich Neuchrudim, Neu-Pilsen. Aber alle diese Fälle stammen aus dem 13. Jahrhundert, meistens aus der Zeit Otakers II., dem man darum eine Zeitlang den Ehrentitel eines »Städtegründers« zuerkennen wollte, weil er im wohlverstandenen Interesse seiner Macht und seines Reichtums sich die Förderung und den Ausbau des deutschen Städtewesens angelegen sein ließ.

Auf einer nach drei Seiten abfallenden Felsnase steht die Burg von Znaim, die im 11. Jahrhundert zu einer der bedeutendsten Grenzbefestigungen der Primisliden ausgebaut wurde. Die innerhalb der Burg entstandene Ansiedlung erhob König Ottaker I. zur königlichen Stadt Znaim

Auch Kolin im Elbebogen ist eine Neugründung auf älterer Siedlung. 1261, als Otaker II. die Stadterweiterung veranlaßte, hat die Stadt bereits bestanden. Der älteste Richter hieß Heinrich: zwischen 1277—89 war es ein Giesebrecht, im Jahre 1291 richtete ein Pernold, gegen Ende des 13. Jahrhundert ein Ortlin, zwischen 1327—1343 ein Götzlin. Die Bürgerschaft war noch am Beginn des Hussitenkrieges deutsch, das erweisen die Bürgernamen (vgl. Čelakovsky, *Codex juris munic.*, II, S. 787, aus welcher Urkunde der deutsche Charakter Kolins bis zum Jahre 1387 hervorgeht).

Auch Melnik, die kleine Stadt auf dem steilen Burgberg über der Elbe, ist erst unter Otaker II. mit dem Stadtrecht begabt worden. Die Stadt war später im Besitz der letzten Primislidin Elisabeth.

Leitmeritz ist eine der ältesten Siedlungen Böhmens, auf einer ansehnlichen Erhebung am Zusammenfluß von Eger und Elbe, nach dem Namen eine germanische Siedlung, rings um Leitmeritz »fränkische« Grabfunde. Bereits 1057 erhält Leitmeritz eine Kollegiatskirche auf dem Domhügel. Das deutsche Stadtrecht besaß Leitmeritz bereits vor 1228. Für das Jahr 1235 ist der geordnete Bestand des deutschen Gemeinwesens auch urkundlich bezeugt, es ist der Vorort des Magdeburger Weichbildrechts für Böhmen. 1237 wird das Leitmeritzer Recht von König Wenzel I. an Raudnitz weiter verliehen. 1248 hießen die Schöffen Hertwig, Herbert, Luthold, Lambert, Heinrich von Freiburg genannt König, Burghart und Siegfried. Bis 1388 hat sich auch die Kleinseite von Prag, die König Otaker 1257 gegründet hatte und die das Magdeburger Recht besaß, in Zweifelsfällen an den Schöffenstuhl von Leitmeritz gewendet. Aber erst im Jahre 1262 werden die Freiheiten und Rechte der Stadt ausdrücklich bestätigt. Dieser Fall beweist, daß diese Verleihung des Stadtrechtes nur ein formeller Akt war. E. Schwarz (*Der sudetendeutsche Sprachraum*, aaO., S. 164) bringt es fertig zu sagen: »Schon in der ersten Hälfte des 13. Jahrhunderts dürften in dem durch die Lage an der Elbe wichtigen Platz Deutsche gewohnt haben, in der zweiten Hälfte häufen sich die Beweise dafür.«

Uralt ist die Siedlung Saaz, der Hauptort der markomannischen Luczaner, auf einem aus der Ebene am Egerfluß empor-
ragenden Bergrücken; im Jahre 1004 empfingen die Einwohner Kaiser Heinrich II. als Freund und Befreier. 1233 werden
bereits Markteinkünfte erwähnt, die Pfarrkirche wird schon
1206 genannt. 1249 erscheint Saaz als fertiges Gemeinwesen
nach deutschem Recht. Saazer Bürger erwerben die Einkünfte
von Dörfern. Da König Otaker II. verfügt hatte, daß Grundherren ihre Untertanen nicht hindern sollten, in die Stadt zu
ziehen – es ist gewiß an slawische Dorfleute gedacht –, gab es
am Ende des 14. Jahrhunderts bereits eine tschechische Minderheit von Kleinbürgern und Handwerkern, die im Hussiten-
sturm 1419 die deutschen Schöffen absetzten und die Stadtverwaltung an sich rissen (siehe meine Ausführungen in der *Zeitschrift für deutsche Philologie*, 55, 1930, S. 196 ff.).

Auch das im 19. Jahrhundert tschechisch gewordene Pilsen
ist ein uralter Marktort und später wohl Militärstation an dem
Zusammenfluß der Quellflüsse der Beraun. Genannt wird Pilsen (»iuxta Pilisini [Pilisim?] urbem« bei Thietmar von Merseburg bereits um das Jahr 1000. – Im Jahre 1216 wird der
Schöffenstuhl des deutschen Gemeinwesens erwähnt, doch
fand wohl im 13. Jahrhundert eine Umsiedlung in den heutigen
Stadtplan statt. Pilsen hatte, wie die Altstadt Prag, Nürnberger
Recht.

Auch Laun an der Eger östlich von Saaz war bereits im 13.
Jahrhundert eine Stadt mit deutschem Recht. Noch Karl IV.
und König Wenzel verkehren mit Laun deutsch. – Hohenmaut
im östlichen Böhmen, südöstlich Pardubitz, einst Grenz- und
Mautstelle, wie der Name sagt, bestand als Stadt mindestens
seit 1265, da in diesem Jahre ihre Gerichtseinrichtungen durch
König Otaker auf das freilich auch schon längere Zeit bestehende Politschka übertragen wurden. – Auch Tschaslau war
ein alter Burgort mit einem im 13. Jahrhundert zweifellos
deutsches Bürgertum. – Königgrätz bestand nach deutschem
Rechte schon vor dem Jahre 1225, da in diesem Jahre König
Otaker I. ein Dorf schenkt. Die Stadtverwaltung bleibt bis zum
Ende des 14. Jahrhunderts deutsch. E. Schwarz (*Sudetendeut-

240

Das Stadttor, das Priestertor, von Saaz. Aus einer Burgstätte begründet, wurde Saaz von König Primisl Ottaker II. 1266 zur königlichen Stadt erhoben

scher Sprachraum, aaO., S. 183) sagt sehr zurückhaltend, Königgrätz müsse schon vor 1170 den Deutschen bekannt gewesen sein, ebenso Gradlitz bei Königinhof, wegen der Erhaltung des alten g in deutschem Munde. Jedoch dürften die Tschechen nicht vor dem 12. Jahrhundert in diese Gegend vorgedrungen sein und den festen Platz begründet haben. Denn, da Hradec (Gradec) Králové »Burg der Königin« heißt und zum ersten Mal Wladislaw II. im Jahre 1158 für seine Person die Königskrone empfing, haben wir den bestimmten Termin für die Übernahme des slawischen g durch deutschen Mund.

Brüx ist als deutsches Gemeinwesen und Stadt erst 1270 bezeugt, obzwar der Brückenkopf zwischen Seen und Sümpfen eine alte Siedlung voraussetzt. – Budweis scheint erst im 13. Jahrhundert emporgekommen zu sein. Die Stadt ist nämlich von König Otaker II. 1265 als Gegengewicht gegen die mächtigen Rosenberge in Südböhmen neu angelegt worden, wie er ja auch das Kloster Goldenkron gegen Hohenfurt als die Gründung der Wittigonen gestiftet hat. Budweis hat natürlich bereits vor 1265 mit dem Stadtrecht bestanden, es trägt ja den Namen von Budiwoi, einem Wittigonen. – Kuttenberg führt seine Entstehung zweifellos auf die Entdeckung des Silbervorkommens zurück: in Kuttis (»bei den Kutten«). Es wird zuerst im Jahre 1289 genannt, 1329 heißt es Bergwerk zu den Leuten (kutte, kúte = Grube), der Name ist also deutsch wie die Bewohner, die ihr Deutschtum sogar gegen die Hussitenscharen verteidigten und es bis ins 16. Jahrhundert behaupteten. In der Nähe liegt das Kloster Sedletz, das 1142 mit deutschen Zisterziensern besetzt worden war. – Aussig in engem Flußtal an der Mündung der Biela in die Elbe, war wahrscheinlich in den frühen Jahrhunderten bloß Zollstätte. Als Stadt reicht es aber kaum über die Mitte des 13. Jahrhunderts zurück. – Trautenau erscheint 1260 als deutsche Stadt. – Arnau ist mindestens in der zweiten Hälfte des 13. Jahrhunderts bekannt.

In Mähren ist Brünn gewiß eine quadische Siedlung gewesen. Der Name kommt von »Brunnen«. Als fürstliche Burg wird es bereits im 9. Jahrhundert genannt, im 11. Jahrhundert wird es schon als urbs und civitas bezeichnet. Als Stadt mit deutschem Rechte bestand es gewiß schon um 1210. Die Rechtsgrundsätze stimmen mit dem Wiener Rechte überein. Die Erteilung des Stadtrechtes unter König Wenzel im Jahre 1243 war nur ein öffentlicher Akt, der längst bestehende Tatsachen urkundlich festlegte. Aus Brünn besitzen wir aus dieser

Zeit eine deutsche Rechtssatzung, die »Brünner Handfeste«. Bemerkenswert ist auch, daß in der von König Wenzel I. bestätigten lateinischen Fassung zahlreiche deutsche Ausdrücke mitlaufen, die beweisen, daß das deutsche Gewohnheitsrecht lange vorher bestand und die Vorlage für die lateinische Bestätigung gewesen ist.

Bei Iglau hören wir überhaupt nichts von einer besonderen Bewidmung mit Stadtrecht. Die Siedlung ist zweifellos uralt, eine Gründungssage spricht von Karl dem Großen. Im Jahre 1249 tritt Iglau als Bergstadt mit Stadtrecht hervor. Aber selbst Schwarz (*Sudetendeutscher Sprachraum*, aaO., S. 89) bemerkt, daß die Stadt »vielleicht in den Anfängen bis vor 1170 zurückreicht«, da der Ortsname wie der Flußname g aufweise, nämlich slawisches g, weil nach Schwarz alle Stadtanlagen von Kolonisten des ausgehenden 12. und des 13. Jahrhunderts herrühren.

Olmütz ist nach der Erklärung von A. Mayer, die ursprünglich auch E. Schwarz festhielt, Alamundis, eine germanische Gründung. Bescheiden sagt E. Schwarz (*Sudetendeutscher Sprachraum*, aaO., S. 240): »Der Name der Stadt zeigt Spuren einer außergewöhnlich frühen Eindeutschung.« Als städtisches Gemeinwesen hat es bereits im 12. Jahrhundert bestanden. Aus dem Jahre 1131 hören wir von zwei Kirchen, am Anfang des 13. Jahrhunderts bestanden mehrere Klöster. – Auch Troppau gehörte zu den Städten, die auf eine frühe Bewidmung mit Stadtrecht zurückblicken. Im Jahre 1221 ist ein Purkhard Stadtschreiber von Troppau, 1224 wird das Magdeburger Recht der Stadt urkundlich bezeugt. E. Schwarz (aaO., S. 219) muß zugeben, daß schon um 1170 und vorher mit einem »zunächst vielleicht auf Kaufleute beschränkten« Deutschtum zu rechnen sei, wegen der Ortsnamen Grätz, Glommitz, Ellgoth in der Nähe mit altem slawischen g. Die »deutschen Kaufleute« sind für Schwarz immer der Notanker, wenn er ins 12. Jahrhundert gerät. Rings um Troppau liegen deutsche Dörfer.

Leobschütz weist in das 12. Jahrhundert, denn die Bestätigungsurkunde an Otaker II. vom Jahre 1275 bezieht sich auf eine »vor Alter schon zermürbte Handveste«, die von seinen Vorgängern verliehen war. Übrigens hatte Leobschütz flämisches Recht, wie es im Breslauer Bistumslande galt. Nach Bednara (*Aus der Frühgeschichte der deutschen Stadt Leobschütz*, 1931, S. 112; siehe ebenfalls E. Schwarz, *Sudetendeutscher Sprachraum*, aaO., S. 202 f.) wäre der mährische Markgraf Wladimir es gewesen, der frühestens im Jahre 1187 die deutschen Ansiedler nach Leobschütz berufen hat. Da nun vorher deutsche Dörfer gewesen sein müssen und die Johanniter bereits 1159 hier in der Nachbarschaft Besitz erlangt hatten, an deren Deutschtum kein Zweifel besteht, blicken wir an diesem einen Beispiel in eine weite Vorzeit zurück und kommen gewiß nicht mit der Meinung aus, daß das tschechische Glubčici (Hlubčice) den Deutschen erst nach 1170 bekannt geworden sei, weil es ebenso wie die Nachbarorte Gröbnig, Eiglau, Glemkau das alte slawische g aufweist. Daß der Name erst um 1179 übernommen sei, nimmt Schwarz an. Natürlich konnten die tschechischen Flurnamen oder Siedlungsnamen ebenso auch um das Jahr 1000 den Deutschen bekannt geworden sein.

Mährisch-Neustadt, nördlich Olmütz, wurde 1213 als Neustadt gegründet, es erhielt 1223 das Recht von Freudenthal. Da in der Umgebung von Neustadt die Flureinteilung nach Gewannen geht, haben wir es nicht mit später gegründeten Waldhufendörfern zu tun, und da in der Umgebung nach E. Schwarz mindestens vor 1170 von den Deutschen übernommene slawische Ortsnamen vorhanden sind, wie Müglitz, Grätz und Quoitz, kann man gegen Schwarz (*Sudetendeutscher Sprachraum*, aaO., S. 217) die Übernahme der Ortsnamen durch Deutsche in ein viel höheres Alter zurückverlegen. Freilich setzt Schwarz, der über seine so frühen Ansätze erschrocken ist, hinzu: »Es ist möglich, daß es sich hier um deutsche Kaufleute gehandelt hat, die als Pioniere des Deutschtums in diese Gegend gekommen sind.« Es ist die Krücke des Lahmen.

Auch das schlesische Zuckmantel hat vor 1220 schon bestanden. E. Schwarz gibt (*Sudetendeutscher Sprachraum*, aaO., S. 219) sogar zu, daß Freudenthal und Zuckmantel »schon vor 1213 gegründet sein können«. Auch bei dieser Annahme müß-

244

ten wir die den städtischen Gemeinden vorangehenden Dörfer um mehrere Geschlechter zurückverlegen. – Jägerndorf bestand nach deutschem Recht schon 1221, wobei wir in der Umgebung schon deutsche Dorfnamen (Raden) fanden. – Auch Mährisch-Schönberg ist alt, tritt aber freilich in den Urkunden erst gegen Ende des 13. Jahrhunderts auf. Mährisch-Weißkirchen wird 1276 genannt, Fulnek bestand 1293 als deutsche Stadt. Und überall wieder ein Kranz deutscher Dörfer. Leipnik ist erst durch die Hussiten gewaltsam slawisiert worden.

Im Schönhengstgau bestand Müglitz urkundlich um 1258 mit 13 Dörfern, davon 8 mit deutschen Namen; man wird nicht irregehen, auch die übrigen für ursprünglich deutsche Siedlungen zu halten. Im Jahre 1256 wird Zwittau als Stadt genannt. Leitomischl wurde zwischen 1259 und 1263 mit deutschem Rechte genannt, seit 1145 sind hier deutsche Prämonstratenser. Auch alte (quadische) genitivische Ortsnamen der Umgebung weisen auf uralte deutsche Besiedlung.

Von den Verfechtern der Kolonisationstheorie wird immer auf Göding in der Südspitze Mährens hingewiesen, das die Gattin Konstanze König Otakers I. im Jahre 1228 durch einen urkundlichen Akt begründet hat und wobei sie ausdrücklich von der Berufung von Siedlern spricht (siehe A. Zycha, *Mitteilungen des Vereins für Geschichte*, 52, 1914, S. 291 ff.). Doch sagt die Urkunde nur, daß die erste Gründung mißlang, da Diebe und Räuber den Meier ermordet hätten: »darum haben wir ehrbare deutsche Männer berufen und in unserer Stadt angesiedelt« (»convocauimus viros honestos Theutonicos et locauimus in civitate nostra«). Allein von einer Berufung von Deutschen außerhalb des Landes ist nicht die Rede. Zycha (aaO., S. 586) bemerkt richtig, daß die Städtepolitik unter Otaker I. (gest. 1230) und Wenzel I. (gest. 1253) noch nicht den Charakter einer Gründungspolitik gehabt hat. Wenzel hat sich die Ausgestaltung bestehender Anlagen wie Iglau, Olmütz, Leitmeritz, Troppau angelegen sein lassen. Daraus geht doch wohl hervor, daß eben diese alten Siedlungen sowie auch die anderen bedeutenderen Städte der Sudetenländer am Anfang des 13. Jahrhunderts als städtische Gemeinwesen bestanden haben und daß sie in ein viel höheres Alter hinaufweisen, von den Dorfsiedlungen ganz abgesehen. Auch die deutschen Städte im Altreich haben als »Städte« kaum ein höheres Alter als die im Sudetenraum.

Kleinere Landstädte sind gewiß noch im 13. Jahrhundert neu gegründet worden, auch wohl noch später. Damit ist freilich nicht gesagt, daß sich an der Stelle der neuen städtischen Gemeinwesen nicht bereits eine deutsche Siedlung befunden habe. Von Königsberg im Egerlande haben wir aus dem Jahre 1232 eine Beurkundung der Nonnen von Doxan (südlich Leitmeritz), die den Entschluß ausspricht, »zu gründen und anzulegen eine Stadt an einem Platz, der Königsberg genannt wird« (»fundandi et ponendi civitatem in quodam loco, qui Cuningberch vocatur«). Aber mit solcher Errichtung eines städtischen Gemeinwesens durch das Kloster Doxan ist nichts für die Kolonisation erwiesen. Denn ein Ritter Usalkus de Chunigisberch wird schon um 1188 als Zeuge einer Urkunde genannt; so muß der Schloßberg also 50 Jahre vor der Stadtgründung eine feste Anlage getragen haben, wohl als Lehen Friedrich Barbarossas, der seit 1173 hier die Rechtshoheit ausübte. Nach R. Fischer (*Zeitschrift für sudetendeutsche Geschichte*, 2, S. 46) wurde Königsberg erst nach 1155 angelegt. Wir wollen vorsichtig sein und sagen: wir wissen es nicht. Der Name Chunigisberch sieht so alt aus, nach einem böhmischen König hat er seinen Namen gewiß nicht erhalten. Hätten wir von ihm nur die Urkunde von 1232 mit der Stadtanlage durch die Nonnen von Doxan, hätte die Kolonisationstheorie darin einen neuen Halt gesucht.

Adelige Burgorte, wie zum Beispiel Krummau im südlichen Böhmerwald, die Stadt der Witigonen, oder das Deutschbrod der Lichtenburger aus der Mitte des 13. Jahrhunderts oder geistliche Gründungen wie Braunau oder Kremsier oder Raudnitz (diese 1237 mit Stadtrecht begabt), liegen im Zuge der Stadtentwicklung überhaupt und besagen nichts für unsere Frage. Ebenso Hirschberg (1264), Politschka (1265), Braunsberg (1269). Bei Politschka hören wir von einem Lokator

Cunradus de Levendorf (d. i. Laubendorf in der Nähe von Politschka). Schwarz (*Die Ortsnamen als Geschichtsquelle,* aaO., S. 412) sagt: »Woher der Vogt von Politschka stammt, wissen wir nicht, weil er sich nach dem schon bestehenden Dorfe Laubendorf nannte«. Dieser rabulistische Versuch, den Lokator nicht aus dem Dorfe, von dem er sich nennt, stammen zu lassen, sondern als einen fremden Einwanderer erscheinen zu lassen, muß hier festgestellt werden. Und auf Seite 399 behauptet Schwarz über dieses Gebiet: »Es war eben Urwald, in dem Deutsche Orte aus grüner Wurzel angelegt und deshalb in ihrer Sprache benannt haben.« Da erübrigt sich jedes Wort.

Wenn von den Verfechtern der Kolonisationsthese immer wieder auf die Gründung deutscher Städte in Böhmen und Mähren durch Bewidmung mit deutschem Rechte im 13. Jahrhundert hingewiesen und dies als der Anfang des deutschen Städtewesens im Land angesehen wird, so kann nach allem, was wir vorgebracht haben, nicht daran gezweifelt werden, daß kaum eine einzige dieser Städte eine Neugründung genannt werden kann, noch daß es eine Neusiedlung gewesen ist. Zu dieser Tatsache können wir auch eine Untersuchung von Hans Reutter (»Stadtgründungen in Mähren und Schlesien«, in *Mitteilungen des Mährischen Vereins für Geschichte,* 35, 1933, S. 99 ff.) heranziehen. Er wandte sich gegen A. Zycha und W. Wostry und den von ihnen behaupteten Zustrom auslandsdeutscher Einwanderer. Reutter geht dabei von der Betrachtung des Stadtplanes aus: Langsam gewachsene Städte müssen anders aussehen als die durch einen einmaligen Akt gegründeten. Die zahlreichen ostdeutschen Städte mit dem rechtwinkeligen Marktplatz und den an den Ecken angesetzten Straßen sind ja bekannt und meistens als kennzeichnende »Neugründungen« von Kolonisten angesehen; es waren jedoch überlegte Umwandlungen älterer Siedlungen zu einer wahrhaften Stadtanlage im Verlaufe des 13. Jahrhunderts. In Mähren und Schlesien lassen sich noch heute zwei Gruppen von Städten unterscheiden: Die langsam entstandenen und organisch gewachsenen Städte sind Olmütz, Brünn, Znaim, Nikolsburg, Trebitsch, Sternberg, Prerau, Aussee, Stramberg, Troppau, Jägerndorf. Die meisten anderen weisen eine planmäßige Anlage auf, es ist die Mehrzahl. Die südmährischen Städte zeigen wie die bayerisch-österreichischen eine lockere Stadtanlage, öfter in einer langen Straßenreihe, so etwa Göding, das 1228 durch einen urkundlichen Akt begründet wurde.

Indem Reutter die Gründungsgeschichte der einzelnen Städte überblickt, kommt er zu dem Schluß: »Es gibt nur wenige Städte in Mähren und Schlesien mit dem Grundriß einer planmäßigen Anlage, die nicht dabei einen eingefügten anliegenden oder naheliegenden Altort gleichen Namens, eine Altstadt oder ein Altdorf neben sich liegen haben.« Das gilt für 19 von 30 Stadtplänen. Diese haben also eine lange Entwicklung hinter sich. Daraus ergibt sich, »daß die Gründung aus ›wilder Wurzel‹ und die Besiedlung jener Städte, deren Stadtpläne eine solche Gründung beweisen, nicht von aus der Ferne herbeigeholten deutschen Kolonisten, sondern von diesen Altorten der nächsten Umgebung aus mit deutschen Siedlern der näheren Heimat erfolgte.« (S. 100f.) Wo eine solche Altstadt oder ein Altdorf nicht vorhanden ist, war sie oder es eben in die neue Anlage einbezogen worden. Reutter schließt: 1. Es gibt zwei Gruppen von Städten: langsam gewachsene und künstliche Gründungen aus grüner Wurzel. 2. Die Besiedlung geschah nicht durch weit aus der Fremde herbeigeholte Kolonisten, sondern durch einheimische Deutsche der näheren Umgebung. 3. Diese waren deutsche Bauern und Gewerbetreibende aus Dörfern der Umgebung. 4. Die bauerndeutsche Bevölkerung ist älter als die der Städte. 5. Der deutsche Bauer muß darum schon im 12. Jahrhundert im Lande gewohnt haben. 6. Von einer Berufung der Kolonisten durch den Landesfürsten oder Großgrundbesitzer ist kein Anzeichen zu finden. Sie war auch nicht notwendig.

Für Böhmen wird dasselbe zu erschließen sein. So hat Budweis eine Altstadt; es gibt, wie gesagt, ein Alt-Pisek wie ein Alt-Pilsen, Alt-Prachatitz, Alt-Pilgram, Alt-Chrudim, Alt-Kolin, Alt- und Jungbunzlau unter anderen. Neben Hohenmaut liegt Altenmaut. In der Nähe von Tetschen und Nachod liegt eine Altstadt und so weiter. Manche Städte waren ur-

248

sprünglich Burgorte wie Znaim, Frain, Maidenberg, Lundenburg in Mähren. Auch Olmütz ist ganz deutlich eine Doppel-
stadt. Wir könnten Reutters Ausführungen für böhmische
Stadtanlagen im einzelnen ergänzen.

Die deutschen Städte Böhmens im 13. und 14. Jahrhundert

Aus den urkundlichen Quellen und Belegen kann man feststellen, daß alle diese Städte im 13. Jahrhundert deutsch gewesen sind und daß auch die innerböhmischen und mährischen
Städte im heute tschechischen Sprachgebiet noch bis zum Hus-
sitensturm von Deutschen verwaltet wurden, daß also die
Schöffen deutsch gewesen sind. In der böhmischen Gesandtschaft vom Juni 1310 an den deutschen Kaiser Heinrich VII.
wegen der Wahl eines böhmischen Königs befanden sich neben
drei Baronen und drei Zisterzienser-Äbten auch Vertreter der
Städte. Es ist von Interesse, ihre Namen kennenzulernen. Es
waren die Prager Bürger Konrad Kornbühel, Otto Wigolais,
Ebruschlin, Popplins Sohn, und Eberlin vom Steine, Tillman,
Sohn der Lucia, und Konrad, des Pfarrers Bruder, diese letzten beiden aus Kuttenberg (siehe »Chronikon Aul. Reg.«, in
Fontes rer. Bohm., IV, S. 136).

Als dann der neue Kaiser Johann von Luxemburg im Jahre
1311 in Prag einzog, hat der größte Teil des Volkes deutsch
gesungen, wie eben diese Chronik von Königsaal (S. 177) berichtet: »turba Boemorum canit hoc, quod scivit eorum lingua,
sed ipsorum pars maxima Teutonicorum cantat Teutonicum.«
Man denkt dabei unwillkürlich an die Parellele beim Einzug
des ersten Bischofs von Prag, des Sachsen Theotmar, im Jahre
976.

Und derselbe Abt Peter von Königsaal sagt zum Jahre 1334
(*Fontes rer. Boh.*, IV, S. 320): »denn in fast allen Städten des
Königreichs und in der Umgebung des Königs ist der Gebrauch
der deutschen Sprache verbreiteter als ihrerseits die der böhmischen« (»nam in omnibus civitatibus fere regni et coram rege
communior est usus linguae Teutonicae quam Boemicae ista

Aus der Königsaaler Chronik

vice«). Damit stimmt auch noch im 15. Jahrhundert die Notiz des Aeneas Silvius überein, die oben angeführt worden ist.

Die Bemerkung des Königsaaler Mönchs war eine selbstverständliche Feststellung. Im 13. und 14. Jahrhundert sind die Städte Böhmens und Mährens überhaupt nur deutsch denkbar, und ohne Widerspruch wird man behaupten können: auch das Stadtwesen des 12. Jahrhunderts im Sudetenraum war ebenso deutsch; denn nur so ist das unbezweifelte und unumschränkte Deutschtum der Städte des 13. Jahrhunderts erklärlich. Das deutsche Wort »stat« steht zum ersten Mal in einer lateinischen Urkunde vom Jahre 1301 mit Bezug auf Prag, das deutsche Wort »jarmarkt« zum ersten Mal im Jahre 1306 in bezug auf Eger. Um 1300 waren aber auch die später tschechisierten Städte wie Königgrätz, Hohenmaut, Chrudim, Kolin, Politschka, Bydschow ebenso deutsch wie Kuttenberg und Deutschbrod, was ja der Verfasser der Reimchronik des *Dalimil* zu seinem Leidwesen feststellt (*Fontes rer. Boh.*, III, S. 211f.).

Aus den Namen der Bürger, die aus dem 13. und 14. Jahrhundert überliefert sind, erkennt man das überwiegende Deutschtum dieser Städte. Zwischendurch finden sich slawische Vornamen und Latinisierungen, die manches verdecken. Allmählich sind ja wohl auch slawische Menschen in die deutschen Bürgerschaften eingetreten, ohne den Charakter des Gemeinwesens zu verändern. Im 14. Jahrhundert haben bereits allerlei tschechische Kleinbürger und Handwerker in den deutschen Städten Innerböhmens und Mährens gesessen. Daß unter Karl IV. die Gleichberechtigung der beiden Sprachen und Völker im Land bestand, ist bekannt. Am Ende des 14. Jahrhunderts und weiterhin nach den Hussitenstürmen hat es gewiß kleinere Städte, besonders solche der adeligen Grundherren und des Prager Erzbistums, mit tschechischer Mehrheit gegeben. Im Hussitenkriege haben aber die Städte, die heute als tschechisch gelten, wie Kuttenberg und Pilsen, sich durch lange Zeit gegen die Unterwerfung unter die hussitische Gewaltherrschaft gewehrt; bei dem erfolglos belagerten Brüx erlitten die Hussiten bekanntlich im Jahre 1421 eine Niederlage. Karl IV. in seinem Bestreben, seine Länder in Friede und Wohlstand zu sehen, hat sich tschechischen Nationalbestrebungen gegenüber weitherzig erwiesen, aber dabei eine kluge Vorsicht und Umsicht walten lassen. König Wenzel IV., dem man eine innerliche Hinneigung zum Slawentum nachsagt, wurde durch den Ausbruch des nationalen Hasses gegen die Deutschen in den letzten Jahren seiner Regierung gewiß überrascht und betroffen, vermochte es aber nicht mehr, eine rechte Einstellung über den Parteien zu beziehen; er ließ sich von den Ergebnissen treiben und wurde von ihnen weggerafft.

Deutsche Dorfsiedlungen und ihre Namen

Man kann Dorfanlagen, aber nicht Städte als geordnete Gemeinwesen als Neugründungen »aus grüner Wurzel« hinstellen, wie es sich die Anhänger der Kolonisationstheorie vorgestellt haben und in Büchern und volkstümlichen Aufsätzen auch heute noch erzählen. Es ist sogar nur bedingt richtig, wenn W. Jecht in einem Aufsatz über die Besiedlung der Lausitz darlegt, daß Otaker I. und Wenzel I. im Lande Bautzen die Stadtgründungen »in die Wege geleitet hätten«, als um 1220 und 1230 die deutsche Bauernkolonisation im wesentlichen abgeschlossen war, wenn auch auf diesem Boden die ostdeutsche Kolonisation Geltung besaß. Über die deutschen und slawischen Dorfsiedlungen haben wir einen schönen Aufsatz von Bruno Schier (in *Böhmen-und-Mähren-Buch*, 1943, S. 299 ff.), der den slawischen Rundling als ein Ergebnis des inneren Landausbaus seit dem 12. Jahrhundert ansieht, da die meisten dieser winzigen Dorfschaften nicht auf altem Kulturboden liegen.

Die deutschen Dörfer in Böhmen sind älter als die slawischen. Sie stellen die deutsche Siedlung seit germanischer Zeit in jenen weiten Gebieten dar, die auch nach der Einwanderung der Slawen um 600 den Boden behauptete. Sie hat sich gewiß ohne besondere Behinderung durch die folgenden Jahrhunderte erhalten, nur ist der Charakter der germanischen Sied-

252

lung lockerer und persönlicher als der der slawischen, die sich gern um einen Platz oder Dorfteich zusammendrängte. Die Slawen waren auch nicht so seßhaft und darum beweglicher als die Deutschen in ihren Sippenweilern. Wir müssen uns also weite Gebiete Böhmens und Mährens als von alten eingesessenen Bauernsiedlungen bedeckt denken, wenn auch die Tschechen in Innerböhmen bereits vor 900 das bodenständige Deutschtum teilweise bedrückt haben mögen. Aber keine noch so starke deutsche Einwanderung der späteren Jahrhunderte hätte so großräumige rein deutsche Landschaften in Böhmen und Mähren erzeugen können, aus denen im 13. Jahrhundert und später geordnete städtische Gemeinwesen erwuchsen. Erst der innere Ausbau der primislidischen Fürsten, des slawisch eingestellten Prager Bistums und einzelner tschechischer Grundherren haben die Besiedlung des Landes insofern zum Nachteil der Deutschen verschoben, als nun neben den freien Dörfern der Deutschen die kleinen Rundlinge der Slawen entstanden. Seit etwa 1050 begann mit der politischen Geltung des böhmischen Herzogtums die slawische Expansion über Innerböhmen hinaus, begann auch, wie wir an einzelnen Beispielen sehen, die bewußte »Übersiedlung« des deutschen Bodens, die sich seit etwa 1120 als ein Vorrücken slawischer Siedler gegen die Randgebirge auswirkte. Freilich haben vornehmlich im 13. Jahrhundert deutsche Stadtbürger und reiche Klöster auch ihrerseits Dorfschaften ausgesetzt, vor allem in den schwach besiedelten Waldlandschaften. So entstanden Waldhufendörfer, die man an der Anlage und meist auch am Namen erkennt. Aber auch hier muß man nur an Neusiedlungen durch den zahlreichen Nachwuchs der alten Dorfschaften denken, nicht an organisierte Zuwanderer aus der Ferne, auch wenn ein Unternehmer, ein Lokator, genannt wird.

Über die Anlage von neuen Dörfern sind wir aus einer Urkunde vom Jahre 1261 (Emler, *Reg. Boh.*, II, S. 128) unterrichtet, nach der ein Kaadener Bürger namens Arvo im Walde gegen das Erzgebirge (»in locis silvestribus«) die Dörfer Nycolausdorf, Wernhardsdorf, Buchelberch und Brumardsdorf anlegt, dazwischen hat das Dorf Ahrendorf den Namen dieses

Bürgers bis heute verwahrt. Es sind langgestreckte, gegen das Gebirgsvorland vorgeschobene Waldhufendörfer, wie sie das 13. Jahrhundert schuf. Sie gehören zum inneren Ausbau des deutschen Siedlungsgebietes; auch hier fand gewiß keine Heranziehung fremder Kolonisten statt.

Die Dorfsiedlungen nach deutschem Recht stellen eine wirtschaftliche Einheit unter einem Dorfrichter dar. Wenn es eine Neugründung betraf, geschah sie durch Grundkauf in Barem und einem unkündbaren »Ewigkeitszins«; die erworbenen Hufe waren frei verkäuflich, jedoch blieben die Rechte des Grundherren gewahrt (vgl. Čelakovsky, aaO., I, S. 13 ff.). Die slawischen Bauern waren persönlich unfrei; sie zahlten ungeregelten Zins und trugen andere Fronen und Lasten (siehe z. B. G. Juritsch, *Die Deutschen und ihr Rechte in Böhmen und Mähren*, 1905, S. 5 ff., 29 ff.). Schon daraus ist zu ersehen, daß sie nicht aus eigenem heraus städtische Gemeinwesen in der Art der deutschen Städte erzeugen und verwalten konnten, sie vermochten kaum die deutsche Dorfverfassung nachzuahmen. Es war eine sehr verschiedene Art, das Leben zu fassen, die des germanisch-deutschen Bauern und des slawischen Siedlers. Auch die deutschen Städte konnten nur in dem Begriff einer persönlichen Freiheit und der Selbstbestimmung in ihrer Verfassung und Verwaltung gedeihen. Juritsch weist aus den Urkunden Böhmens im 13. und 14. Jahrhundert 834 deutsche Dorfnamen nach, eine Zahl, die sich leicht vermehren ließe, da Juritsch nicht die oft bis zur Unkenntlichkeit tschechisierten, alten germanisch-deutschen Ortsnamen einzuordnen vermochte.

Die dürftigen Urkunden aus dem 11. und 12. Jahrhundert geben uns keine zuverlässige Übersicht über die Zahl der Dorfsiedlungen und noch weniger über deutsche Dorfschaften. Der Versuch von E. Schwarz zu einer zahlenmäßigen Zusammenstellung ist durchaus irreführend, wie oben dargelegt wurde. Es ist gleichsam ein Zufall, daß uns deutsche Dorfnamen überliefert werden. Über die Gründe haben wir gesprochen. Gerade freie Dorfschaften der Deutschen waren kein Gegenstand der Bewidmung, Schenkung und Verkäufe, wie es die slawischen gewesen sind. Im folgenden seien nur aus einem kleinen Teilabschnitt Proben gegeben.

Älteste Dorfnamen enthält die echte Urkunde des Bischofs und Herzogs Heinrich von Prag, zwischen 1195 und 1197, für das Kloster Waldsassen ausgestellt zum Schutz seiner Besitzungen in Böhmen (Friedrich, *Codex dipl. Bohem.*, I, Nr. 356). Diese nennt die Orte Prevlac, was auf Pröhlig[1] bei Saaz gedeutet wird, Penerith (wahrscheinlich Weinern[2] südlich Kaaden), Bruwich, Codou (Chodau im Egerland), Meringin (fälschlich auf Mähring südöstlich Waldsassen gedeutet)[3] Neudorf (heute Neudörfel östlich Kaaden), endlich Roztil und Olgoztiz (die bei Saaz vermutet werden). Unter den Zeugen erscheinen Hogir de Radoniz und Hermannus Willamowiz; diese sind ohne Zweifel die Herren aus den Orten Radonitz und Willomitz, südlich Kaaden. Das Dorf Neudorf ist von jeher als das älteste deutsche Dorf Böhmens angesehen worden (siehe auch R. Fischer, »Die ältesten deutschen Ortsnamen Böhmens«, in *Zeitschrift für sudetendeutsche Geschichte,* 2, S. 46 f.). Dieses Neudörfel liegt etwas weiter östlich der alten Wallanlage, die im Volk ganz allgemein »das alte Dorf« genannt wird (siehe K. Meder, *Flurnamen im Erzgebirge und seinem Vorland,* Kaaden, S. 26). Daraus ergibt sich, daß Neudörfel auf die älteste Siedlung zurückweist, die auch ein »Dorf« gewesen ist. Wenn ich noch hinzufüge, daß Rudolf Wenisch bei seinen archivalischen Forschungen im Staatsarchiv in München laut seinem Berichte »Alte Beziehungen Nordwestböhmens zum angrenzenden Bayern« (*Saazer Tagblatt,*

---

1 Pröhlig wird von E. Schwarz von tschechisch Přívlaky abgeleitet; es gehört aber zum deutschen Brühl, Bröhl »Sumpfwiese«, nach dem viele Orte in Böhmen benannt sind, so Prödlas, Pröhl und Pröles, Pröllas (aus Bröhllîns).
2 E. Schwarz gibt in seinen *Ortsnamen als Geschichtsquelle* (S. 357) die mundartliche Aussprache Wânern an. Das ist unrichtig. Der Ort heißt auch in der Mundart Weinern; von den alten Weingärten sind noch Spuren vorhanden, sowie der Flurname.
3 Es ist gewiß Meretitz bei Winteritz, das im Kopialbuche des Klosters Waldsassen im Jahre 1312 als Meierhof Merith in Erbpacht gegeben wurde. Merith ist wohl Flurname, weil westlich Kaaden ein zweites Meretitz vorhanden ist (siehe R. Langhammer in *Unser Egerland,* 1940, S. 121 ff.).

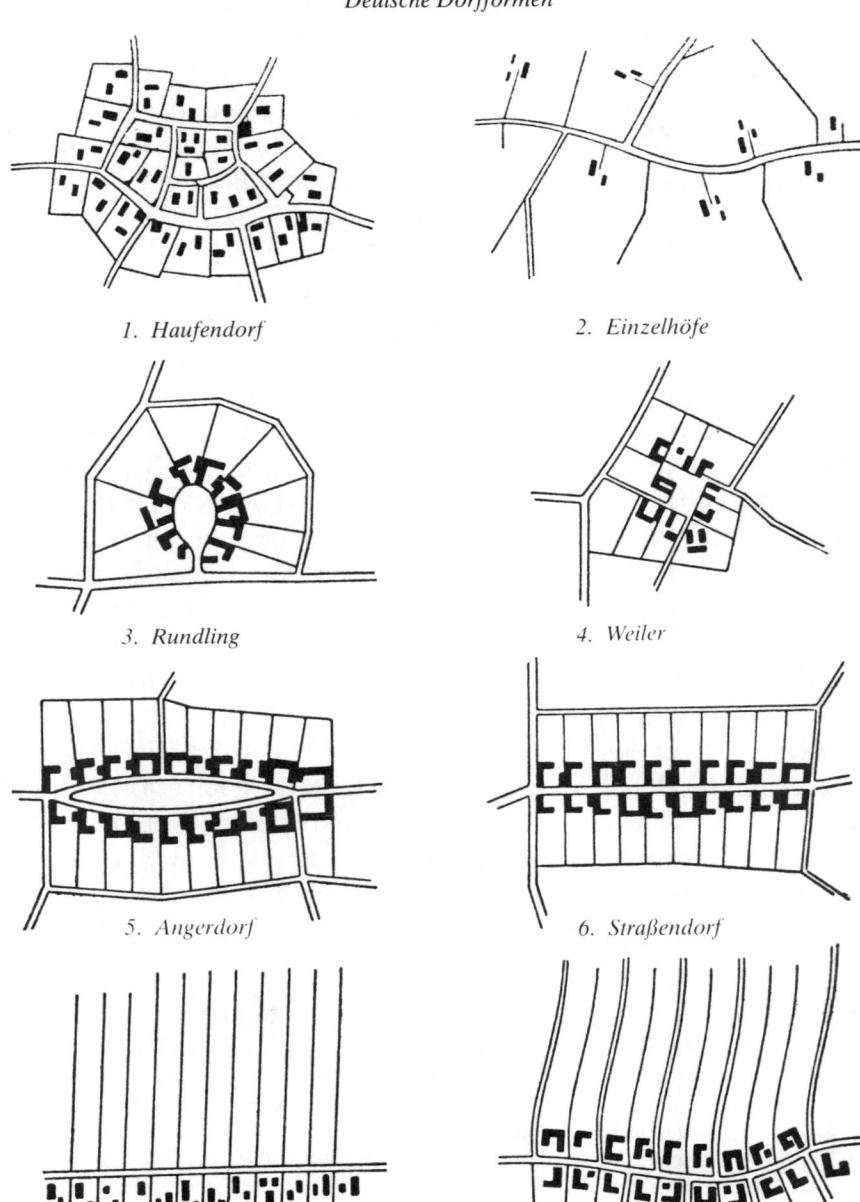

1. Haufendorf

2. Einzelhöfe

3. Rundling

4. Weiler

5. Angerdorf

6. Straßendorf

7. Marschhufendorf

8. Waldhufendorf

22. 11. 1938) unter eine Reihe älterer Orte aus Böhmen das Dorf Dehlau bei Kaaden aus dem Jahre 1165, Weinern und Neudörfel aus dem Jahre 1185, Radonitz aus dem Jahre 1260, Warta aus dem Jahre 1302 belegt, blicken wir hier in eine frühe Zeit deutscher Dorfsiedlungen zurück.

Eine andere Urkunde des Bischofs und Herzogs Heinrich von Prag vom 20. Juni 1196 (Friedrich, aaO., I, Nr. 355) bringt eine weitere Reihe Dorfnamen ähnlich der Schenkung des Milgost für die Klostergründung in Maschau, südlich Kaaden. Einzelne Dörfer sind wohl tschechische Neugründungen. Der Schreiber ist Slawe wie in der eben behandelten Urkunde, darum Mladin, Gotibodic (heute Kettowitz, hinter dem sich wahrscheinlich ein altdeutscher Personennamen verbirgt), Hunschan, Coniz (heute Kunitz), Elscowe (zweifellos deutsch, heute Olleschau), Turscha (heute Turtsch, das wir in der Erzählung von der Niederlage der Luczaner nannten), Minowe, Tyrremowe (heute Dürrmaul), Vlstene, Tulchowe (Töltsch?), Bluwaschowe, Hluboki (sicherlich Tschechisierung des Schreibers für das deutsche Dorf Tiefenbach bei Saar, Szmilowa (Tschechisierung des Schreibers für das deutsche Dorf Schmidles = Schmidlîns, Schmidleins bei Luditz), Schebletici (heute Sebeltitz bei Saar).

Durch die Arbeit des Schreibers sind einige Dörfer nicht zu identifizieren. Unter den Zeugen der Urkunde finden wir wiederum Hoier de Radonitz, dann einen Lutherus de Buitic, das ich mit dem mundartlichen Bultiz (bei Willomitz), heute amtlich Podletitz, zusammenstellen möchte; denn phonetisch ist die Schreibung Buitic bei einem sprachfremden Schreiber statt Bultiz gut zu verstehen; dann einen Lutolphus et Heinricus filii Wintheri, die wohl Besitzer von Winteritz bei Radonitz sein dürften, wobei auch Winteritz die tschechische Umformung erduldet hat. Ein Wulko de Wintheritz ist aus dem Jahre 1295 bezeugt (Emler, *Reg. Boh.*, II, S. 723).

Im ganzen bringen die beiden Urkunden eine Reihe Dorfnamen aus dem Ende des 12. Jahrhunderts im Süden des Kaadener Landes, und zwar so dicht nebeneinander, daß sie schon den heutigen Zustand der Besiedlung widerspiegeln. Von ei-

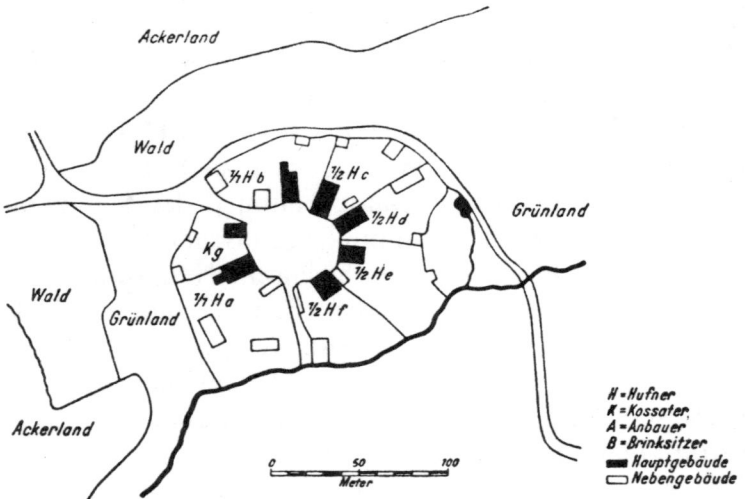

Ackerland

Wald

Grünland

Wald

Grünland

Ackerland

⅓ H b

½ H c

½ H d

K g

⅓ H a

½ H f

½ H e

H = Hufner
K = Kossater
A = Anbauer
B = Brinksitzer
■■ Hauptgebäude
▢ Nebengebäude

0   50   100
Meter

Rundling

Heinzendorf, Waldhufendorf in der Grafschaft Glatz. Die deutsche Waldkolonisation erreichte in der zweiten Hälfte des 13. Jahrhunderts die Grenze Schlesiens und Mährens

258

ner Neukolonisation etwa kurz vor 1196 kann keine Rede sein. Die meisten dieser Dorfschaften blicken in ein langes Lebensalter zurück. Daß sie von den Waldsassener Mönchen gegründet worden seien, wie in den Geschichtsbüchern steht, kommt gar nicht in Frage.

Bezeichnend ist, daß eine Reihe anderer Dörfer mit deutschen Namen, die heute im Umkreis von Maschau liegen, in der Urkunde nicht erwähnt werden, also wohl noch freie Dorfschaften waren, die nicht vergeben werden konnten. Nicht genannt ist zum Beispiel Saar, während der kleine slawische Rundling Sebeltitz (Schebletici = »die hinter dem Sumpfe«) bei Saar in der Urkunde angeführt ist. Auch die größeren Orte Radonitz, Willomitz, Winteritz finden wir nur als Herkunftnamen einiger Zeugen. Zwischen den hier angeführten Dörfern verlief ein Teil der oben beschriebenen alten Landsgrenze gegen das Egerland.

Ein altes Dorf muß auch Dehlau am Egerufer, östlich von dem eben genannten Neudörfel, sein. Die alte urkundliche Nennung Dudlebei vom Jahre 1165, Dudelive vom Jahre 1185 (siehe *Mitteilungen des nordböhmischen Exkursionsklubs*, 15, 1892, S. 134; Friedrich, *Codex dipl. Bohem.*, I, S. 205, 276) läßt durchaus nicht vermuten, daß der von den Tschechen gebildete Name Dolan, Dolany einen sprachgeschichtlichen Wert hat. Vielmehr wird das germanische Stammwort thiud, diet zugrunde liegen, das uns etwa in Thiotleip, Thiutlef, Thiadleb, Thietlef entgegentritt.

Dieser Name erscheint in den böhmischen Urkunden in der Form Dethlebus, Detelebus, Detleb, Tedlevus, Thiedlebus seit dem Jahre 1167. Althochdeutsch iu tritt in den Urkunden häufig als u auf, wie die Formen Liusene neben Lusena (siehe oben über die Lutschaner) oder Liubussa, Lubussa, Libussa; Lubech für Leubus, Lupoldus, Liuboldus oder Lubedici, Liebotitz (im Kaadener Bezirk) vom Jahre 1226 erweisen.

Stellen wir nun unsere böhmischen Dudelive, Dudlebei neben Ortsnamen in deutschen Landschaften, so finden wir bei Förstemann-Jellinghaus (aaO., II/2, Sp. 1039) folgende Belege: Tutelieba, Tuteleibe, Tutelevi, Thetenleven, Dedenleive,

Tuteleibe, Thuotenliebe, Dudeleive, Theideleibo, Teitilebu, Tuteleyben aus dem 9. bis 12. Jahrhundert, durch welche fünf verschiedene Ortschaften im Raum Langensalza, Oschersleben, Gotha und Apolda bezeichnet sind, so wird nach diesen Zeugen kein Zweifel bestehen, daß unser Dehlau an der Eger in diese Reihe gehört und daß wir es mit einem germanischen Namen zu tun haben, der nur durch fremde Urkundenschreiber verballhornt wurde.

Wird meine Deutung zugegeben, so ergibt sich die gleiche Annahme für den viel wichtigeren Ort Teindles in Südböhmen, der in den Urkunden von 1175 und 1179 (Friedrich, *Codex dipl. Bohem.*, aaO.) Tudelieb, Tudeliep heißt und sonach nichts anderes ist als das germanische Thiutleb, Thietlef, Dietleib. Die Tschechen nennen es Doudleby, und es ist jener Hauptort des als slawisch geltenden Stames der Dudleber mit ihrer alten Burgbefestigung, die bereits Cosmas als eine der Grenzburgen der Slavnikinge nennt. Die Sache ist also wert, untersucht zu werden.

Es würde sich aus der Lage und urkundlichen Nennungen leicht feststellen lassen, daß die mit -reut und -grün gebildeten zahlreichen Ortschaften im Egerland durchweg jüngere Siedlungen im Ausbau des Landes sind, etwa des ausgehenden 12. und 13. Jahrhunderts, in Berg- und Waldland vorgeschobene Anlagen. Daß sie von fremden Kolonisten angelegt worden seien, ist jedoch nicht anzunehmen. Hingegen sind die Namen mit -ried uralt, wie Albrechtsried in dem durch sprachliche Merkmale als *alt* besiedelt erkennbaren Gebiet von Schüttenhofen im Böhmerwald. Es wird auch zufällig bereits 1174 urkundlich erwähnt. Es ist bemerkenswert, daß in den deutschbesiedelten Landschaften Mährens die eigentlichen Rodungsnamen auf -schlag, -reut, -grün, -swant, -sanc, -stock, -hau fehlen.

Das mährische Deutschtum ist nicht bloß alt, sondern hatte wohl von Anfang an den verfügbaren Boden dicht besiedelt. Eigentliche Rodungsnamen sind übrigens auch in Nordwestböhmen und in Nordböhmen ganz vereinzelt. Sie finden sich zahlreich an den Abhängen des westlichen Erzgebirges, in den

260

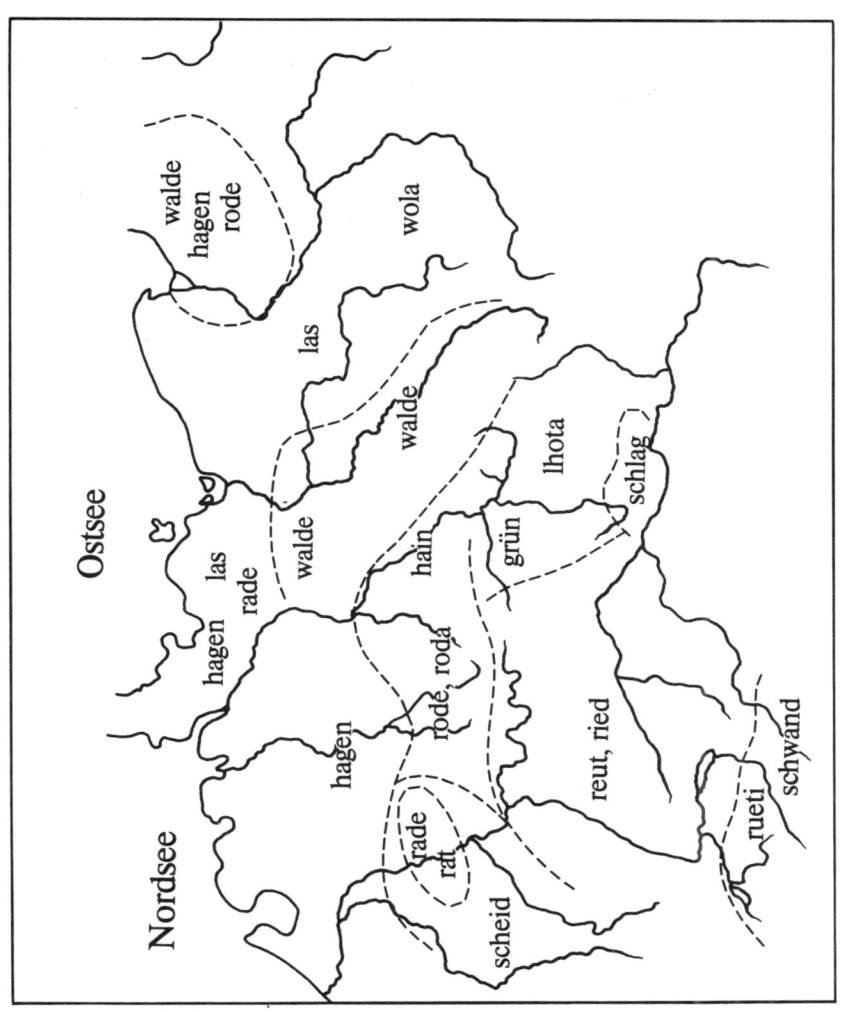

Deutsche und slawische Rodungsnamen

höher gelegenen Teilen des Egerlandes und im südlichen Böhmerwald.

Wertvolle Einblicke in die bäuerliche Siedlung werden Untersuchungen auf dem Boden der Volkskunde, der Flurnamen und der Mundarten bringen. So sind zum Beispiel im nordöstlichen Mitteleuropa (so in der Mark Brandenburg) Grundformen des Hauses seit der germanischen Bronze- und Eisenzeit über die Zeiten der slawischen Besiedlung bis in das Zeitalter der ostdeutschen Kolonisation die gleichen geblieben (siehe R. Kötzschke, »Über den Ursprung und die geschichtliche Bedeutung der ostdeutschen Siedlung«, in *Der deutsche Volksboden*, Breslau 1926, S. 18). Eine vergleichende Untersuchung des Fachwerkbaus von Südhessen bis ins innere Mähren hinein würde vielleicht überraschend Aufschluß geben. Allerdings sind die sogenannten slawischen »Rundlinge« nicht in jedem Fall ein Beweis für slawische Ansiedlung, während der Weiler, das Gruppendorf und die Reihendörfer als deutsch angesprochen werden müssen.

IV. Die einzelnen Sprachlandschaften

*Die Methode der Rückschlüsse aus dem gegenwärtigen
Sprachbestand auf die ursprüngliche Besiedlung*

Die frühere Forschung ging bei der Frage der Besiedlung von geschichtlichen Tatsachen aus und suchte mit ihnen zu einem Ergebnis zu kommen. Es ist kein Zweifel, daß diese Methode einseitig ist, weil unsere geschichtlichen Überlieferungen und Beurkundungen für die frühen Zeiten zu lückenhaft sind, so daß wir schwer zu den tatsächlichen Vorgängen vordringen können. Ich habe auch in meinen bisherigen Betrachtungen nicht geleugnet, daß wir vieles nicht wissen. Nun geht seit Jahren eine Gruppe der Forscher einen anderen Weg. Sie will den Tatsachen der Geschichte näherkommen durch eine Gegenwartsforschung mit Rückschluß auf die Vergangenheit. Man verwendet dabei eine naturwissenschaftlich-mathematische Methode, die also Beobachtung mit Berechnungen verbindet und diesen Forschern nach ihrer Überzeugung einwandfreie Ergebnisse liefert. Sie nützen zwar auch geschichtliche Tatsachen, aber mehr als Endpunkt zur Bestätigung ihrer Untersuchungen, die die Frage der ostdeutschen Kolonisation aus sprachlichen und volkskundlichen Kennzeichen der Siedlungslandschaft meistern wollen. Zu diesem Zwecke werden Zehntausende Fragebogen von ebenso vielen freiwilligen Helfern auf dem Lande ausgefüllt und dann in vielen Hunderttausenden Feststellungen verzettelt. Die Fragebogen nehmen Sätze des *Deutschen Sprachatlas* von Wenker zur Grundlage, behandeln kennzeichnende mundartliche Wörter und Ausdrücke, geben Bescheid über die Benennung von volkskundlichen Dingen, Pflanzen, Geräten und kommen endlich in die Hände einiger Gelehrter, die nun alle Fragen leicht, wie aus einem Kartenspiel, zu lösen vermögen. Denn ohne Zweifel verbreiten sich sprachliche Erscheinungen und mundartliche Besonderheiten in Wellen, die sich überkreuzen und in Kreisabschnitten Mischungs-Merkmale ausweisen, also Stufenlandschaften erzeugen, die man ohne Schwierigkeit mit Lineal und Zirkel umschreiben kann. In verschiedenen Landschaften auftretende gleiche Kennzeichen sind natürlich dorthin übertragen worden und vielleicht auch in Restlandschaften (Relikten) isoliert und geben ein Bild in tiefe Jahrhunderte zurück. Alles dies läßt sich in schönen Karten darstellen und die wertvollsten geschichtlichen Erkenntnisse lassen sich wie aus einer Fibel ablesen. Diese Methode hat freilich den Nachteil, daß nur der mitzureden vermag, der im Besitz der Quelle von einer Million Zettel ist. So scheint es wenigstens. Aber es ist nur Schein, wie der Leser dieses Buches bald erkennen wird.

Diese von T. Frings und seinem Kreise ausgebildete wissenschaftliche Methode hat die Frage der ostdeutschen Kolonisation vielfach befruchtet und gefördert. Sie hat unleugbar Vorteile und für gewisse Belange eine fast naturwissenschaftliche Zuverlässigkeit.

Aber diese mit großer subjektiver Sicherheit geübte Methode hat auch ihre großen Mängel. Sie rechnet mit einem gegenwärtigen Bestand und schließt auf das 10., 11. und 12. Jahrhundert zurück. Allein Sprache und Mundart sind als ein lebender Organismus in steter Entwicklung begriffen, in dauernder Beeinflussung nicht nur durch Nachbarlandschaften, sondern auch nicht selten bedingt durch politische und kirchliche Grenzziehungen, vor allem aber durch das geistige Leben der Nationen, das sich in jeder Art Bildung äußerte, durch Buch und Schule, so daß jede Landschaft einer Wandlung, manche sogar einer Sonderentwicklung unterlag. Auch Bruno Schier sagt in der Besprechung des Buches *Sudetendeutsche Sprachräume* von E. Schwarz (in *Germanoslavica*, 4, 1936, S. 181), daß es »seine Bedenken hat, wenn der lautgeographische Befund einer modernen Kolonialmundart über die Jahrhunderte hinweg in die Siedelzeit hinprojiziert und mit der gleichfalls mangelhaft bekannten historischen Mundart des Mutterlandes verglichen wird«.

Während in den frühen Jahrhunderten der schwäbisch-österreichische Süden in Sprache und Bildung führend gewesen ist, war es im 14. bis zum 16. Jahrhundert besonders das mittlere Deutschland, vor allem der ostdeutsche Kolonialboden. Seit der Mitte des 19. Jahrhunderts dringt eine Welle politischer und kultureller, besonders auch sprachlicher Einflüsse von Norddeutschland, von Preußen her, gegen Süden vor, man kann das in der Aufnahme norddeutscher Wörter und Ausdrücke feststellen. Jeder weiß das, wir alle gebrauchen Worte, die unserem Empfinden neu und angenehm sind, die Zeitung, die Bücher, die Schule übernimmt sie. Mit Siedlungsverhältnissen und Zuwanderungen hat das nichts zu tun. Das sind Kulturbewegungen, und diese waren in jedem Jahrhundert unserer Geschichte wirksam; die Entstehung und die Übernahme der neuhochdeutschen Schriftsprache war eine solche. Mit Fragebogen können sie nicht leicht gebucht werden. Und ferner, die Fragebogen gehen immer einzelnen Lauten, Wörtern, Ausdrücken, Benennungen nach, aber das Leben einer Mundart ist damit nicht zu fassen und zu erfassen.

264

Die Übereinstimmung in hundert sprachlichen Erscheinungen in zwei entfernt voneinander liegenden Landschaften muß durchaus nicht in Zuwanderung von einer zur anderen ihre Erklärung finden. Mundarten und Landschaften sind etwas Lebendiges, ganz ungeheuer Reiches. Wir werden das in den folgenden Ausführungen sehen und noch mehr fühlen. Ich will es hier nur mit wenigen kleinen Beispielen beleuchten.

T. Frings (*Kulturraum und Kulturströmungen,* 1936, S. 236, in Karte 65) behandelt die Verbreitung des Wortes »Brotschrank« beziehungsweise »Almer«; hier läuft tatsächlich ein Einzugsgebiet vom Main zur Eger. Es ist auch richtig, daß sich in Böhmen das von Österreich kommende Wort »Speis« für »Almer« ausbreitet, weil es durch den amtlichen und schrifttümlichen Gebrauch gefördert wurde, und daß das als altertümlich empfundene »Almer« sogar auf den Dörfern zurückgedrängt wird, wie ich aus meiner engeren nordwestböhmischen Heimat bestätigen kann. Wie kann man aber heute den Gebrauch einzelner Wörter der gegenwärtigen Mundart auf Zustände des 12. und 13. Jahrhunderts zurückprojizieren und sichere Schlüsse ziehen? Dem Miteinanderleben von Wortgruppen kann durch die Verzettelung der Fragebogen nicht genug Aufmerksamkeit geschenkt werden. In Karte 76 bei Frings (S. 237) ist »Fiez« als Bezeichnung für die »bestrichene Brotscheibe« für Nordwestböhmen eingetragen. Die sonst vermerkten Nebenwörter für das obersächsische »Stück« (wie im Egerland) »Rampfen« und »Keil« (wie im Gebiet um Plauen) kommen aber in meiner nordwestböhmischen Heimat auch alle nebeneinander vor. »Fiez« ist allerdings vornehmlich »Fettschnitte« (»Fettenschnitte«), »Rampfen« unterstreicht das dicke, große Stück Brot. Daneben wird jetzt das mehr »hochdeutsche« Wort »Schnitte«, das aus der preußisch-norddeutschen Einflußsphäre stammt, auch schon gebraucht; es ist Bildungswort und wird noch so empfunden. Der weitere Vorgang wird sein, daß »Fiez« als mundartliches Restwort verschwindet, »Stück« und »Schnitte« übrig bleiben. Wenn dann in 200 Jahren neue Fragebogen ausgesendet werden, ist »Fiez« nicht mehr zu hören. Schon Siebs (*Schlesische Volkskunde,*

S. 372) hat gewarnt: »Es ist gewagt, aus dem Vorkommen eines und desselben Wortes in verschiedenen deutschen Mundarten Schlüsse auf engere Gemeinschaften der betreffenden Stämme zu ziehen.«

Auch das muß in Betracht gezogen werden, daß staatliche Grenzen in langen Zeiträumen Wortgebrauch und Laute zu verändern imstande sind. Man kann das an dem Wort »Kren« (Karte 77 bei Frings, aaO., S. 237 f.) wahrnehmen, das aus dem Slawischen kommt und sich über die böhmische Grenze hinaus gegen Plauen sowie über Nordböhmen hinaus festgesetzt hat. Das auf den Fragebogen vereinzelt für Böhmen verzeichnete »Meerrettich« ist bloß auf den Schreiber des Fragebogens zurückzuführen, der seiner Sache nicht sicher war. Wo etwa »Meerrettich« in Böhmen gehört wird, ist es der erhöhten Bildungssprache zuzuweisen; einheimisch ist es nicht. Wie etwa mundartliche Formen noch heute sicher allmählich von Stadt- und Schriftformen verdrängt werden, kann man aus einer Feststellung bei Becker (*Mundart und Sprachgeschichte im Osterzgebirge,* Halle 1933, S. 29) sehen, wo zwar water (für Wetter) im Dorf gebräuchlich ist, aber daneben »recht« gesprochen wird. Solche Beobachtungen hat gewiß jeder Mensch gemacht.

Wie die Bildung, unterstützt von Schule, Zeitung, Druckschriften, Bilderbüchern, die Verbreitung eigengewachsener Wörter zerstört, zeigt etwa die Karte 86 bei Frings (aaO., S. 249). Im nördlichen Deutschland gilt der »Weihnachtsmann«, südlich das »Christkund«, auch in Schlesien, während die älteren Wörter »Bornkindl«, »Rupprecht« unter anderem über das ganze mitteldeutsche Gebiet verstreut belegt sind. Die Angabe, daß in Nordwestböhmen neben »Bornkinnel« »der heilige Christ« gilt, ist unrichtig. Dieses letztere ist nur junges Bildungswort. Ich vermute, daß im mitteldeutschen Gebiet und weiterhin nach Norddeutschland einstmals nur »Bornkin(d)el« gegolten hat. Der Rupprecht (»Rupprich«) ist hierher zu stellen, er ist eine andere Figur. In Nordwestböhmen heißt er daneben auch Zember, also wohl das römische Cimber.

Die Sprachkarten von Frings zeigen im ganzen gesehen eine große Linie im Mitteldeutschen von West nach Ost – man könnte ebensogut sagen, von Ost nach West – und von Norden nach Süden und vielleicht noch viel stärker von Süden nach Norden. Diese »Strahlkraft«, »Vorstoß«, »Einbruch«, »Durchbruch« ist vielleicht durch ein großes Gesetz der germanischen und althochdeutschen Zeit mehr bedingt als durch die ostdeutsche Kolonisation, auf die bei Frings und Schwarz alle Feststellungen der Fragebogen abgestimmt sind. Wir können diese Entwicklung aber nicht durchblicken, während wir schon längst das Gesetz der Zweiten Lautverschiebung und die spätere österreichisch-bayerische Diphthongierung überschauen.

Nur ein Beispiel: Die Karte 73 bei Frings (S. 235) würde, ohne Voreingenommenheit für die sächsische »Strahlkraft«, etwa den Einbruch des Wortes »Schwarzbeere« für Heidelbeere aus dem Raum Bielefeld–Paderborn in immer breiterem Winkel und einem breiten Streifen über den Thüringer Wald hinweg nach Südosten tief hinein nach Österreich schließen lassen, freilich aus einer Kraft heraus, die mit der ostdeutschen Kolonisation nichts zu tun hat. Wir stehen hier, wie so häufig, vor Rätseln. Wenn etwa das Wort Flachs in großen Gebieten des Nordgaus und im Egerland als floas erscheint, wozu westlich davon am Main ein ostfränkisches fläs-Gebiet besteht (siehe E. Schwarz, *Sudetendeutscher Sprachraum,* aaO., S. 62 f.), ist hier ein sprachlicher Vorgang in Resten erhalten, der einstmals gewiß ein viel größeres Gebiet eingenommen hat. Und wenn Teile des Ostfränkischen südlich vom Main, ferner größere Teile des Nordgaues (nördlich Nürnberg), der südliche Zipfel des Vogtlandes, das ganze Egerland und noch ein westliches Stück von Nordwestböhmen bis über Kaaden hinaus Partizipia ohne -ge bildeten (brochen, backen, gangen) und wenn sich dieselbe Erscheinung auch in der Brünner, Wischauer und Iglauer Sprachinsel zeigt, so haben wir hier gewiß eine in germanische Zeit zurückreichende Spracherscheinung, die sich in Restgebieten festgesetzt hat. E. Schwarz (ebd., S. 65) will sie nur bis in das 13. Jahrhundert zurückverlegen, der Grund liegt für den kritischen Leser zutage: da nach seiner zäh verteidigten These das Deutschtum Böhmens und Mährens nur bis in das Ende des 12. Jahrhunderts zurückgehen kann, darf diese mundartliche Erscheinung nicht älter sein, weil sich sonst ihr Auftreten in den mährischen alten Sprachinseln nicht erklären ließe. Aber Schwarz gibt ein wichtiges Eingeständnis der Mängel, die seinem großen Buch von den *Sudetendeutschen Sprachräumen* und ihren Ergebnissen anhaftet (Einleitung, S. 11): »Die kolonialen Mundarten haben sich durch Mischung und reiche Fortentwicklung so verändert, daß der Versuch, durch Mundartengeographie ihre Heimat zu bestimmen, nur zum Teil geglückt ist.«

Hier vorweg nur ein Beispiel für die Besiedlung Ostböhmens nach Schwarz (ebd., S. 189): »Die mundartlichen Züge Ostböhmens verdanken in der Hauptsache drei Siedlerströmen ihre Mischung: einem glätzischen, der von Osten her bis Hohenelbe gelangte; einem gebirgsschlesischen, der über Schatzlar vom nördlichen Gebirgsvorland hereinkam; schließlich ist ein dritter ostfränkischer, aus der Gegend von Bamberg stammender, in den mundartlichen Zügen mit dem Schönhengst und Nordmähren vielfach zusammenhängender Strom vermutlich etwas später im Elbegebiet, am dichtesten um Hohenelbe, nachzuweisen, der offenbar eine andere Einmarschrichtung hat als das Glätzische und Gebirgsschlesische.« Vielleicht sei dieser letztere »aus Teilen des westlichen Erzgebirges zugezogen, also mittelbar aus der Bamberger Landschaft«. Wir werden uns zu diesen und anderen Festellungen äußern. Aber schon beim Lesen einer solch erklügelten Siedlungstheorie und bei einer anschaulichen Vorstellung der darin vermuteten Siedlungstatsachen müssen einem in Geschichte und Geographie bewanderten Leser Bedenken kommen.

Die verschiedenen durcheinanderwirkenden Sprachmerkmale, wie sie Schwarz aus seinen Fragebogen und dem deutschen Sprachatlas zusammensucht und zu enträtseln sich bemüht, würden noch verwirrender wirken, wenn man daneben noch etwa Wortgeographie vom volkskundlichen Standpunkt einbezöge. Es würde sich ergeben, daß mit jeder Karte neue Fragen auftauchen und zu neuen Rätseln führen. Im folgenden muß ich mich zur Erhellung der Besiedlung des Sudetenraumes mit dem Werk von E. Schwarz *Sudetendeutsche Sprachräume* (aaO.) in allem Wesentlichen auseinandersetzen.

Sprachliches Erbe des bayerischen Nordgaues im Egerland

Die Mark Nordgau hat Karl der Große errichtet. Dorthin folgte ein Siedlungszug der Bayern. Im Jahre 1007 wurde der Bischofssitz Bamberg gegründet. Eger wird urkundlich zuerst im Jahre 1061 erwähnt. 1133 wurde Kloster Waldsassen gegründet, von Graf Diepold II.; auch in das südliche Vogtland griff die nordbayerische Siedlung über, und das Gebiet ist trotz einer jahrhundertelangen Trennung durch eine politische Grenze bis zum heutigen Tage bei der nordgauischen Mundart verblieben. Die alten genitivischen Ortsnamen reichen aus Nordbayern über den Böhmerwald hinüber bis in die Gegend von Mies. Daß Mies selber eine wahrscheinlich germanische Siedlung gewesen ist, wurde oben besprochen. Daß im Gebiet von Chotieschau südwestlich Pilsen, eine Mundart »mit den Siedlerzügen« fortlebt, vermerkt E. Schwarz (*Sudetendeutsche Sprachräume*, S. 76), und vom Egerländischen in seiner Gesamtheit erwähnt Schwarz (S. 74), daß es sprachlich konservativer erscheint als das Oberpfälzische (siehe S. 75): »Im Egerländischen hat man bisweilen den Eindruck, daß hier im Egerland eher westlichere ostfränkische Züge hervortreten als im älter besiedelten Land.« Er meint damit Nordbayern. Daß läßt doch nur den Schluß zu, den ich aus den geschichtlichen Tatsachen gefolgert habe, daß Westböhmen nicht eine neubesiedelte bayerisch-nordgauische Landschaft ist, sondern altes Siedlungsgebiet aus früheren Jahrhunderten.

Das Egerland gehört mundartlich zum bayerischen Nordgau, der aus dem Raum Eisenstein–Schüttenhofen–Regensburg (an Nürnberg vorbei) bis Asch und östlich über das Egergebiet bis Duppau reicht. Gekennzeichnet ist die Mundart durch die Vokaldiphthongierung, in dem mittelhochdeutsch â, ô zu au; altes ê zu ei, äi zerdehnt werden; ferner altes ie, üe zu ei; uo zu ou (mit geschlossenem ersten Bestandteil). Diese Diphthongierung, die im größten Teil der Oberpfalz unterblieb, muß also als junger Zustand der Mundart angesehen werden.

Nach Haßmann (*Theutonista, Zeitschrift für Dialektforschung*, 5, S. 187) hat sich die Zerdehnung des alten â, ô im Nordbayerischen zwischen 1000 bis 1200 festgesetzt. Eine Sicherheit haben wir nicht. Einzelne Ortsnamen, die durch Deutsche von den später eingewanderten Tschechen übernommen worden sind, weisen diese Diphthongierung nicht auf, wie Láz, deutsch Laas bei Losau (spr. lās). Da aber Schwarz die deutsche Besiedlung Westböhmens und des Egerlandes erst im 13. Jahrhundert vor sich gehen läßt, nimmt er an, daß diese egerländischen gestürzten Diphthonge »erst nach oder frühestens während der deutschen Besiedlung der Bezirke Westböhmens, also nicht vor dem 13. Jahrhundert erfolgt seien« (*Sudetendeutsche Sprachräume*, aaO., S. 49), das heißt, er biegt eine sprachwissenschaftliche Feststellung nach seiner Ansicht um. Der logische Schluß ist vielmehr: Da Laas in der mundartlichen Sprache â und nicht au aufweist, so ist der tschechische Ort erst begründet worden, sein Name erst in deutsche Ohren gekommen, als die Deutschen schon da waren und ihn als Monophthong übernahmen. Natürlich sind andere tschechische Ortsnamen aus Siedlungen des 12. Jahrhunderts von den Deutschen übernommen und mit ihren Vokaldiphthongen gewandelt worden. Schwarz sucht seitenlang die Aufstellung der Forschung von dem frühen Bestand des egerländischen ei für ie, au für â und ô zu widerlegen, um seine These von der späten Einwanderung der Deutschen in den Nordgau zu belegen. Mir scheint außer Zweifel, daß diese Diphthonge zum ursprünglichen Bestand dieser Mundart gehören und in früheste Jahrhunderte zurückreichen.

Ostfränkische Sprachkennzeichen in Nordwestböhmen

Wie ein roter Faden zieht sich durch alle Untersuchungen der Mundartengeographie das Auftreten ostfränkischer Kennzeichen und Besonderheiten im Sudetenraum. Das Ostfränkische mit dem Mittelpunkt Bamberg und mit Einschluß von Coburg umfaßt auch einen größeren (nördlichen) Teil des Plauener Landes und dehnt sich über die Mainlandschaft bis in die Gegend von Würzburg.

Das erste große Gebiet ostfränkischer Lauterscheinungen im Sudetenraum ist Nordwestböhmen, das, sich an das »Egerländische« bei Duppau und Warta anschließend, über das Saazer Land und über Komotau bis Brüx hinzieht. Über die Mundart hat A. Hausenblas gehandelt (*Grammatik der nordwestböhmischen Mundart*, Prag 1914).

Die nordwestböhmische Mundart kennzeichnet sich durch den Ersatz von altem ei durch ā (also Sāf = Seife, hascher = heiser, ham = heim, Klāder = Kleider), ein bekanntes Merkmal des Ostfränkischen. Die Aussprache hōch – gegenüber huch in Obersachsen, huech im Vogtland und am oberen Main, neben huch, hauch im Nordgau mit Einschluß des Egerlands – gilt in Nordwestböhmen mit Ausnahme des Erzgebirgteiles, der verschiedentlich obersächsischem Einfluß unterlegen ist; gilt aber auch in Oberfranken und westlich davon am Main. Schwarz schließt aus diesem Bestand, daß die Besiedlung Nordwestböhmens aus der Gegend von Bamberg gekommen sei, aber über das Erzgebirge, eine Aufstellung, die jeder Überlegung widerspricht. Schwarz muß sich zu diesem Ansatz entschließen, weil er das weite Gebiet des Egerländischen umgehen muß, das eine durchaus andere Mundart, nordbayrisch, spricht und nach seiner Behauptung nicht vor dem Ende des 12. Jahrhunderts deutsch besiedelt worden ist, hauptsächlich aber erst im 13. Jahrhundert. An dieser einen Aufstellung scheitert die ganze Siedlungstheorie von E. Schwarz, wie sich noch deutlicher ergeben wird. Sicher aber ist, daß im größeren Teil von Nordwestböhmen hōch gesprochen wird wie südlich vom Main und westlich des Thüringer Waldes. Schwarz schließt seine Ausführungen (*Sprachräume,* aaO., S. 94) mit folgendem: »Für uns folgt, daß die ô-, ê-Sprecher im Saaz −Kaaden−Podersamer Gebiet entweder direkt aus dem Ostfränkischen um Bamberg−Bayreuth stammen, oder daß es nördlich des Gebirges im 13. Jahrhundert ô und ue-Sprecher gab! Am wahrscheinlichsten wird hier wohl Bewahrung der alten Aussprache im Nordwestböhmischen und spätere Veränderung im Ostfränkisch-Vogtländischen sein.« Es zeigt sich, daß der gelehrte Spezialist für die böhmische Einwanderung nicht zurechtkommt.

Noch kennzeichnender als der Fall hōch im Fränkischen und Nordwestböhmischen − wobei das Egerland und der Nordgau als breite Sperre dazwischenliegen − ist die Form gewēn = gewesen, das im Ostfränkischen und im größeren Teil des nordwestböhmischen Gebietes Kaaden−Saaz−Komotau gesprochen wird, während der Nordgau mit dem Egerland g(e)west sagt; weiterhin das Zusammenstimmen in der Form tō (= tun) mit Nasalierung des offenen ō, im Fränkischen (Rothenburg-Bamberg−Bayreuth bis ins Vogtländische) mit unserem Nordwestböhmen. Auch in der Iglauer Sprachinsel kennt man dieses tōn (= tun) (vgl. Schwarz, *Sudetendeutsche Sprachräume,* aaO., S. 97 f.).

An gleichem Ort (S. 101) wird von Schwarz festgestellt, »daß der nordwestböhmische Sprachraum mit dem damit verbundenen westerzgebirgischen von ostfränkischem Einfluß bestimmt worden ist. Der Vokalismus ist keineswegs obersächsisch, sondern in mehreren Zügen ostfränkisch. So kann man das Nordwestböhmische mit gewissem Recht als eine ostfränkische Mundart auf ostmitteldeutscher Verschiebungsgrundlage erklären.« Schwarz hat sich über diese merkwürdige Tatsache, die wirklich vorhanden ist, Gedanken gemacht; er erklärt (ebd., S. 103): »Da es in Sachsen im 12. Jahrhundert schon Deutsche gegeben hat, war ein Abströmen von hier auf die böhmische Seite möglich.« Das ist sein Ausweg zur Erklärung des Deutschtums dieses weiten nordwestböhmischen Gebietes. Was soll aber ein Abströmen aus Obersachsen nach Nordwestböhmen bereits in so auffallend früher Zeit besagen, wenn

272

dieses Sachsen völlig anders spricht als unser Gebiet, das er eben als in der Hauptsache »ostfränkisch« angesprochen hat? Schwarz weiß noch etwas hinzuzufügen von dem »mainisch-norderzgebirgischen Stoß« gegen Osten. Da müßte doch zunächst erst das benachbarte Obersachsen die Kennzeichen dieser ostfränkisch-mainischen Siedler tragen. Und warum sind die Siedler vom Main nach Böhmen nicht über das Fichtelgebirge und über das Egerland gekommen, das doch nach Schwarz erst seit dem Ende des 12. Jahrhunderts deutsch besiedelt worden ist? Auch hier versagt die ganze Siedeltheorie, und Schwarz empfindet die Schwäche siner Aufstellungen, denn er sagt (ebd., S. 73): »Dabei ist es nicht notwendig, eine besondere ostfränkische Einwanderung in das Egerland mit Überspringung des heute bairischen Teiles anzusetzen.« Dieser heute bairische Teil reichte einmal von Eger bis Warta—Duppau. »Ostfränkische Erscheinungen saßen bereits jenseits der Grenze des Nordgaues, als die Besiedlung auf die heutige böhmische Seite vorgetragen wurde.« Das heißt doch, daß Nordwestböhmen und überhaupt das ganze böhmisch-mährische Gebiet, das starke ostfränkische Einflüsse aufweist, bereits vor der Besiedlung des Egerlandes von Deutschen besetzt war. Dann bleibt nur das Dilemma: entweder ist das Egerland tatsächlich erst im 13. Jahrhundert deutsch geworden, wie Schwarz immer behauptet, oder aber es ist bereits im 8. bis 10. Jahrhundert deutsch gewesen, damit die Ostfranken im 11. und 12. Jahrhundert sich über Böhmen ausbreiten konnten.

Alles Folgende wird zeigen, daß das Gebäude, das Schwarz über Böhmen und Mähren emporgerichtet hat, ein Kartenhaus ist. Wahrheit ist vielmehr, daß das Egerland immer germanisch-deutsch gewesen ist und daß das übrige nordgauische Gebiet um das Jahr 1000 zur Gänze deutsch besiedelt war. Die bayerische Ausbreitung im Nordgau erfolgte längs der Naab und ihren Quellflüssen und griff in ihrem Oberlauf über das flache Hügelland zur Eger über. Das egerländische Sprachgebiet reichte von Anfang an bis an die von mir bezeichnete Grenze westlich Kaaden. Hier läuft auch heute (1941) noch die Scheide der egerländischen und nordwestböhmischen Mundart.

Die nordböhmische Sprachlandschaft bis zum Schönhengstgau

In Brüx beginnt die *nordböhmische* Sprachlandschaft, die über die Elbe bis Böhmisch Kamnitz—Leipa reicht. Auch dieses Gebiet zeigt auffallend ostfränkische Spracherscheinungen. So schwankte Schwarz (ebd., S. 160) für die Herkunft der »Siedler« um Tetschen zwischen einem Ursprung in Ostfranken oder Hessen oder Westthüringen. Hier fand sich nämlich ein merkwürdiges -r in Wörtern wie Brurer (Bruder), güre (gute), Rōrewān (Radwagen) neben anderen fränkischen Erscheinungen. Die Mundart im Gebiet um Leitmeritz (Schwarz, ebd., S. 164f.) ist ostfränkisch auf mitteldeutscher Grundlage, und zwar »die ältere ostfränkische Mundart Nordböhmens, die trotz der Überhauchung durch ostmitteldeutsche Merkmale die rein ostfränkischen Züge besser bewahrt hat als das übrige Nordböhmen westlich der Kamnitz-Leipaer Hemmstelle«. Insofern besteht eine Verbindung mit Nordwestböhmen durch die ostfränkischen Bestandteile. »Gerade die Leitmeritzer Stadtmundart ist ein deutlicher Beweis für die Stärke des ostfränkischen Einflusses in Nordböhmen.« Man muß solche Feststellungen Schwarz' unterstreichen; denn wir werden bald sehen, daß das ganze deutsche Sprachgebiet Böhmens und Mährens, mit Ausnahme des Egerländischen-Nordgauischen, solche merkwürdigen ostfränkischen Einflüsse aufweist. Wenn in diesem kleinen Gebiet das auslautende -e (z. B. beim Adjektiv) als a gesprochen wird (der guta alta Mann), das nur in Ostfranken beheimatet sein kann, wo man es heute nur noch südlich vom Thüringer Wald hört, so ist das wieder ein Beweis, daß die ganze Siedel-, das heißt Wander- und Kolonisationsthese aus Ostfranken unmöglich ist und eine andere Erklärung verlangt.

Noch ältere ostfränkische Erscheinungen weist das Sprachgebiet von Auscha und Dauba westlich der Elbe auf. Auscha-Dauba sagt auch »Schwarzbeere« für Heidelbeere wie Nordwestböhmen und Ostfranken, ebenso »beima« für Bäume wie Nordwestböhmen. »Das Auschaer-Daubaer Land ist ein

274

Rückzugsgebiet Nordböhmens und genauer des einst noch stärkeren ostfränkischen Nordböhmens.« (Schwarz, ebd., S. 169)

Nach den Feststellungen der Siedlungsgeographen um Frings ist der obersächsische Raum bis ins Schlesische hinein, ebenso wie nach den gleichlautenden Angaben von Schwarz der deutschböhmische wie deutschmährische Raum mit ostfränkischen Sprachkennzeichen durchsetzt. Würzburg und Bamberg werden am meisten genannt als Herkunftsland der »Siedler«. Ja, man kann die mundartlichen Erscheinungen von Kaaden bis Leipa und von Saaz bis Iglau und Zwickau und weiterhin bis an die Ostgrenze des Deutschtums in den Sprachinseln überhaupt nicht verstehen, wenn man nicht immer wieder das Kennzeichen »ostfränkisch« verwendete! Man muß sich zwischendurch einmal fragen, ob denn dieses Ostfranken, das nach der Gründung von Bamberg (1007) selber noch einen deutschen Landausbau erfuhr, wirklich so viele Siedler aussenden konnte, wie die Siedlungsgeometrie braucht, und zwar in zwei Jahrhunderten; denn nach Schwarz beginnt die deutsche »Kolonisation« in Böhmen und Mähren nicht vor 1170 und ist um 1270 abgeschlossen. Man sieht, mit den Schlagwörtern »Vorstoß«, »Einbruch«, »Schwingungsfelder« können diese Dinge nicht glatt gemacht werden.

Auch im Friedländer Zipfel von Böhmen nördlich Reichenberg stellt Schwarz (ebd., S. 170 ff.) mitteldeutsche und ostfränkische Züge neben schlesischen Merkmalen aus der Nachbarschaft fest. Er findet als Erklärung (S. 173), »daß ein Zweig der in der Oberlausitz Rodenden aus Westthüringern und Rhönfranken zusammengesetzt sei, der dann im 13. Jahrhundert durch den von Dresden nach Osten gehenden Siedlerzug unterbrochen wurde«.

So findet Schwarz als Ergebnis für das nordböhmisch-deutsche Siedlungsgebiet »mehrere Stöße«: Neben der selbständigen »Ansetzung« ostfränkisch-nordbayerischer Kolonisten drang ein Zug über die Landesgrenze von Norden her; dann ein Stoß aus Sachsen (Chemnitz—Zwickau) in das nordwestböhmische Gebiet, darauf einer von Altenburg gegen Brüx

−Leitmeritz, dann einer von Meißen−Dresden gegen Tetschen, weiters einer von Zittau aus (das nach den Siedlungsgeographen doch auch erst im 13. Jahrhundert sich entwickelte) gegen Rumburg und Gabel−Reichenberg, endlich noch einer aus der Richtung Görlitz gegen Friedland. »Hinter den Ostfranken kam die große Bewegung von Thüringern, Hessen und den Rheinländern nach Osten.« Jedoch hat sich Ostfranken in ganz Nordböhmen durchgesetzt. Aber: »Freilich bleiben noch genug Erscheinungen übrig, die in ihrem Verhältnis zur alten Heimat schwer abzuschätzen sind«, sagt Schwarz (ebd., S. 178).

Von dem südschlesischen Raum, also Ostböhmen und Nordmähren, weiß Schwarz (ebd., S. 182) als Ergebnis seiner Forschung zu berichten: »Als Heimat der bekannten Siedlerzüge des südschlesischen Raumes wagen wir jetzt die Landschaft südlich vom Thüringer Wald und zu beiden Seiten der Rhön, von Fulda bis zur Gebrocha-Grenze anzusprechen. Die Abweichungen Nordböhmens, des mittleren Oppalandes und des Schönhengstes stammen aus dem Land östlich der Gebrocha-Linie, aber noch innerhalb des Ostfränkischen.«

Auch im Gebiet zwischen Oder und Betschwa, also ganz am östlichen Ausgang des deutschen Siedlungsgebietes um Leipnitz−Mährisch Weißkirchen, findet Schwarz (ebd., S. 228) ein »sprachliches Reliktgebiet«. Die Mundart neigt stark nach Schlesien, doch sind die Kolonisten aus der Gegend Fulda−Gotha−Meiningen im Kuhländchen eingesetzt worden (S. 36), also vom Süden und Norden des Thüringerwaldes. Auch die ganz im Osten liegende kleine deutsche Bielitzer Sprachinsel zeigt nach Schwarz (ebd.) Verbindung mit der Landschaft Fulda−Gotha−Rhön, zum Teil mit altertümlichen Spracheigenheiten, im ganzen freilich mit schlesischem Charakter.

Für den deutschen Schönhengstgau mit den Städten Mährisch Trübau−Müglitz−Zwittau und Leitomischl (letzteres schon auf der böhmischen Seite) bringt die ausführliche Untersuchung von Schwarz (ebd., S. 242ff.) ebenso das Ergebnis, daß die mundartlichen Erscheinungen auf den Frankenwald samt der Landschaft bis zur oberen Saale hinweisen; einzelne Kennzeichen findet er bei Würzburg wieder (Schwarz, *Die Ortsnamen als Geschichtsquelle*, aaO., S. 428). In seinem Aufsatz »Deutsche Siedlung in den Sudetenländern im Lichte der sprachlichen Volksforschung« (*Das Sudetendeutschtum*, 1937, S. 93) meint er, die Deutschen im Schönhengstgau seien also direkt, und nicht über Schlesien, eingewandert. Seite 97 hält er die Siedler für »ostfränkisch auf mitteldeutschem Kolonialboden mit wechselnd bayerischen Einflüssen«.

Auch im nördlichen Teil der böhmisch-mährischen Höhe merkt man überall ostfränkisch-mitteldeutsche Sprachkennzeichen. Im *Böhmen- und Mährenbuch* (1943, S. 318) bezeichnet E. Schwarz die Schönhengster Mundart als »ganz altertümlich«. Es sind sozusagen mehrere Mundarten, die diese Sprachinsel durchkreuzen (man vergleiche die gründliche Arbeit von A. Kreller, *Wort-Geographie des Schönhengster Landes*, Brünn 1939, S. 3). Ich darf aus genauer Kenntnis der nordwestböhmischen Mundart im Vergleich mit den Darlegungen und Karten von Kreller sagen, daß die Übereinstimmungen mit Nordwestböhmen geradezu überraschend ist, auch im Wortschatz.

Aus dieser Darlegung, die sich aus bestimmten Gründen eng an die Forschungsergebnisse von E. Schwarz in den *Sudetendeutschen Sprachräumen* anlehnt, geht hervor, daß der ganze böhmisch-mährische Raum, von der egerländischen Sprachgrenze Duppau−Warta ab über Nordwestböhmen, ebenso in ziemlichem Maße auch das Nordböhmische und ebenso die böhmisch-schlesischen Gebiete von ostfränkischen Spracheigentümlichkeiten durchsetzt sind, daß ferner der ganze von Deutschen bewohnte Raum im Schönhengst und weiter in Nordmähren bis zur polnischen Sprachgrenze ebenso ostfränkische Kennzeichen trägt, so daß mit einem Worte gesagt werden muß – immer im Anschluß an E. Schwarz – daß das böhmisch-mährische deutsche Siedlungsgebiet als eine Ausstrahlung der ostfränkischen Landschaft von Würzburg−Fulda−Bamberg, oder, geographisch gesehen, aus dem Maingebiet vom Vogelsberg bis Frankenwald anzusprechen sei.

Dieser »Vorstoß« sei aber, wiederum mit Schwarz, nicht über das Fichtelgebirge und das Egerland erfolgt, sondern über Plauen und das Erzgebirge verlaufen. Da Schwarz das Egerland erst seit dem 13. Jahrhundert deutsch besiedelt sein läßt, ist freilich nicht abzusehen, wie diese Einwanderung und Kolonisierung Böhmens und Mährens geographisch und geschichtlich bewiesen werden kann.

Obersächsische Sprachmerkmale im Erzgebirge. Alte Sprachformen der Iglauer Sprachinsel

Wir haben mit Verwunderung gesehen, wie sich ein starker ostfränkischer Spracheinfluß von Duppau–Warta an der mittleren Eger über Nordwestböhmen bis Böhmisch Kamnitz –Leipa und weiterhin in das mährische Siedlungsgebiet über den Schönhengst bis ins Kuhländchen und nach Bielitz an der polnischen Grenze bemerkbar gemacht hat, den unsere folgenden Untersuchungen noch stärker herausheben werden. Da sich der Siedlungsforscher E. Schwarz diese merkwürdige Einflußnahme Frankens nicht durch die natürliche Einwanderung von Westen her erklären kann, weil sich hier der bayerische Nordgau breit mit dem Egerland vorlagert, hat er, wie es auch Frings tut, einen »Vorstoß« und »Einbruch« ostfränkischer Siedler auf dem Umwege über das Erzgebirge als Hilfs-Hypothese eingeschaltet und findet auch in einem Teil Nordwestböhmens einen obersächsischen Spracheinfluß, der diesen Siedlerstrom erklären soll. Es muß freilich gesagt werden, daß das Vorhandensein obersächsischer Sprachmerkmale in einem Gebiet Böhmens, das eine breite Grenze mit Obersachsen hat, eben nur dieses Nebeneinanderwohnen, jedoch noch nicht die Siedlungswelle aus Ostfranken erweisen kann.

Wie ist es nun mit diesen obersächsischen Sprachmerkmalen bestellt? Das Gebiet um Plauen, also das Vogtländische, kann, mit Ausnahme des südlichen, nordbayerischen Zipfels zwischen Asch und Schönbach, als ostfränkisch angesprochen werden. Der obersächsische Einbruch nach Böhmen liegt aber in der Hauptsache erst östlich Brüx. Er ist gekennzeichnet in der Linie ê für altes ei: sēfe gegenüber dem nordwestböhmischen sâf, sâfen; daneben stehen ōgen (augen), hirt (härt), nuff (nauf im Nordwestböhmischen), āle für alde (alt), Pfāre (Pferde) und so weiter (siehe Schwarz, aaO., S. 151 ff.) oder in volkskundlicher Hinsicht hutsch(k)e für Kröte (siehe Frings, *Kulturraum und Kulturströmungen*, aaO., Karte 79, S. 239). Hier ist jedoch kein Einbruch einer Siedlungswelle die Ursache der sprachlichen Einwirkung, sondern es ist nichts weiter als eine Grenzausgleichung, deren Ursache wir leicht feststellen können. Die wirtschaftlichen Beziehungen zwischen Sachsen und Böhmen sind uralt. Man lese etwa das Buch *Zwickauer Kulturbilder aus acht Jahrhunderten* (1939), in dem sich eine Fülle Einzelheiten findet. Seit dem 14. Jahrhundert laufen daneben starke politische Einflüsse, die über den Hussitenkrieg hinausreichen; die jüngeren volkswirtschaftlichen Beziehungen aus dem Raum Zwickau−Chemnitz−Annaberg und ostwärts bis Pirna sind gar nicht aufzuzählen, und kulturelle Einflüsse seit dem 16. Jahrhundert sind vielfach festgestellt worden. Mit der Auffindung des großen Silbervorkommens in Joachimsthal (um 1517) wurde die Jahrhunderte alte Landesgrenze gleichsam durchbrochen. Die Zinnfunde im Erzgebirge (Zinnwald−Graupen) liegen gerade in dem Gebiet, das obersächsische Sprachmerkmale aufnahm. Die Kirchenbauten aus dem Anfang des 16. Jahrhunderts wurden diesseits und jenseits der Grenze von ähnlichen Meistern ausgeführt ebenso wie die Glockengüsse, von dem eigentlichen Kunstbereich ganz abgesehen. Politisch hatte der Markgraf von Meißen bereits nach 1400 in Böhmen Fuß gefaßt, wir erinnern an die Verpfändung von Brüx und an die Befreiung der Stadt durch den Meißner Heerzug. Die Reformation brachte durch mehr als zwei Menschenalter die Einheit religiösen Lebens. Im 19. Jahrhundert begann mit dem industriellen Aufschwung der sächsischen Städte die böhmische »Sachsengängerei«, und wie sehr ein jahrelanges Wohnen im Raum einer anderen Mundart auf den Sprecher wirkt, kann man noch an Menschen der Gegenwart sehen. Die psychologischen Ursachen dafür sind bekannt. Auch Frings (aaO., S. 247) verweist auf den Bergbau beiderseits des Erzgebirges.

Aber all diese Tatsachen reichen nicht in die Siedlerzeit der Kolonisation zurück; das Einbruchgebiet der obersächsischen Sprechweise ist überdies auf einen schmalen Streifen unter dem östlichen Erzgebirge beschränkt. Eine Siedlung von Obersachsen aus in Böhmen in der Zeit der ostdeutschen Kolonisation, also mindestens im 13. Jahrhundert, ist ganz von der Hand zu weisen. Die Kolonisationstheorie versagt hier ebenso wie in der Annahme, der ostfränkische Siedlerzug aus dem Raum Bamberg—Rhön—Frankenwald habe sich auf dem Umwege über Obersachsen und das Erzgebirge nach Böhmen ergossen.

Wir werden im folgenden zeigen, daß das Deutschtum in Böhmen und Mähren durch so weitgehende gemeinsame Merkmale eine sprachliche Einheit bildet, daß man die Besiedlung des Sudetenraumes als eine im ganzen gleichartige Volkheit ansehen muß, die nur in geringem Maße von Schlesien und von Niederösterreich her beeinflußt worden ist, freilich jedoch durch das politische Schicksal zwischen den Slawen den Eindruck einer Zerstückelung hervorgerufen hat.

Das Gebiet des *Böhmerwaldes* auf der böhmischen Seite wird im südlichen Teil von mittelbayerischen und im nördlichen Teil von der Linie Schüttenhofen—Eisenstein ab von nordbayerischen Volksteilen bewohnt, die auch das Tepler Hochland und das Egerland bis an die bekannte Grenze Warta—Duppau umschließen. Das eigentliche Egerland zeigt dabei einen etwas älteren Sprachzustand und überdies im Westen einige Beeinflussung von Nordwestböhmen her. Von dieser bayerischen und nordgauischen Bevölkerung wurde in diesem Buch wiederholt und ausführlich gesprochen. Sie bleibt auch bei der folgenden Ausführung außer Betracht.

Die ostmitteldeutsche Grenze der Lautverschiebung p (in Verdoppelung und Auslaut nach Konsonanten), wie appel, strump, beginnt freilich nicht bei der sonstigen Mundartengrenze des Egerländischen (Warta—Duppau), sondern reicht ein Stück in das Egerland hinein bis gegen Karlsbad, während

280

das kennzeichnende nordgauisch-egerländische ou für uo (tout) bis an diese Ostgrenze läuft. Es ist ein Zeichen von Mundartenmischung im Grenzgebiet, wobei der nordwestböhmische Teil die Vorhand hatte und weiter vorzurücken scheint. Dieses appel-Gebiet umfaßt jedoch im weiteren beinahe das ganze Deutschtum von Böhmen und Mähren, also ganz Nordwestböhmen und Nordböhmen, schließt auch die Iglauer Sprachinsel ein, ferner den östlichen Teil des Schönhengstgaues in Mähren (im Westzipfel sprach man bayerisches pf), ebenso das östliche Mähren, westlich der March, insoweit es deutsch besiedelt ist; sogar um Auspitz, südlich Brünn, gegen Österreich, ebenso auch in den deutschen Sprachinseln der Slowakei herrscht dieser unverschobene Rest des alten p.

Betrachten wir die *Iglauer Sprachinsel*, die nach unserer geschichtlichen Untersuchung als Restgebiet der ursprünglich zusammenhängenden Besiedlung des mährisch-böhmischen Grenzgebietes angesehen werden muß, auf ihren mundartlichen Bestand. – Als Herkunftsland der Iglauer »Kolonisten« nennt Schwarz (*Sudetendeutsche Sprachräume,* aaO., S. 87) die mittlere und südliche Oberpfalz; er denkt an das bayerische Gebiet um die Pfreimt, die von Böhmen her zur Naab fließt. Aber wieviele Fragezeichen stellen sich diesem Ansatz entgegen!

Die Sprachinsel hat nämlich den ostmitteldeutschen Verschiebungsstand, also appel, strump; auch der sonstige Sprachzustand ist nicht bayerisch. Am nächsten steht die Mundart der Iglauer Umgebung dem Nordböhmischen, das freilich nicht bayerisch ist, wenn auch Merkmale aus dem Nordgauischen mitlaufen. So sagt Iglau und Nordwestböhmen nicks für nichts, net für nicht, des (dös) für das, mūs (muß) und missn (müssen), hōch (nicht huech), mō (mit Nasalierung) für Mann, im südlichen Teil auch ā für mittelhochdeutsch ei (sāf, hāß), um nur einige Gleichungen anzuführen. Noch mehr neigt das Iglauer Sprachgebiet nach der südlich von Kaaden liegenden Jechnitzer Landschaft, so daß Schwarz (aaO., S. 81) meint, »die Übereinstimmung könnte dazu verlocken, hier die Heimat der Iglauer Mundart zu suchen«, aber »schon aus geschichtlichen

Gründen ist ein Zusammenhang unmöglich«. Ein solches Eingeständnis gibt zu denken. Die »geschichtlichen Gründe«, die Schwarz hindern, ist seine Fiktion der deutschen Kolonisation Böhmens und Mährens. Schwarz setzt noch hinzu: »Das Jechnitzer Gebiet ist nach Ausweis der Ortsnamen spät eingedeutscht worden, erst nach 1300 und vermutlich noch später dem Deutschtum gewonnen worden, als die Verpflanzung nordgauischen Deutschtums in die Iglauer Gegend schon längst vollzogen war.« Wie es mit dem Ausweisen der Ortsnamen steht, haben wir zur Genüge besprochen und dort die Aufstellungen von Schwarz zurechtgerückt. Die Wahrheit ist dabei, daß nach der Niederlage der germanischen Lutschaner, wohl um 900, die innerböhmischen Tschechen langsam in das nordwestböhmische Gebiet vorrückten und zahlreiche Siedlungen gründeten, die den deutschen Charakter der Landschaft überdecken. Aber die Iglauer sind nicht aus einem nordbayerischen Gebiet gekommen, wenn sie auch stärkere nordbayerische Kennzeichen tragen; ich nenne hier nur die Ähnlichkeit mit dem Egerländischen in den gestürzten Diphthongen ie, üe zu ei, äi und uo zu ou – nur im Norden der Sprachinsel spricht man teut, jedoch bua, štuatn, ruatn. Aber sonst überall ein Nebeneinander von Form wie genuach und genung (nordwestböhmisch) neben vorherrschend genoug (egerländisch), kei und küja (egerländisch) neben nordwestböhmisch (küh (spr. kī); egerländisch fleign, fliagen neben nordwestböhmisch fliegen (spr. fliegn); herrschend tout neben tut, schläfen neben schloufen, hōch neben houch, zuruck neben zurück. Also ein bemerkenswertes Nebeneinander von egerländischen und nordwestböhmischen Merkmalen. Daneben sonst bayerisch afi, rāf (auf, herauf), ferti, sāf und hāß im Süden (wie in Nordwestböhmen) neben dem nördlich auftretenden hoiß, hoaß. Also gewest neben gwen, und san neben sei für »sie sind« wie im Kaaden–Jechnitzer Bezirk, sunōmd (Sonnabend) in der Iglauer Sprachinsel wie im Egerland und Nordwestböhmen.

Gewisse Erscheinungen – wie der Wegfall des -n im Infinitiv und Partizip (dresch, broch) – weisen nach Schwarz (S. 82) auf

Gotha–Coburg–Würzburg–Fulda, also wiederum ins Ostfränkische. In der Stadt Iglau wird überhaupt eine mehr ostfränkische Mundart gesprochen. Wenn Schwarz die Merkwürdigkeit der Iglauer Mundart, nordgauisch und nordwestböhmisch (ostfränkisch), damit zu erklären sucht, daß die Sprachinsel im 13. Jahrhundert von Bergleuten aus Freiberg besiedelt worden sei, müßte man doch obersächsische Merkmale
erwarten; sie sind nicht zu finden. In dem Sammelwerk *Das
Sudetendeutschtum* (1937, S. 94) nennt Schwarz die Iglauer
Bauernmundart »südoberpfälzisch«, was freilich ein ganz
schiefes Bild gibt. Auch hier wird den Bergleuten des 13. Jahrhunderts die Einführung des unverschobenen p (appel,
strump) zugeschrieben, wo doch der größte Teil des böhmisch-
mährischen Deutschtums dieses unverschobene p spricht, und
wie stimmt das Südoberpfälzische zu den sächsischen Bergleuten? Ich bin gewiß, und meine geschichtlichen Darlegungen
haben Wesentliches vorgebracht, daß das Sprachgebiet um
Iglau zur Zeit der Aufdeckung der Silberbergwerke völlig
deutsch gewesen ist, so daß die Zuwanderung der Bergleute
keinen nennenswerten sprachlichen Einfluß hinterlassen hat.
Aber das ist Tatsache, daß E. Schwarz mit seiner Siedlungsthe-
se den merkwürdigen Sprachzustand dieser anfänglich deutschen Sprachlandschaft nicht zu erklären vermag. Unsere Begriffe »bayerisch« und »mitteldeutsch« sind überhaupt nur von
der Wissenschaft abgezogene Vorstellungen, zur groben Unterscheidung bestimmt; man sollte sie hier vor dem lebendigen
Sprachzustand einer Landschaft nicht anwenden und eben sagen: Die Siedler in diesem Teil Mährens sprachen und sprechen noch heute eine Mundart, bei der sich südliche und nördliche deutsche Sprachmerkmale erhalten haben und auswir-
ken. Am nächsten steht das Nordwestböhmische (Saaz–Jechnitz) mit einer merkbaren Hinneigung ins Egerländische. Da in
der Iglauer Landschaft Rodungsnamen »auffällig« (Schwarz,
aaO., S. 88) fehlen – weder -grün, noch -reut, noch -schlag, wie
sie im Egerland unter dem Erzgebirge und in Südböhmen
häufig sind –, hat man eben nicht eine »koloniale« Landschaft
des 13. Jahrhunderts vor sich, sondern ein uraltes deutsches

Gebiet, das aus einem einst größeren deutschen Zusammenhang durch jahrhundertelange Tschechisierung von oben her losgerissen und zur Sprachinsel geworden ist. Daß die Flüsse in dem Flußgebiet der Iglawa alle germanische Namen tragen, sollte die Siedlungsgeographen zur Vorsicht mahnen. Schlesinger und Altrichter, die beiden Forscher, welche über die Iglauer Sprachinsel Wichtiges ausgesagt haben, bezeichnen es als gewagt, aus der heutigen Mundart Schlüsse auf die Herkunft der Kolonisten des 13. Jahrhunderts ziehen zu wollen. Das Kloster Wilhelmszell bei Tschaslau, freilich sehr weit nördlich von unserem Gebiete, ist 1120 gegründet worden, Sedlitz bei Kuttenberg 1143, Saar westlich von Deutschbrod um 1252, und daß die deutschen Klöster in rein slawischer Umgebung eingepflanzt wurden, ist eine Legende.

Das Olmützer Deutschtum. Jechnitz

Fügen wir der Betrachtung der Iglauer Sprachinsel eine solche des Olmützer Deutschtums hinzu. Der Name der Stadt wurde von A. Mayer ohne Widerspruch auf germanisch Alamundis zurückgeführt, wenn auch Schwarz gegen diese Herleitung neuerdings Zweifel hegt. Die Mundart ist am ehesten mit dem Nordwestböhmischen zu vergleichen, und damit ist wiederum eine merkwürdige Tatsache der deutschen Besiedlung des Sudetenraumes bloßgelegt. Wir haben hier ā für mittelhochdeutsch ei (also hāß für heiß usw.), wir hören trucken, gesagt (nordwestböhmisch gesōcht), ner = nur, rum = herum, appel, hoppen, strump, pām (eppelbām, pāma = Bäume), nicks = nichts, schnee, tut, gruß = groß, wetter, g(e)wesen (im Nordwestböhmischen gwēn neben vereinzelt gwēst). Auch s für »ihr« (in unbetonter Stellung ir hots, derfts, kumts, das Schwarz zweifelsfrei für bayerisch erklärt; es ist jedenfalls in ganz Nordwestböhmen herrschend und in früher Zeit nicht nur dem Bayrischen zugehörig. Auch traige = trocken kommt vor, wo Nordwestböhmen traich sagt, wie hilft sich Schwarz gegenüber dieser Merkwürdigkeit, daß Olmütz im nördlichen Mäh-

284

ren und Nordostböhmen in der Mundart einander so ähnlich sind?[1] Er sagt S. 242: »Eine Inselmundart, deren Heimat sich nicht genau feststellen läßt, weil sie im Wesentlichen die alten Züge der in Südmähren im 13. Jahrhundert gesprochenen mittelbayrischen Mundart trägt.« Das ist ein Orakelspruch, der sich über gewichtige Tatsachen hinwegsetzt.

Daß der Wegfall des ge- im Partizip (brochen statt gebrochen usw.), der in Teilen Ostfrankens südlich vom Main, in größeren Teilen des Nordgaues (nördlich Nürnbergs), natürlich auch im südlichen Zipfel des Vogtlandes, im ganzen Egerland und im südlichen Teile Nordwestböhmens (Hausenblas § 260,5) herrscht, sich ebenso in der Brünner und Wischauer wie in der Iglauer Sprachinsel findet, habe ich schon erwähnt, bringe es aber hier in diesem Zusammenhang, um die einheitliche Ausdrucksweise der Sudetendeutschen bis in die mährischen deutschen Landschaften hinein darzutun.

Ist es nicht auch andererseits merkwürdig, daß das im mitteldeutschen Westen und durch ganz Obersachsen und Schlesien gesprochene hing= hinten nirgends in Böhmen und Mähren gehört wird – von dem Zipfel des dem Lausitzischen zugehörigen Friedländer Gebietes abgesehen – sondern nur hint, hintn? Ähnlich ist es ja mit dem a für neues, diphthongiertes ei im Pronomen mein: Dieses »mann« hört man von Kaaden bis an die Elbe, dann wieder in größeren Teilen des Nordböhmischen bis in das schlesische Gebiet nahe an Hohenelbe und endlich in größeren Teilen Nordmährens. Mit der Wirkung der Landesgrenze wird man solche Erscheinungen – im obersächsischen und schlesischen Raum spricht man mein, menn, men (dieses men auch im Friedland–Reichenberger Grenzgebiet und um Böhmisch-Leipa) – nicht erklären. Diese Vertretung von diphthongiertem ei durch a scheint recht alt zu sein. Auch ein dann für dein, ferner sann für sie sein (sind) wird in einem engeren Raum gesprochen, so in Nordwestböhmen.

---

1 Ich berichte gegen Schwarz (*Sudetendeutsche Sprachräume*, S. 98), daß Hausenblas (*Gebiete der nordwestböhmischen Mundart*, § 95) recht hat mit der Angabe, daß im Nordwestböhmischen draich neben trucken auch im südlichen Gebiet gesprochen wird.

Ganz überraschend wirkt dann ein Zugeständnis von E. Schwarz (aaO., S. 29) nach Behandlung der Aussprache verschiedener Laute: »Daraus folgt aber nur, daß bis 1300 Lautveränderungen des Heimatlandes bis in die Inseln dringen konnten, da damals noch ein räumliches oder ein Verkehrszusammenhang bestanden hat.« Gut ist ja das Wort von »Verkehrszusammenhang«.

Einen bemerkenswerten Zusammenhang sudetendeutscher Landschaften erkennen wir wieder in der Vertretung von mittelhochdeutsch ei durch ā (heiß zu hāß)[1], das in Nordwestböhmen, von Warta bis Brüx, gilt, ebenso wie in Teilen der Iglauer Sprachinsel und sonst in Südmähren, auch verschiedentlich in Nordmähren. Es ist uns sonst aus Franken bekannt. Schwarz will (aaO., S. 19 f.) dieses fränkische hāß in Südmähren gegen jede sprachliche Logik als eine »selbständige spätere Neuerung« erklären, während er gleich darauf (ebd., S. 25) »die hohe Bewährungskraft unserer Sprachinseln« hervorhebt und seine ganze Siedlungstheorie ja von der Übereinstimmung der Mundarten von heute mit denen des 12. Jahrhunderts lebt. Wir haben bereits gesehen, wie stark die sprachliche Verwandtschaft des nordwestböhmischen Raumes mit dem mährischen deutschen Siedlungsgebiet ist, und können in der Gleichung hāß für heiß nur eine Bestätigung unserer Ansicht finden. Auch Znaim (tschechisch Znojmo) wird in der Stadt selbst tsnām gesprochen. In Südostmähren hört man nauf (hinauf) wie in Nordwestböhmen. Im Süden des Schönhengstgaues erscheint das Pronomen unser als unner, ebenso wie im Egerland und in Nordwestböhmen, während nördlich dafür under gilt. Der Übergang von nd zu nn (kinner) ist ja eine weitverbreitete Spracherscheinung. Sie gilt auch in Nordwestböhmen ebenso wie auch ll für ld (feller), aber beide nicht durchgreifend, also eine Rückzugserscheinung.

---

1 Auch in Wien kennt man hāß, wohl durch sudetendeutschen Einfluß aus stärkerer Zuwanderung, während sonst in Ober- und Niederösterreich das bayerische hoaß gilt. Auch in Kärnten kennt man dieses hāß. Eine Aussprache hois erweist sich in der Neuhauser Sprachinsel als eine Vorstufe der bayerischen oa-Aussprache. Auch in der Wischauer Sprachinsel östlich Brünn hört man hoiß.

Ich muß in diesem Zusammenhang noch einmal auf den südlichsten Zipfel des nordwestböhmischen Sprachraumes hinweisen, auf den Umkreis von Jechnitz, der dem nordgauischen Luditzer Bezirk vorgelagert ist und östlich an das tschechische Siedlungsgebiet stößt. Nach Schwarz (ebd., S. 56) ist es »erst durch den letzten Landausbau vom 14. Jahrhundert ab dem Deutschtum gewonnen worden«. Diese Behauptung ist nicht beweisbar. Das Stück Land gehörte den alten Sitzen der Lutschaner an. Es kennt nicht die egerländischen gestürzten Diphthonge au, ei, ou; Jechnitz spricht auch nicht bayerisch oa für altes ei (hoahs), sondern hāß wie im nordwestböhmischen Gebiet (siehe Hausenblas, aaO., § 97ff.). Es wird darum mit vollem Rechte von Hausenblas in dieses Gebiet einbezogen. Es sind nur kleinere Bruchstücke sprachlicher Art aus dem benachbarten Egerländischen vorhanden. E. Schwarz hat in der Jechnitzer Landschaft allerlei Altertümliches vorgefunden, merkwürdig bei einer so jungen deutschen »Kolonie«. Er beschäftigt sich auch in den »Ostmittelhochdeutschen Sprachproblemen« (*Beiträge zur Geschichte der deutschen Sprache,* 52, 1928, S. 381ff.) mit Jechnitz. Er weist darauf hin, daß hier unmittelbar an der Sprachgrenze mittelhochdeutsch pf als gf gesprochen wird, das auch in der »sonst nordbayerischen« Sprachinsel Iglau auftritt. Wenn er jedoch diese Sprachbesonderheit durch den Verlauf der »ostdeutschen Besiedlung« erklärt, weil in der Gegend um Höchstatt, nordwestlich Nürnberg, auch gf für pf auftritt, so ist diese Folgerung zu weitgehend. Sie geht von der zäh verfochtenen Vorstellung aus, daß Sprachbesonderheiten, die in verschiedenen räumlich getrennten Landschaften in gleicher Weise auftreten, durch Zuwanderung zu erklären seien und daß alles Deutschtum in Böhmen und Mähren Einwanderung sei. Man muß vielmehr annehmen, daß diese seltene Spracherscheinung gf einstmals in einem größeren nordbayerisch-fränkischen Grenzgebiet strichweise als eine Zwitterbildung beim Übergang von germanisch p zu pf entstanden ist, so daß sie als Resterscheinung da und dort, besonders im sprachlichen Inseldeutschtum, verblieben ist. Zwischen Raab und Lafnitz im Komitat Eisenburg verzeichnet sie die zehnte Lieferung des *Deutschen Sprachatlas* auch. Sie ist jedenfalls auch in Jechnitz nur sporadisch zu hören und überall im Aussterben.

Ebenso muß bei twingen und kwingen (kwengen) für unser zwingen und ähnlich anlautende Wörter (quer, Zwerg), die im bunten Wechsel über den ganzen ostmitteldeutschen Raum zu belegen sind (Schwarz, ebd., S. 385 ff.), von der Fiktion einer Siedlungswelle vom thüringischen Unterharz bis zur Zips in der Slowakei abgesehen werden, wie Jungandreas sie annimmt. Wir haben eben eine allgemeine mitteldeutsche und vor allem ostmitteldeutsche Erscheinung vor uns. Wer übersieht heute die Völkerverschiebungen auf dem Boden des mittleren Deutschland in germanischer und frühgeschichtlicher Zeit?

Ähnlich ist es ja beispielsweise mit dem -lich—Suffix, das die Mehrzahl von Verkleinerungen ausdrückt. Es findet sich im mährischen Schönhengstgau um Zwittau einerseits und in kleinen Strichen an der Jagst, an der fränkischen Saale um Neustadt und in einem kleinen Gebiet östlich Rudolstadt. Hier gibt Schwarz (ebd., S. 376) der Vermutung Raum, daß bedeutende Teile der Ansiedler des Schönhengstgaues diese Pluralbildung der Verkleinerungswörter aus »der alten Heimat« mitgebracht haben. Ich halte für richtiger, daß in einem ehemals breiteren Streifen vom unteren Main bis an die östliche Grenze des deutschen Siedlungsraumes die alte Bildung mit -lich oder -lach im Gebrauch gewesen sei, die sich heute noch in einigen Restgebieten erhalten hat. An eine Übertragung durch Umsiedlung etwa von der Jagst in die Gegend von Rudolstadt hat gewiß noch niemand gedacht. Die Entfernung ist auch nicht viel geringer als etwa von Rudolstadt nach dem Schönhengst. Heute, wo das Vorhandensein bedeutender deutscher Volksteile in Böhmen und Mähren über das 6. und 7. Jahrhundert hinaus von ernsten Forschern als Tatsache angesehen wird und das Weiterleben deutscher Menschen durch Jahrhunderte bis ins 11. Jahrhundert durch geschichtliche und sprachgeschichtliche Erkenntnisse deutlich gemacht ist, kann man das Deutschtum des Sudetenraumes nicht mehr auf Einwanderung im 12. und 13. Jahrhundert begründen. Übrigens findet sich der -lich−Bestandteil in der Bedeutung einer Mehrzahl auch im nordböhmischen Raum.

Die Wischauer und andere Sprachinseln: Beweise gegen die Kolonisationstheorie

Wie alt das Deutschtum in Böhmen und Mähren und gerade in den Sprachinseln ist, kann man aus einzelnen sprachlichen Feststellungen ersehen, die ich im folgenden mache. Auch hier beziehe ich mich auf die Bemühungen von Schwarz in seinem Buch *Sudetendeutsche Räume* das Deutschtum dieses Landes als eingewandert zu erweisen.

So haben die sieben Dörfer der Wischauer Sprachinsel als von fremdem Volkstum eingeschlossen, östlich von Brünn, in ihrer eigenartigen Mundart so alte Züge bewahrt, daß H. Kirchmayr schon im Jahre 1893 Herkunft von den Quaden vermutet hat.

Noch ältere Züge weisen die Dörfer nördlich von Preßburg und östlich davon im Westen der Schüttinsel auf, also ebenfalls in den alten Sitzen der Quaden, wo man bruider für Brüder sagt, was übrigens ebenso in Südmähren sonst verschiedentlich gehört wird. Auch der Mundart des südlichen Böhmerwaldes erkennt Schwarz (S. 38) ein »hohes Alter« zu. Auf Seite 41 fügt er allerdings hinzu: »Der Böhmerwald zeigt ältere Verhältnisse als der bayerische Wald.« Das wäre auch meine Meinung. Es müssen gerade in den Stufenlandschaften des Böhmerwaldes westwärts Pilsen, in dem Raum Mies−Tachau und Schütten-hofen−Eisenstein beachtliche germanische Volksteile geses-sen haben. Daß südlich von Schüttenhofen die »künischen« Freibauern auf ihren alten Einzelhöfen saßen und sitzen, ist schon wiederholt gesagt worden. Sitte und Brauch dieser Landschaft ist altertümlich deutsch, die Mundart voller Beson-derheiten, südlich davon ist der Mittagsberg, ein altes Kulthei-ligtum. Nach der Ansicht von Schwarz ist dieses Bauernvolk im westlichen Böhmen aus Bayern zugewandert, also »markomannische Rückwanderer«. Wir haben schon oben mit Schwarz festgestellt, daß das Egerland in seiner Sprache mehrfach ältere Züge aufweist als das Nordgauische, auch daß im Egerländischen ostfränkische Merkmale der Mundart erkennbar sind. Das schließt die Annahme aus, die Bewohner Westböhmens seien Einwanderer.

In dem kleinen deutschen Littizer Gebiet südlich Pilsen spricht man heute noch mittelhochdeutsch tw (twerch für quer), das sonst überall, und zwar seit dem 14. Jahrhundert, als zw, beziehungsweise mundartlich kw erscheint. Ähnlich altertümliche Erscheinungen in der Mundart zeigen das Kuhländchen und die Bielitzer Sprachinsel im Osten Mährens. Auch in seinem Aufsatz »Deutsche Siedlung in den Sudetenländern im Lichte sprachlicher Volksforschung« (*Das Sudetendeutschtum*, Brünn 1937, S. 98) kommt Schwarz auf solche altertümlichen Züge in den Mundarten Mährens und Böhmens zurück und sagt: »Die Randgebiete, vor allem der Norden der Neuhauser Sprachzunge, das Iglatal sowie die beiden Inseln (Brünn und Wischau) zeigen in der Mundart recht altertümliche Züge«, und Seite 99: »In der Budweiser Sprachinsel kommt wieder eine altertümlich mittelbayerische Mundart zum Vorschein.« Nur sind Schwarz diese Erscheinungen unerklärlich und unbequem.

Denn je weiter wir die sprachlichen Verhältnisse des deutschen Siedlungsraumes betrachten, desto rätselvoller wird alles.

Wie könnte es im Rahmen der Siedlungstheorie geschehen, daß der bayerische Nordgau sich von Regensburg über die Oberpfalz bis Asch und Eger und ostwärts nach Böhmen bis Warta−Duppau und südwärts bis Schüttenhofen−Eisenstein mit nordbayerischer Mundart ausweiten konnte, ohne Zweifel in der Zeit von 800 bis 1000, immer unter der Annahme einer Einwanderung, während andererseits vom fränkischen Main her ein Siedlerzug das ganze böhmisch-mährische Gebiet bis tief hinein in die Sprachinseln seit der Mitte des 12. Jahrhunderts eingenommen haben soll? Wiederum vom Standpunkt der Kolonisierung aus.

Daß dieses Deutschtum des Sudetenraumes aber über das westliche Erzgebirge gekommen und im 12. und 13. Jahrhundert durch Kolonisten eingezogen sei, ist eine Hilfshypothese von Schwarz, die deutlich voller geschichtlicher Unwahrscheinlichkeit ist. Oder waren die Ostfranken in Böhmen, bevor der bayerische Nordgau von Bayern her besiedelt wurde? Und in welcher früheren Zeit müßte die Westostbewegung eingetreten und vollendet gewesen sein, um die heutigen Sprachverhältnisse zu schaffen? An dieser einen Tatsache erkennt man die Hinfälligkeit der Kolonisationstheorie für Böhmen und Mähren, da sie vor einem unlösbaren Rätsel stehen bleiben muß. Was für die Kolonisation über die Saale und Elbe möglich war, kann nicht analog auf Böhmen angewendet werden, weil hier die Siedlungsverhältnisse, die geschichtlichen Tatsachen völlig anders liegen, weil das Herzogtum der Primisliden sich unter dem Schutz des Reiches entfaltete und es Jahrhunderte gedauert hat, die weiten deutschbesiedelten Landschaften in ihren Herrschbereich einzubeziehen, so daß zu verschiedenen Zeiten der Versuch gemacht werden konnte, diese Deutschen in Böhmen und Mähren zu slawisieren. Mindestens ein Viertel aller Tschechen trägt heute deutsche Namen! Diese Schätzung rührt von einem tschechischen Geschichtsforscher her. Schon daraus ergibt sich die oft gehörte Behauptung von den »germanisierten Landesteilen« als ein Stück der böhmischen Geschichtslüge; denn was in Böhmen und Mähren wirklich verdeutscht worden ist, war tschechische Zuwanderung von Handwerkern, Land- und Industriearbeitern, vornehmlich des 19. Jahrhunderts; was hingegen im tschechischen Raum slawisiert wurde, in den frühen Zeiten des Landausbaus, in der Zeit nach den Hussitenkriegen und nach 1848 durch eine bewußte nationale Arbeit, das war bodenständiges Deutschtum, vornehmlich Stadtbürger. K. V. Müller hat die deutschen Familiennamen in den tschechischen Städten überprüft und erstaunliche Zahlen gefunden (*Der Sudetenraum,* 1941, S. 488 ff.). Daß Pilsen 47,5 und Plaß 34,3 Prozent deutsche Namen aufwiesen, ist nicht verwunderlich, aber Kuttenberg und Deutschbrod haben 22, Raudnitz 33,5, Turnau 29,5, Chrudim 26,5, Elbekosteletz 24, Beraun 32,

Buschtiehrad 34,2 Prozent, und das sind Zahlen aus der jüngsten Vergangenheit.

Daß die Mundartengeographie und Siedlungsgeometrie alle die durch die germanischen Wanderungen, durch die frühgeschichtliche Bildung der deutschen Stämme, durch den gleichzeitigen Drang der fränkischen Großmacht nach Osten geschaffenen Siedlungsverhältnisse des Mittelalters und der Gegenwart zu lösen imstande sei, kann der nicht glauben, der in den deutschen Stämmen des 5. bis 9. Jahrhunderts ein ziemlich nebelhaftes Forschungsgebiet sieht. Ähnliche Gedanken äußert A. Helbok in seiner großangelegten Forschung *Grundlagen der Volksgeschichte Deutschlands* (1937, S. 322 ff.). Auch wirken Kräfte der Sprache durch alle Zeiten des deutschen Daseins, von denen wir einige wenige in ihrem Ursprung und ihrem geschichtlichen Verlauf überschauen. Welche anderen Kräfte in der Bildung unserer Mundarten mitgewirkt haben, können wir im gegenwärtigen Stand unseres Wissens nicht einmal ahnen.

Ich gebe T. Frings sehr recht, wenn er (*Kulturräume und Kulturströmungen,* aaO., S. 248) resigniert sagt: »Die Sprachverteilung aus der Siedlungszeit erscheint heute bereits vielfach gestört.« In seinen Kartenbildern, die die Strahlung von Westen nach Osten veranschaulichen sollten, herrscht eine solche Buntheit der Ergebnisse, daß wir uns hüten sollten, den Weg des kolonialen Siedlungszuges mit mundartlichen oder volkskundlichen Feststellungen durch Pfeile vom Main und Rhein bis Schlesien darstellen zu wollen. Frings entwirft die Kräfte seiner »Schwingungsfelder« durch einen Rückschluß aus der heutigen Mundart auf die des 11. bis 13. Jahrhunderts. Er, ebenso wie Schwarz, spricht überall von Relikt- und Restgebieten der Mundarten an den Rändern der Siedlungsgebiete und in den Sprachinseln, das heißt doch, daß die Mundarten im Osten ältere Sprachzustände bewahrt haben. Sie gestehen aber andererseits zu, daß diese Mundarten als Ganzes sich in den Jahrhunderten seit der ersten Besiedlung gewandelt haben.

Wir haben in den vorstehenden sprachlichen Untersuchungen an Hand von Mundarten des böhmisch-mährischen Raumes festgestellt: Von der östlichen Mundartengrenze des Egerlandes bis an die polnische Grenze leben nahe verwandte und durch Einzelerscheinungen eng verkettete Mundarten, die einen in vielen Einzelheiten nachweisbaren mainfränkischen Charakter aufweisen. Diese deutschbesiedelten Landschaften durch Einwanderung aus Ostfranken im 12. und 13. Jahrhunderts zu erklären, wie Schwarz versucht, konnte nicht gelingen, weil eine Einwanderung in keiner Weise bezeugt ist und weil die Versuche der Forscher, sie durch sprachgeographische Künste zu fassen, mißglückt sind. Vielmehr erweist unsere Mundartenforschung eine ursprünglich einheitliche germanisch-deutsche Volkheit, die alle untersuchten Tatsachen zu erklären vermag. Dieses Deutschtum Böhmens und Mährens hing einstmals auch in den Siedlungslandschaften zusammen, nur die politische Entwicklung vieler Jahrhunderte hat die sprachliche Einheit verdunkelt, aber nicht aufgehoben. Das Verdienst von Schwarz ist, gerade den »ostfränkischen« Charakter der Deutschen von Nordwestböhmen bis an die polnische Grenze aufgezeigt zu haben. Ich gebe im folgenden die Erklärung für diese Tatsachen.

Die von der Sprachforschung für den ganzen Sudetenraum festgestellten »ostfränkischen« Züge aus dem Gebiet vom Vogelsberg bis zum Frankenwald, aus dem Bereich der Städte Würzburg−Fulda−Bamberg erklären sich daraus, daß die Markomannen und Quaden nach Aussage der Geschichte aus eben diesen Gebieten gekommen sind, wie wir oben angeben konnten. Am Vogelsberg und in Hessen treffen wir auch die genitivischen Bildungen von Ortsnamen, die wir in Südostböhmen und im mittleren Mähren und sonst da und dort, zum Teile aus germanischen Formen, wie etwa in den Städten Leitmeritz und Olmütz, feststellten. Durch eine andere Erklärung kann das Rätsel der mundartlichen Verwandtschaft Nordwestböhmens und Nordböhmens mit der Iglauer Sprachinsel und dem Schönhengstgau und anderen weiter östlich wohnenden versprengten Deutschen nicht gelöst werden. Die Markomannen und Quaden waren swebischen Stammes, und nach vielfachen Feststellungen sind bei allen germanischen Wanderungen grö ßere Volksteile in dem zuletzt besiedelten Gebiet sitzen geblieben. Die Franken vom unteren und mittleren Main und in den angrenzenden Landschaften sind Nachkommen des großen Swebenstammes. Starke Ähnlichkeiten in den Mundarten dieser Mainfranken und der markomannisch-quadischen Nachfahren in Böhmen und Mähren, vom nordgauischen Egerland abgesehen, sind noch heute faßbar, wie in den vorangehenden Untersuchungen im einzelnen festgestellt worden ist. So schließt sich der Ring aus geschichtlichen Tatsachen, den sprachwissenschaftlichen Ergebnissen und der Betrachtung von Siedlung und Mundart in Böhmen und Mähren.

V. Der Parallelfall Schlesien

Die schlesische Mundart:
Zurückführung auf die Wandalen

Ich begebe mich nun auf ein Nebengeleise meiner Widerlegung der böhmischen Geschichtslüge, das freilich auch eine wichtige Teilfrage der Ostkolonisation aufhellen soll. Diese Frage, die auch Frings für rätselvoll hält, betrifft die Entstehung der schlesischen Mundart, beziehungsweise die Besiedlung Schlesiens. Das »Rätsel Schlesien« nennt es Frings, und »zu den wichtigsten, aber auch schwierigsten Fragen der ostdeutschen Landnahme und Volksgeschichte gehört das Verhältnis von Meißen zu Böhmen und Schlesien«, sagt er in *Kulturräume und Kulturströmungen* (aaO., S. 300). Die bequeme Theorie, Böhmen und Schlesien etwa von Obersachsen aus besiedelt zu denken, versagt hier. Ich will mich ausführlicher mit dieser Frage beschäftigen, einerseits um der Lösung dieses Rätsels den Weg zu bereiten, und andererseits, um auch hier die Untauglichkeit der Siedlungsgeometrie zur Erklärung größerer geschichtlicher Tatsachen bloßzulegen.

294

Die Besonderheiten der schlesischen Mundart – sie scheidet sich in mehrere Sprachlandschaften – zu kennzeichnen, kann ich mir ersparen. Wir haben darüber ältere und neue Monographien. Hier nur einige Hinweise. Bekannt ist vor allem das schlesische a für das -en der Endsilbe (gebrocha), das nach Frings (aaO., S. 200) »aus der sudetendeutschen Kolonisationssprache stammt«. Es würde interessieren, Näheres über dieses Ursprungsgebiet zu erfahren. Dieses a kommt westlich vom Thüringerwald bis weit über Würzburg hinaus vor, besonders aber im Rhein- und Mittelfränkischen (E. Schwarz, *Sudetendeutsche Sprachräume*, aaO., S. 137 f.) und ist ein Merkmal des Gebirgsschlesischen, des Glatzer Kessels und Oberschlesiens, aber auch in Ostböhmen zu hören. Es ist auch in Nordmähren dort zu finden, wo es vom Gebirgsschlesischen beeinflußt wurde. Mit dem bayerischen undeutlichen a aus -en hat es nichts zu tun. Kennzeichnend für Schlesien ist ferner die Verkleinerungsendung -la, die sich außer in Ostfranken nur im Gebirgsschlesischen findet und, von dort ausstrahlend, auch in Nordmähren. Dieses -la ist so merkwürdig und unzweifelhaft eine der ältesten mundartlichen Erscheinungen des schlesischen Raumes, nur im Neiderländisch-Schlesien, nördlich Liegnitz, steht darauf -l wie in der Lausitz. Im Ostmitteldeutschen, von wo aus ja nach allgemeiner Annahme die Einwanderung nach Schlesien erfolgte, kennt man die Verkleinerungsform auf -el; in Böhmen von Eger bis Nordböhmen und in der Lausitz gilt -l. Nach Schwarz (*Sudetendeutsche Sprachräume*, aaO., S. 141) muß das schlesische -la aus dem Gebiet südlich vom Thüringer Wald stammen, sonst aber haben »die thüringisch-hessisch-rheinischen Siedler dafür -chen nach dem Osten gebracht.« Da ergibt sich also bereits ein großes Fragezeichen.

Ein weiteres Kennzeichen des schlesischen Raumes ist ock (mit einer Nebenform och im Osten), das auch im nördlichsten Teil des Schönhengstgaues in Mähren gilt. Sonst hat die ostdeutsche Landschaft, auch Nordwestböhmen, dafür ner (= nur). Eine Erklärung ist nicht vorhanden. Daß der schlesische Sprachraum über das Iser- und Riesengebirge nach Böhmen hineinreicht, ist bekannt. Das kennzeichnende raicht für

»recht« spricht man beispielsweise von Reichenberg bis ins Neiderländische, ebenso schläicht im Isergebirge. Dieses āi hat gewiß ein größeres Verbreitungsgebiet gehabt. In einem größeren Gebiet von Schlesien (zwischen Grünberg–Sagan–Liegnitz–Öls, also im weiteren Umkreis von Glogau) wird neues ei zu ē monophthongiert, also bēßen für beißen. Frings (»Sprache und Volkstum«, in *Kulturräume und Kulturströmungen,* aaO., S. 223 mit Karte 53) nennt es ein Restgebiet. Aber wo ist die Erklärung?

Auch volkskundlich ist Schlesien vielfach ein Sondergebiet. Nach Frings (ebd., S. 239f., Karte 82) spricht man südlich Liegnitz–Breslau bis gegen Glatz das Worte matte für Fettschicht auf der gekochten Milch und steht mit dieser Form vereinsamt.

Während im nördlichen Deutschland der »Weihnachtsmann« gilt, sagt man im Süden sowie in Schlesien »Christkind«, im mittleren Deutschland und in Böhmen gebraucht man das alte Worte Bornkindel (Bornkinel), wovon bereits gesprochen worden ist. In der von Frings (ebd., S. 24ff.) gebrachten Bildkarte 88 und 92 steht wiederum das schlesische Gebiet (Kreuzburg–Oppeln–Gleiwitz) mit Hanfsamensuppe zum Heiligen Abend abseits von den übrigen Landschaften. Ähnlich ist es mit dem Essen von Blutwurst und Weißwurst am Heiligen Abend, das im ganzen schlesischen Gebiet vorherrscht und sonst nur in Bayern seine Entsprechung findet (Frings, ebd., Karte 91). Warum hört man im Schlesien nördlich um Fraustadt–Glogau bis nahe an Breslau »braut« für brot, das im ostmitteldeutschen Sprachgebiet sonst unbekannt ist?

Daß man im Neiderländischen (nördlich Liegnitz) ei für i, also teisch für tisch spricht, ist bekannt. Ebenso altertümlich mutet etwa der Ersatz von neuem diphthongierten ei durch ē an; ebenso spricht man häß (mit langem ä) im Neiderland und weiter südlich um Glatz und in einem Strich von Nordböhmen das in ganz Mitteldeutschland vom Rhein bis Schlesien verbreitete ē (hēß), dem bekanntlich im Sudetenraum ziemlich allgemein ein hāß gegenübersteht. Das Neiderländische hat eine von dem übrigen Schlesischen unabhängige Entstehung gehabt, sagt Jungandreas (*Beiträge zur Forschung der Besiedlung Schlesiens*, Breslau 1928, S. 294f.). Darum erklärt Schwarz (*Sudetendeutsche Sprachräume*, aaO., S. 272) das niederländische Schlesische als eine »rhönisch-thüringische Mundart, die erst auf schlesischem Boden zustandegekommen ist«. Sicherlich dann auch das Oberschlesische, dem es so nahesteht; und ferner Schwarz: »Es handelt sich bei Schlesien in der Hauptsache um eine Ausgleichslandschaft zwischen thüringisch-obersächsischen Elementen, den Trägern der schlesischen Kolonialsprache, und ostfränkischen Zusätzen, die mehr oder minder angeglichen sind.« Da haben wir es also: »Der gesamtschlesische Raum war eine Halbinsel, fast eine Insel deutschen Sprachbodens« (S. 273). Das sieht ziemlich ratlos aus. Es heißt aber gewiß, daß wir es mit einer selbständig entwickelten Mundart zu tun haben, einer Sondermundart, die nicht durch Mundartengeographie erklärt werden kann. Also ein »Rätsel«.

Hören wir, was T. Frings, der Führer der Siedlungsgeometrie über das Rätsel sagt (*Kulturräume und Kulturströme*, aaO., S. 279): »Gewiß steht die Wirkung der mainisch-süderzgebirgischen (!) Siedlungsbahn auf den schlesischen Gebirgsrand fest. Aber wir möchten wissen, ob das Gebirgsschlesische nicht geradezu aus dieser Siedlungsbahn im Nordostzug über die Sudetenkette aufgebaut ist, wobei wir natürlich die Seitenwirkung der niederösterreichisch-mährisch-schlesischen Siedlungsbahn nicht übersehen!« Wie gesagt: beinahe Orakel! Man möchte dann auch wissen, woher die obere Mainlinie, das »spannungsgeladene mainische Kraftfeld« (ebd., S. 278), von der die ganze Strahl- und Stoßkraft des obersächsischen Raumes ausgegangen ist, diese Kraft genommen hat. Und Seite 306 wird von Frings die Sonderstellung der schlesischen Landschaft durch mainisch-ostfränkische Einzüge aus westostfränkischem und besonders aus hessisch-rhönischem Gebiete erklärt.

Wenn übrigens Frings recht hätte, daß der Zug nach Osten über Sachsen und die Lausitz endlich das weite schlesische Gebiet besiedelt und diese eigenartige Mundart hier entwikkelt hätte, wäre dann noch immer nicht die weite Ausbreitung der schlesischen Sprachlandschaft südlich von Iser- und Riesengebirge und dem Adlergebirge, sowie südlich des Altvatergebirges zu verstehen; denn welche Hemmstelle gerade das Riesengebirge gewesen sein muß, kann man leicht verstehen. Dann lag ja der Siedlungsboden, wenn die Kolonisten schon dabei waren, slawisches Gebiet zu erschließen, im Osten noch breit genug jenseits der Oder. Und merkwürdig, die schlesische Mundart breitete sich weit über Nordböhmen und bis nach Mähren hinein aus, geradeso wie das Reich der Wandalen sich über ganz Schlesien und nach Süden bis über die Ostkarpaten hinein erstreckte. Darum ist Frings auch gezwungen, einen zweiten Siedlungszug südlich des Erzgebirges in die Richtung Schlesien zu Hilfe zu nehmen, der nun gar keine Wahrscheinlichkeit für sich hat. Darüber habe ich schon bei der vielbenützten Hypothese des ostfränkischen Zuges über das Vogtland und das Erzgebirge nach Nordwestböhmen und Nordböhmen bis hinein nach Mähren das Notwendige gesagt. Und wann hätte diese Siedlungswelle ausgehen müssen? Etwa vor der Besiedlung des Egerlandes durch den nordbayerischen Stamm? Und wie groß hätten diese Menschenmassen sein müssen, um solches zu vollbringen, ohne daß die geschichtliche Überlieferung davon Kenntnis genommen hätte?

Die Bodenständigkeit der schlesischen Mundart

Auch Wolfgang Jungandreas hat sich mit dem Problem der schlesischen Siedlung und Sprache beschäftigt: »Beiträge zur Erforschung der Besiedlung Schlesiens und zur Entwicklungsgeschichte der schlesischen Mundart« (in *Wort und Brauch*, Breslau 1928, H. 17). Auch er sucht in der Mundart die Spuren aus den südlichen und westlichen deutschen Landschaften, mit denen er dann die Besiedlung Schlesiens zusammenfügt, also völlig in der Bahn der Siedlungsgeographen. Wenn er etwa die Reste der unverschobenen t im Ostmitteldeutschen (dat, det, etta im heutigen Schlesisch) mit der Kolonisierung durch

Rheinländer erklärt, weist E. Schwarz (»Ostmitteldeutsche Sprachprobleme«, in *Beiträge zur Geschichte der deutschen Sprache*, 52, 1928, S. 389) mit Recht diese »zu weit gehende Gleichsetzung heutiger Verhältnisse im Neu- und im Altland« zurück und erklärt diese Restformen als Rückstände eines einstmals größeren Verbreitungsgebietes, so wie ja gesat, sate, satte auch weiter im Süden (in Schwaben) und in verschiedenen mitteldeutschen-niederdeutschen Grenzgebieten belegt ist, ohne daß man sie als Folgen von Wanderungen ansieht. Es sind eben Restwörter eines einstmals größeren Bereiches. Man sollte bei diesen siedlungsgeographischen Untersuchungen eines nicht vergessen: Das niederdeutsche Geltungsgebiet war einst viel größer und ist seit dem 6. Jahrhundert durch die althochdeutsche Lautverschiebung und seit dem 13. Jahrhundert durch die bayerisch-österreichische Diphthongierung der alten langen Vokale immer mehr eingeengt worden. Diese sprachliche Welle muß ihre Ursachen und Anfänge in der Völkerwanderungszeit gehabt haben. Aber es scheint dementgegen eine zweite Ausbreitungswelle sprachlicher Art von Westen nach Osten gewirkt zu haben, vielleicht in Zusammenhang mit dem uns nur unklar überlieferten Rückfluten der swebischen Stämme um das erste Jahrhundert v. Chr. Aber einzelne Tatsachen, die anzudeuten zu weit abseits von unserem Wege liegt, erweisen das noch für unsere Tage. So ist gewiß, daß das Schlesische als Mundart gegenüber dem Obersächsischen und Nordböhmischen im Zurückweichen begriffen ist. Ich fasse vieles von dem, was der aktive Kreis um Frings auf die Strahlkraft und die Schwingungsfelder der Ostwanderung zurückführt, als eine große Kulturwelle auf, ebenso wie ich die Entstehung unserer Schriftsprache in erster Linie als eine Angelegenheit unserer Kulturgeschichte ansehe.

Jungandreas hat in dem angeführten Buche bei der Besiedlung Schlesiens und der Entwicklung der schlesischen Mundart immer wieder das Mitwirken österreichischer Einflüsse auffällig betont (so etwa S. 113 ff., 123, 134, 145 f., 239, 242). Ich kann seinen Ausführungen und Gründen kein besonderes Gewicht beilegen. Nicht einmal der Sudetenraum hat wesentliche

Spracheinflüsse von Österreich her erfahren. Wir wissen, daß einige der südostböhmischen und mährischen Landstriche erst im 13. Jahrhundert an die primislidische Herrschaft fielen. Neubistritz gehört noch 1188 zu Österreich, Landstein bis ins Jahr 1249. Diese Abrundung der Grenze gegen Österreich gehört einer geschichtlichen Zeit an. Frühgeschichtlich haben gewiß die Quaden bis an die Donau gesiedelt, das Großmährische Reich des 9. Jahrhunderts reichte weit über die mährische Grenze gegen Südosten, aber eine Besiedlung Mährens von Niederösterreich her betraf nur Grenzbezirke. Das mittel- beziehungsweise nordbayerische Element, vornehmlich im Norden der Iglauer Sprachinsel, gehört in die große Frage der sudetendeutschen Siedlung überhaupt. Keine geschichtliche Tatsache spricht für einen besonderen Einfluß Österreichs auf Schlesien. Die spätere Zugehörigkeit des Südteils zu Österreich hat nichts mit dem Werden der um 1400 fertigen Mundart zu tun. Der einzelne urkundliche Beleg eines Bayerhofes, jetzt Arnoldshof bei Jauer, der aus dem 13. Jahrhundert stammt, trägt das Zeichen einer Ausnahme an der Stirn; da fällt beispielsweise die Übereinstimmung von drei Ortsnamen in Hessen und der Grafschaft Glatz (S. 145 f.) mehr ins Gewicht, wenn sie auch wohl späte Gründungen sind. Wie wenig beispielsweise aus der Untersuchung der Familiennamen über die Vorheimat der Siedler zu gewinnen ist, hat H. Reichert schon im Jahre 1908 aus Breslauer Quelle festgestellt (*Die deutschen Familiennamen nach Breslauer Quellen des 13. und 14. Jahrhunderts;* siehe nun auch G. Eis, »Zur Erforschung der sudetendeutschen Familiennamen«, in *Forschungen und Fortschritte,* 15, 1939, S. 239 f.).

Jungandreas ist auch eigene Wege gegangen. So hat er die in den Urkunden Schlesiens überlieferten Herkunftnamen, besonders Zeugen, in einer großangelegten Übersicht zusammengebracht, und er wollte damit die schlesische Besiedlung beleuchten und begründen. Von vornherein muß man das Bedenken äußern, daß Zeugennamen keine sicheren Beweise sind, besonders aber, wenn sie vornehmlich Adlige und Geistliche betreffen. Aber noch schwächer wird die Zeugenschaft,

Mundarten in Schlesien

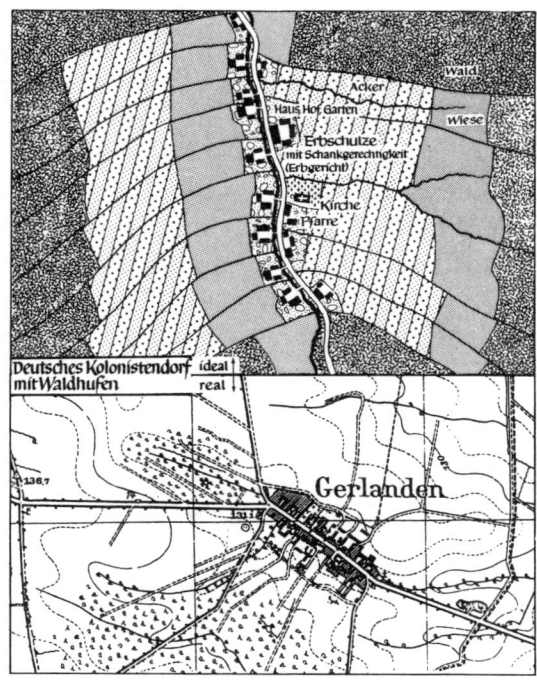

Waldhufendorf in Schlesien

301

wenn sie aus der zweiten Hälfte des 13. Jahrhunderts stammt, in dem die ostdeutsche Besiedlung sozusagen abgeschlossen ist. Namen mit Herkunftsbezeichnung aus dem 14. und 15. Jahrhundert jedoch haben überhaupt keine Beweiskraft. Alles dies ist aber in den von Jungandreas angeführten Belegen der Fall. Aus dem 13. Jahrhundert kann er im ganzen etwa zwölf Namen anführen, wie Friese, Sachse, Westfale, Hesse, Düring; nicht viel mehr gibt es so allgemeine Herkunftsbezeichnungen aus dem 14. Jahrhundert. Wichtiger sind Personennamen mit Angabe der genaueren Herkunft; davon bringt das Buch (S. 16 ff.) etwa 600 Belege, in der Mehrzahl jedoch aus dem 14. Jahrhundert, manche sogar aus dem 15. Jahrhundert. Sie weisen meist nach Thüringen und Obersachsen und sind für unsere Frage ohne Wert.

Um 1300 ist gewiß auch die schlesische Mundart, soweit sie noch beeinflußt werden konnte, als Ganzes fest geworden. Auch für die von Jungandreas vermutete Siedlung von Österreich her bringt er (S. 114f.) etwa 100 Namen bei, von denen wiederum 36 aus dem 15. Jahrhundert stammen; aus dem 13. Jahrhundert belegt er nur 24 Namen, darunter wieder Geistliche und Ritter als Zeugen. Die mühsame Zusammenstellung erweist nichts für die ursprüngliche Siedlung des schlesischen Raumes und die Herkunft der Siedler.

Dankenswerter sind seine Beobachtungen und Feststellungen für die altschlesische Sprache, so etwa, daß ursprünglich schlesische Entsprechung für uo zu ō, ie zu ē später durch ostmitteldeutsch ū und ī verdrängt worden ist (S. 171 ff.): Olricus, Detricus. Aber daß Schlesien eine Mischmundart durch Besiedlung aufweist (S. 240), ist nicht richtig, ebenso wenn Jungandreas, wie andere Siedlungsgeographen auch, meint, das Schlesische sei durch Addition verschiedener westdeutscher, niederdeutscher und süddeutscher Sprachmerkmale entstanden. Das Rätsel der schlesischen Mundart kann auch er nicht lösen. Es ist aber zu verwundern, daß noch niemand die merkwürdige Ähnlichkeit mit dem Schwäbischen hervorgehoben hat. Und wenn das Schlesische wirklich das Ergebnis ostdeutscher Kolonisation wäre, was es nicht ist, also gleichsam

der Endpunkt des obersächsisch-meißnischen Zuwanderungs-
gebietes, müßte man erwarten, daß hier die Kennzeichen des
Obersächsischen in verstärktem Maße zutage träten. Wer
Schlesien kennt, weiß, daß Charakter und Sprache der Schle-
sier sehr wenig mit den Obersachsen gemein haben. Schon der
Tonfall der Rede ist ein Gegensatz. An solchen nicht aus der
Siedlungsgeometrie von T. Frings genommenen Feststellun-
gen scheitert alle Berechnung. Das Rätsel bleibt.

Germanische Volksteile aus Völkerwanderungszeit im Osten Deutschlands

Alle Forscher haben festgestellt, daß das Schlesische eine
Sonderstellung in den ostdeutschen Mundarten einnimmt, daß
viele seiner Eigentümlichkeit keine befriedigende Deutung
finden können, daß das Niederländische und das Ostober-
schlesische bemerkenswerte altertümliche Züge aufweisen.
Der Versuch der Schule von Frings, es ebenso wie das Obersächsische als Ergebnis der Kolonisation zu erklären, ist ein
rationalistischer Ausweg gegenüber der lebendigen Sprache.
Mir gibt eine bisher mehrmals erwähnte, aber nirgends ausge-
wertete geschichtliche Tatsache den Ausgangspunkt für manche rätselvolle Erscheinungen in der Besiedlung des Ostens:
der Osten des heutigen Deutschland war von der Ostsee bis tief
hinein nach Ungarn durch lange Jahrhunderte von großen
germanischen Volksstämmen besetzt und besiedelt; die Völkerwanderung zeigt sie uns in einem ständigen Durcheinander-
fluten, und die Geschichte erzählt von dem großen Wandern
nach dem Süden und Südwesten Europas. Wir wissen andererseits, daß die Germanen seßhafte Ackerbauern gewesen sind,
wir wissen, wie ausziehende Stämme sich das Heimatrecht für
eine mögliche Wiederkehr wahrten, wie sie noch nach Menschenaltern den Zusammenhang mit dem verbliebenen Teile
ihres Volkes aufrechterhielten. Daß germanische Stämme in
irgendeinem Fall ihren Wohnsitz zur Gänze aufgegeben hätten, wird sich nicht erweisen lassen; umgekehrt lassen alle

Erwägungen und viele geschichtliche Anhaltspunkte darauf schließen, daß durch alle Jahrhunderte der großen Wanderung größere Teile in den alten Sitzen zurückgeblieben sind. Ich habe bereits darüber geredet. Die Wissenschaft hat dieser Möglichket noch wenig Aufmerksamkeit geschenkt. Neuerdings tut es die Bodenforschung. Ich bin der Überzeugung, daß der Osten des heutigen Deutschland bei der langsamen und allem Anschein nach unkriegerischen Einwanderung der slawischen Stämme seit dem Ausgang des 6. Jahrhunderts nicht menschenleer gewesen sein kann, daß die Räume andererseits so ausgedehnt sind, daß neuere Scharen ohne Kampf und Ausrottung der alten Siedler daneben und dazwischen Platz gefunden haben. Man denke an heutige russische Räume. Eine nationale Frage gab es damals nicht.

Ich glaube weiter, daß zur Zeit der großen Ostbewegung der Deutschen im 10. Jahrhundert die kriegerischen Scharen der sächsischen Kaiserzeit sowie die friedlichen Neusiedler des 11. Jahrhunderts östlich der Elbe überall noch auf germanischdeutsche Volksreste gestoßen sind, sonst wäre die Germanisierung der Slawen zwischen Elbe und Oder—Weichsel nicht so schnell und gründlich vor sich gegangen, die Neuansiedlung in wenigen Menschenaltern durch weite Landschaften nicht so durchgängig deutsch erschienen. Hier ist noch manches zu erforschen und aufzuhellen. Die Bodenfunde werden am ehesten Auskunft geben. Wenn ich diesen Satz für den deutschen Osten in seiner Gänze aufstelle, denke ich nicht an Schlesien. Für das schlesische Wohngebiet ist es mir ganz außer Zweifel, daß sich beiderseits der schlesischen Berge wandalische Volksreste in ziemlicher Ausdehnung bis in die Neusiedlung im ausgehenden 12. und 13. Jahrhundert lebendig erhalten haben. Nur so verstehe ich die Sonderstellung der schlesischen Mundart, das »Rätsel Schlesien«. Ich habe darum in der vorausgehenden Auseinandersetzung über die Besiedlung des Sudetenraumes die schlesischen Besonderheiten der Sprache unterstrichen, immer an der Hand von Aufstellungen von Schwarz und Frings, die hier als einwandfreie Berichterstatter gelten können. Ihre Erklärung, daß die schlesische Mundart

304

aus einer Zusammensetzung zahlreicher west- und süddeutscher Sprachmerkmale hervorgegangen sei, und ihre dafür verwendeten Hilfshypothesen lehne ich ab. Als die ostdeutsche Neusiedlung Schlesien erreichte, nicht vor der Mitte des 12. Jahrhunderts, hat sie im ganzen Gebiet noch ansehnliche deutsche Volksreste angetroffen, stark genug, ihre Mundart im wesentlichen weiterzugeben.

Man hat von der Einwanderung der Slawen des 6. und 7. Jahrhunderts in unseren wissenschaftlichen Darstellungen noch immer die Vorstellung von ungeheueren Scharen, von einem slawischen Meer, in dem der Osten zwischen Elbe und Weichsel ertrank. Das Gegenteil ist wahr. Die germanischen Volksteile im Osten waren durch den Gang der fränkisch-deutschen Geschichte bloß aus dem Zusammenhang mit den westlich wohnenden Deutschen herausgerissen und mußten sich mit den andrängenden Slawen friedlich oder kriegerisch abfinden. Daß sich aber in Schlesien germanische Volksteile ohne besondere Not durch Jahrhunderte erhalten konnten, erklärt sich aus dem Rückhalt eines ausgedehnten und zum Teil unwegsamen Gebirgszuges, der ihnen Rückendeckung für deutsche Art und Sprache gab.

H. Aubin führt die Sonderentwicklung der Schlesier in Sprache und Volkscharakter auf Isolierung von dem übrigen Deutschtum durch die Hemmstelle der Wenden zurück. Aber es ist nicht zu glauben, daß die Wenden den lebendigen Zusammenhang Schlesiens mit dem übrigen Deutschtum so weitgehend eingeschränkt hätten; dann müßten Ostpreußen oder die Deutschen im Banat und die Siebenbürger »Sachsen« ganz wesentliche Sonderentwicklungen darstellen.

Die germanischen Bodenfunde in Schlesien sind zahlreich, freilich besonders aus der Völkerwanderungszeit. Die ersten Slawenfunde einer frühchristlichen Zeit stammen aus dem 10. und 11. Jahrhundert (siehe den Vortrag von Bolko von Richthofen in der *Stiftung für deutsche Volks- und Kulturbodenforschung*, Leipzig 1923–1929, S. 243f.). Es ist auch sicher, daß die erste slawische Besiedlung Schlesiens nur schwach gewesen ist. Die geschichtliche Forschung nahm an, daß die Wandalen am Beginn des 5. Jahrhunderts sozusagen zur Gänze abgewandert seien. L. Schmidt, der beste Kenner der germanischen Wanderzüge, sprach in der *Geschichte der germanischen Frühzeit* (1925) von ansehnlichen Resten, die dauernd in Schlesien zurückblieben. Ebenso tritt er auch für den Zusammenhang des Deutschtums in den Sudetenländern mit der früheren germanischen Besiedlung ein und nennt es »ein ziemlich kräftiges Deutschtum, das einen Einfluß auf die spätere Entwicklung gehabt haben müsse«.

Hören wir, was Ernst Petersen (*Germanen in Schlesien*, Breslau 1937) in seiner klargeschriebenen Monographie zu unserer Frage sagt. Während der markomannisch-quadischen Zeit Böhmens saßen, und zwar bereits vor dem Einzuge, diese swebischen Völkerschaften in den Sudeten, in Schlesien die Wandalen, in breiter Herrschaft; ihre Kultur scheint im vierten nachchristlichen Jahrhundert ihren Höhepunkt erreicht zu haben; prachvolle Fürstengräber im mittleren Schlesien und in der Slowakei zeugen davon. Freilich ist bereits ein gotischer Einfluß unverkennbar. Um 401 ist ein Großteil der Wandalen hinter einem Kriegsvolk von Burgunden her nach Westen abgezogen. Sie haben unter Geiserich (426) das nordafrikanische Reich gegründet. Aber noch saßen zurückgebliebene Reste von Wandalen in größerer Zahl, als man früher meinte, in der alten Heimat, vor allem in Schlesien. Wir wissen von geschichtlichen Zeugnissen für das Verbleiben von Wandalen in Schlesien. So haben die in den alten Sitzen zurückgebliebenen Volksgenossen den König Geiserich vor seiner Überfahrt nach Afrika durch eine Gesandtschaft gebeten, er möge ihnen die Anrechte der Ausgewanderten an dem Ackerboden abtreten. Aber von dem Verbleiben der Wandalen zeugen auch die Bodenfunde des 5. und wohl auch 6. Jahrhunderts (Petersen, aaO., S. 31 f.).

Thietmar von Merseburg berichtet in seiner Chronik (bis zum Jahre 1018), daß die Stadt Nimptsch, die übrigens auch um das Jahr 990 von dem böhmischen Chronisten Cosmas erwähnt wird, »einst von den Unseren erbaut worden ist«; der Ortsname bedeutete ja »Deutsche«. Als Sleenzane erscheinen sie in der aus dem 9. Jahrhundert stammenden Regensburger Völkertafel. Das schlesische Land hat sich auch eine ausgesprochene Selbständigkeit bis zur Einbeziehung in das Piastenreich (990) bewahrt. Auch die Piasten gelten nach neuer Forschung als wikingische Adlige. Der erste dieser Reihe, Misika (Mieszko), führt in einer Papsturkunde den nordgermanischen Namen Dago, und seine Tochter Sigrid war zuerst mit dem König von Schweden und dann mit dem König von Dänemark vermählt. Thietmar (VII, 44) erzählt von dem Zuge Misikas gegen Böhmen und wie der Kaiser Heinrich im August 1017 nach Goglau gezogen sei, und setzt dann fort: »Diese Stadt Nemzi liegt in der Landschaft Silensi, die ihren Namen von einem sehr hohen und großen Berg (Zlenz) hat, der wegen seiner Größe und Beschaffenheit, weil daselbst heidnischer verruchter Götzendienst stattfindet, von den Einwohnern gar hoch gefeiert wurde.« Das ist also das germanisch-heidnische Heiligtum des Zobten im Stamme der Silinge, von dem auch Tacitus weiß.

Mir ist also die Sonderstellung Schlesiens im deutschen Sprach- und Siedlungsraum kein Rätsel.

Zusammenfassung

Die Markomannen und Quaden als ein Volk mit staatlicher Ordnung mitten im alten Germanien, voll äußerer Kraftentfaltung, das in großen Kriegen dem mächtigen Rom entgegentrat, die Donaugrenze abzuschirmen imstande war und schließlich gefürchtete Züge im römischen Gebiet unternahm, spielten durch fünf Jahrhunderte eine geschichtliche Rolle. Daß sie dann fern von jeder geschichtlichen Kunde aus Böhmen ausgezogen seien, nach Bayern abgewandert, ist ohne Beweis. Ein ackerbautreibendes Volk verläßt nur in äußerster Not den ererbten Boden. Diese Not lag nicht vor. Denn die um das Jahr 500 vorrückenden Langobarden haben nicht ganz Böhmen und Mähren eingenommen, weil ihre Kraft nach dem Süden zielte. Die Lehrmeinung, die Bayern seien die Nachkommen der Markomannen, steht auf schwachen Füßen; eher dürften die Langobarden diese Ehre beanspruchen. Aber diese haben Teile von Böhmen und Mähren durch etwa 50 Jahre als Übergangsland besetzt, wobei das westliche und südliche und südöstliche Böhmen und Landschaften in Mähren die wahrscheinlichsten Wohnsitze gewesen sind. Daß das nordgauische Egerland bis Kaaden einen Stamm der Langobarden weiterführe, bleibt bis auf weitere Untersuchungen eine Vermutung von mir.

Die deutsche Bodenforschung in Böhmen und Mähren, die noch vor wenigen Jahrzehnten die germanischen Überbleibsel wenig beachtet hat, war durch das Überwiegen der tschechischen Forschung und die Lehrmeinung vom Abzug der Markomannen in ihren Ergebnissen behindert. Die germanisch-deutschen Gräber des 6. bis ins 10. Jahrhunderts wurden als thüringische, merowingisch-karolingische und als slawische Fürstengräber gekennzeichnet. Erst in jüngster Zeit vollzieht sich auch hier in vermehrter Forschertätigkeit ein Wandel der Ansichten, der alte Irrtümer aufhellen und zurechtrücken wird.

Die tschechische Geschichtsschreibung hat seit hundert Jahren über die Einwanderung der Slawen in die Sudetenländer, über ihre Zahl, ihre Kultur und ihre staatliche Zusammenfassung völlig unrichtige Lehrmeinungen verbreitet und die Wahrheit vernebelt, daß wir es ebenso wie an die Saale und Naab nur mit, allerdings zahlreichen, Sippenverbänden zu tun haben, die nicht durch Waffentaten, sondern ziemlich unvermerkt in die weiten Landschaften vorgedrungen sind, als Fischer, Jäger und Früchtesammler sich vornehmlich in Flußniederungen niederließen und neben den bodenständigen germanischen Siedlern Platz fanden. Sie waren im Gefolge der Awaren nach dem Westen gekommen und haben kaum irgendwo den Markomannen und Quaden den Wohnraum streitig gemacht. Im Innern Böhmens hat im Jahre 623 ein Franke Samo, wohl der Führer fränkischer bewaffneter Kauffahrer, durch die Befreiung der Slawen von awarischer Bedrückung sich zu ihrem Fürsten aufgeschwungen und seine Herrschaft auch gegen einen gefährlichen Kriegszug des Frankenreiches im Jahre 631 behauptet. Der fränkische Heeresteil, der die Wogastisburg, einen von Natur fast uneinnehmbaren Berg – es ist der Burberg gegenüber Kaaden – berannte, erfuhr eine Niederlage. Der von dem fränkischen Chronisten überlieferte germanische Name dieses Berges erweist, daß im 7. Jahrhundert in Nordwestböhmen noch Markomannen siedelten, und es ist anzunehmen, daß auch die in Innerböhmen wohnenden germanischen Menschen Samo gegen die Franken als Landfeinde Waffenhilfe leisteten.

Gegenüber der zählebigen Meinung, die Slawen hätten bei ihrer Einwanderung ein menschenleeres Land vorgefunden, haben sich viele Forscher in den letzten Jahrzehnten zu der Überzeugung bekannt, daß ansehnliche germanische Volksreste im Sudetenraum nicht bloß vorhanden waren, sondern durch längere Zeiträume hier beheimatet blieben, weil nur so zu verstehen sei, daß so viele germanische Berg- und Flußnamen in den Mund der Slawen eingegangen sind und dazu noch zahlreiche Namen von Siedlungen. Und da die Tschechen ebenso wie die Sorben das germanische Betonungsgesetz – Hervorhebung der wichtigsten Silbe – in einer freilich äußerlichen Form übernommen haben, müsse mit einem langdauernden Nebeneinanderwohnen der beiden Völker gerechnet werden. Schon aus dieser Erwägung ist nicht abzusehen, warum germanische Menschen nicht auch weiterhin in den weiten Räumen verblieben sein sollten.

In der Bezeichnung »Boemanni« (»Böhmen«) bei den fränkischen Chronisten des ausgehenden 8. und 9. Jahrhunderts haben die tschechischen und in ihrem Gefolge auch die deutschen Geschichtsforscher die Benennung für »Tschechen« gesehen, ganz unbegreiflich; der Name ist gewiß ganz allgemein für das Land Böhmen und seine Bewohner gebraucht worden, ohne Unterschied der Volkszugehörigkeit, da diese Zeit keine nationale Frage kannte.

Die Slawen Böhmens und gewiß auch von Mähren haben den von ihnen eingenommenen Wohnraum in größeren Sippenverbänden, kleinen Stämmen und Gauen bewohnt, und zwar durch Jahrhunderte, bevor sie zu einer ersten staatlichen Einigung im Prager Herzogtum gelangten. Die Herrschaft Samos kann nicht dafür gelten. Daneben hat es natürlich in allen Teilen Böhmens, die sich später als deutschbesiedelt hervorheben, deutsche Gaue gegeben. Um 900 haben die im Prager Herzogtum zum ersten Mal geeinigten Tschechen Innerböhmens den markomannisch-deutschen Gauen von Leitmeritz –Bilin–Saaz bis Pilsen, die unter einem kriegerischen und mächtigen Gaufürsten standen und von Cosmas als Saazer bezeichnet wurden, eine Niederlage bei Turtsch im Duppauer Höhenzug beigebracht, und vom 10. Jahrhundert ab kann man die langsame Ausbreitung des innerböhmischen tschechischen Herrschaftsbereiches annehmen. Das ganze deutsche Westböhmen sowie Südböhmen und das eigentliche Nordböhmen – das Land um Biela und Polzen und im Elbebogen – sowie auch das von den Slavnikingen beherrschte östliche und südöstliche Böhmen unterstand also nicht dem Prager Herzogtum, das

310

durch innere Kämpfe eine ziemlich unklare und schwächliche Rolle bis in die Mitte des 11. Jahrhunderts gespielt hat. An der frühen Geschichte des Landes hat ohne Zweifel der germanische Stammesadel Anteil gehabt, und es besteht kaum ein Zweifel, daß der Begründer des böhmischen Herrschergeschlechtes, Primisl, ein germanischer Gaufürst gewesen ist, vielleicht auch ebenso die sagenhaften Persönlichkeiten des Krok und der Libussa.

Der Umfang des Prager Herzogtums war bis in die Mitte des 10. Jahrhunderts nicht bedeutend, es wird durch eine Reihe von Befestigungen (Sedlo, Sedlec, Týn, Tynec) umschrieben, die in den Urkunden des 11. und 12. Jahrhunderts erwähnt werden. Zu allen Zeiten war dieses Prager Herzogtum dem Reiche tributpflichtig und lehenspflichtig; die deutschen Könige haben oft genug auch in die herkömmlichen Thronstreitigkeiten eingegriffen. Erst durch die gewaltsame Eingliederung des Gebietes der Slavnikinge, deren Fürstengeschlecht (995) durch Mord beseitigt wurde, erhielt das böhmische Herzogtum mehr Kraft und Bewegungsfreiheit im Osten Böhmens. In das 10. Jahrhundert fällt auch die Sicherung der bisher erreichten Grenzen. Dabei dürfte auch die befestigte Grenzlinie gegen das nordgauische Egerland ausgebaut worden sein, die ich von Warta aus über das südlich gelegene Aubachtal festgestellt habe und die genau mit der Grenze zwischen der egerländischen und der nordwestböhmischen Mundart zusammenfällt, bis zum heutigen Tage. Kaaden wurde somit Grenzburg und erscheint als solche bei dem Zuge Kaiser Heinrichs II. im Jahre 1004.

In der Mitte des 11. Jahrhunderts beginnt das allmähliche Vorrücken der Tschechen über ihr bisheriges Herrschaftgebiet in die deutschbewohnten Landschaften nach Westen und Norden. Es war ein Einsickern durch Anlegung von Außenposten und Stützpunkten, von denen wir am Beginn des 12. Jahrhunderts vereinzelt urkundlich Kenntnis erhielten. So hören wir zum Jahre 1121, daß sich Deutsche in Westböhmen bei Weißensulz gegen die Tschechen verschanzten, aber von Herzog Wladislaw geworfen wurden, und zum Jahre 1126, daß

Herzog Wratislaw drei Befestigungen in eben diesem Gebiet zwischen Pfraumberg und Tachau anlegen ließ, und ferner, daß im Jahre 1131 Herzog Sobieslaw Mies befestigt hat. Diese Maßnahmen zielten also auf gesichertes Übergreifen über die Pilsener Senke ab.

Auch im Egerland stießen die Tschechen im 11. Jahrhundert vor und legten den Stützpunkt Zettlitz gegenüber Karlsbad an, mit einigen Dörfern ringsum, die freilich im 12. Jahrhundert eingedeutscht wurden. Es ist eine von den Tschechen und einigen deutschen Geschichtsforschern zäh festgehaltene Legende, die Tschechen seien bereits im Jahre 600 bis Eger vorgedrungen und das Egerland sei erst im 13. Jahrhundert durch bayerische Besiedlung deutsch geworden. Daß das geräuschlose und allmähliche Vorrücken der Slawen aus der russischen Urheimat nach dem deutschen Westen nirgends in kriegerischer Form vor sich ging, wissen wir, daß sie aber zahlreich genug gewesen wären, innerhalb eines Menschenalters nach ihrer um 590 erfolgten Einwanderung ganz Böhmen und Mähren zu besetzen, zu besiedeln und auszufüllen, kann keine unvoreingenommene Geschichtsforschung für möglich halten. Erst im letzten Drittel des 12. Jahrhunderts faßten die Tschechen Fuß im westlichen Egergebiet. Die slawischen Siedlungen, soweit sie nicht im Umkreis von Eger ehemals sorbisch gewesen sind, gehen hier nicht über diese Zeit zurück. Sie wurden bald eingedeutscht. Das Elbogener Land gehört zu dieser Zeit rechtlich noch nicht zu Böhmen, erst das Jahr 1212 bekräftigte den Herrschaftsanspruch.

Auch in Nordmähren stammen alle vorgeschobenen slawischen Posten aus der Zeit nach 1130, und nicht viel anders war es in Nordböhmen, wenn man die Volkszugehörigkeit betrachtet. Das von Boleslaw I. erbaute Altbunzlau, eine Tagesreise nördlich Prag, wurde »im Grenzwald« errichtet. 25 Jahre später (950) wird Nimburg mit dem deustchen Namen Niwunburg urkundlich erwähnt.

Entscheidend für die Zusammenfassung von Böhmen und Mähren war die Persönlichkeit des Herzogs Břetislaw (gest. 1055). Mähren wurde von ihm endgültig an Böhmen angeglie-

312

dert (1029). Seine Rebellion gegen die deutsche Oberhoheit wurde freilich von Kaiser Heinrich III. gebändigt und zu einem festen Lehens- und Treueverhältnis gegen das Reich umgebogen, im Jahre 1041. Mit diesem Jahr ist die Geburt einer festen slawisch gelenkten Macht im Herzen Deutschlands anzusetzen. Das wirkt sich bald aus. Der Versuch des Herzogs Spitihnew (1055), dem Deutschtum in Innerböhmen einen Schlag zu versetzen, war freilich verfrüht und scheiterte. Auch in Mähren bestand eine deutschgerichtete Gegnerschaft gegen Prag, die erst 1059 bereinigt werden konnte. Die Prager Herzöge fügten sich von nun an in das Lehens- und Treueverhältnis zum Reich gehorsam und erfolgreich ein, und es begann der außenpolitische Aufstieg des böhmischen Herzogtums unter der Gunst der deutschen Könige. Er wurde im Innern durch den Ausbau des noch vorhandenen Bodens im Laufe des 12. und 13. Jahrhunderts begleitet, auch in die deutschen Landesteile hinein, ohne diese slawisieren zu können. Dazu fehlte es an Menschen und wirtschaftlicher Kraft. Vielmehr wurde ein großer Teil der ausgesetzten slawischen Dorfschaften eingedeutscht. Die Deutschen übten keinerlei politische Macht aus, kamen jedoch wirtschaftlich erstaunlich vorwärts, eine Reihe deutscher Klöster wurde gegründet, nicht in tschechischem, sondern in deutschbewohntem Umkreis. Erst eine sehr viel spätere Zeit hat diese deutschen Landschaften durch die zähe nationale Arbeit des zentralen Prag durchlöchert, wobei das Prager Bistum durch eine ganz systematische Tschechisierung der deutschen Ortsnamen eine wichtige Hilfe leistete. Die Blütezeit des Landausbaues, auch auf der deutschen Seite, fiel in das 13. Jahrhundert.

Das Vorhandensein deutscher Menschen in weiten Gebieten des Sudetenraumes über die ersten Jahrhunderte nach der slawischen Einwanderung hinaus wird auch durch die wissenschaftliche Behandlung der Fluß- und Ortsnamen erwiesen. Fast alle Flüsse Böhmens und Mährens tragen germanische Benennungen, so Moldau, Angel, Uslawa, Mies, Wotawa, Sazawa, Iglawa, Schwarzawa, Oskawa, in der Slowakei Waag und Rudawa; bei dem Namen der Elbe ist es unsicher; Eger und Iser sind keltisches Erbe. Aber auch die wichtigsten Siedlungen führen in die germanische Zeit zurück, so Prag, das mit dem frühüberlieferten Fräga zusammengehört, Saaz, Leitmeritz, Pilsen, Kaaden, Olmütz und Brünn, um nur die bedeutenden zu nennen. Daneben gibt es hundert und mehr Ortsnamen, die für den ungelehrten Beobachter einen kennzeichnenden slawischen Namen tragen, jedoch uralte germanisch-deutsche Benennungen sind.

Bei vielen anderen Namen war die Tschechisierung des 13. bis 15. Jahrhunderts nicht imstande, die alten deutschen Bezeichnungen auszutilgen. Diese amtliche Tschechisierung von Ortsnamen, die schon im 11. Jahrhundert einsetzte und vornehmlich der Kirche und ihren tschechischen Kanzlisten zur Last gelegt werden muß, die übrigens auch in der herzoglichen und späteren königlichen Kanzlei ihre Tätigkeit entfalteten, hat viele hundert altdeutsche Namen durch Übersetzungen, durch Verballhornungen mit tschechischen Wortbestandteilen oder durch Umtaufe derart entstellt, daß es einer besonderen Forschung bedarf, den deutschen Kern aufzufinden. Beliebt sind in den Urkunden des 13. bis 15. Jahrhunderts Doppelbenennungen, deutsch und tschechisch, manche der letzteren sind durch den immerwährenden amtlichen Gebrauch auch in die Umgangssprache eingegangen. Diese durch Jahrhunderte geübte Methode in Prag ist ein eigenes Kapitel der böhmischen Geschichtslüge.

Einzelne der in germanische Zeit zurückführenden Namen, wie des Říp, der Schwarzawa, die Ortsnamen Pfraumberg, Riegerschlag, Köpferschlag, beweisen durch ihre lautliche Weiterentwicklung, daß sie seit dem 7. und 8. Jahrhundert dauernd in deutschem Mund gelebt haben, so daß damit ein ununterbrochenes Vorhandensein deutscher Menschen erwiesen ist.

Die von Palacky ausgesprochene These, daß Deutsche in Böhmen vor dem 13. Jahrhundert nicht bodenständig gewesen seien, hat nicht bloß die tschechische Wissenschaft und die volkstümliche Tradition in Buch und Schule genährt, sondern auch die ganze böhmische Politik seit 1848 bewegt und geleitet.

314

Überdies hat sich die deutsche Geschichtsschreibung der Kolonisationstheorie gefügt und die besten Streiter für diese böhmische Geschichtslüge gestellt. Sie behaupten bis heute, daß die Deutschen als Kolonisten nicht vor 1170 in den Sudetenraum gekommen seien und hier in raschem Aufbau im 13. Jahrhundert die Tausende deutscher Dörfer und Weiler und über hundert deutsche Städte errichtet hätten, so daß das Böhmen und Mähren des 13. Jahrhunderts wirtschaftlich und kulturell wie ein deutsches Land gelten konnte.

Demgegenüber ist festzustellen, daß trotz aller Bemühungen der Gegenseite bis heute auch nicht ein einziges bündiges Zeugnis für die Einwanderung auch nur einer kleinen Anzahl deutscher Menschen aus dem Reich nach Böhmen und Mähren beigebracht werden konnte, und doch hätte der Zuzug von Zehntausenden im Zeitraum eines Menschenalters wenigstens in *einer* schriftlichen Überlieferung eine Spur hinterlassen müssen. Böhmen und Mähren sind auch nicht den Ostgebieten jenseits Elbe und Oder gleichzustellen, die durch die Ostpolitik deutscher Herrscher im 11. und 12. Jahrhundert dem Deutschtum zurückgewonnen wurden; denn der Sudetenraum war, wie auch heute noch, in dieser Zeit der deutschen Kolonisation zu mehr als einem Drittel deutsch besiedelt und ist, mit geringen Einbußen, bis zum heutigen Tage (1943) deutsch geblieben.

Um 1220 hat es in Böhmen und Mähren eine große Anzahl nach deutschem Rechte in deutscher Freiheit lebender Städte gegeben, deren Bürger ohne jeden Zweifel deutsch gewesen sind. Seit etwa 1230 haben diese Städte, vielfach noch in der zweiten Hälfte des Jahrhunderts, eine urkundliche Bestätigung ihrer überkommenen und von altersher geübten Freiheiten und Rechte durch die böhmische Krone erhalten. Solche Bestätigungen als Gründungsakte des Gemeinwesens anzusehen, war einer irregeleiteten Geschichtsschreibung, auch auf deutscher Seite, vorbehalten. Der gleiche Irrtum war es, sich diese Städte als aus dem Boden gestampfte Neugründungen vorzustellen, die nun sämtlich auch gleich von eingewanderten Deutschen besiedelt gewesen seien. Die Wahrheit ist völlig anders. Städte konnten in diesen Zeiten auch in unserem Raum nicht einfach gegründet werden; sie sind geworden und gewachsen, und die neueste Forschung hat für die meisten dieser Städte eine sehr langsame Entstehung und Entwicklung aus längst bestehenden Marktsiedlungen festgestellt. Wo wirklich einmal von einem Gründungsakt die Rede ist, betrifft er die Erweiterung einer Siedlung, öfters neben der älteren. Geordnete städtische Gemeinwesen bedürfen eines langen Wachstums und setzen einen Umkreis von älteren Dorfschaften voraus, in diesem Fall deutschen Dörfern, weil alle Städte in Böhmen und Mähren deutsch gewesen sind, auch die nunmehr längst tschechisierten, außer Tabor. Schon aus diesem Grund ist es unmöglich, daß die angeblich um 1170 einsetzende deutsche Einwanderung in einem Zeitraum von 50 Jahren neben der Besetzung und Eindeutschung weiträumiger Landschaften auch die 100 und mehr ansehnlichen städtischen Gemeinwesen hätte hervorrufen können.

Die Verfechter der Kolonisationstheorie suchten ihre Annahme mit einer neuen Methode zu unterbauen, nämlich durch die Siedlungsforschung, indem die Mundarten unseres Raumes an der Hand wissenschaftlicher Unterlagen untersucht und mit den angenommenen Herkunftslandschaften des Altreiches verglichen wurden.

Allerdings mußten sie den Einwand außer acht lassen, daß jede Mundart, wie die Sprache überhaupt, in einem stetigen, freilich in jeder Gegenwart kaum merkbaren Wandel begriffen ist, so daß der sprachliche Zustand des 11. und 12. Jahrhunderts, also der Zeit der ostdeutschen Kolonisation, nicht ohne weiteres den heutigen mundartlichen Erscheinungen gleichgesetzt werden kann. Aber auch mit diesem Fragezeichen läßt sich vieles erweisen.

Die eingehenden Untersuchungen der Sprachforscher haben nun festgestellt, daß ganz Westböhmen bis zur Mundartscheide Warta—Duppau bayerisch-nordgauisch spricht und so mit der Oberpfalz zusammengeht, ferner, daß die Mundartengruppen in Böhmen und Mähren eng zusammengehören und daß alle Sprachinseln diesen Gruppen nah verwandt sind.

Als Hauptergebnis fand sich, daß durch ganz Böhmen und Mähren ein starker ostfränkischer mundartlicher Einschlag vorliegt, der von Nordwestböhmen bis in die deutschen Sprachinseln an der polnischen Grenze reicht. So war es nur natürlich, daß die angenommene Einwanderung des Deutschtums in unseren Raum nur aus Main- und Ostfranken erfolgt sein könnte. Die Landschaften vom Vogelsberg bis zum Frankenwald, im Bereich der Städte Würzburg—Fulda—Bamberg müßten das Gebiet sein, aus dem der Kolonisationszug ausging. Da das breite nordbayerische Egerland als Hemmstelle dazwischenlag, nahm man an, daß die Siedler über das westliche Erzgebirge eingewandert sein müßten und alles Land erfüllten, bis sie an das schlesische Sprachgebiet in Nordostböhmen und Nordmähren stießen.

Dabei zeigte sich, daß manche dieser deutschen Sprachlandschaften in Böhmen und Mähren so altertümliche Züge aufweisen, daß sie nur als Reste der mittelalterlichen Mundart erklärt werden konnten. Auffallend und gesichert ist die Übereinstimmung in diesen ostfränkischen Sprachmerkmalen von Nordwestböhmen bis in den Umkreis von Iglau und den Schönhengstgau; aber auch die kleinen Sprachinseln im östlichen und südöstlichen Mähren nehmen an dieser Übereinstimmung teil. Dabei ist zu beachten, daß ein sprachlicher Einfluß von Obersachsen nach Böhmen nicht festzustellen ist, wenn man von der auf die letzten Jahrhunderte beschränkten sächsischen Sprechweise über das östliche Erzgebirge in das böhmische Industriegebiet absieht, daß vielmehr die Bewohner von Nordböhmen sich in Gehaben und Sprache scharf von den »Sachsen« unterscheiden.

Das »Egerland« in dem Raum Eger—Duppau—Schüttenhofen (Böhmerwald) ist durch die Sprache von dem übrigen Deutschtum Böhmens getrennt. Die Ursache ist die geschichtliche Tatsache, daß in den früheren Jahrhunderten das ganze westliche Böhmen mit Bayern zusammenstand, wovon noch heute die oben erwähnte befestigte Grenze Warta—Aubachtal Zeugnis gibt. Erst seit dem 12. Jahrhundert haben die Tschechen in der Gunst des Reiches diese Gebiete, wenn schon nicht besiedeln, so doch in ihren Herrschaftsbereich einbeziehen können, bis sie schließlich auch das engere Egerland, um Eger, der böhmischen Krone einverleibten.

Der Versuch, die Kolonisationstheorie durch den Nachweis zu unterbauen, daß die deutschen Bewohner von Nordwest- und Nordböhmen sowie die Deutschmährer bis in die kleinen Sprachinseln hinein letzten Endes Einwanderer aus Ostfranken des 12. und 13. Jahrhunderts seien, hat, geschichtlich und geographisch betrachtet, so bedeutende Schwächen der Beweisführung bloßgelegt, daß er als mißglückt anzusehen ist. Warum aber die tatsächliche Übereinstimmung der Sprachgrundlagen aller Mundarten in Böhmen und Mähren mit dem Mainfränkischen besteht, wird durch die einzige feststehende geschichtliche Tatsache erklärt, daß die Markomannen und Quaden um die Zeitwende eben aus dem Raume um den Vogelsberg bis Frankenwald, aus dem weiteren Umkreis der heutigen Städte Würzburg—Fulda—Bamberg eingewandert sind, was genau den Sprachraum darstellt, welcher von der Mundartforschung in jüngster Zeit als das Ursprungsland der »Kolonisten« erwiesen ist.

Damit schließt sich der von der geschichtlichen Betrachtung, der Sprachwissenschaft, der Siedlungsforschung und der Untersuchung der Mundarten geschmiedete Ring zur Erklärung des Deutschtums im Sudetenraum.

Die Schlesier, die mit ihrer Sprache über das Riesengebirge hinweg in die Landschaft um das Isergebirge bis in den Umkreis von Reichenberg und über das Adlergebirge und Altvater hinüber nach Nordmähren reichen, sprechen eine Mundart, die nicht durch eine Kolonisation von Westen voll erklärt werden kann; denn sonst müßten sie als Endstelle der Einwanderung über Sachsen dem Obersächsischen am nächsten stehen. Dieses ist durchaus nicht der Fall, wie die Sprachforschung immer wieder feststellt. Auch die Eigenart des Schlesiers ist von dem Obersachsen sehr verschieden. Die von der Siedlungsgeographie versuchte Erklärung als koloniale Mundart mußte scheitern. Vielmehr ist auch hier ein durch einzelne geschichtliche Tatsachen und durch Bodenfunde erwiesenes

318

Weiterleben der nach dem Auszug der Wandalen um das Jahr 500 verbliebenen Volksreste als Grundlage des heutigen schlesischen Volkstums anzusehen und somit das »Rätsel« Schlesien gelöst.

Bildnachweis

Burda, F. (Hrsg.), *Nie vergessene Heimat,* Offenburg [2]1952: S. 232

Golitschek, J. v., *Schlesien in Farbe,* Mannheim 1985: S. 301

Higounet, C., *Die deutsche Ostsiedlung im Mittelalter,* Berlin: S. 61, 140, 215, 256, 258

Kraft, A., *Sudetenland,* Mannheim 1979: S. 86, 115, 158, 250

Kuhn, H., *Sudetenland. Unvergessene Heimat,* Mannheim 1979: S. 110, 146, 184, 238, 241

Menghin, W., *Die Langobarden,* Stuttgart 1985: S. 43, 45

Noelle, H., *Das Schwert Gottes,* Tübingen 1968: S. 99

Reinerth, H. (Hrsg.), *Vorgeschichte der deutschen Stämme*, Bd. 2; Neudruck Struckum 1987: S. 19, 30, 32, 53

Ortsverzeichnis

322

326

Personenverzeichnis

336